国土资源人才发展报告

（2017 年）

国土资源部人力资源开发中心　编著

地质出版社

·北　京·

图书在版编目（CIP）数据

国土资源人才发展报告. 2017 年 / 国土资源部人力资源开发中心编著. — 北京：地质出版社，2017.11

ISBN 978 - 7 - 116 - 10669 - 7

Ⅰ. ①国… Ⅱ. ①国… Ⅲ. ①国土资源 - 人才培养 - 研究报告 - 中国 - 2017 Ⅳ. ①F129. 9

中国版本图书馆 CIP 数据核字（2017）第 279588 号

策划编辑：李　颖
责任编辑：孙　灿
责任校对：王洪强
出版发行：地质出版社
社址邮编：北京市海淀区学院路 31 号，100083
电　　话：（010）66554649（邮购部）；（010）66554610（编辑室）
传　　真：（010）66554607
印　　刷：固安华明印业有限公司
开　　本：710 mm × 1000 mm　1/16
印　　张：25.5
字　　数：430 千字
版　　次：2017 年 11 月北京第 1 版
印　　次：2017 年 11 月河北第 1 次印刷
定　　价：68.00 元
书　　号：ISBN 978 - 7 - 116 - 10669 - 7

《国土资源人才发展报告（2017 年）》编委会

前言 PREFACE

"办好中国的事情，关键在党，关键在人，关键在人才。"党的十八大以来，以习近平同志为核心的党中央高度重视人才和人才工作，坚持聚天下英才而用之，加快人才强国建设步伐，推动我国人才事业蓬勃发展，不断开创人才工作新局面。特别是习近平总书记站在党和国家事业发展全局的战略高度，对人才事业发展作出的一系列重要指示，深刻阐明了新形势下人才发展的重大问题，极大丰富和发展了中国特色社会主义人才理论，形成治国理政新理念新思想新战略中精彩的"人才篇"，为人才事业发展指明了方向、提供了根本遵循。党的十九大报告进一步指出"人才是实现民族振兴、赢得国际竞争主动的战略资源"。站在建设中国特色社会主义的新时代，党和国家事业发展的方方面面都正在为各类人才发挥聪明才智、施展个人才华提供广阔的舞台和机遇，我们必须坚持党管人才原则，实行更加积极、更加开放、更加有效的人才政策，把党内和党外、国内和国外各方面优秀人才集聚到党和人民的伟大奋斗中来，努力形成人人渴望成才、人人努力成才、人人皆可成才、人人尽展其才的良好局面，为实现中华民族伟大复兴的中国梦汇聚磅礴智力。

国土资源部党组高度重视人才工作，强调国土资源事业是科技和人才密集型事业，必须树立人才是第一资源的理念，培育年轻人才，用好现有人才，集聚创新人才，打造领军人才，建设一支规模适当、结构合理、素质优良的创新人才队伍，激发各类人才创新活力和潜力。在过去的五年当中，国土资源系统和地勘行业各单位以"四个全面"战略布局为统领，围绕中心、服务大局，积极推进国土资源重点人才工程计划，加大人才体制机制创新力度，砥砺奋进，人才工作氛围明显增强，人才规模和质量稳步提高，人才事业呈现“出人才、见制度、显成效”的良好局面；特别是国土资源人才工作主动融入国家区域发展总体战略、节约优先战略、国家粮食资源生态安全战略、创新驱动发展战略等重大战略与行动当中，积极服务“尽职尽责保护国土资源、节约集约利用国土资源、尽心尽力维护群众权益”的职责定位，人才资源作为第一资源在国土资源领域的作用和特征更加显现。

2017 年是全面建成小康社会决胜阶段的攻坚之年，也是全面学习贯彻落实党的十九大精神开始之年。人才工作将全面学习贯彻党的十九大精神，以习近平新时代中国特色社会主义思想为引领，深入学习习近平总书记人才工作重要思想，不断把人才发展体制机制改革向纵深推进，聚天下英才而用之，为决胜全面建成小康社会、夺取中国特色社会主义伟大胜利、实现中华民族伟大复兴的中国梦提供有力的人才支撑。国土资源人才工作将更加自觉地把思想和行动统一到党的十九大精神上来，把智慧和力量凝聚到落实党的十九大关于国土资源和人才工作的重大战略部署和各项任务上来，深入贯彻落实创新驱动发展战略和人才优先发展战略，紧紧围绕“三深一土”国土资源科技创新战略，坚持稳中求进工作总基调，大力实施国土资源重点人才工程计划，积极推动国土资源高层次创新科技人才、智库人才、紧缺人才和法治人才队伍建设，深化国土资源人才体制机制改革，不断提升人才工作公共服务能力，努力营造人才优先发展的良好环境，为新时代国土资源事业改革和创新发展提供人才保障和智力支持。

为全面深入学习贯彻党的十九大精神，坚定用习近平新时代中国特色社会主义思想武装头脑、指导实践、推动工作，科学把握新时代人才工作面临的新形势新任务，切实把习近平总书记人才工作重要思想贯彻落实到国土资源人才工作各方面全过程，及时总结国土资源人才工作的新成效，破解国土资源人才领域的难点、热点和重点问题，国土资源部人力资源开发中心依托国土资源人才评价开放实验室、中国地质矿产经济学会人力资源研究专业委员会组织编写了《国土资源人才发展报告（2017年)》，以期为全国国土资源人才工作提供指导，为行业人才工作提供借鉴。

本书编写工作主要分工如下：由刘晞、孙俊凤统筹策划指导；政策形势篇，由杜新波、宋家宁、温巍完成；工作进展篇，由胡利哲、宋家宁、宋毅完成；队伍发展篇，由宋毅、胡利哲完成；理论研究篇，由各专题组完成；附录部分，由宋家宁完成；杜新波负责总纂工作。

本书在编写、审稿过程中，得到了国土资源部人事司等国土资源人才工作协调小组各成员单位、各省（自治区、直辖市）国土资源主管部门和地勘单位、有关高校和职业院校的大力支持，谨在此表示衷心的感谢。

由于时间及作者水平有限，书中恐有瑕疵与疏漏，恳请读者批评指正。

2017年11月1日

目录 CONTENTS

前　言

政策形势篇

工作进展篇

队伍发展篇

理论研究篇

附　录

政策形势篇

党的十八大以来，党中央、国务院高度重视人才工作，大力实施人才强国战略，习近平总书记先后120多次对人才工作作出重要指示，对坚持党管人才原则、加强人才队伍建设、深化人才发展体制机制改革等提出了一系列重大战略思想，为新时期人才工作指明了新的发展方向。新时期的人才工作将以习近平总书记人才工作重要思想为指导，以聚天下英才而用之为目标，自觉践行创新、协调、绿色、开放、共享的发展理念，以深化人才发展体制机制改革为主线，与五大建设深度融合，努力开创人才事业的新篇章。

国土资源部党组高度重视人才工作，坚持把人才资源作为推动资源科学发展的第一资源，对新常态下的人才工作提出了一系列新要求。国土资源人才工作必须“观大势、谋全局”，稳中求进，积极推进人才供给侧结构性改革，努力实现人才工作与国土资源事业发展的深度融合。

本部分重点介绍了习近平总书记关于人才工作的重要思想和近期国家人才工作重要部署，评述了以《关于深化人才发展体制机制改革的意见》为核心的系列重要政策文件，总结了国土资源部领导2016—2017年对国土资源人才工作的有关要求，分析研判了新时期国土资源人才工作重大机遇与环境，并提出了当前和今后一段时间国土资源人才改革创新思路。

新时期人才工作的新理念、新思想、新战略、新部署

据中央组织部会同人力资源和社会保障部、国家统计局组织开展的2015年度全国人才资源统计数据显示：2015年全国人才资源总量达1.75亿人，人才资源总量占人力资源总量的比例达15.5%，基本实现2020年1.8亿人、16%的规划目标。党政人才、企业经营管理人才、专业技术人才、高技能人才、农村实用人才、社会工作专业人才资源总量分别为729.0万人、4334.1万人、7328.1万人、4501.0万人、1692.3万人、75.9万人，较2010年分别增长4.0%、45.5%、32.0%、57.2%、61.4%、272.1%。人力资本投资占国内生产总值比例达到15.8%，比2010年上升3.8个百分点；人才贡献率达到33.5%，比2010年上升6.9个百分点，人才对我国经济增长的促进作用日益凸显。截至2016年底，国家“千人计划”共引进海外人才6089人，留学回国人才总数达265.1万人，其中70%为党的十八大之后回国的，形成了中华人民共和国成立以来最大规模留学人才“归国潮”。[1] 我国人才资源规模和质量快速发展，不仅反映了我国正从人力资源大国向人力资源强国转变，更是体现了以习近平同志为核心的党中央大力推进人才强国战略实施的卓越成效。

一、深刻领会习近平总书记关于人才工作的新思想、新要求

党的十八大以来，习近平同志以非凡的理论勇气、高超的政治智慧、坚韧的担当精神，把握时代大趋势，回应实践新要求，顺应人民新期待，围绕改革发展稳定、内政外交国防、治党治国治军发表了一系列重要讲话，确立了新形势下我们党治国理政新理念、新思想、新战略。国以才立，政以才治，业以才兴。以习近平同志为核心的党中央高度重视人才工作，大力实施人才强国战略，习近平总书记先后120多次对人才工作作出重要指示，对坚持党管人才原则、加强人才队伍建设、深化人才发展体制机制改革等提出了一系列重大战略思想；特别是以习近平同志为核心的党中央创

---

[1] 仲组轩．全国人才资源统计结果显示：我国提速迈向人才强国［N］．中国组织人事报，2017－09－14.

造性地提出建立“聚天下英才而用之”的人才发展治理体系，把人才发展纳入国家治理体系和治理能力现代化的大框架中来，成为人才发展理论的一个重大突破。深刻学习理解习近平总书记人才工作重要思想和系列重要讲话精神对更好地实施人才强国战略、推进国家治理体系和治理能力现代化具有重要的指导意义。

（一）系统学习领会习近平总书记人才工作重要思想

党的十八大以来，习近平总书记站在党和国家事业全局高度，着眼于实现“两个一百年”奋斗目标和中华民族伟大复兴的中国梦，对人才工作作出了一系列重要论述，体现了党中央对各级各类人才的关心重视，彰显了当代中国广纳天下英才的博大胸怀。习近平总书记人才工作重要思想主要体现在五个方面。❶

1. 把人才作为支撑发展的第一资源

习近平总书记强调，办好中国的事情，关键在党，关键在人，关键在人才。我们必须把创新作为引领发展的第一动力，把人才作为支撑发展的第一资源。“关键在人才”是“关键在党、关键在人”的深化和具体化，这一重大判断从全局和战略的高度进一步提升了人才在党和国家各项事业发展中的重要地位和作用。如果说“人才是第一资源”是一个战略理念，那么，“把人才作为支撑发展的第一资源”则是一个战略行动，必须贯穿于我国经济社会发展的各项工作中去。习近平总书记多次强调要“更好实施人才强国战略”，充分发挥各类人才的积极性、主动性、创造性，就是这个战略行动的具体体现。习近平总书记还从国际竞争的战略高度，深刻阐述了人才作为第一资源的极端重要性。他强调，综合国力竞争说到底是人才竞争。人才资源作为经济社会发展第一资源的特征和作用更加明显，人才竞争已经成为综合国力竞争的核心。谁能培养和吸引更多优秀人才，谁就能在竞争中占据优势。中国作为世界上 GDP 总量排名第二的发展中大国，要在未来激烈的国际竞争中赢得优势、立于不败之地，就必须始终把人才作为战略性资源大力开发，加快建设人才强国，为经济社会发展提供源源不断的动力支撑。

2. 创新驱动实质上是人才驱动

实施创新驱动发展战略是我们党面向未来、敏锐把握世界科技创新和

---

❶ 任采文．深入学习领会习近平总书记重要人才思想［J］．中国人才，2017，4：2－3.

产业变革趋势作出的重大战略决策。能否实施好这一重大战略，决定着中华民族前途命运。如何实施创新驱动发展战略？习近平总书记一语中的："创新驱动实质上是人才驱动。""人才是创新的根基，是创新的核心要素。谁拥有一流的创新人才，谁就拥有了科技创新的优势和主导权。"实现创新驱动发展，关键是要用好四类人才。一是要用好科学家和科技创新人才。要允许科学家自由畅想、大胆假设、认真求证，不要动辄用行政化的"参公管理"约束科学家。要让领衔科技专家有职有权，有更大的技术路线决策权、更大的经费支配权、更大的资源调动权，防止瞎指挥、乱指挥。大量的科研人员是创新的主力军，既要用事业激发其创新勇气和毅力，也要重视必要的物质激励，使他们"名利双收"。二是要用好企业家。企业家是推动创新的重要动力，是创新的组织者、推动者。企业家有十分敏锐的市场感觉，富有冒险精神，有执着顽强的作风，在把握创新方向、凝聚创新人才、筹措创新投入、创造新组织等方面发挥重要作用。要大力弘扬企业家精神，充分发挥企业家在创新驱动发展中的引领作用。三是要用好技能人才。习近平总书记曾强调，我们作为一个制造业大国，人才的基础应该是技工。要弘扬劳动光荣、技能宝贵、创造伟大的时代风尚，营造人人皆可成才、人人尽展其才的良好环境，努力培养数以亿计的高素质劳动者和技术技能人才。四是要用好青年人才。拥有一大批创新型青年人才，是国家创新活力之所在，也是科技发展希望之所在。要大胆使用青年人才，破除论资排辈、求全责备等观念，放开视野选人才、不拘一格用人才。

3. 构建具有全球竞争力的人才制度体系

习近平总书记高度重视制度建设在人才发展中的重要作用，多次强调要加快推进人才制度改革。他先后两次主持会议审议深化人才发展体制机制改革的意见，并对落实好《关于深化人才发展体制机制改革的意见》作出重要批示，提出明确要求，特别是站在全球人才竞争的战略高度，提出了"构建具有全球竞争力的人才制度体系"的改革目标要求。他强调，在人才选拔上要有全球视野，下大气力引进高端人才。要改革人才引进各项配套制度，构建具有全球竞争力的人才制度体系。不管是哪个国家、哪个地区的，只要是优秀人才，都可以为我所用。这方面要加大力度，不断提高我们在全球配置人才资源能力。深化人才发展体制机制改革，习近平总书记最关注的是用好用活人才，强调"要建立更为灵活的人才管理机制，打通人才流动、使用、发挥作用中的体制机制障碍，最大限度支持和帮助科技人员创新创业”。一是在人才流动上要打破体制界限，让人才能够在政府、企业、智库间实现有序顺畅流动。二是完善人才评价指挥棒作用，为人才发挥作用、施展才华提供更加广阔的天地。三是建立灵活的人才激励机制，让作出贡献的人才有成就感、获得感。要积极实行以增加知识价值为导向的分配政策，包括提高科研人员成果转化收益分享比例，探索对创新人才实行股权、期权、分红等激励措施，让他们各得其所。

4. 聚天下英才而用之

党的十八大以来，以习近平同志为核心的党中央，着眼于推进建设中国特色社会主义伟大事业，实现“两个一百年”的奋斗目标，提出了“聚天下英才而用之”的战略构想。习近平总书记强调，古往今来，人才都是富国之本、兴邦大计……要把我们的事业发展好，就要聚天下英才而用之。要干一番大事业，就要有这种眼界、这种魄力、这种气度。“聚”是手段、是方法，“用”是目的、是根本。如何做到聚天下英才而用之？习近平总书记强调，首先，要推进人才的对外开放。“我们比历史上任何时期都更需要广开进贤之路、广纳天下英才。要实行更加开放的人才政策，不唯地域引进人才，不求所有开发人才，不拘一格用好人才。”其次，要营造尊重知识、尊重人才的良好社会氛围。要以识才的慧眼、爱才的诚意、用才的胆识、容才的雅量、聚才的良方，广开进贤之路，把各方面知识分子凝聚起来，聚天下英才而用之。最后，要健全聚人才、发挥人才作用的体制机制，创造人尽其才的政策环境。要改革人才培养使用机制，借鉴运用国际通行灵活有效的办法，推动人才政策创新突破和细化落实，真正聚天下英才而用之，让更多千里马竞相奔腾。

5. 坚持党管人才原则，做好团结、引领、服务工作

党管人才是人才工作的根本指导原则，也是我国参与国际人才竞争的制度优势。习近平总书记曾强调，要坚持党管人才原则，形成全党全社会推进人才事业发展的合力。近年来，以习近平同志为核心的党中央，高度重视知识分子工作，强调要认真贯彻党的知识分子政策，做到政治上充分信任、思想上主动引导、工作上创造条件、生活上关心照顾，多为他们办实事、做好事、解难事。各级党委和政府要从心底里尊重知识、尊重人才，在全社会大兴识才、爱才、敬才、用才之风，为人才发挥聪明才智创造良好条件，营造宽松环境，提供广阔平台。各级领导干部要树立强烈的人才意识，要做知识分子的挚友、诤友，做好团结、引领、服务工作，真诚关心人才、爱护人才、成就人才，激励广大人才为实现“两个一百年”奋斗目标、实现中华民族伟大复兴的中国梦贡献聪明才智。

（二）及时学习习近平总书记关于人才工作的新指示、新要求

2016 年 2 月 19 日，习近平总书记主持召开党的新闻舆论工作座谈会并发表重要讲话，指出媒体竞争的关键是人才竞争，媒体优势核心是人才优势。要加快培养造就一支政治坚定、业务精湛、作风优良、党和人民放心的新闻舆论工作队伍。新闻舆论工作者要增强政治家办报意识，在围绕中心、服务大局中找准坐标定位，牢记社会责任，不断解决好“为了谁、依靠谁、我是谁”这个根本问题。要提高业务能力，勤学习、多锻炼，努力成为全媒型、专家型人才。

2016 年 3 月 5 日，在参加十二届全国人大四次会议上海代表团的审议时，习近平总书记强调，要以更加开放的视野引进和集聚人才，加快集聚一批站在行业科技前沿、具有国际视野的领军人才。3 月 13 日，在出席解放军代表团全体会议时，习近平总书记强调，人才是创新的核心要素，加紧集聚大批高端人才是推动我军改革创新的当务之急。要积极创新人才培养、引进、保留、使用的体制机制和政策制度，以更加开放的视野引进和集聚人才，努力培养造就宏大的高素质创新型军事人才队伍。

2016 年 4 月 19 日，习近平总书记主持召开网络安全和信息化工作座谈会并发表重要讲话，指出人才是第一资源。网信领域可以先行先试，抓紧调研，制定吸引人才、培养人才、留住人才的办法。各级党委和政府要从心底里尊重知识、尊重人才，为人才发挥聪明才智创造良好条件，营造宽松环境，提供广阔平台。互联网主要是年轻人的事业，要不拘一格降人才。要解放思想，慧眼识才，爱才惜才。培养网信人才，要下大功夫、下大本钱，请优秀的老师，编优秀的教材，招优秀的学生，建一流的网络空间安全学院。互联网领域的人才，不少是怪才、奇才，他们往往不走一般套路，有很多奇思妙想。对待特殊人才要有特殊政策，不要求全责备，不要论资排辈，不要都用一把尺子衡量。要采取特殊政策，建立适应网信特点的人事制度、薪酬制度，把优秀人才凝聚到技术部门、研究部门、管理部门中来。要建立适应网信特点的人才评价机制，以实际能力为衡量标准，不唯学历，不唯论文，不唯资历，突出专业性、创新性、实用性。要建立灵活的人才激励机制，让作出贡献的人才有成就感、获得感。要探索网信领域

科研成果、知识产权归属、利益分配机制，在人才入股、技术入股及税收方面制定专门政策。在人才流动上要打破体制界限，让人才能够在政府、企业、智库间实现有序顺畅流动。国外那种“旋转门”制度的优点，我们也可以借鉴。我国是科技人才资源最多的国家之一，但也是人才流失比较严重的国家，其中不乏顶尖人才。在人才选拔上要有全球视野，下大气力引进高端人才。随着我国综合国力不断增强，有很多国家的人才也希望来我国发展。我们要顺势而为，改革人才引进各项配套制度，构建具有全球竞争力的人才制度体系。不管是哪个国家、哪个地区的，只要是优秀人才，都可以为我所用。这项工作，有些企业、科研院所已经做了，我到一些企业、科研院所去，也同这些从国外引进的人才进行过交谈。这方面要加大力度，不断提高我们在全球配置人才资源的能力。

2016 年 5 月 6 日，习近平总书记对贯彻落实《关于深化人才发展体制机制改革的意见》作出重要批示：办好中国的事情，关键在党，关键在人，关键在人才。综合国力竞争说到底是人才竞争。要加大改革落实工作力度，把《关于深化人才发展体制机制改革的意见》落到实处，加快构建具有全球竞争力的人才制度体系，聚天下英才而用之。要着力破除体制机制障碍，向用人主体放权，为人才松绑，让人才创新创造活力充分迸发，使各方面人才各得其所、尽展其长。要树立强烈的人才意识，做好团结、引领、服务工作，真诚关心人才、爱护人才、成就人才，激励广大人才为实现“两个一百年”奋斗目标、实现中华民族伟大复兴的中国梦贡献聪明才智。

2016 年 5 月 17 日，习近平总书记主持召开哲学社会科学工作座谈会，强调哲学社会科学领域是知识分子密集的地方，要把这支队伍关心好、培养好、使用好，让广大哲学社会科学工作者成为先进思想的倡导者、学术研究的开拓者、社会风尚的引领者、党执政的坚定支持者。要实施以育人育才为中心的哲学社会科学整体发展战略，构筑学生、学术、学科一体的综合发展体系。要实施哲学社会科学人才工程，着力发现、培养、集聚一批有深厚马克思主义理论素养、学贯中西的思想家和理论家，一批理论功底扎实、勇于开拓创新的学科带头人，一批年富力强、锐意进取的中青年学术骨干，构建种类齐全、梯队衔接的哲学社会科学人才体系。要认真贯彻党的知识分子政策，做到政治上充分信任、思想上主动引导、工作上创造条件、生活上关心照顾。领导干部要主动同专家学者打交道、交朋友，多听取他们的意见和建议。要加强哲学社会科学优秀人才使用，让德才兼备的人才在重要岗位上发挥作用。

2016 年 5 月 30 日，全国科技创新大会、中国科学院第十八次院士大会和中国工程院第十三次院士大会、中国科学技术协会第九次全国代表大会在人民大会堂隆重召开。习近平总书记出席大会并发表重要讲话，提出要弘扬创新精神，培育符合创新发展要求的人才队伍。指出科学技术是人类的伟大创造性活动。一切科技创新活动都是人做出来的。我国要建设世界科技强国，关键是要建设一支规模宏大、结构合理、素质优良的创新人才队伍。要大兴识才爱才敬才用才之风，在创新实践中发现人才、在创新活动中培育人才、在创新事业中凝聚人才，聚天下英才而用之，让更多千里马竞相奔腾，努力造就一大批能够把握世界科技大势、研判科技发展方向的战略科技人才，培养一大批善于凝聚力量、统筹协调的科技领军人才，培养一大批勇于创新、善于创新的企业家和高技能人才。要尊重科学研究灵感瞬间性、方式随意性、路径不确定性的特点，允许科学家自由畅想、大胆假设、认真求证。要让领衔科技专家有职有权，有更大的技术路线决策权、更大的经费支配权、更大的资源调动权。政府科技管理部门要抓战略、抓规划、抓政策、抓服务，发挥国家战略科技力量建制化优势。

2016 年 7 月 1 日，习近平总书记在庆祝中国共产党成立 95 周年大会上发表重要讲话，强调“功以才成，业由才广”。党和人民事业要不断发展，就要把各方面人才更好使用起来，聚天下英才而用之。我们要以识才的慧眼、爱才的诚意、用才的胆识、容才的雅量、聚才的良方，广开进贤之路，把党内和党外、国内和国外等各方面优秀人才吸引过来、凝聚起来，努力形成人人渴望成才、人人努力成才、人人皆可成才、人人尽展其才的良好局面。

2016 年 7 月 8 日上午，习近平总书记在北京主持召开经济形势专家座谈会，就当前经济形势和经济工作听取专家学者意见和建议，并发表了重要讲话。习近平指出，在错综复杂的国内外政治经济形势下，要实现更好展发展，必须更好分析形势和环境，更好把握战略机遇期内涵和条件变化，更好把握宏观经济大势，更好应对挑战。为此，要加快培养造就国际一流的经济学家、具有国际视野的企业家。各级党委和政府要尊重知识、尊重人才，养成问计于专家学者的习惯，调动专家学者的积极性、主动性、创造性，用好、用活智力资源。对专家学者提出的意见和建议，对的要积极采纳。专家学者要立足国情、深入调研，着力研究重大理论问题和现实问题，注重从客观经济事实出发，揭示经济现象背后的本质及规律，努力多出经得起实践检验的研究成果，为经济社会发展献计献策。

2016 年 7 月 20 日，习近平总书记在银川主持召开东西部扶贫协作座谈会并发表重要讲话。他强调，进一步做好东西部扶贫协作和对口支援工作，必须采取系统的政策和措施明确重点，精准聚焦。产业合作、劳务协作、人才支援、资金支持都要瞄准建档立卡贫困人口脱贫精准发力。要着眼于增加就业，建立和完善劳务输出对接机制，提高劳务输出脱贫的组织化程度。要在发展经济的基础上，向教育、文化、卫生、科技等领域拓展合作。要继续发挥互派干部等方面的好经验、好做法，促进观念互通、思路互动、技术互学、作风互鉴。要加大对西部地区干部特别是基层干部、贫困村致富带头人的培训力度，打造一支留得住、能战斗、带不走的人才队伍。

2016 年 9 月 9 日，习近平总书记上午来到北京市八一学校，看望慰问师生，向全国广大教师和教育工作者致以节日祝贺和诚挚问候。在听取大家发言后，习近平发表重要讲话。他强调，希望广大教师认清肩负的使命和责任，教育和引导学生热爱祖国、热爱人民、热爱中国共产党，教育和引导学生心中要有国家和民族、意识到肩负的责任，牢固树立为祖国服务、为人民服务的意识，立志成为党和人民需要的人才。各级党委和政府要满腔热情关心教师，让广大教师安心从教、热心从教、舒心从教、静心从教，让广大教师在岗位上有幸福感、事业上有成就感、社会上有荣誉感，让教师成为让人羡慕的职业。

2016 年 10 月 11 日，全国国有企业党的建设工作会议在北京召开，习近平总书记出席会议并发表重要讲话。习近平强调，国有企业领导人员是党在经济领域的执政骨干，是治国理政复合型人才的重要来源，肩负着经营管理国有资产、实现保值增值的重要责任。国有企业领导人员必须做到对党忠诚、勇于创新、治企有方、兴企有为、清正廉洁。国有企业领导人员要坚定信念、任事担当，牢记自己的第一职责是为党工作，牢固树立政治意识、大局意识、核心意识、看齐意识，把爱党、忧党、兴党、护党落实到经营管理各项工作中。面对日趋激烈的国内外市场竞争，国有企业领导人员要迎难而上、开拓进取，带领广大干部职工开创企业发展新局面。习近平指出，要坚持党管干部原则，保证党对干部人事工作的领导权和对重要干部的管理权，保证人选政治合格、作风过硬、廉洁不出问题。要让国有企业领导人员在工作一线摸爬滚打、锻炼成长，把在实践中成长起来的良将贤才及时选拔到国有企业领导岗位上来。对国有企业领导人员，既要从严管理，又要关心爱护，树立正向激励的鲜明导向，让他们放开手脚干事、甩开膀子创业。要大力宣传优秀国有企业领导人员的先进事迹和突出贡献，营造尊重企业家价值、鼓励企业家创新、发挥企业家作用的浓厚社会氛围。

2016 年 12 月 7 日至 8 日，全国高校思想政治工作会议在北京召开，习近平总书记出席会议并发表重要讲话。习近平强调，高校思想政治工作关系高校培养什么样的人、如何培养人及为谁培养人这个根本问题。要坚持把立德树人作为中心环节，把思想政治工作贯穿教育教学全过程，实现全程育人、全方位育人，努力开创我国高等教育事业发展新局面。习近平在讲话中指出，教育强则国家强。我们对高等教育的需要比以往任何时候都更加迫切，对科学知识和卓越人才的渴求比以往任何时候都更加强烈。我国高等教育肩负着培养德智体美全面发展的社会主义事业建设者和接班人的重大任务，必须坚持正确的政治方向。高校立身之本在于立德树人。只有培养出一流人才的高校，才能够成为世界一流大学。办好我国高校，办出世界一流大学，必须牢牢抓住全面提高人才培养能力这个核心点，并以此来带动高校其他工作。要坚持不懈培育和弘扬社会主义核心价值观，引导广大师生做社会主义核心价值观的坚定信仰者、积极传播者、模范践行者。思想政治工作从根本上说是做人的工作，必须围绕学生、关照学生、服务学生。要加快构建中国特色哲学社会科学学科体系和教材体系，推出更多高水平教材，创新学术话语体系，建立科学权威、公开透明的哲学社会科学成果评价体系，努力构建全方位、全领域、全要素的哲学社会科学体系。习近平强调，教师是人类灵魂的工程师，承担着神圣使命。传道者自己首先要明道、信道。高校教师要坚持教育者先受教育，努力成为先进思想文化的传播者、党执政的坚定支持者，更好担起学生健康成长指导者和引路人的责任。要加强师德师风建设，坚持教书和育人相统一，坚持言传和身教相统一，坚持潜心问道和关注社会相统一，坚持学术自由和学术规范相统一，引导广大教师以德立身、以德立学、以德施教。

2017 年 3 月 4 日，习近平总书记看望了参加全国政协十二届五次会议的民进、农工党、九三学社委员，并参加联组会，听取意见和建议，特别对知识分子问题作出了重要指示。习近平强调，全社会都要关心知识分子、尊重知识分子，营造尊重知识、尊重知识分子的良好社会氛围。要以识才的慧眼、爱才的诚意、用才的胆识、容才的雅量、聚才的良方，广开进贤之路，把各方面知识分子凝聚起来，聚天下英才而用之。各级领导干部要善于同知识分子打交道，做知识分子的挚友、诤友。要充分信任知识分子，重要工作和重大决策要征求知识分子的意见和建议。对来自知识分子的意见和批评，只要出发点是好的，就要热忱欢迎，对的就积极采纳。即使个别意见有偏差甚至是错误的，也要多一些包涵、多一些宽容。要为广大知识分子工作学习创造更好条件。习近平希望我国广大知识分子自觉做践行社会主义核心价值观的模范，坚持国家至上、民族至上、人民至上，始终胸怀大局、心有大我，始终坚守正道、追求真理，从自我做起、从现在做起、从日常生活做起，身体力行带动全社会遵循社会主义核心价值观。习近平希望我国广大知识分子积极投身创新发展实践，想国家之所想、急国家之所急，紧紧围绕经济竞争力的核心关键、社会发展的瓶颈制约、国家安全的重大挑战，不断增加知识积累，不断强化创新意识，不断提升创新能力，不断攀登创新高峰。

2017 年 3 月 5 日，习近平总书记在参加他所在的十二届全国人大五次会议上海代表团审议时强调，适应和引领经济发展“新常态”，推进供给侧结构性改革，根本要靠创新。要以全球视野、国际标准提升科学中心集中度和显示度，在基础科技领域作出大的创新、在关键核心技术领域取得大的突破。要突破制约产学研相结合的体制机制瓶颈，让机构、人才、装置、资金、项目都充分活跃起来，使科技成果更快推广应用、转移转化。要大兴识才、爱才、敬才、用才之风，改革人才培养使用机制，借鉴运用国际通行、灵活有效的办法，推动人才政策创新突破和细化落实，真正聚天下英才而用之，让更多千里马竞相奔腾。

2017 年 3 月 7 日，习近平总书记在辽宁代表团审议会上指出，政治生态污浊，就会滋生权欲熏心、阳奉阴违、结党营私、团团伙伙、拉帮结派等一系列问题，侵蚀党的思想道德基础。要严肃党内政治生活，深入整治选人用人不正之风，坚持正确用人导向，真正把忠诚党和人民事业、做人堂堂正正、干事干干净净的干部选拔出来，形成风清气正的良好政治生态。严肃党内生活，切实转变作风，是振兴辽宁的关键。无论是推进供给侧结构性改革，还是深化国有企业改革，都有赖于锻造一支勇于担当、善于干事、作风优良的干部队伍。修复和净化政治生态，营造“亲”“清”的新型政商关系，逐步形成有质量、有效率、实实在在、尊重规律的发展风气。

2017年3月12日，习近平总书记在出席十二届全国人大五次会议解放军代表团全体会议时发表重要讲话。习近平强调，要推动搞好顶层设计和战略筹划，推动国防科技和武器装备军民融合，推动军地合力培育军事人才，推动体制机制和政策制度改革，加快我军建设向质量效能型和科技密集型转变。要发挥国家教育资源优势和我军院校特色，健全军事人才依托培养体系，培养大批高素质新型军事人才。要构建以联合作战院校为核心、以兵种专业院校为基础、以军民融合培养为补充的院校格局。依托国民教育培养军事人才的路要继续走下去，同时要坚持军队需求主导，聚焦紧缺专业、重点高校、优势学科，提高人才培养层次和质量。要加大人才培养引进力度，不断壮大人才队伍。要把提高官兵科技素养作为一项基础性工作来抓，在全军大力传播科学精神、普及科学知识，使学习科技、运用科技在全军蔚然成风。

2017年5月3日，习近平总书记到中国政法大学考察。习近平代表党中央，向全国各族青年致以节日的问候，向全国广大教育工作者、青年工作者、法治工作者致以诚挚的问候。习近平强调，全面推进依法治国是一项长期而重大的历史任务，要坚持中国特色社会主义法治道路，坚持以马克思主义法学思想和中国特色社会主义法治理论为指导，立德树人，德法兼修，培养大批高素质法治人才。中国的未来属于青年，中华民族的未来也属于青年。青年一代的理想信念、精神状态、综合素质，是一个国家发展活力的重要体现，也是一个国家核心竞争力的重要因素。当今中国最鲜明的时代主题，就是实现“两个一百年”奋斗目标、实现中华民族伟大复兴的中国梦。当代青年要树立与这个时代主题同心同向的理想信念，勇于担当这个时代赋予的历史责任，励志勤学、刻苦磨炼，在激情奋斗中绽放青春光芒、健康成长进步。他强调，建设法治国家、法治政府、法治社会，实现科学立法、严格执法、公正司法、全民守法，都离不开一支高素质的法治工作队伍。法治人才培养上不去，法治领域不能人才辈出，全面依法治国就不可能做好。高校作为法治人才培养的第一阵地，要充分利用学科齐全、人才密集的优势，加强法治及其相关领域基础性问题的研究，对复杂现实进行深入分析、作出科学总结，提炼规律性认识，为完善中国特色社会主义法治体系、建设社会主义法治国家提供理论支撑。法学教育要坚持立德树人，不仅要提高学生的法学知识水平，而且要培养学生的思想道德素养。各级领导干部要做遵法、学法、守法、用法的模范，以实际行动带动全社会崇德向善、遵法守法。习近平强调，青年处于人生积累阶段，需要像海绵汲水一样汲取知识。广大青年抓学习，既要惜时如金、孜孜不倦，下一番心无旁骛、静谧自怡的功夫，又要突出主干、择其精要，努力做到又博又专、愈博愈专。要充分发挥青年的创造精神，勇于开拓实践，勇于探索真理。养成历史思维、辩证思维、系统思维、创新思维的习惯，终身受用。

2017 年 5 月 25 日，习近平总书记对黄大年同志先进事迹作出重要指示，黄大年同志秉持科技报国理想，把为祖国富强、民族振兴、人民幸福贡献力量作为毕生追求，为我国教育科研事业作出了突出贡献，他的先进事迹感人肺腑。习近平强调，我们要以黄大年同志为榜样，学习他心有大我、至诚报国的爱国情怀，学习他教书育人、敢为人先的敬业精神，学习他淡泊名利、甘于奉献的高尚情操，把爱国之情、报国之志融入祖国改革发展的伟大事业之中、融入人民创造历史的伟大奋斗之中，从自己做起，从本职岗位做起，为实现“两个一百年”奋斗目标、实现中华民族伟大复兴的中国梦贡献智慧和力量。

二、准确把握新时期人才工作新理念、新部署

党的十八届五中全会通过的《中共中央关于制定国民经济和社会发展第十三个五年规划的建议》明确提出，要“加快建设人才强国。深入实施人才优先发展战略，推进人才发展体制改革和政策创新，形成具有国际竞争力的人才制度优势。”“推动人才结构战略性调整，突出“高精尖缺”导向，实施重大人才工程，着力发现、培养、集聚战略科学家、科技领军人才、企业家人才、高技能人才队伍。实施更开放的创新人才引进政策，更大力度引进急需紧缺人才，聚天下英才而用之。发挥政府投入引导作用，鼓励企业、高校、科研院所、社会组织、个人等有序参与人才资源开发和人才引进。”

《中华人民共和国国民经济和社会发展第十三个五年规划纲要》（以下简称《纲要》）提出实施人才优先发展战略，把人才作为支撑发展的第一资源，加快推进人才发展体制和政策创新，构建有国际竞争力的人才制度优势，提高人才质量，优化人才结构，加快建设人才强国。在建设规模宏大的人才队伍方面，《纲要》提出要推动人才结构战略性调整，突出“高精尖缺”导向，实施重大人才工程，着力发现、培养、集聚战略科学家、

科技领军人才、社科人才、企业家人才和高技能人才队伍。在促进人才优化配置方面，《纲要》提出建立健全人才流动机制，提高社会横向和纵向流动性，促进人才在不同性质单位和不同地域间有序自由流动。完善工资、医疗待遇、职称评定、养老保障等激励政策，激励人才向基层一线、中西部、艰苦边远地区流动。在营造良好的人才发展环境方面，《纲要》提出要完善人才评价激励机制和服务保障体系，营造有利于人人皆可成才和青年人才脱颖而出的社会环境，完善业绩和贡献导向的人才评价标准，保障人才以知识、技能、管理等创新要素参与利益分配。科学贯彻落实“十三五”时期人才工作战略部署，需要从贯彻落实人才发展新理念和认真践行当前人才工作部署两个层面去把握。

（一）以新的发展理念引领人才工作

发展理念是发展行动的先导，是管全局、管根本、管方向、管长远的东西，是发展思路、发展方向、发展着力点的体现。党的十八届五中全会提出，实现“十三五”时期发展目标，破解发展难题，厚植发展优势，必须牢固树立并切实贯彻创新、协调、绿色、开放、共享的发展理念。习近平总书记强调，创新是引领发展的第一动力；抓住了创新就是抓住了牵动经济社会发展全局的“牛鼻子”；创新发展是更好引领“新常态”的根本之策；抓创新就是抓发展，谋创新就是谋未来；协调既是发展手段又是发展目标，还是评价发展的标准和尺度；协调是发展两点论和重点论的统一，是发展平衡和不平衡的统一；强调协调发展不是搞平均主义，而是更注重发展机会公平、更注重资源配置均衡；协调发展，就是要找出短板，在补齐短板上多用力；绿色发展，就是要解决好人与自然和谐共生问题；绿水青山就是金山银山，生态环境没有替代品；保护环境就是保护生产力，改善环境就是发展生产力；经济全球化是我们谋划发展要面对的时代潮流；要发展壮大，必须顺应经济全球化时代潮流，充分运用人类社会创造的先进科学技术成果和有益管理经验；着力形成对外开放新体制，主动顺应和引领世界发展潮流，提高把握国内国际两个大局的自觉性和能力，提高对外开放质量和水平；共享体现的是逐步实现共同富裕的要求，共享主要是全民共享、全面共享、共建共享、渐进共享；要着力践行以人民为中心的发展思想，充分调动人民群众的积极性、主动性、创造性，在不断做大“蛋糕”的基础上把“蛋糕”分好，不断朝着全体人民共同富裕的目标前进。

习近平总书记强调，牢固树立并切实贯彻这“五大发展理念”，是关系我国发展全局的一场深刻变革，攸关“十三五”乃至更长时期我国发展思路、发展方式和发展着力点，是我们党认识把握发展规律的再深化和新飞跃，丰富发展了中国特色社会主义理论宝库，成为全面建成小康社会的行动指南、实现“两个一百年”奋斗目标的思想指引。全党同志要把思想和行动统一到新的发展理念上来，崇尚创新、注重协调、倡导绿色、厚植开放、推进共享，努力提高贯彻新的发展理念能力和水平。人才工作在党和国家各项事业发展中处于全局性、战略性地位，必须坚决贯彻中央的要求，自觉践行创新、协调，绿色、开放、共享的发展理念。具体体现为五个方面：❶❷

一是牢固树立创新发展的理念，加快推进人才发展体制机制改革。创新驱动实质上是人才驱动。实施创新驱动发展战略关键是激发人才的创新创造活力。当前制约人才创新创造活力的主要是体制机制障碍，必须把深化人才发展体制机制改革作为根本着力点，着力破除各种不利于人才发展的思想观念、政策藩篱和制度障碍，最大限度地解放和激发人才创造潜能与创新活力，进而推动理论创新、制度创新、科技创新、文化创新等各方面创新，实现人才引领创新、创新驱动发展。当前重点是，坚决贯彻落实中央《关于深化人才发展体制机制改革的意见》，坚持问题导向和目标导向，大力推动体制机制和政策创新供给侧改革。积极转变政府职能，减少和规范人才评价、流动等环节的行政审批事项，解决“多头管理”、行政干预多、条件限制多等问题。深入实施人才优先发展战略，在培养开发、职称评价、收入分配、就业创业、退休养老、流动配置、公务员和事业单位人事管理等方面改革创新，提高院校教育质量、拓宽职业发展通道、完善创新创业支持，推进职业资格国际互认、构建人才资源法治环境。大力推动基于“互联网＋”的人才资源管理变革与创新，鼓励不同地方、部门、机构在人才引进、培养、评价、使用、激励和保障方面开展差别化探索，推动人才管理改革试验区在工作实践中创造新模式和新经验。

二是牢固树立协调发展的理念，统筹推进人才资源整体开发。经济社

❶ 任采文．人才工作要自觉践行创新、协调、绿色、开放、共享的发展理念［J］．中国人才，2016，1.

❷ 孙锐．加快推动人才人事管理变革发展［N］．贵州日报，2017－08－26.

会的协调发展要靠人才资源的协调配置作支撑。人才资源开发既要遵循社会主义市场经济规律，也要更好地发挥政府宏观调控作用，促进高层次人才与高技能人才、东部人才与中西部人才、体制内人才与体制外人才、培养本地人才与引进外来人才等协调发展。要根据国家西部大开发、东北振兴、中部崛起和东部率先发展总体战略部署，通过宏观政策引导、人才计划实施、经济手段调控等，加大高技能人才培养力度、促进人才向中西部流动，对体制外人才实行公平政策、统筹实施各类人才项目，推进城乡、区域、产业、行业和不同所有制人才资源开发，优化人才资源配置。重点是统筹解决人才与教育、人才与科技在实际工作中存在的两张皮的问题，统筹推动创新人才与创业人才、创业人才与就业人员及不同所有制、不同产业行业人力资源的培养、开发、评价、使用、激励和保障工作。要深化户籍制度改革，实施居住证制度，努力实现基本公共服务常住人口全覆盖。要进一步强化促进人才向艰苦边远地区和基层生产一线流动的政策支持。要处理好政府、市场和社会的角色定位问题，发挥好市场的决定作用，更好地发挥政府作用，突出企业人才资源开发主体作用，充分发挥社会组织、中介机构等在人才资源开发中的积极作用，形成横向互动、上下联动、同频共振的发展新格局。

三是牢固树立绿色发展的理念，加快推进人才结构战略性调整。走可持续发展之路，加快建设资源节约型、环境友好型社会，关键是加快转变经济发展方式、促进产业结构优化升级。要适应经济发展方式转变和产业结构转型升级的需要，根据“中国制造 2025”和“一带一路”、长江经济带、京津冀协同发展的战略布局，大力开发高技术产业人才和现代服务业人才。重点培养集聚从事原创研究、交叉研究且能够引领国际科学发展趋势的战略科学家和推动我国关键核心技术实现重大突破的科技领军人才；大力培养造就具有国际化管理创新和跨文化经营能力的战略企业家；加快培养一大批支撑中国制造、中国创造的技术技能人才；着力开发引进战略规划、风险投资、资本运作、金融监管等各类现代服务业人才。要着眼于发展战略性新兴产业和新兴业态需要，突出“高精尖缺”导向，更大力度培养引进经济社会发展急需紧缺人才。要进一步建立绿色教育培训体系，大力培养储备绿色人才资源。要制定实施更加适合绿色人才创新创业的人才引进政策。研究制定绿色职业标准，提供绿色职业技能鉴定服务。通过财政专项预算和补贴、低息信贷、税收减免、政府采购等方式扶持绿色人才和人力资源开发工作。建立相应补偿机制，加大对特定行业和急需紧缺绿色人才在身心健康、人身安全方面的服务保障。

四是牢固树立开放发展的理念，以更加开放的政策促进人才对外开放。坚持对内对外开放并重，充分利用国际、国内两种人才资源是提升我国人才资源竞争力，掌握发展主动权的必然选择。必须顺应我国经济深度融入世界经济的趋势，适应实施互利共赢的开放战略、发展更高层次的开放型经济的需要，坚持“引进来”和“走出去”并重、引资和引技引智并举，实行更加开放、更加灵活、更加有效的人才政策，不唯地域引进人才、不求所有开发人才，不拘一格用好人才，加快建立聚天下英才而用之的体制机制。我们要进一步提高人才政策开放度，构建具有国际竞争力的引才用才机制，重点是完善外国人永久居留制度，放宽技术技能型人才取得永久居留权的条件，加快完善高效便捷的海外人才来中国工作、出入境和居留管理等服务，扩大来中国留学规模，优化留学生结构。要扩大人才服务业对外开放，促进民营人力资源服务业发展。深化“一带一路”人才合作与交流，推进京津冀、珠江三角洲、长江经济带人才合作。扫除人才流动障碍和壁垒，加快推进人事档案信息化管理，完善户籍政策和社会保障接续办法，提高人力资源公共服务水平，推动人才跨区域、跨体制、跨部门合理流动。积极做好国际组织所需人才的培养推送工作，加快培养推送政治过硬、专业水平高、精通国际事务的优秀人才到国际组织任职，增强我国在国际上的话语权和影响力。

五是牢固树立共享发展的理念，促进人才最大限度地实现创新创造价值。按劳分配、多劳多得是中国特色社会主义的分配原则。人才的活力主要来自于自身创新创造价值的实现，自己的劳动成果得到社会尊重和认可。要加快建立人才创新创业利益回报机制，完善知识、技术、管理、技能等创新要素参与利益分配政策，健全主要由市场决定技术创新项目和经费分配、评价成果的机制。加强知识产权运用和保护，完善技术创新激励机制，加大人才创新成果转化力度，提高人才享有创新成果收益比例、让人才在共享发展中焕发更大的创新创造活力。要增加人力资源公共服务供给，创新公共服务提供方式，为人才提供丰富、灵活和便捷的服务。要提高基础教育质量，建设现代职业教育体系，推行终身职业技能培训制度，实行企业新型学徒制，提高高技能人才、产业人才待遇。坚持就业优先战略，实施更加积极的就业政策，着力解决结构性就业矛盾，建立面向人人的创业服务平台，建立现代人才市场服务体系。

（二）扎实做好中央人才工作协调小组近期工作部署

1. 中央人才工作协调小组第42次会议有关部署

2016年2月2日，中共中央政治局委员、中组部部长赵乐际主持召开中央人才工作协调小组第42次会议，强调要深入学习贯彻习近平总书记系列重要讲话精神，紧紧围绕“四个全面”战略布局，牢固树立和自觉践行创新、协调、绿色、开放、共享发展理念，聚焦建设人才强国目标，加快推进人才发展体制改革和政策创新，广开进贤之路、广纳天下英才，为“十三五”开好局起好步、夺取全面建成小康社会决胜阶段伟大胜利提供有力人才支撑。

赵乐际指出，破解发展难题、增强发展动力、厚植发展优势，需要充分发挥人才第一资源的作用。人才工作要主动服务党和国家工作大局，认真落实党的十八届五中全会通过的“十三五”规划建议关于人才工作的重要部署，围绕“一带一路”建设、京津冀协同发展、长江经济带建设、精准扶贫等重大战略，大力引进、培养急需紧缺人才。要优化人才资源配置，清除人才流动障碍，提高社会横向和纵向流动性，鼓励人才向基层和艰苦边远地区等最需要的地方流动。完善人才激励政策，健全市场化、社会化人才服务体系。坚持党管人才原则，调动各地各部门和用人单位积极性，精准推进各项工作落实，营造识才、爱才、敬才、用才的社会环境、政策环境、文化环境。

经济发展进入“新常态”，人才事业站在新起点，要进一步明确人才工作的方向、布局和抓手。要遵循社会主义市场经济规律、人才成长规律，深化人才发展体制机制改革，完善人才使用、流动、激励和成果转化机制。要进一步健全留学人员回国服务、外国人永久居留等政策，充分发挥市场需求的导向作用和用人单位的主体作用，广泛汇聚海外英才。要分析人才形势、把握人才需求，进一步改善结构、提升质量，有效服务国家重大发展战略。要发挥党政部门、高校、科研院所、企业等各方面优势，共同做好人才工作。要重视对人才的团结引导服务，加强思想联系，在全社会大兴识才、爱才、敬才、用才之风，使人才更感光荣、更受尊重。

要把握人才发展形势，突出人才工作重点，大力推进人才发展体制机制改革和政策创新，打通人才流动、使用、发挥作用中的体制机制障碍，打通科技和经济转移转化的通道。要完善人才顺畅流动的制度体系，加大对革命老区、民族地区、边疆地区、贫困地区的人才支持力度。要围绕服务国家重大发展战略，以更大力度推进“千人计划”“万人计划”，统筹推进各类人才队伍建设。要增强服务意识、搭建创新平台，营造尊重劳动、尊重知识、尊重人才、尊重创造的社会环境，最大限度地激发人才的创造能量和活力。要坚持党管人才原则，完善协调小组工作机制，保持抓落实的力度和恒心，充分发挥各地各部门和社会各方面的积极性，形成推动人才发展的强大合力。

要加快建立集聚人才体制机制，遵循社会主义市场经济规律、人才成长规律、人才流动规律，完善人才评价、流动、激励机制，充分激发人才创新创业活力。要加快实施更加开放的人才政策，打开大门、敞开胸怀，择天下英才而用之。要更大力度推进重大人才工程，“千人计划”要更加突出“高、精、尖、缺”导向，进一步优化引才结构、提升引才质量，“万人计划”要落实各项特殊支持政策。要大力培育高技能人才，解决好制约我国制造业提升竞争力、向产业链高端攀登的瓶颈问题。要多同人才交朋友，多听取意见建议，多帮助解决实际困难，大力宣传各类优秀人才创新创业、报效国家的事迹，营造尊重劳动、尊重知识、尊重人才、尊重创造的良好社会氛围。要加强统筹协调，充分调动各方面的积极性，形成做好人才工作的强大合力。

2. 2017 年中央人才工作协调小组重点任务

根据中央组织部印发的《中央人才工作协调小组 2017 年工作要点》通知精神，2017 年人才工作总的要求是全面贯彻党的十八大和党的十八届三中、党的十八届四中、党的十八届五中、党的十八届六中全会精神，深入学习贯彻习近平总书记系列重要讲话精神和治国理政新理念、新思想、新战略，切实增强政治意识、大局意识、核心意识、看齐意识，紧紧围绕统筹推进“五位一体”总体布局和协调推进“四个全面”战略布局，以深化人才发展体制机制改革为主线，以向用人主体放权、为人才松绑为重点，坚持稳中求进工作总基调，加快构建具有全球竞争力的人才制度体系，聚天下英才而用之，以优异成绩迎接党的十九大胜利召开。重点工作主要体现在以下方面：

一是扎实推动人才发展体制机制改革意见贯彻落实。重点是推动人才管理部门简政放权，发布人才管理服务清单和责任清单，清理和规范人才招聘、评价、流动等环节中的行政审批和收费事项；选择部分事业单位开展扩大用人自主权和机构编制备案制试点。改进人才培养支持机制，完善高校学科专业、类型、层次和区域布局动态调整机制，健全产学研用协同育人机制；落实《关于进一步完善中央财政科研项目资金管理等政策的若干意见》，完善科研经费管理制度；选择部分科研院所开展试点，赋予创新领军人才更大的人财物支配权和技术路线决策权；改进完善博士后制度。创新人才评价机制，制定出台分类推进人才评价机制改革的指导意见，建立符合不同人才成长特点的评价机制；全面落实《关于深化职称制度改革的意见》；制定完善科技人才评价的指导意见；深入推进项目评审、人才评价、机构评估改革，制定中央级科研机构创新绩效评价办法；建立国家职业资格目录清单管理制度。完善人才创新创业激励机制，研究制定完善事业单位高层次人才收入分配激励机制的政策意见；探索实行协议工资、项目工资、年薪制等分配办法；落实有利于人才发展的股权期权激励政策；完善激励科技人员转化科技成果的财税政策。

二是为国家重大战略实施和区域发展提供人才支持。重点是制定鼓励和引导人才向艰苦边远地区和基层一线流动的意见，研究人才待遇、职称、选拔任用等方面的特殊政策，提高中西部地区、艰苦边远地区和基层一线人才保障水平。强化服务“一带一路”战略人才支撑，继续加大“一带一路”战略沿线国家非通用语种人才、国别和区域研究人才的培养力度；支持高校、科研院所、艺术团体引进沿线国家专家来中国开展合作交流；加快培养引进“一带一路”战略急需的领军人才和复合型人才。加大精准扶贫人才支持力度，深入实施边远贫困地区、边疆民族地区和革命老区人才支持计划；更大力度实施“西部之光”访问学者计划和博士服务团项目；开展专项扶贫行动，实施科技扶贫、健康扶贫、教育扶贫工程；深入推进“三支一扶”计划和贫困村致富带头人培育工程。

三是更大力度实施国家“千人计划”“万人计划”和国际组织人才培养推送等重大人才工程。重点开展第14批国家“千人计划”遴选工作，加大优秀青年人才引进力度；出台国家海外高层次人才引进计划管理办法；建立海外高层次人才引进分析研判机制和信息管理平台，分类分批发布引才参考目录；研究总结柔性引才的规律和有效措施，支持顶尖科学家回国（来中国）工作；推进《关于新形势下引进外国人才意见》落实，制订外籍科学家领衔国家科技项目办法，全面实施外国人来中国工作许可制度，完善外国人来中国工作配套政策。开展第三批国家“万人计划”遴选工作；出台国家高层次人才特殊支持计划管理办法；加大青年人才培养支持力度，探索建立优秀青年人才稳定支持机制。修订国际组织任职人员管理有关办法，完善国际组织人才培养推送配套政策；继续抓好重点国际组织中高层职位和关键岗位人才竞选竞聘支持工作；加大国际组织初级专业人员选派工作力度；研究编制培养推送优秀人才到国际组织任职工作中长期规划等。

四是统筹推进各类人才队伍建设。重点是加快培养集聚战略科学家和创新型科技人才，发布“十三五”科技人才专项规划；构建科学、技术、工程专家协同创新机制；完善基础研究人才培养机制；深入实施专业技术人才知识更新工程；继续深化院士制度改革，做好院士增选工作。大力培养高素质企业家，深入实施企业经营管理人才素质提升工程，探索在国有企业推行职业经理人制度，加大复合型国际化经营管理人才培养力度。完善高技能人才培养激励措施，实施《制造业人才发展规划指南》，加快制造业相关学科专业人才培养；鼓励行业企业参与制造业人才培养，推进产教融合发展工程；实施国家高技能人才振兴计划；建立技能人才职业技能等级认定制度，制定提高技能人才待遇的相关政策。推进农村实用人才队伍建设，深入实施现代农业人才支撑计划；实施新型职业农民培育工程，培养现代青年农场主和新型农业经营主体带头人；聚焦产业扶贫，开展农村实用人才带头人和大学生村官示范培训。加强社会工作专业人才队伍建设，制定高级社会工作师职业水平评价办法，完善社会工作专业人才职业水平评价制度；加强社会工作专业人才激励保障与岗位开发。

五是做好高层次专家人才团结引导服务工作。重点是加强高层次人才政治引领，深入实施高层次专家国情研修，加强专家国情研修基础建设，研究建立专家研修师资库。制定并落实党委联系服务专家工作意见，健全党政领导干部直接联系人才机制，完善联系服务专家工作制度；加强特殊一线岗位人才医疗保健工作。建立完善专家决策咨询制度，畅通建言献策渠道，充分发挥新型智库作用；组织高层次专家围绕国家战略部署、重大工程项目和地方经济社会发展需求，开展咨询服务活动。

六是提升党管人才工作科学化水平。重点是健全中央人才工作协调小组领导体制和工作运行机制，健全宏观指导和科学决策机制，完善协调小组职责和工作规则，明确各成员单位人才工作职责；建立重大事项报告制度、重要信息通报制度和重点工作督办制度；研究调动各方面力量做好人才工作的有效机制。实行人才工作目标责任制考核，开展人才工作目标责任制考核试点，研究制定党政领导班子和领导干部人才工作目标责任考核办法，将人才工作列为落实党建工作责任制情况述职的重要内容。加强人才工作宏观指导，研究建立全国人才大数据，健全人才发展监测评价指标体系，开展国家中长期人才发展规划纲要中期评估。

最近，2017 年 9 月 16 日，在深化人才发展体制机制改革经验交流会上，赵乐际强调，要深入学习贯彻习近平总书记系列重要讲话精神和治国理政新理念、新思想、新战略，不断把人才发展体制机制改革向纵深推进，聚天下英才而用之，为决胜全面建成小康社会、夺取中国特色社会主义伟大胜利、实现中华民族伟大复兴的中国梦提供有力人才支撑。赵乐际指出，在以习近平同志为核心的党中央坚强领导下，各地各部门坚持从广大人才最期盼的领域改起做起，积极主动向用人主体放权、为人才松绑，人才发展体制机制改革取得新进展、新成效。赵乐际强调，推进人才发展体制机制改革、加快建设人才强国，根本是要深入学习习近平总书记人才工作重要思想，贯彻落实到人才工作各方面全过程。要树立战略思维、全球视野，增强大局意识、服务意识，更好服务统筹推进“五位一体”总体布局、协调推进“四个全面”战略布局、贯彻落实新发展理念，促进人才发展与经济社会发展深度融合。要坚持党管人才原则，加快构建具有国际竞争力的人才制度体系，实施更加积极、更加开放的人才政策，完善柔性引才用才政策，做好团结、引领、服务工作，大力营造人才发展良好环境，使各类人才创业有机会、干事有平台、发展有空间。要总结推广各类用人主体引才用才经验，健全灵活的用人方式、用人机制、激励模式，充分激发人才创新创业创造活力。

深化人才发展体制机制改革进入新的阶段

当今世界经济社会的竞争，既是人才的竞争，又是人才背后的制度竞争。2016 年 2 月 27 日中央印发的《关于深化人才发展体制机制改革的意见》，是继 2003 年出台《关于进一步加强人才工作的决定》、2010 年制订《国家中长期人才发展规划纲要（2010—2020 年）》之后，又一具有标志性意义的重大举措。习近平总书记对贯彻落实该意见作出批示时强调，要加大改革落实工作力度，把该意见落到实处，加快构建具有全球竞争力的人才制度体系，聚天下英才而用之。因此，加快构建具有全球竞争力的人才制度体系是当前和今后一段时期人才工作的核心目标和主要任务。

一、以创新体制机制改革集聚恢弘磅礴的人才大军

“为政之要，贵在得人；得人则昌，失人则衰。”人才事业具有全局性和战略性。党和国家历来高度重视人才工作，在革命、建设、改革各个历史时期，制定和实施了一系列重大方针政策，为党和人民事业发展培养和集聚了宏大的人才队伍。党的十八大以来，习近平总书记深刻把握国际国内发展基本走势，对人才事业发展和人才队伍建设作出一系列重要指示，反复强调要建立集聚人才体制机制，聚天下英才而用之。人才发展体制机制改革是我国全面深化改革的重要组成部分，是党的建设制度改革的重要内容。

制定《关于深化人才发展体制机制改革的意见》，既是中央的明确要求，也是人才事业发展实际需要。经过几代人努力，我国人才队伍建设取得巨大成就，但人才队伍大而不强，领军人才、拔尖人才稀缺，人才创新创造活力不足，成为制约创新驱动发展的“瓶颈”。解决这些问题的关键是深化人才发展体制机制改革。中央确定的改革逻辑起点是：以聚天下英才而用之为目标，创造性地提出构建科学规范、开放包容、运行高效的人才发展治理体系的构想。把人才发展纳入国家治理体系和治理能力现代化的逻辑框架中来，这是人才发展理论的一个重大突破。[1] 制定该意见，就是要

---

[1] 吴江．人才发展制高点的重大转折——学习《关于深化人才发展体制机制改革的意见》的体会［J］．中国人才，2016（9）．

通过深化改革，破除思想观念和体制机制障碍，让人才放开手脚创新创造，尽情展示聪明才智，使一切创新想法得到尊重、一切创新举措得到支持、一切创新才能得到发挥、一切创新成果得到肯定，为经济社会发展增添蓬勃活力和强大动力。

在总体考虑方面，该意见突出四个方面：一是加强总体谋划。把人才发展体制机制改革放到协调推进“四个全面”战略布局中进行谋划，树立全球视野和战略眼光，注重统筹开发利用国内国际人才资源，突出为创新驱动发展提供人才和智力支撑。二是遵循“两个规律”。遵循社会主义市场经济规律和人才成长规律，充分发挥市场在人才资源配置中的决定性作用和更好地发挥政府作用，推动人才管理部门简政放权，落实用人单位自主权。三是突出问题导向。针对束缚人才发展的体制机制障碍，找准突破口和切入点，打破条条框框限制，克服利益格局掣肘，提出改革的思路和办法。四是坚持积极稳妥。从我国国情和人才实际出发，注意策略方法，既抓住关键大胆突破，又注意统筹兼顾、协调推进。一些改革举措强调试点先行、由点及面、有序推开，鼓励支持基层探索创新。

在改革人才管理体制方面，该意见把理顺政府、市场、社会、用人主体关系，明确各自功能定位作为改革重点，着力加以推进。一是建立政府人才管理服务权力清单和责任清单，推动人才管理部门简政放权，消除对用人主体的过度干预。二是对反映强烈的编制、岗位和薪酬管理等体制问题提出改革举措，保障和落实用人主体自主权。三是健全市场化、社会化的人才管理服务体系，积极培育各类专业社会组织和人才中介服务机构，有序承接政府转移的人才培养、评价、流动、激励等职能。四是加强人才管理法制建设，完善人才政策法规体系。

在改革人才评价、流动、激励等机制方面，该意见有针对性地提出六项改革任务。一是在人才培养方面，重点聚焦专业人才，尤其是实施创新驱动发展战略急需的战略科学家、科技创新人才、企业家和技能人才等，改进培养支持方式，注重创新能力培养。二是在人才评价方面，根据人才不同类别，分别实行学术评价、市场评价和社会评价，提高人才评价的针对性、科学性。三是在人才流动方面，打破体制壁垒，扫除身份障碍，促进党政机关、企事业单位人才和社会各方面人才顺畅流动，提高人才横向和纵向流动性。四是在人才激励方面，完善市场评价要素贡献并按贡献分配的机制，促进科技成果资本化、产业化，实施股权期权激励，让人才合理合法享有创新收益。五是在人才引进方面，实行更积极、更开放、更有效的人才政策，不唯地域、不求所有、不拘一格，广开进贤之路、广纳天下英才。六是在投入保障方面，综合运用经济、产业政策和财政、税收杠杆，加大人才开发投入力度，促进人才与经济社会发展深度融合。

党管人才是人才工作的根本原则，是我国人才制度的独特优势。新形势下，发挥党总揽全局、协调各方的领导核心作用，发挥党的思想政治优势、组织优势和密切联系群众优势，就能更好地吸引人才、凝聚人才，为人才干事创业指引方向、提供保障。在完善党管人才领导体制方面，该意见提出发挥党委（党组）统揽全局、协调各方的领导核心作用，进一步完善党管人才工作格局，建立人才工作目标责任制，加强政治引领和政治吸纳，做好人才团结教育引导服务工作。要全面深刻理解该意见核心内涵和要义，还应重点把握好四个方面。

（一）必须牢牢把握解放和增强人才活力这条主线

习近平总书记就深化人才发展体制机制改革作出重要批示强调，“让人才创新创造活力充分迸发，使各方面人才各得其所、尽展其长”。该意见把解放和增强人才活力改革作为主线，这是由全面深化改革的目标任务决定的。《中共中央关于全面深化改革若干重大问题的决定》提出：“全面深化改革，必须坚持社会主义市场经济改革方向，以促进社会公平正义、增进人民福祉为出发点和落脚点，进一步解放思想、解放和发展社会生产力、解放和增强社会活力，坚决破除各方面体制机制弊端”“让一切劳动、知识、技术、管理、资本的活力竞相迸发，让一切创造社会财富的源泉充分涌流。”这“三个解放”是对人类社会发展动力的高度概括和规律性把握，既是全面深化改革的核心，又是全面深化改革的目的。人才是经济社会发展的第一资源，是解放思想的先行者，是发展社会生产力的引领者，是社会活力的集中体现者。解放和增强人才活力，是“三个解放”的核心和关键。习近平总书记也强调：“全面深化改革，就要激发市场蕴藏的活力。市场活力来自于人。”一切社会活力从根本上讲是人的活力，尤其是人才的活力。解放和增强社会活力，首先是解放和增强人才活力。因此，深化人才发展体制机制改革的根本目的就是解放和增强人才活力，为经济社会发展提供强大的人才支撑。习近平总书记曾明确指出：“择天下英才而用之，关键是要坚持党管人才原则，遵循社会主义市场经济规律和人才成长规律，着力破除束缚人才发展的思想观念，推进体制机制改革和政策创新，充分激发各类人才的创造活力。”这是新形势下人才工作的根本遵循，也是深化人才发展体制机制改革的根本遵循。必须在推进改革的过程中，牢牢把握解放和增强人才活力这条主线。紧紧围绕这条主线，谋划改革思路，明确改革重点，设计改革举措，解决改革难题。一切束缚和窒息人才活力的体制机制障碍都要坚决地破除，一切有利于解放和增强人才活力的改革举措都要大胆地试、大胆地探索，通过深化改革，为各类人才创造活力竞相迸发，创新智慧充分涌流提供制度保障。[1]

当前，人才发展活力不足首先表现为思想观念的束缚，例如，人才管理上的行政化、“官本位”思维定式；在识才、选才和评价人才上存在的唯学历、唯职称、唯论文、唯身份的“四唯”观念；在人才分配激励上的“平均主义”“大锅饭”思想；在人才使用上的论资排辈、求全责备观念；在人才流动上“单位部门所有”“管卡压”权力意识，等等，这些陈旧的思想观念不破除，人才发展体制机制改革就难以深化，人才的内在活力就难以充分激发出来。因此，深化人才发展体制改革首先要在解放思想、观念更新上下功夫，勇于破除一切不合时宜的、束缚人才创新创业的陈腐用人理念，克服和摒弃那些嫉才、贬才、轻才、弃才的观念和做法，大力宣传倡导人才发展的新思想、新理念，牢固树立“人才是支撑发展的第一资源”“人才优先发展战略”，在全社会培育识才、爱才、敬才、用才的良好风尚，努力营造人人皆可成才、人人尽展其才的社会环境。当然，解放和增强人才活力更需要对人才体制进行系统性改革和政策创新，这也是该意见提出的主要任务。在思想层面，著名人才学家叶忠海提出解放和增强人才活力，必须坚持以人为本位的指导思想，并将这一指导思想贯穿于人才工作各个领域和全过程：一是要树立“人才是目的”的理念。人的全面而自由发展是人类社会历史发展的最终目的。归根结底，人才是社会可持续发展的目的而不是工具。人才发展体制机制改革，不仅应把推动社会的科学发展作为价值取向，而且应以促进人才的科学发展为最终价值取向，把人才的全面自由发展作为人才体制机制改革的最终目的。二是要树立“人才为主体”的理念。人才活力的解放和增强，人才内因是第一位的，再好的外部因素，也要通过人才的评价、选择、控制、内化，才能成为人才活

---

[1] 任采文．牢牢把握解放和增强人才活力这条改革主线［J］．中国人才，2016（4）：2－3.

力激发的内动力。因此，解放和增强人才活力，就要充分体现人才的主体性，不能仅仅将人才及其活力作为“被解放”“被激发”的对象和客体，应自始至终将人才主体性需要作为人才体制机制改革的基本依据，将人才需要与社会需要辩证统一起来。人才体制机制改革应充分体现对人才发展的服务性。三是要树立“人才作为尺度”的理念。人才是人才活力的载体，对其活力的解放和激发状况最有体验、最有发言权。人才体制机制改革的质量和成效的评价，最基本评价主体是广大人才。应积极组织人才参与评价活动，倾听人才的呼声、建议和意见，应将他们的知晓度、认同度、满意度作为衡量改革成功与否的最基本尺度。四是树立“人才是过程”的理念。人才既有纵向的成长和发展过程，又有横向的类型转化过程。这就要求人才体制机制改革要遵循人才成长规律，了解和把握不同类型不同层次人才的成长和发展的特点和需要，以问题为导向，针对性开展实施人才改革，力求做到阶段性和连续性的统一，形成科学规范、开放包容、运行高效的人才发展治理体系。❶

（二）牢牢把握构建人才发展治理体系的改革目标

该意见在指导思想中明确提出“构建科学规范、开放包容、运行高效的人才发展治理体系，形成具有国际竞争力的人才制度优势”的改革目标，这是人才发展理念的重大创新，也是人才工作思维方式、工作方法的重大转变，既与国家发展治理体系相对接，又体现了人才工作的与时俱进。深化人才发展体制机制改革，必须牢牢把握构建人才发展治理体系这一改革目标，围绕改革目标谋划改革思路，突出改革重点、落实改革举措。因此，认真贯彻落实该意见，必须对构建人才发展治理体系进行深入把握，重点要从以下方面理解：

一是深刻理解构建人才发展治理体系是推进国家治理体系和治理能力现代化的重要组成部分。党的十八届三中全会决定将“国家治理体系和治理能力”放在一起，作为全面深化改革的总目标，这也是把构建人才发展治理体系作为深化改革目标的重要依据。国家治理体系和治理能力是一个有机整体，推进国家治理体系的现代化与增强国家的治理能力，是同一政治过程中相辅相成的两个方面。国家的治理体系包括政治、经济、社会、

---

❶ 叶忠海．解放和增强人才活力［J］．中国人才，2016（6）：17.

文化、生态等各个领域，必须从总体上考虑和规划各个领域的改革方案，从中央宏观层面加强对治理体制改革的统筹协调。人才在党和国家事业发展中处于关键地位，人才发展体制机制贯穿于国家治理体系的各个方面，构建科学规范、开放包容、运行高效的人才发展治理体系，是构建国家治理体系不可或缺的组成部分，也是推进国家治理能力现代化的题中之义。国家治理体系的现代化，最重要的还是体制机制的现代化和人的现代化，即治理的体制和治理者的素质，这两者都不可或缺。但比较而言，体制更具有根本性，有什么样的管理体制，就会成长什么样的人才。因为体制影响、制约、塑造着人才的活动，为人才的活动提供了规则、标准和模式，将人才的成长导入可合理预期的轨道，给人才提供了从事创造活动的实际空间。因此，构建人才发展治理体系，既是体制机制现代化的必然要求，也是促进人的现代化的根本举措。此次该意见的改革设计以聚天下英才而用之为核心，创造性地提出构建科学规范、开放包容、运行高效的人才发展治理体系，把人才发展纳入国家治理体系和治理能力现代化的大框架中来，纳入国家治理体系和治理能力现代化的大框架中来，是人才发展理论的又一个重大突破，其改革意义十分深远。

二是构建人才发展治理体系，首先必须转变人才发展方式。管理与治理虽然只有一字之差，但在管理主体、管理手段、权力运行方式和管理目标上都将发生很大变化，这就必将导致人才发展方式的重大转变；同时，揭示了人才主体才是人才发展的制高点，决定人才命运的不是政府，而是人才自身激发出来的自觉理性。正如马克思在论述人的解放中曾精辟概括的“任何一种解放都是把人的世界和人的关系还给人自己”。人才治理的基本内涵是在坚持党管人才原则下，突出人才在经济社会发展中的主体地位，充分发挥政府、企业、高校、科研机构和社会组织等用人主体在人才发展中的主导作用，构建人才发展多元治理共同体，营造人尽其才、才尽其用的良好社会环境，实现人才发展的共治、共赢、共享。从人才发展的管理主体来看，将由政府的单一管理转向政府、市场、社会、用人主体的共同治理；从人才资源配置方式来看，将由政府发挥决定性作用转向市场发挥决定性作用；从人才管理手段来看，将由政府计划推动为主转向用人主体市场竞争为主；从权力运行方式来看，将由建立在“控制与依附”关系之上的组织性整合转向建立在“独立与平等”关系之上的组织性协调。人才治理的抽象内核，就是人才治理首先表现为人才创造活动的理性发展。社会每一个人，都有成才的自由和追求幸福的权利；每一个人才也都有施展才华的自由和创业创新的权利；构建人才发展治理体系的目的，就是使人人有享受这些权利的制度和文化环境，使人人都成为驾驭自身能力发展、创造社会价值的主人，而不仅仅是选拔发现、培养使用、激励保障这些具体用人政策的完善。因此，深化人才发展体制机制改革，就是要加快构建与社会主义经济体制相适应的人才发展治理体系，尽快实现从行政主导转向市场主导，从计划配置转向市场配置，从行政化管理转向市场化、社会化管理，打破束缚人才创造力的条条框框，把该放的权放到位，该营造的环境营造好，该制定的规则制定好，激发用人主体和人才的内在活力，为各类人才发展营造良好的制度环境。

三是构建人才发展治理体系，关键是推动政府转变职能、简政放权，厘清政府、市场、社会和用人主体的权责边界。人才管理为什么要简政放权，实质是要解决管理者的理性是有限的这个根本命题，并且人才的积极性、创造性不是管理出来的。国际经验表明，衡量人才管理体制的优劣，取决于市场的开放度与自由度、政策的受益度与公平度、政府的监管适度和服务效度三个自变量，核心是实现人才的外部条件与内生动力的良性互动。现代治理体系的建立，就是对这三个变量的具体措施进行有效统筹，它强调国家、社会、企业等之间的新组合，通过以多种关系构成一个试图克服不可治理性的网络，政府由此得以使用多种新的政策工具加强统筹，充分发挥多个治理主体的各自长处，增强政府治理的有效性。当前政府行政体制改革的目标是根据政社分开、政事分开和管办分离要求，强化政府人才宏观管理、政策法规制定、公共服务、监督保障等职能，这四大人才职能定位与党管人才的管宏观、管政策、管协调、管服务四个职责是基本一致的。宏观管理职能主要是抓好人才规划制定、人才需求预测、统筹各支人才队伍建设；政策法规制定职能主要是抓好人才政策供给和人才法制建设；公共服务职能主要是健全人才公共服务体系，提高服务质量，推进人才服务的社会化、市场化建设；监督保障职能就是加强对人才市场主体的监管，促进市场主体有序健康发展，维护人才合法权益，保障人才有效投入。因此，建立现代人才发展治理体系，必须推动政府加快转变人才管理职能，进一步简政放权、放管结合，优化服务，纠正人才管理中存在的行政化、“官本位”倾向，全面落实用人主体自主权，健全统一、开放的人才市场体系，构建市场化、社会化的人才管理服务体系，充分发挥市场对人才资源配置的决定性作用和更好发挥政府作用，进一步增强市场竞争、社会评价和行业规制力量，探索政府人才工作部门与公共机构、社会组织、私营单位等多元主体的合作治理模式，建立政府、学界、产业界、工程界和专业组织有序分工、协调合作、良性互动的人才资源开发新机制。

四是构建人才发展治理体系，必须加快推进人才管理法制建设。人才管理法治化，至今没有大的突破，根本原因是许多人把法治与现行的管理体制对立起来，甚至仍然纠结在权大还是法大的困惑中。法治化是国家治理体系现代化的重要标志，是发展社会主义市场经济的根本保障。“法者，治之端也。”维护人人平等的权利，是法治的本质。越是推进人才管理市场化、社会化改革，越要加强法治建设。推进人才法治化，首先就是要将人才工作由政策推动转向营造法治环境，习近平总书记曾深刻指出：“环境好，则人才聚、事业兴；环境不好，则人才散、事业衰。”营造人才发展的良好环境，最根本的是把集聚人才的权利赋予人才，把用好用活人才的权利赋予市场主体，最大限度地约束和减少行政干预。唯有法律可确立人才的主体地位，明确人才的权利义务，依法保障人才的合法权益。营造一个人人皆可成才的法治环境，才是人才发展的最好环境。其次，人才法治化有利于深化人才体制机制改革，发挥市场配置资源的主导性作用。当前，人才资源开发已经从追求数量的规模效应转向市场配置的自主效应，已经从地区间政策分割的马太效应转向打破体制壁垒的蝴蝶效应。深化人才体制机制改革，法治化是助推器；遵循市场配置人才资源规律，法治化是孵化器。人才工作法治化过程是人才工作发展量变到质变的过程，从人才大国迈向人才强国的一个根本标志，就是形成具有国际竞争力的法治优势和市场优势。最后，人才管理法治化是国际上的通行做法，发达国家对人才的吸引力主要是有一整套的权益保障法律，美国的人才竞争力说到底是始终保持了人才法律的时代适应性，如不断修订的《移民法案》已经形成国际人才竞争的法律优势，每年吸引优秀人才移民高达 100 多万人。当前，在人才管理上政策碎片化、短期行为、政出多门及部门利益和地方主义倾向严重，人才法治化落后，是我国现行治理体制和公共政策的致命弱点，削弱了国家的治理能力。建立现代人才发展治理体系，必须加快人才管理法制建设步伐，抓紧研究制定人才开发促进法，为构建人才发展治理体系提供法律依据。进一步健全人力资源市场、人才评价、人才安全等方面的法律法规，为各类人才顺畅流动、合理配置、科学评价提供法律保障。抓紧为外国人才来我国进行科学研究提供完善的法律保障。抓紧完善外国人才来我国工作、签证、居留和永久居留管理的法律法规，为构建具有全球竞争力的人才制度体系提供有力支撑。要研究制定人才工作条例，进一步完善党管人才领导体制和工作机制。同时，要及时清理不合时宜的人才管理法律法规和政策性文件，为建立现代人才发展治理体系扫清障碍。

五是科学把握人才治理体系的建设标准。该意见提出人才发展治理体系现代化的衡量标准是科学规范、开放包容、运行高效。科学规范，意味着人才发展治理体系的建设要遵循社会主义市场经济规律和人才成长规律，还要顺应人才集聚规律、人才创新规律、人才流动规律及人才作用充分发挥的规律；同时意味着人才发展相关的一切工作都要坚持制度化规范化方向，推动人才发展健康有序可持续。开放包容，意味着在人才工作中贯彻落实开放发展重要理念，在人才发展上坚持“两条腿走路”，既要立足国内，做好本土人才资源开发和使用，又要放眼全球，五湖四海延揽优秀人才，在国际人才竞争中更加积极作为，使更多优秀的国际人才集聚我国、为我所用，以收获人才价值、享有人才红利为直接目标。运行高效，提出了人才体制机制的评价标准。深化人才发展体制机制改革的成效最终反映为中国的人才竞争力。更具体地看，就是在本土人才培养能力、国际人才引进能力、人才创新和持续成长能力、尖端人才对相关领域的引领和影响能力及经济社会发展中的人才贡献率等方面，实现对发达国家的赶超，这也是未来中国在全球治理和公共产品供给中发挥更大作用最为关键的支撑。

（三）充分发挥市场在人才资源配置中的决定性作用

该意见强调，“充分发挥市场在人才资源配置中的决定性作用和更好发挥政府作用，加快转变政府人才管理职能，保障和落实用人主体自主权，提高人才横向和纵向流动性”。这是中央文件第一次明确提出充分发挥市场在人才资源配置中的决定性作用，体现了在社会主义市场经济条件下对人才资源开发规律的深刻把握，突出了深化人才发展体制机制改革的市场导向，明确了在全面建成小康社会决胜阶段人才发展的战略重点，标志着新时期人才工作的重大转型。在市场经济条件下，人才作为市场的核心要素和主导资源，既要遵循人才资源开发的特殊规律，也要遵循市场经济的一般规律。市场经济的本质特征就是市场对各类资源的配置起决定性作用，通过市场供求、价格和竞争机制优化各类资源配置。发挥市场在人才资源配置中的决定性作用，必须破除把人才视作特殊资源而不宜市场化配置的错误观念，充分认识人才在各类生产要素配置中的能动性和主导性。必须看到，各类生产要素只有在人这个“活的劳动要素”的作用下，才能转化为现实生产力，而人才对科技生产力的转化更具有倍增效应。当前，我国各类生产要素基本上实现了市场化配置，劳动力市场化配置的程度也在不断提高，只有人才这个高级生产要素受传统管理体制机制的制约，市场化配置程度较低，在很大程度上影响了各类生产要素市场化配置整体效能的提升。因此，只有充分发挥市场在人才资源配置中的决定性作用，才能最大限度地激发人才创新创造活力，提升市场资源整合效能和科技成果转化能力，更好地发挥人才在创新发展中的引领作用。如何发挥市场在人才资源配置中的决定性作用，关键在于以下方面。[1]

一是必须加快推进政府转变人才管理职能。长期以来，我国对人才资源的管理沿用的是计划经济条件下形成的管理模式，人才管理不是一种人才的内在需求，而是一种外在的形式，这种人才计划管理体制使人才的价值与使用背离，付出与获得脱节，能力与贡献游离。在这种情况下，不管单位还是个人都没有强化人才开发的内在冲动，行政化、官本位倾向十分突出，人才流动配置，评价激励受制于计划、编制、指标的约束，人才流不动、评不好，缺乏活力的现象严重。随着我国社会主义市场经济的深化改革，人才讲效益、重能力、论功绩、可流动的观念成为主流思维。市场供求规律、价格规律、竞争规律已成为引才用才的基本依据，人才管理体制的变革也自然成为市场经济体制下的内在冲动和本能要求。由政府发挥决定性作用转向市场发挥决定性作用，关键是要简政放权，转变政府人才管理职能，大幅度减少政府对人才资源的直接配置，推动人才资源配置依据市场规则、市场价格、市场竞争实现效益最大化和效率最优化。重点要按照政社分开、政事分开和管办分离要求，强化政府人才宏观管理，政策法规制定、公共服务、监督保障等职能，消除对用人主体的过度干预，建立政府人才管理服务权力清单和责任清单，清理和规范人才招聘、评价流动等环节中的行政审批和收费事项。

二是必须全面落实用人主体自主权。各类经济组织和社会组织是市场经济的用人主体，在人才资源配置中起主导作用。选用什么样的人才，如

---

[1] 任采文. 充分发挥市场在人才资源配置中的决定性作用 [J]. 中国人才，2016 (5)：2－3.

何选才用才，用人主体最有发言权，政府不能越俎代庖、包办代替。充分发挥市场在人才资源配置中的决定性作用，必须突破部门利益格局的困扰，敢于和舍得向用人主体放权，为人才松绑，把过去掌握在政府手中的人才评价权、选拔权、调配权、奖励权下放给用人主体。凡是行政部门应当下放的权力都应当下放，凡是用人主体可以自己决定的事情都应当自主决定，让用人主体根据自身特点充分发挥在人才培养、吸引和使用中的主导作用。当前要重点在选人用人、科研立项、成果处置、编制管理、职称评审、薪酬分配、科研经费使用等方面给科研院所和高校更多的自主权，重点下放岗位设置权、公开招聘权、职称评审权、薪酬分配权、人员调配权。只有用人主体拥有充分的自主权，才能充分调动用人主体的积极性，才能充分激发各类市场主体的活力，更好地发挥市场对人才资源配置的决定性作用，形成全社会重视发挥人才作用、竞相开发人才资源的生动局面。

三是必须加快构建社会化、市场化人才管理服务体系。发挥市场配置资源决定性作用的关键是要把市场和社会发动起来。在人才资源管理上，目前存在政府强、市场弱的特点，政府不得不唱“独角戏”，这是与我国人才市场体系不健全、不完善分不开的。一个用人单位、一个地区乃至一个国家，自身的人才资源都是有限的，无论是在数量、质量还是结构方面，都会出现不够用、不适用和不会用的问题；要按照面向全社会、全世界聚天下英才而用之的原则，打破一切体制壁垒和身份障碍；同时，人才在竞争中选择，哪里有需要、哪里能发挥作用、哪里效率高就往哪里流。这就要求我们必须加快建立统一开放的人才市场体系，完善人才供求、价格和竞争机制，让各类用人主体在规范有序的市场环境中公平竞争、有效整合人才资源，让各类人才在市场竞争中各得其所、尽显其长、实现价值。加快推进人才公共服务机构改革，积极培育各类专业社会组织和人才中介服务机构，有序承接政府转移的人才培养、评价、流动、激励等职能；大力发展现代人才服务业，建立各类专业性、行业性人才市场，鼓励发展高端人才猎头等专业化服务机构，放宽人才服务业准入限制；加快完善人才诚信体系，建立失信惩戒机制；为各类人才自由流动、科学评价、产权保护、有效激励提供便捷高效的社会化服务。

四是必须更好地发挥政府的作用。人才资源是一种特殊资源，有很强的主观能动性，完全依靠市场机制容易出现“市场失灵”问题。例如，“人往高处走”是由市场规律决定的，就容易出现人才结构性失衡、区域性失衡，冷门专业没人愿意学、没人愿意干；艰苦边远地区吸引不了人才、留不住人才。再例如，人才创造性价值需要通过市场机制来实现，但精神层面价值很难通过市场机制来实现。这就需要更好地发挥政府宏观管理职能，运用经济、行政、法律等调控手段弥补市场缺陷，通过倾斜性政策引导人才向艰苦边远地区和基层一线流动，通过精神激励激发人才更大的创新创造活力。特别是在由行政干预为主向市场调控为主的转型过程中，要防止“一放就乱、一收就死”的恶性循环现象出现。例如，职称评审权下放了，会不会出现“教授满街走”的现象，一些事业单位编制实行备案管理，会不会出现人员无限膨胀和素质下降等问题，规避这些问题需要加强政策调研和政府宏观监管职能。越是发挥市场在人才资源配置中的决定性作用，越是要加强政府对人才资源开发的宏观管理，只有将两者有机统一，才能建立更加科学高效的人才管理体制，才能不断提高人才资源配置的科学化水平，提升我国在全球范围内整合人才资源的能力，形成具有中国特色的人才制度优势。

（四）促进人才发展与五大建设深度融合

该意见明确指出深化人才发展体制机制改革要坚持服务大局的原则，“围绕经济社会发展需求，聚焦国家重大战略，科学谋划改革思路和政策措施，促进人才规模、质量和结构与经济社会发展相适应、相协调，实现人才发展与经济建设、政治建设、文化建设、社会建设、生态文明建设深度融合。”这是在中央文件中第一次提出促进人才发展与五大建设的深度融合，是人才发展理念的改革创新、与时俱进，体现了深化人才发展体制机制改革的根本着眼点和着力点，明确了深化改革的衡量标准，对加快推进改革、做好经济“新常态”下的人才工作具有重要指导意义。应重点从以下方面理解：

一是促进人才发展与五大建设深度融合是人才工作服务发展大局的必然要求。服务发展大局是人才工作的根本出发点和落脚点，推进人才发展体制机制改革必须观大局、谋大势，在服务大局上聚焦，面向经济社会发展主场、面向人民群众新需求，找准工作的方位方向和重点着力点。深化人才发展体制机制改革要更好地服务经济社会发展大局，必须把改革的思路、重点和重大举措嵌入经济建设、政治建设、文化建设、社会建设、生态文明建设的各个方面、各个环节，围绕经济社会发展需求来谋划改革思路、突出改革重点、抓实改革举措。聚焦国家重大战略，加快推进人才制度创新，加强各类人才队伍建设，促进人才规模、质量和结构与经济社会发展相适应、相协调。要让人才发展的软任务变成经济社会发展的硬指标，把人才发展列为经济社会发展综合评价指标。要把人才发展与实施重大国家战略、调整产业布局同步谋划、同步推进，围绕“一带一路”建设、京津冀协同发展、长江经济带建设、“中国制造2025”、自贸区建设及国家重大项目和重大科技工程的实施，研究制定人才支持措施。要着眼于促进军民深度融合发展，建立军地人才、技术、成果转化对接机制。要鼓励和支持各地各部门开展差别化改革探索，开展人才管理改革先行先试工作。在国家自贸区、国家综合改革试验区和北京中关村、广东粤港澳人才管理改革试验区进行改革试点，为深化改革提供可复制、可借鉴的经验。

二是促进人才发展与五大建设深度融合是衡量人才发展体制机制改革成效的检验标准。深化人才发展体制机制改革不能就改革论改革、就人才讲人才，要把促进人才发展与经济社会发展的深度融合作为检验改革成效的试金石。人才体制机制改革的成效如何，取决于人才发展与经济社会发展的融合程度。该意见对从管理体制改革到培养支持、评价、流动、激励、引才用才、发展保障等六个方面的机制改革，作出了全面部署，画出了改革路线图，提出了完成时间表。如何改出实效？一个重要衡量标准，就是促进人才发展与经济社会发展深度融合。可以说，这是人才发展体制机制改革的“牛鼻子”，只有抓住服务发展大局的关键点推进改革，改革才有红利，才能为实施创新驱动发展战略和实现创新、协调、绿色、开放、共享发展提供有力的人才支撑。

三是促进人才发展与五大建设深度融合，必须以供给侧思维推进人才工作。习近平总书记多次强调，要“着力加强供给侧结构性改革，提高供给体系质量和效率。”从供给侧看，我国目前的供给，主要面临产能过剩、效率低下、档次不高、竞争力不强等问题。人才供给也面临同样的困境，这就要求我们要特别把握适应和引领经济发展“新常态”、推进供给侧结构性改革的新要求，解决人才供给中的突出矛盾，补齐产业转型升级中的人才短板，以人才资源规模的扩大、结构的完善和质量的提升，带动全要素生产率的提高，推动经济社会持续健康发展。该意见以建立权力清单和责任清单为抓手，在落实用人自主权、完善创新人才培养支持机制、改革职称制度和职业资格制度、建立人才顺畅流动机制、强化人才创新创业激励机制、加强人才投入等方面提出了一揽子制度创新计划。从供给思维角度来看，重点要通过制度变革、要素保障、精准培养这“三大发动机”，增加人才有效供给，打造转型升级新引擎。首先，人才供需的结构性失衡主要表现为中低端人才“产能过剩”和高精尖人才“供给不足”，人才不够用、不适用、不被用问题突出，政府在人才引进、评价激励、流动配置等方面过多承担了市场和企业的角色；要推动人才管理部门简政放权，公布权责清单，规范行政裁量权，明确责任主体和权力运行流程，保障和落实用人主体自主权，最大限度释放人才的有效供给。其次，人才工作要精准发力，保障政策、载体、环境三种要素的有效投入，包括立足“有效激励”，以扩大人才股权期权激励为重点强化改革，完善科研人员收入分配政策，建立市场评价要素贡献并按贡献分配的机制，形成以增加知识价值为导向的创新人才激励机制；打造好的载体集聚人，要创新思路，建设一批离岸孵化基地，实现人才域外招引，科技成果本土转化；加大知识产权保护力度，防止各种“山寨”产品盛行，挫伤科技人员创新创业的积极性。最后，落实好领军型、技能型、复合型三类人才的培养使用。各类专业技术人才特别是领军人才、技能人才、复合人才的缺乏，是近年来制约科技创新、产业提质增效的主要原因之一。要想在新一轮科技变革中抢得先机，就必须提高领军型、技能型、复合型人才的供给水平，改进战略科学家和创新型科技人才培养支持方式，更大力度实施国家“千人计划”和“万人计划”，突出“高精尖缺”引才导向，健全工作和服务平台，提高引才质量和效益。

四是促进人才发展与五大建设深度融合，关键是要完善党管人才领导体制和工作格局。党管人才是人才工作的重要原则。自2003年党管人才原则正式确立以来，各地各部门积极探索，党管人才工作格局逐步健全。该意见提出“完善党管人才工作格局”，进一步对党管人才做出明确规定。在新的历史条件下，人才是国家发展最宝贵的战略资源，我们党要科学执政、长期执政，要推进五大建设，必须直接掌握这一重要战略资源，把尽可能多的人才团结凝聚到党和国家的事业中来；特别是针对人才规模越来越大、构成日益复杂、思想更加多元的实际，必须充分发挥党的组织和资源优势，加强与专家人才的思想联系，增进感情交流，以实现最大限度的团结凝聚人才。从人才工作运行来看，人才工作也不是一个部门性、行业性的工作领域，而是服务于各行各业，不能仅从自身工作需要出发，必须增强大局意识、全局意识；尤其是当前深化人才发展体制机制改革步入改革的“深水区”，涉及方方面面权力关系和利益格局的重新调整，只有充分发挥党的思想政治优势、组织优势和密切联系群众优势，进一步加强和改进党对人才工作的领导，健全党管人才领导体制和工作格局，创新党管人才方式方法，才能为深化人才发展体制机制改革提供坚强的政治和组织保证。促进人才发展与经济社会发展深度融合，关键在于发挥好党委统揽全局、协调各方的领导核心作用，构建党委统一领导，组织部门牵头，有关部门各司其职、密切配合，社会力量发挥重要作用的人才工作新格局，形成人才多元治理主体的责任共同体，齐心协力做好深度融合这篇大文章。同时，要加强各行业、各领域人才工作力量，强化职责任务，理顺党委和政府人才工作职能部门职责，实行人才工作目标责任考核，将考核结果作为领导班子评优、干部评价的重要依据。将人才工作列为党建工作责任制述职重要内容。加强对人才的团结教育引导服务，建立党政领导干部直接联系人才机制，把各类人才凝聚到党和国家的各项事业中来，为全面建设小康社会、实现中华民族伟大复兴奋斗目标贡献聪明才智。[1]

各地遵循该意见“服务发展大局”的基本原则，在出台的实施意见中围绕各地经济社会发展需求，聚焦国家和各地重大战略，促进人才发展与经济建设、政治建设、文化建设、社会建设、生态建设深度融合。例如，北京市出台的实施意见开宗明义提出，围绕新时期首都城市战略定位和建设国际一流的和谐宜居之都的目标，加快实施创新驱动发展战略和京津冀协同发展战略，大力深化人才发展体制机制改革。上海市出台《关于进一步深化人才发展体制机制改革 加快推进具有全球影响力的科技创新中心建设的实施意见》，紧紧围绕的战略定位就是“加快推进具有全球影响力的科技创新中心建设”。江苏省出台《关于聚力创新深化改革 打造具有国际竞争力人才发展环境的意见》，围绕“两聚一高”（聚力创新、聚焦富民、高水平全面建成小康社会）的目标，努力打造体现江苏“高度”、形成江苏“标志”、做出江苏“示范”的人才创新创业生态系统。浙江省出台《关于深化人才发展体制机制改革 支持人才创业创新的意见》，提出着力打造人才生态最优省份，努力把浙江建设成为人才集聚之地、人才辈出之地、人才向往之地。福建、青海、浙江、云南等省出台的实施意见强调，“围绕建设机制活、产业优、百姓富、生态美”目标，“加强人才与经济社会融合发

---

[1] 任采文．促进人才发展与五大建设深度融合［J］．中国人才，2016（7）．

展顶层设计”“围绕重点发展产业”“形成与区域特点相结合、与经济社会发展相适应，人人皆可成才、人人尽展其才的治理体系和社会环境”。

二、完善中央财政科研项目资金管理，充分释放科技创新活力

2016 年 7 月，中共中央办公室、国务院办公室印发了《关于进一步完善中央财政科研项目资金管理等政策的若干意见》。该意见以深入实施创新驱动发展战略为统领，按照中央关于深化改革创新、形成充满活力的科技管理和运行机制的要求，以“松绑 + 激励”为亮点，从经费比例、开支范围、科目设置等方面全力为科研人员的创新创造活动减负加油。❶

创新是引领发展的第一动力，科技创新在全面创新中具有引领作用。党中央、国务院高度重视科技创新。党的十八大作出了实施创新驱动发展战略的决策部署。党的十八届五中全会强调创新是引领发展的第一动力，必须摆在国家发展全局的核心位置。2016 年 5 月，党中央、国务院召开了全国科技创新大会，吹响了建设世界科技强国的号角。

财政作为国家治理的基础和重要支柱，近年来，按照中央部署要求，积极发挥职能作用，大力支持以科技创新为核心的全面创新。在加大财政科技投入的同时，致力于建立既遵循科研工作规律，又符合依法理财要求的科技资金管理机制。尽管如此，仍有一些高校、院所和科研人员改革获得感和成就感不够强，科研项目资金存在“过细过死”“重物轻人”等问题。这些问题，有些属于政策措施已经明确，需要落实细化和加强宣传解释的问题；有些属于在项目和资金管理上需要进一步研究改进和完善的问题；有些还涉及事业单位管理体制、收入分配制度等深层次体制机制问题。该意见通过进一步推进简政放权、放管结合、优化服务，改革和创新科研经费使用和管理方式，旨在破解当前科研项目资金管理等方面存在的一些改革措施落实不到位、管理不够完善等问题，更好地激发广大科研人员的积极性和创造性。❷

该意见的出台是落实全国科技创新大会精神的重要举措，具有重要意义。在国家层面，该意见通过深化改革，激发创新创造活力，为加快实施

❶ 刘垠．“放管服落”，释放科研新动能——解读《关于进一步完善中央财政科研项目资金管理等政策的若干意见》[N]．科技日报，2016 - 08 - 01.

❷ 郁琼源，汪奥娜．中办国办印发意见完善中央科研项目资金管理 [EB/OL]．新华每日电讯（2016 - 08 - 01）．http：//news．xinhuanet．com/mrdx/2016 - 08/01/C_ 135553933．htm.

创新驱动发展战略、建设世界科技强国提供有力保障。在科技层面，该意见加大了简政放权和激励力度，为科研人员潜心研究创造了良好的制度环境，有利于多出成果、多出人才。在财政层面，该意见坚持“放管服”结合，通过改革和创新科研经费使用和管理方式，更好地适应科研活动规律和特点，有利于进一步提升财政科技资金使用效益。

该意见坚持问题导向，聚焦高校、科研院所和科研人员关心的突出问题，遵循“四个坚持”的原则，着力激发创新创造活力。一是坚持以人为本。以调动科研人员积极性和创造性为出发点和落脚点，强化激励机制，加大激励力度，激发创新创造活力。二是坚持遵循规律。按照科研活动规律和财政预算管理要求，完善管理政策，优化管理流程，改进管理方式，适应科研活动实际需要。三是坚持“放管服”结合。进一步简政放权，扩大高校、科研院所科研项目资金、差旅会议、基本建设、科研仪器设备采购等方面的管理权限，同时强调放管结合、优化服务，加强事中事后监管，寓管理于服务之中，为科研人员潜心研究营造良好环境。四是坚持政策落实落地。细化实化政策规定，加强政策落实督察，打通政策执行中的“堵点”，增强科研人员改革的成就感和获得感。

在扩大高校和科研院所管理权限方面，该意见提出四大创新亮点：一是扩大科研项目资金管理权限，主要包括项目预算调剂自主权，劳务费分配管理自主权，间接费使用管理自主权，结转结余资金按规定使用自主权。二是下放差旅会议管理权限，不简单套用行政预算和财务管理方法。三是完善中央高校、科研院所科研仪器设备采购管理。四是完善中央高校、科研院所基本建设项目管理。

推进科研项目资金“放管服落”改革，首先要理顺政府与科研机构的关系，创新科研管理的体制和方式，该“放”的权要放到家。该意见指出，将会议费、差旅费、国际合作与交流费合并后，若总费用不超过直接费用的10%，就不用提供预算测算依据，科研人员在编制这部分预算时不用再具体到开会与出差次数。同时，高校和科研院所在科研项目预算调剂上将获得更大自主权。

所谓“服”就是要服务到位，不仅要“减负”更要“加油”，让科研人员真正享受创新红利。该意见要求，有关部门和单位要改进服务，为科研人员简除烦苛、松绑减负，着力让经费为人的创造性活动服务。例如，在检查评审上“做减法”，减轻单位和科研人员负担。建立职责明确、分工负责的协同工作机制，避免重复检查、多头检查、过度检查，减少监管中的制度性交易成本。

好的政策也要得到好的落实，要实现打通最后一公里堵点的目标，还需要出台一系列操作性强的实施配套细则。该意见强调，加强制度建设和工作督察，确保政策落地见效。项目主管部门将出台包括预算编制指南、预算评估评审工作细则、财务验收工作细则等标准，为预算编制、评审、财务验收等提供操作规范，防止政策在执行中走样变形。❶

三、以增加知识价值为分配导向，促进“知本”变成“资本”

2016 年 11 月，中共中央办公室、国务院办公室印发《关于实行以增加知识价值为导向分配政策的若干意见》。该意见指出，实行以增加知识价值为导向的分配政策，旨在充分发挥收入分配政策的激励导向作用，激发广大科研人员的积极性、主动性和创造性，鼓励多出成果、快出成果、出好成果，推动科技成果加快向现实生产力转化。作为思想解放和政策创新的重要成果，该意见对实行以增加知识价值为导向的分配政策作出全面安排，对我国建设创新型国家和建设世界科技强国具有重要意义。

改革开放以来，知识分子的创新热情和创造活力不断释放，有力推动了我国经济快速发展。近年来，随着互联网的异军突起，知识的价值和创意的活力更书写了“知识创造财富”的时代传奇。年轻的互联网精英靠着专业知识和商业头脑，抢占机遇，成为新经济的弄潮儿和创业创新的代言人。然而，相比红红火火的娱乐业，相比光鲜亮丽的明星和聚众吸睛的娱乐圈，知识分子仍然是一个相对寂寞的群体。我国科研人员实际贡献与收入分配还不完全匹配，股权激励等对创新具有长期激励作用的政策仍然缺位，内部分配激励机制还不健全。❷

当今世界已经进入知识经济时代，中国也正在加快实施创新驱动发展战略。习近平总书记讲，创新驱动实质上是人才驱动，人力资本是最重要的资本。一切的创新活动、科技活动都是人做出来的，需要通过发挥收入分配政策的激励导向作用，让智力劳动获得合理的回报。然而，长期以来，科技人员的实际工作，特别是智力劳动与收入分配不完全符合，包括股权

❶ 刘垠．“放管服落”，释放科研新动能——解读《关于进一步完善中央财政科研项目资金管理等政策的若干意见》［N］．科技日报，2016－08－01.

❷ 张玉玲．以增加知识价值为分配导向［N］．光明日报，2016－11－22.

激励等对创新具有长期激励作用的政策缺位，内部分配机制不健全。较长一段时间内，高校教师收入水平整体偏低，工资收入来源单一，工资合法性渠道模糊；科研经费管理规定不合理；项目资金使用效率不高，劳务费设置不合理，没有有效发挥激励作用；科研成果产权意识薄弱，产权保护滞后等问题。高校在人员经费分配方面也存在诸多问题，针对兼职取酬、企业兼职、股权持有等方面的国家层面的法律政策建设存在空白或滞后，社会对此存在较大争议。部分科研人员在巡视和审计中因此受到处分，很大程度上不利于激发科研人员的积极性创造性。因此，亟须通过发挥收入分配政策的激励导向作用，让智力劳动获得合理的回报。

党的十八大以来，以习近平同志为核心的党中央高度重视科技创新工作。党的十八大提出实施创新驱动发展战略，强调“完善劳动、资本、技术、管理等要素按贡献参与分配的初次分配机制”。党的十八届五中全会提出“实行以增加知识价值为导向的分配政策，提高科研人员成果转化收益分享比例”，并将此确立为2016年中央全面深化改革领导小组的重点任务。在全国科技创新大会上，习近平总书记指示要积极实行以增加知识价值为导向的分配政策，包括提高科研人员成果转化收益分享比例，探索对创新人才实行股权、期权、分红等激励措施，让他们各得其所。❶

作为中央在收入分配调节方面的重要文件，该意见顺应当代知识经济发展潮流，契合我国发展的阶段性特征，对建设创新型国家、实施科教兴国和人才强国战略具有重要的意义。该意见主要针对我国科研人员的实际贡献与收入分配不完全匹配的问题，提出了明确分配导向完善分配机制的7个方面21条的改革部署。该意见的基本思路是发挥市场机制的作用，构建基本工资、绩效工资和科技成果转化性收入的“三元”薪酬体系，使科研人员的收入与岗位的责任、工作的业绩和实际的贡献紧密联系，在具体的措施上突出了推动形成体现知识价值的收入分配机制，扩大高校、科研院所在收入分配上的自主权，发挥科研资金、项目资金的激励引导作用，加强科技成果产权对科技人员的长期激励作用，允许科研人员依法依规适度地兼职兼薪。

该意见共分为七部分，分别从总体要求，推动形成体现增加知识价值的收入分配机制，扩大科研机构、高校收入分配自主权，进一步发挥科研

❶ 国务院新闻办公室．实行以增加知识价值为导向分配政策《意见》解读［EB/OL］．（2016－11－11）．http：//www.scio.gov.cn/34473/34515/Document/1519137/1519137.htm.

项目资金的激励引导作用，加强科技成果产权对科研人员的长期激励，允许科研人员和教师依法依规适度兼职兼薪，加强组织实施等方面予以论述。

现在，每年的科技大奖重奖成绩突出的领军者，让少数处于“塔尖”的科学家得到了最高荣誉和最重奖励。除此之外，还需要有制度创新，对范围更广泛的科研人员群体进行长期激励，促进“知本”变成“资本”。该意见总结了过去的经验，针对新探索和新实践，在充分发挥市场机制作用的基础上，提出了具有很强操作性的长期激励措施，例如，强化科研机构、高校履行科技成果转化长期激励的法人责任；完善科研机构、高校领导人员科技成果转化股权奖励管理制度；完善国有企业对科研人员的中长期激励机制；完善股权激励等相关税收政策。值得一提的是，该意见明确指出，增加知识价值不仅仅是自然科学的成果转化，还应统筹自然科学、哲学社会科学等不同科学门类，统筹基础研究、应用研究、技术开发、成果转化全创新链条，加强系统设计、分类管理，在全社会形成知识创造价值、价值创造者得到合理回报的良性循环，构建体现增加知识价值的收入分配机制。在全面建成小康社会的进程中，知识既能提供创新发展的硬实力，也可以提供激发创造的软实力，还能成为提升幸福指数的驱动力，因为“知识是使人类快乐的主要因素之一”，能让精神和物质都贫乏的原野变成肥沃的土地。[1]

四、深化职称制度改革，科学运用人才评价“指挥棒”

职称是专业技术人才学术技术水平和专业能力的主要标志，职称制度是专业技术人才评价和管理的基本制度。人口红利要靠制度才能转化成人才红利，职称评定制度的好坏则关系到整个人才队伍建设，关系到我们能不能实现人才强国的目标，对党和政府团结凝聚专业技术人才，激励专业技术人才职业发展，加强专业技术人才队伍建设具有十分重要的战略意义和现实意义。

2017 年 1 月，中共中央办公室、国务院办公室印发《关于深化职称制度改革的意见》，对这项涉及 5500 余万专业技术人才的制度进行重大改革。

在总体考虑方面，该意见一是坚持服务发展、激励创新。二是坚持遵循规律、科学评价。三是突出问题导向、分类推进。四是坚持以用为本、

---

[1] 张玉玲．以增加知识价值为分配导向［N］．光明日报，2016－11－22.

创新机制。该意见立足服务人才强国战略和创新驱动发展战略，坚持党管人才原则，遵循人才成长规律，把握职业特点，以职业分类为基础，以科学评价为核心，以促进人才开发使用为目的，建立科学化、规范化、社会化的职称制度，为客观科学公正评价专业技术人才提供制度保障。

在主要目标方面，该意见提出，要通过深化职称制度改革，重点解决制度体系不够健全、评价标准不够科学、评价机制不够完善、管理服务不够规范配套等问题，使专业技术人才队伍结构更趋合理，能力素质不断提高。力争通过 3 年时间，基本完成工程、卫生、农业、会计、高校教师、科学研究等职称系列改革任务；通过 5 年努力，基本形成设置合理、评价科学、管理规范、运转协调、服务全面的职称制度。

该意见从健全职称制度体系、完善职称评价标准、创新职称评价机制、促进职称评价与人才培养使用相结合、改进职称管理服务方式等方面，提出了一系列“含金量”很高的创新性政策举措，对各项重点改革任务作出重要部署。❶

在健全职称制度体系方面，该意见提出保持现有职称系列总体稳定，适时调整、整合，探索在新兴职业领域增设职称系列。职称系列可根据专业领域设置相应专业类别。为进一步拓展专业技术人才职业发展空间，目前未设置正高级职称的系列均设置到正高级。同时，为促进职称制度与职业资格制度的有效衔接对应，减少重复评价，降低社会用人成本，该意见明确，专业技术人才取得职业资格即可认定其具备相应系列和层级的职称，并可作为申报高一级职称的条件。

标准是人才评价的标尺。该意见围绕品德、能力和业绩三个方面，提出一系列具有突破性的改革措施。“突出品德、能力和业绩”。“德”好比灯塔，“才”犹如航船。无德之才，就像海上迷失方向的船，此时，船行驶得越快，越是险象环生。有德无才算不上理想的人才，有才无德同样称不上是合格的人才。业绩是对人才已经做出实绩的考评，代表人才对经济社会发展贡献的大小；能力则偏重人才的发展潜力及未来可能作出的贡献。一些调查表明，重学历、轻能力，重资历、轻业绩，重论文、轻贡献，重数量、轻质量，重近期、轻长远，重显能、轻潜能的“六重六轻”现象，

---

❶ 政策法规处．人社部副部长汤涛就深化职称制度改革答记者问［N］．人民网－人民日报，2017－01－09.

还比较普遍地存在。[1] 在职称评价标准方面，该意见聚焦“学历崇拜”“论文导向”等问题，克服唯学历、唯职称、唯论文等倾向。注重考察专业技术人才的专业性、技术性、实践性、创造性，突出对创新能力的评价。强调注重考核专业技术人才履行岗位职责的工作绩效、创新成果，并向基层一线和作出突出贡献的人才倾斜。该意见提出职称评价标准推行“代表作制度”，探索以其他成果形式替代论文要求；推行代表作制度，重点考察成果质量，淡化论文数量要求。改革后的职称评价标准将推行代表作制度，专利成果、项目报告、工作总结、工程方案、设计文件、教案等成果形式都可以替代论文。原有的职称评定中对机械规定的外语、计算机等“一刀切”要求，曾为不少专业技术人才诟病。在完善职称评价标准方面，该意见明确对职称外语和计算机应用能力考试不作统一要求，可谓遵循了人才评价的规律和客观实际，减轻了专业技术人才的应考负担，顺应了广大人才的期待。

职称直聘为高层次人才为急需紧缺人才开辟了一条凭专业能力快速晋升的“绿色通道”。该意见坚持突出业绩水平和实际贡献，提出对引进的海外高层次人才和急需紧缺人才，放宽资历、年限等条件限制，建立职称评审绿色通道。同时，对长期在艰苦边远地区和基层一线工作的专业技术人才，侧重考察其实际工作业绩，适当放宽学历和任职年限要求。

在创新职称评价机制方面，建立以同行专家评审为基础的业内评价机制。对特殊人才通过特殊方式进行评价，对基层专业技术人才单独评价。进一步打破户籍、地域、身份等制约，畅通职称申报渠道。打通高技能人才与工程技术人才职业发展通道。推进职称评审社会化。严肃评审纪律，加强评审监督。

以往职称评定多集中在事业单位、科研院所，主要面向体制内人才，导致非公有制经济组织、社会组织、自由职业专业技术人才等因“职称瓶颈”频遇职业上升“天花板”，严重影响积极性和创造性。该意见明确提出要拓展职称评价人员范围。进一步打破户籍、地域、身份、档案、人事关系等制约，创造便利条件，畅通非公有制经济组织、社会组织、自由职业专业技术人才职称申报渠道。科技、教育、医疗、文化等领域民办机构

---

[1] 本报评论员．用好人才评价“指挥棒”——深化人才发展体制机制改革系列评论之二[N]．中国组织人事报，2016-03-30.

专业技术人才与公立机构专业技术人才在职称评审等方面享有平等待遇，有助于真正营造人人皆可成才的良好社会氛围。

评用脱节一直是职称制度问题的一大弊端。政府管得太多，用人单位缺乏自主权，造成了“用的评不上，评的用不上”。[1] 为进一步简政放权、转变政府职能，在改进职称管理服务方式方面，该意见明确提出科学界定、合理下放职称评审权限，发挥用人主体在职称评审中的主导作用，对开展自主评审的单位，政府不再审批评审结果，改为事后备案管理。同时，建立职称评价服务平台，探索跨区域职称互认。这对更好发挥市场配置资源的决定性作用，调动用人单位积极性，探索灵活多样的评定方式，释放了积极信号，具有重要意义。与此同时，“合理界定和下放职称评审权限”是相关职能部门面临的新课题。政府应该在法律框架内制定责任清单；按照职业大典对相关职业的技术能力要求，尽快建立职称制度的国家标准，推进职业资格立法；加强质量的监管，杜绝暗箱操作、非法牟利等行为。[1]

深化职称制度改革是一项长期、复杂的社会系统工程，不可能一蹴而就。该意见要求要充分认识职称制度改革的重要性、复杂性、敏感性，将职称制度改革列入重要议事日程，加强组织领导，狠抓工作落实。该意见要求各级党委及其组织部门要把职称制度改革作为人才工作的重要内容，在政策研究、宏观指导等方面发挥统筹协调作用。各级政府人力资源社会保障部门会同行业主管部门负责职称政策制定、制度建设、协调落实和监督检查；充分发挥社会组织专业优势，鼓励其参与评价标准制定，有序承接具体评价工作；用人单位作为人才使用主体，要根据本单位岗位设置和人员状况，自主组织开展职称评审或推荐本单位专业技术人才参加职称评审，实现评价结果与使用有机结合。

五、释放专业技术人员创新创业新能量，助推人才活力竞相进发

2017 年 3 月，人力资源和社会保障部印发《关于支持和鼓励事业单位专业技术人员创新创业的指导意见》，对高校、科研院所等事业单位专业技术人

---

[1] 吴江．让职称制度激励和集聚人才——《关于深化人才发展体制机制改革的意见》系列解读之五［EB/OL］．（2016－04－28）．http：//www．tjjr．gov．cn/jrrc/zcjc/20160428035921145itq．shtml．

员创新创业作出明确规定。这是贯彻落实党中央关于深化人才发展体制机制改革的重要举措，体现了简政放权、放管结合、优化服务的要求，为激发事业单位专业技术人才创新创造活力提供了重要的政策支撑和制度保障。

习近平总书记指出，要创造更好条件让人才安心干事创业，让更多千里马竞相奔腾。《中共中央 国务院关于深化体制机制改革加快实施创新驱动发展战略的若干意见》《中共中央关于深化人才发展体制机制改革的意见》等文件，也对鼓励科技人员创新创业提出了明确要求。事业单位专业技术人员数量规模庞大，是我国人才队伍的重要组成部分，是创新创业的重要力量，发挥着重要的示范引导作用。当前，促进和强化科技同经济对接、创新成果同产业对接、创新项目同现实生产力对接，充分发挥事业单位人才和技术资源优势，最大限度激发和释放创新创业活力，迫切需要消除各种制约人才创新创业的条条框框，营造有利于专业技术人才创新创业的政策和制度环境。❶

建设世界创新强国，形成一支规模宏大、结构合理、素质优良的创新人才队伍，关键在于破除体制机制束缚，为人才创新清障，让人才智力充分流动起来。近年来，部分地区在具体实践中探索了挂职、参与项目合作、兼职、离岗创业等多种形式，支持和鼓励事业单位专技人员创新创业，在推动促进创新创业方面取得了明显成效。但也要看到，现实中人才创新创业仍面临不少制度羁绊，思想不够解放，存在“管得太多”“管得过死”等问题。凡此种种，一定程度上捆住了人才手脚，制约了人才发展，束缚了创新活力。《指导意见》紧紧围绕经济社会发展和人才队伍建设需求，突出问题导向，向用人主体放权，为事业单位专业技术人才松绑，让人才充分释放激情、施展才华。❷

《指导意见》着眼于贯彻落实党中央、国务院关于加快实施创新驱动发展战略、深化人才发展体制机制改革及大力推进创新创业的总体部署和要求，发挥事业单位示范引导作用，激发高校、科研院所等事业单位专技人员科技创新活力和干事创业热情，促进人才在事业单位和企业间合理流动，营造有利于创新创业的政策和制度环境。

---

❶ 本报评论员．让更多千里马竞相奔腾［N］．中国组织人事报，2017－03－22.

❷ 魏杰．人社部印发指导意见支持和鼓励事业单位专技人员创新创业［EB/OL］．（2017－03－22）．http：//www. mohrss. gov. cn/sYrlzyhshbzb/dongtaixinwen/buneiyaowen/201703/t20170322_ 268319. html.

《指导意见》主要适用范围是高校、科研院所的专技人员。除高校、科研院所之外的事业单位的专技人员，符合不同创新创业方式要求的，也可以提出申请。《指导意见》适用的创新创业活动突出围绕创新这一主题，涉及的创业也是与创新有关的创业。

《指导意见》明确了支持和鼓励事业单位专技人员创新创业的四种情形和支持鼓励的具体政策措施：一是支持和鼓励事业单位选派专技人员到企业挂职或者参与项目合作，期间与原单位在岗人员同等享有相关权利，并可以依协议取得成果转让、开发收益；二是支持和鼓励事业单位专技人员兼职创新或者在职创办企业，取得的成绩可以作为专技人员职称评审、岗位竞聘、考核的重要依据；三是支持和鼓励事业单位专技人员离岗创新创业，可在3年内保留人事关系，离岗创业期间保留基本待遇；四是支持和鼓励事业单位设置创新型岗位，可以通过设置特设岗位、流动岗位选拔、吸引创新人才，探索实行灵活、弹性的工作时间，鼓励绩效工资分配向在创新岗位作出突出成绩人员倾斜，等等。《指导意见》同时明确了不同创新创业方式应采取的人事管理办法，并提出事业单位可与创新创业专技人员通过签订协议等方式约定相关权利义务等内容。通过这些规定，既支持和鼓励符合条件的专技人员积极参与创新创业，又避免一哄而起、“一窝蜂”式的离岗潮，对事业单位正常开展工作造成影响。

《指导意见》在事业单位设置创新型岗位，有两种情况，一是事业单位可以根据创新工作需要设置开展科技项目开发、科技成果推广和转化、科研社会服务等工作的岗位即创新岗位；二是设立吸引有创新实践经验的企业管理人才、科技人才和海外高水平创新人才兼职的流动岗位。设立这两类创新型岗位，均有助于充分发挥高校、科研院所等事业单位人力资源和技术资源优势，加快推动科技创新。

《指导意见》明确，设置创新岗位可以按规定调整岗位设置方案，通过调整岗位设置难以满足创新工作需求的，可按规定申请设置特设岗位。创新岗位人选可以通过内部竞聘上岗或者面向社会公开招聘等方式产生。事业单位应当与创新岗位工作人员订立或者变更聘用合同，明确相关内容。事业单位根据创新工作实际，可探索在创新岗位实行灵活、弹性的工作时间，便于工作人员合理安排利用时间开展创新工作。事业单位绩效工资分配应当向在创新岗位做出突出成绩的工作人员倾斜。创新岗位工作人员依法取得的科技成果转化奖励收入，不纳入单位绩效工资；取得的技术项目开发、科技成果推广和转化、科研社会服务成果，应当作为职称评审、项目申报、岗位竞聘、考核、奖励的重要依据。

事业单位设置流动岗位，可按规定申请调整工资总额，用于发放流动岗位人员工作报酬。事业单位应当与流动岗位人员订立协议，明确工作期限、工作内容、工作时间、工作要求、工作条件、工作报酬、保密、成果归属等内容。流动岗位人员通过公开招聘、人才项目引进等方式被事业单位正式聘用的，其在流动岗位工作业绩可以作为事业单位岗位聘用和职称评审的重要依据。

《指导意见》强调，各级人社部门要把这项工作摆到重要议事日程，细化相关政策，研究具体措施，做到真正切实管用；要指导事业单位主管部门和事业单位落实文件要求，建立健全内部管理制度，确保政策落到实处；要搞好跟踪服务，为事业单位专技人员投身创新发展实践提供人事政策保障。同时，要通过完善聘用合同管理、强化考核等办法，加强规范管理；指导事业单位按规定定期将离岗创业人员情况按程序报主管部门并同级事业单位人事综合管理部门备案。

六、党委要做“领头人”，拧紧联系服务专家的纽带

2017 年 5 月下旬，中共中央办公厅印发《关于进一步加强党委联系服务专家工作的意见》，充分体现了以习近平同志为核心的党中央尊才爱才用才之心，更对党委（党组）联系服务专家工作落实提出了明确要求。

该意见指出，专家是党和国家的宝贵财富，是党执政兴国的重要依靠力量。重视联系服务专家是党的优良传统，也是做好知识分子工作的宝贵经验，对于在全社会营造尊重劳动、尊重知识、尊重人才、尊重创造的浓厚氛围，巩固扩大党执政的社会基础和群众基础，具有十分重要的意义。党的十八大以来，以习近平同志为核心的党中央十分关心专家工作，重视听取专家意见、发挥专家作用。多年以来，在党中央的大力倡导下，各级党委积极行动、主动作为，探索联系服务专家的有效途径，形成了一批实践成果和制度成果。

要深入学习贯彻习近平总书记系列重要讲话特别是关于人才工作的重要指示精神，坚持党管人才原则，加强对专家的政治引领和政治吸纳，做到政治上充分信任、思想上主动引导、工作上创造条件、生活上关心照顾。要认真总结和继承发扬有效经验做法，不断推进党委联系服务专家工作制度化、

科学化、常态化。推进党委联系服务专家工作制度化、科学化、常态化，最大限度地把各方面人才凝聚到党和国家事业中来，聚天下英才而用之。

该意见要求，各级党委（党组）要从党和国家事业发展全局出发，根据本地区本行业实际，分层分类确定联系服务专家对象。党委（党组）负责同志要带头联系服务专家，领导班子成员要结合工作分工明确联系服务对象。人才的价值是“术业有专攻”，在用好人才问题上，党委（党组）负责同志往往苛求面面俱到或者立竿见影，稍与自身意愿存有差池，就感叹无才可用，因此要深入开展调研，密切思想联系，加强感情交流，帮助解决实际问题。要与专家真诚交朋友、结对子，虚心向专家学习，要尊重专家个性特点，多一些包容宽容。

该意见指出，要开展专家国情研修，加强中国特色社会主义理论体系、社会主义核心价值观和奉献精神等教育培训。支持专家干事创业，对重点专家重点联系，精准施策、特殊支持。要把专家咨询作为科学决策、民主决策、依法决策的重要方式之一。要支持专家积极参与中国特色新型智库建设。要关心专家身心健康，定期组织专家体检、休假、疗养，为他们提供良好医疗保健服务。对作出突出贡献的专家和团队授予荣誉称号，予以表彰奖励。

党委联系服务专家是一项政治性、政策性强的工作，新的形势任务提出新的更高工作要求。要扭转少数党委（党组）通过例行召开会议和形式举办联席会议对待人才工作的“不严不实”的套路，转变极少数党委（党组）负责同志和班子成员内心对个性人才存有的排斥心理，牢固树立从严从实的工作作风，对重点任务和重要工作逐项制定具体落实方案。要坚持目标导向和问题导向相统一，及时了解和解决制约人才成长和发挥作用的突出问题和矛盾，在工作环境、高端研修、医疗保障、休假疗养、后勤保障等方面，有针对性加强思想引导、情感沟通和工作支持，切实提高联系服务的实效性。该意见强调，各级党委（党组）要加强统一领导，把联系服务专家工作纳入重要议事日程，纳入党的建设重要内容，纳入人才工作考核内容。各级党委组织部门要发挥牵头抓总作用，加强宏观指导、统筹协调和督促落实。各职能部门要定期研究相关政策，解决突出问题。专家所在单位要认真落实联系服务专家直接责任，建立重大事项报告制度。要充分调动群众团体、专家协会、联谊会等社会力量为专家提供良好服务，共同把团结、引领、服务优秀专家工作抓实抓好。

国土资源部领导同志对国土资源人才工作作出新部署、新要求

2016 年以来，国土资源部党组认真贯彻落实习近平总书记关于人才工作的系列重要指示，对新形势下的国土资源人才工作作出了一系列新要求、新安排，为“十三五”国土资源人才工作进一步指明了方向。

一、姜大明：必须树立人才是第一资源的理念，培育年轻人才，用好现有人才，集聚创新人才，打造领军人才，建设一支规模适当、结构合理、素质优良的创新人才队伍，激发各类人才创新活力和潜力

2016 年 1 月 7 日，在全国国土资源工作会议上，姜大明部长强调，在持续抓好作风建设的同时，深入开展“能力建设年”活动，着力提高各级领导干部履职担当、善作善为的能力和水平。一是要提高懂全局、管本行的能力，把握全局，做好本职。二是提高抓重点、破难题的能力，坚持目标导向和问题导向相统一，坚持尊重基层首创和加强顶层设计相统一，坚持精准施策和宏观谋划相统一。三是提高抓落实、求实效的能力，持续发扬“钉钉子”精神，凝聚抓落实的合力，完善抓落实责任制。四是提高崇廉洁、拒腐蚀的能力，巩固延伸“三严三实”专题教育成果，保持反“四风”、正党风，反腐败、倡清廉的战略定力，把“三严三实”专题教育取得的经验应用到经常性党建工作中去，做到标准不降、要求不松、力度不减。姜大明部长号召全系统各级领导干部都要强化担当意识，敢于担当、善于担当，带动形成积极向上、敬业奉献的浓厚氛围。树立正确用人导向，为在改革创新中攻城拔寨、在大事难事中勇挑重担者加分，激发广大干部想干事、能干事、干成事的热情。要重视正面激励，完善容错、纠错机制，旗帜鲜明地为勇于干事者撑腰，为敢于担当者担当。

2016 年 7 月 18—19 日，在国家土地督察工作会议上，姜大明强调要抓好内部建设。一是抓好班子建好队伍。各督察局局长既是分党组书记，也是局长，一身兼二任，要落实全面从严治党的主体责任，落实“一岗双

责”，把管党治党的责任担当起来，首先是政治担当，然后是业务担当，把两者关系处理好。要把班子带好。不会做人的工作就不是称职的领导干部，大家走在一起是缘分，要十分珍惜。一把手要充分调动班子成员的积极性，每个同志学识、专业、经历和经验不同，要求应该不一样，要让班子成员在分管领域独立负责地开展工作，一把手主要应明确任务、提出时限，多看结果、少问过程。要履行好一把手的职责。第一，谋篇布局，把握方向；第二，明确分工，将班子成员分管领域可能出现交叉的地方协调好，做到“一碗水端平”；第三，创造良好的工作条件，需要帮助的努力帮助，需要支持的积极支持；第四，关心大家的成长，既要加强思想沟通，也要解决实际问题；第五，严格要求。治国先治党，治党要从严，要认真学习党章党规，对照《中国共产党廉洁自律准则》《中国共产党纪律处分条例》严格管理、严格监督。

2016 年 9 月 5 日，在全国国土资源系统科技创新大会上，姜大明部长指出，要赋予科研院所和科学家更大自主权。第一个层面是科研主管部门要简政放权，要调整管理职能，在选人用人、科研立项、成果处理、编制管理，职称评定等方面给予科研机构更大的自主权。中央要求下放的权力必须下放到位，不能随意截留。科技管理部门要切实解决习近平总书记指出的“部门领导拍脑袋、科技专家看眼色行事等问题”，把工作重点放在抓规划、抓政策，为科研单位提供服务上。第二个层面是为科研团队全面松绑。中央出台了财政科研项目资金管理政策，下放了预算调剂权限，提高了间接费比例，取消了绩效支出比例限制，明确了劳务费开支范围并取消了比例限制，规定了横向经费按合同约定使用等。国土资源部也出台了配套办法。要用足用好这些政策，切实做到让经费为人的创造性活动服务，而不能让人的创造性活动为经费服务。另外，要精简程序、简化手续，让科研人员少一些羁绊约束和杂事干扰，多一些时间去自由探索。要探索建立相关的科研和财务助理制度，把科学家从烦琐的报告和表格中解放出来。第三个层面是尊重和保障科学家自由探索。在基础研究和一些技术研发领域，要切实尊重科学研究灵感瞬间性、方式随意性、路径不确定性的特点，允许科研人员自由畅想、大胆假设、认真求证，不能急功近利、瞎搞指挥，用各种名义干涉科学研究。要让领衔专家有职有权，让他们有更大的技术路线决策权、经费支配权和资源调动权，为院士专家科研活动创造充分的自由探索空间。第四个层面要把科技创新与科学普及紧密结合起来。国民科学素质的普遍提高是提升国家软实力、培养造就高素质创新人才的基础。要把科学普及放在与科技创新同等重要的位置，努力营造讲科学、爱科学、学科学、用科学的良好社会氛围，厚植国土资源科技创新的群众基础。

姜大明部长强调，要营造良好学术生态，培养造就高素质国土资源科技创新人才队伍。总体上看，我们这支科技队伍大而不强，还不能适应科技创新发展的要求。实现向地球深部进军的战略科技突破必须树立人才是第一资源的理念，培育年轻人才，用好现有人才，集聚创新人才，打造领军人才，建设一支规模适当、结构合理、素质优良的创新人才队伍，激发各类人才创新活力和潜力。要大兴识才、爱才、敬才、用才之风。敞开胸怀、放开眼界，不拘一格培养和造就人才。各位院士专家是国土资源事业的宝贵财富，在发挥好科技创新领军作用的同时，要更加关注对年轻一代科技人员的培养，爱才惜才、当好伯乐，促进青年才俊健康成长。要改革人才培养、引进、使用机制，在创新实践中发现人才，在创新活动中培育人才，在创新事业中凝聚人才。要坚持正确的人才导向，把适应国家需要作为衡量人才的根本标准。要把尊重人才与保障人才权益结合起来，改革科研人员薪酬分配制，探索年薪制和协议工资制度，探索股权、期权、分红等激励措施，提高科研人员成果转化收益比例，让他们各得其所，用自己的创新成果合理合法过上更为体面的生活。要建立完善“大项目出大成果、大人才”的机制，组建项目组要引入竞争机制，搞五湖四海，不能近亲繁殖。要注重专业匹配、知识结构和年龄梯次，让老中青各类人才都有发挥才智的位置和空间。要为人才成长创造良好环境。良好的学术生态是培养大师的土壤。现在，有的单位搞“家长制”“一言堂”，压制学术民主；有的同志在人才选拔、职称评定、项目评审、科技成果评价中有失公允，搞“手心向下”。这些沉疴痼疾制约了国土资源领域人才成长，应当引起深刻反思。要倡导学术民主，鼓励百家争鸣，乐见科技人员提出新观点、创立新学说。要弘扬学术道德和科研伦理，学术争论不能变为成见。要优化学术诚信环境，严厉打击学术腐败行为。鼓励创新就要宽容失败，失误的教训也能成为宝贵财富。要在实践一线造就年轻创新人才。无论地质、海洋、测绘科学，还是土地工程技术，都具有一个共同特征，就是科学研究的第一现场在崇山峻岭、戈壁沙漠、广阔田野和海洋岛礁，是通过实地观测取得第一手材料的科学，具有极强的实践性和经验累加特点。与以逻辑演绎和试验观测为基本研究路径的学科相比，国土资源领域科研人员出标志性成果更为艰难。在我们的科技队伍中，年轻人占大多数，但是入选国家“杰青基金”计划和“青年千人计划”的比例比较低，一个重要原因就是缺少实践积累和创新成果。要把培养和发现年轻人才作为人才队伍建设的重中之重，统筹当下人才配置与长远人才培养的关系，从科技创新事业大局出发，敢于给年轻人成长留足空间、压重担子，鼓励他们走出象牙塔、走进大自然，克服“轻野外现场观测、重室内数据模拟”倾向，在实践中砥砺成长。总之，要在国土资源领域培养造就一批能够把握世界科技大势、研判科技发展方向的战略科技人才，培养造就一批善于凝聚力量、统筹协调力强的科技领军人才，培养造就一批勇于创新、善于创新的高技能人才，形成创新人才辈出、创新活力迸发、创新成果涌流的生动局面。

2016 年 11 月 8 日，在中国地质调查局科技创新大会暨纪念中国地质调查局百年学术研讨会上，姜大明部长指出，百年历史告诉我们，坚持创新驱动和人才战略是地质调查事业可持续发展的动力源泉。创新型人才和团队建设是科技创新的基础和关键。没有创新人才团队特别是领军人才，就难以实现地质调查与科学研究的高水平，就难以涌现重大创新性科研成果。培养和造就一批创新型领军人才，建设一支规模适当、结构合理、素质优良、新老结合的地质调查科研队伍，是地质调查工作创新驱动的紧迫任务。实践证明，只有把创新驱动和人才战略摆到地调事业发展的核心位置，并用力抓好，才能使我们获得不竭的动力源泉。要坚持正确导向，实施好创新人才发展战略。实现“向地球深部进军”的战略科技突破，必须树立人才是第一资源和“以用为本，以科学家为主体”的理念，把适应国家需要、具有创新能力作为衡量人才的根本标准。我们要坚持正确选人用人导向，坚持管理人才和科技人才“双通道”培养路径，努力形成创新人才辈出、创新活力迸发、创新成果涌流的生动局面。要把尊重人才与保障人才权益结合起来，改革科研人员薪酬分配制度，探索年薪制和协议工资制度，探索建立有利于地质科技成果转化的收益分配机制、让科研人员合理合法实现“名利双收”，过上更有尊严的体面生活。要把培养和发现青年才俊作为人才队伍建设的重中之重。按照人才成长规律，培育年轻人才，用好现有人才，集聚创新人才，打造领军人才，培养高技能人才，建设创新型、复合型地质调查科研队伍。良好的学术生态是培养人才、产生大师的土壤。虽然地质科学是在争论中发展的，但人才不能在争议中培养。我们倡导学术民主，鼓励百家争鸣，弘扬学术道德和科研伦理，绝不能把学术争论变为学术成见甚至个人恩怨，由此影响甚至阻碍年轻人才成长。

姜大明部长强调，地质调查百年就是一部地质人才培养与成长的历史，站在新的历史起点上，我们要不忘初心、继续前进，坚持人才资源是第一资源的理念，着力培养一支高素质、创新型人才队伍。一要坚持“五问”“五不唯”的人才评价标准。突出对人才品德、能力和成果业绩的评价。对科技成果和人才，一问是否解决了能源、资源、环境、灾害问题或地球系统科学问题，二问是否实现了成果转化应用和有效服务，三问是否促进了科学理论创新和技术方法进步，四问是否促进了人才成长和团队建设，五问是否做到了遵纪守法和清正廉洁。坚持不唯资历，不唯学历，不唯职称，不唯论文，不唯奖项。让“五问”“五不唯”标准贯穿地质科技成果和人才评价的各环节和全过程。二要坚持人才培养成长“双通道”。构筑管理人才成长和技术人才成长“双通道”，两者不可兼得。着力构建技术人才成长通道，实施“卓越地质人才”“杰出地质人才”和“优秀地质人才”计划，让地质人才在解决重大资源环境问题和地球系统科学问题的伟大实践中脱颖而出、茁壮成长。让技术人员安心做技术业务工作，让管理人员专司协调、服务、指导、监督，为地质调查和科技创新排忧解难、保驾护航。三要坚持创新激励机制。一是下放选人用人自主权、高端人才引聘自主权、地质调查项目管理权和技术路线决定权，赋予创新主体更大的自主权。二是转变管理方式，简化管理流程，改进因公临时出国管理，放宽兼职限制，设置科技助理和财务助理，为地质科技人才减负松绑，确保其从事调查科研的时间不少于工作时间的5/6。三是强化科技创新、成果转化在人才评价标准体系中的地位，建立与地质调查计划、工程、项目和国家科技项目相匹配的专业技术岗位设置和分类遴选机制，探索建立优势创新团队培育机制，试行高级专家延期退休制。四是开辟科技人才体制机制改革的“政策特区”和“试验田”。在岗位设置上，可特设创新岗位破格聘用，不占单位岗位职数；在人才引聘、研究生和博士后指标分配、项目资金、仪器装备、国际合作等方面享受特殊政策。五是优化绩效工资分配。绩效工资总额分配与单位目标责任考核挂钩，向作出重要贡献、取得突出成果的单位倾斜，向重要岗位、重要人才倾斜。对引进的高端人才给予优厚待遇。重奖地质科技奖获奖单位特别是成果主要完成人。六是积极营造勇于创新、宽容失败的科研环境，诚信自律、风清气正的学术环境，尊重知识、尊重人才的文化环境。激发和保护广大干部职工干事创业的激情活力，为担当者撑腰打气，使干事创业者切实感受到组织的关怀和关爱，严厉打击诬告陷害行为，努力营造履职尽责、改革创新、主动作为、勇于担当、风清气正、宽容和谐的良好氛围。

2017 年 1 月 12 日，在全国国土资源工作会议上，姜大明部长指出，要着力打造国土资源高层次创新型人才队伍，特别要吸引造就能够领军“三深一土”新科技领域、把握世界科技大势、研判科技发展方向的战略型科技人才，激励成就醉心科研、善于协作、实干能力强的杰出人才，培养选拔勇于创新、善于开发新技术的高技能人才，重视培养国土资源事业发展急需的能工巧匠。建立高层次创新人才的激励机制，落实好科技创新、绩效分配、项目资金管理、成果转化应用等一系列政策。完善事业单位岗位设置管理制度，实行更加开放的用人制度。打破条块分割体制，促进调查与科研深度融合，加快推进科技成果转化。

2017 年 4 月 24 日，在中国极地考察表彰大会上，姜大明部长指出，30 多年来的历程告诉我们，创新驱动和人才战略是极地考察事业可持续发展的强大动力。没有创新，就没有中国极地考察事业的快速发展。没有创新人才特别是领军人才，就难以产生重大原创性科研成果。实践证明，只有把创新驱动和人才战略摆到核心位置，继续进行创新创造，不拘一格培养造就素质人才，极地考察才能获得不竭的动力源泉。要大力弘扬极地精神，打造能征善战高素质的基地考察队伍。极地精神是广大极地工作者共同创造的宝贵财富，我们要以极地考察先进集体和先进个人为榜样，自觉把个人理想追求与国家前途命运紧紧联系在一起，把个人成长进步与民族复兴进程紧紧联系在一起，增强使命感、责任感、紧迫感，推动中国的极地考察事业乘风破浪、勇往直前。

2017 年 8 月 26 日，在 2017 年度国家土地督察机构全员集训班上，姜大明部长强调，土地督察干部要对党和国家绝对忠诚，对人民群众满怀深情，对本职工作一丝不苟，对言行举止严格要求。第一，对党和国家忠诚。做到忠诚就要用党的创新理论武装头脑、指导行动，就要真正树立起对中国特色社会主义的“四个自信”。第二，对人民群众满怀深情。建立对群众的深厚感情，首先要了解老百姓，而且要真心去了解老百姓；其次，要保持和人民群众的血肉联系。第三，对本职工作一丝不苟。一要坚持原则，忠实地履行工作职责，既要发现问题更要解决问题，把敢于监督、善于监督贯彻始终。二要注重工作方法，工作中不洒汤漏水，不顾此失彼。三要成为行家里手，要把业务学习和政治、思想学习紧密地结合在一起。四要有担当精神，把土地督察的责任扛起来，把党的原则、党的事业、人民利益放在第一位，事不避难，敢于动真碰硬。第四，对言行举止严格要求。要始终保持清正廉洁的本色，对自己的一言一行、一举一动都要严格要求，在廉政上绝不能出问题。

二、孙绍骋：大力弘扬“李四光精神”，继承“地质三光荣”传统，培育新时期地质工作者的核心价值观

2017年7月24日，在国土资源部举行黄大年先进事迹报告会上，孙绍骋书记指出，习近平总书记对黄大年先进事迹作出重要指示，高度评价了黄大年同志的高尚品格、奉献精神和卓越贡献，对广大党员干部、群众和知识分子学习黄大年同志先进事迹提出了明确要求。国土资源部党组高度重视，积极响应，结合“两学一做”学习教育常态化、制度化和国土资源部“责任落实年”活动，在全国国土资源系统深入开展学习黄大年同志先进事迹活动。习近平总书记的重要指示彰显了党中央一以贯之尊重知识、尊重人才、尊重创造的治国理念，强化了新时期的价值取向，体现了党中央对地质科技创新工作的高度重视和殷切希望。

孙绍骋强调，站在新的历史起点，我们要大力弘扬“李四光精神”，继承“地质三光荣”传统，培育新时期地质工作者的核心价值观。黄大年同志传承和发扬了老一辈地质工作者爱国报国的情怀和科学拼搏精神，以服务国家、报效人民为己任，用毕生努力实现了爱国之情、强国之梦、报国之志的统一，是新时期地质科技工作者学习的杰出楷模，值得我们所有人学习。

孙绍骋强调，国土资源系统各级党组织要精心部署、认真组织，把学习黄大年同志事迹活动持续引向深入。一是把黄大年先进事迹作为“两学一做”学习教育常态化、制度化的鲜活素材，引导广大党员干部对标先进、见贤思齐，推动学做互进、知行合一，增强广大党员干部“四个意识”，践行“四讲四有”，争做合格党员；二是把学习黄大年先进事迹同“责任落实年”活动相结合，同国土资源改革实践相结合，落实总书记“从自己做起，从本职岗位做起”的要求，集中精力推进各项工作任务。

孙绍骋强调，全系统广大科技工作人员要以黄大年同志为榜样，主动担负起国土资源科技创新的重任，要有远大的抱负，始终以国家需要为己

任，努力践行科技报国的责任与担当；要努力进取、不懈探索、勇于创新、脚踏实地，始终保持干事创业的激情，落实总书记关于国土资源工作的指示精神，为开创地质科技工作的新局面作出应有的贡献。

三、曹卫星：着眼长远发展需求，加快推动土地整治学科建设和人才培养

2016 年 7 月 11 日，在土地整治高级研修班上，曹卫星副部长强调，要着眼长远发展需求，加快推动土地整治学科建设和人才培养。一方面，过去十多年土地整治事业取得了长足发展，土地整治从业队伍已达数十万人。但另一方面，土地整治学科建设和人才队伍培养却滞后于土地整治事业的发展。当前，高等院校尚未建立起土地整治学科专业体系，土地整治专业培训力度还不够大，覆盖面还不够宽，这都需要我们着眼事业长期发展需要，加快推动学科建设和人才培养。土地整治学科发展应以“土地整治工程技术人员”列入职业分类大典为契机，以国家重大战略需求和中长期科技发展规划为导向，以学科理论和技术发展为核心，以重点实验室和基地建设、人才建设为支撑，统筹规划、全面部署、分步实施，积极开展土地科学研究，加强土地学、工程学、信息学、生态学、农学等多学科交叉融合，构建富有特色的土地工程学科体系，采取多种方式培养土地整治专业技术人才，为土地整治事业的发展提供专业支撑与人才保障。

2016 年 10 月 13 日，在土地科技创新与学科建设研讨会上，曹卫星副部长指出，我们系统内有的制度还不太适应创新要求，束缚了研究人员的手脚，阻碍了科技创新。要逐步消除传统的体制机制障碍，探索建立充满活力的科技创新管理和运行机制。一要切实改进科技创新管理服务工作。科研主管部门要推进简政放权，重点放在抓规划、抓政策，遵循科研工作规律，简化和优化科研管理，赋予科学家更大自主权，支持创新团队建设，提升创新服务水平，调动广大科研人员的积极性，努力营造更加有利于科技创新的工作环境。二要完善创新人才评价与激励机制。着力改进现有人才评价考核方式，对基础研究人才以同行评价为主，对应用研究和技术开发人才突出市场评价和社会评价；用足用好科技创新人才激励政策，加大对入选人才计划的创新团队与领军人才的支持和激励力度。同时，促进创新人才跨部门、跨单位、跨地域流动，培育复合型科技创新人才。三要创新科技成果应用转化机制，拓展多元化投入渠道。统筹土地调查评价、规

划、整治和管理等方面的研发资源，建立国土资源科技成果共享平台、科技成果转化报告和科技成果需求反馈制度，努力提升成果转化率和综合效益。

四、张德霖：各级党组织和广大干部，要切实增强政治责任感和使命感，扎实组织开展并积极参与“责任落实年”活动

2016年11月29日，在国土资源部直属机关2016年度党支部书记培训班上，张德霖副部长强调，党支部书记是党支部日常工作的领导者、组织者，对支部工作负有第一责任。作为党支部书记，要明确自己在党支部工作中所处的位置，要带领本支部的全体党员认真完成党章赋予的八项基本任务，重视党建、抓好班子、带好队伍、干好事业，使党支部成为坚强的战斗堡垒。张德霖强调，党支部书记一要统揽全局，发挥核心作用，确保把部党组的决策部署一竿子插到底，贯彻到位、落到实处。二要加强自身建设，有过硬的政治素质、文化素质、能力素质和走在前、做表率的素质，争做新时期信念坚定、为民服务、勤政务实、敢于担当、清正廉洁的好干部，做让部党组放心和满意的好支部书记。三要善于沟通协调，加强团结协作。要坚持民主集中制，带头遵守政治纪律和政治规矩，严格党内政治生活，确保带出忠诚、干净、担当的党员干部队伍。四要注重统筹兼顾，抓好整体推进。支部书记大多兼任行政一把手，事情多、工作忙，这就要求我们要统筹兼顾、抓住关键、整体推进，学会并不断提高抓重点、破难题、拔亮点的能力和水平。

2017年3月6日，在学习贯彻党的十八届六中全会精神专题培训班开班式上，张德霖副部长强调，各级党组织和广大干部，要站在全面推进从严治党、服务和保障经济社会发展全局、持续推动国土资源事业改革发展的高度，充分认识开展“责任落实年”活动的重要意义，切实增强政治责任感和使命感，扎实组织开展并积极参与“责任落实年”活动。要准确把握“责任落实年”活动的总体要求。开展“责任落实年”活动，一要坚持以上率下，层层落实，形成责任体系。二要坚持重在日常，一方面，各责任主体要做好责任的日常落实，既不能做一天和尚撞一天钟，也不能三天打鱼两天晒网，而是要按照总书记要求的钉钉子精神，一锤一锤地钉；另一方面，要加强对落实“三个责任”的日常监督考核，实行动态管理、定期督察督办。三要坚持正面激励，把“三个责任”履行情况纳入党建考核

和绩效考核，作为领导班子和干部考核、评先表彰、干部使用的重要依据。四要坚持问题导向，强化考评问责，建立责任落实的“负面清单”和责任追究的倒查机制，把监督检查、目标考核、责任追究有机地结合起来，做到失责必问、追责必严。要切实落实“责任落实年”活动的主要任务。一要严格落实政治责任，推进全面从严治党向纵深发展。二要层层落实岗位责任，人人有责，每岗有责，人岗同责，确保工作任务全面完成。三要全面落实改革责任，推进重点领域改革取得预期成效。

2017 年 5 月 5 日，在国土资源部青年干部“五四”座谈会上，张德霖副部长指出，青年是国土资源事业兴旺发达的活力和希望所在，是干工作、挑重担的生力军和突击队，部党组一直以来高度重视青年工作，希望青年干部把习近平总书记寄予的厚望、中央对国土资源工作的要求、部党组对各项工作的具体部署，在各自岗位上落实好，更好地履职尽责，在工作中成长成才。张德霖对青年提出了八点希望和要求。一要有坚定正确的理想信念。青年把自己的理想志愿同国家的前途、民族的命运相结合才有价值，信念追求同社会需要、人民利益和时代发展相一致才有意义。二要有时不我待的责任担当。青年在工作中要做到知责、担责、问责，要勇于担当起实现中华民族伟大复兴“中国梦”的历史责任，尽职尽责保护国土资源、节约集约利用国土资源、尽心尽力维护群众权益的工作责任和具体的岗位责任。三要有“能揽瓷器活”的过硬本领。结合“两学一做”学习教育常态化制度化活动，真正把学习当作一种生活态度、一种工作责任、一种精神追求，下苦功夫，下大力气，在勤奋学习中练就过硬本领。四要有脚踏实地的工作作风。实干兴邦，青年要立足本职、埋头苦干，从自身做起，从小事做起，一步一个脚印往前走。五要有团结协作的团队精神。青年要有大局意识，把自己的工作放到大局中去思考、定位、推进，要有协作意识，主动将“小我”融入团队的“大我”，形成做好工作的整体合力。六要有蓬勃向上的阳光心态。心中有阳光，脚下有力量。青年要保持一个蓬勃向上的阳光心态，要敢想敢干。七要有道德法律的人生底线。每个青年要厚德、要明法，在成长的路上，既要有人文精神的滋养，更要有法治精神的浸润。八要多读书、读好书。读书可以开阔眼界，增长学识，青年不仅要读经典著作，还要精读细读，一起分享交流体会，共同传承好五四精神。

稳中求进，努力开创国土资源人才事业新局面

一、科学把握新时期国土资源人才工作面临的新机遇新要求

当前国际格局正在发生深刻变化，世界多极化、经济全球化、文化多样化、社会信息化深入发展，新一轮科技革命和产业革命蓄势待发，全球治理体系深刻变革，知识经济方兴未艾，世界各国综合国力的竞争日趋激烈。从国内来看，我国发展仍处于可以大有作为的重要战略机遇期，经济发展进入“新常态”，贯彻落实新发展理念，深入推进经济建设、政治建设、文化建设、社会建设、生态文明建设进入新的发展阶段。从国土资源工作来看，我国基本资源国情没有变，资源在发展大局中的地位和作用没有变，资源环境约束趋紧的总体态势没有变，但国土资源的需求结构、动力机制、内外环境出现重大趋势性变化，推进供给侧结构性改革对国土资源改革创新提出了更高的要求。观大势、谋全局，是习近平总书记系列重要讲话蕴含的一个重要思想方法和工作方法。“观大势”是做好人才工作的前提，把握知识经济、生态文明建设和国土资源改革创新对人才工作的要求就是“大势”。

（一）知识经济为人才发展提供了前所未有的战略机遇与环境

1. 知识经济时代的社会发展特征

马克思主义认为，生产力决定生产关系，生产力在任何时代的发展中都是第一位的、决定性的因素。随着社会的不断发展变化，经济的结构、生产力诸要素相互之间的关系和地位也不断发生变化。任何一种经济形态都存在劳动对经济增长的作用、资本对经济增长的作用，也存在知识对经济增长的作用，但在不同时代，各种生产要素对经济的影响程度不同，从而成为划分经济时代的重要标志之一。20 世纪 90 年代以来，随着科学技术的迅速发展，知识开始逐渐成为主动性的、决定性的要素，并且成为生产力能够独立的要素。知识在社会经济发展中决定性地位的确立，导致产业结构、生产要素等各方面发生了根本性的变化：知识成为主导性的产业，知识成为第一位的生产要素，人才成为决定经济发展的最重要的因素，人

类社会逐渐进入知识经济时代。知识经济的概念最初由美国经济学家弗里茨·马克卢普在20世纪60年代提出；1996年经合组织（OECD）将知识经济定义为知识经济是建立在知识和信息的生产、分配和使用之上的经济。主要特征是科学技术的研究与开发日益成为经济发展的基础，信息和通信技术在经济发展过程中处于中心地位，提供知识和信息服务的行业在经济生活中扮演了主要角色，人力的素质和技能成为经济发展的先决条件。知识经济与以往经济形态最大的不同是知识经济的繁荣不直接取决于资源、资本、硬件技术的数量增加、规模的扩大，而是直接依赖于知识和有效信息的积累和利用，能够按照用户的需要进行有效的生产和服务，是一种更人性、更能体现价值规律的经济。知识经济特征表现为许多方面，概括起来主要有以下特征[1]。

（1）知识经济是全球一体化经济。在知识经济时代，世界经济一体化趋势成为不可阻挡的潮流，全球一体化是知识经济的基本格局。借助发达的信息电子网络，各种经济活动及知识的生产、流通、交换、消费打破了时空的界限，拓展到全球，呈现一体化格局。知识经济的全球化主要表现为国与国之间、企业与企业之间既竞争又合作。知识无国界，在知识经济时代，它可以通过先进的信息技术，近似光速地在世界各地广泛传播，从而使经济活动突破国与国的界限而成为全球化的活动，任何国家都不可能在层出不穷的高新技术中全面领先，任何一个国家都可以利用自己的智力资源“有所为，有所不为”，在世界大市场中占有一席之地，成为世界经济一体化不可或缺的一部分。同时，在经济全球化的大背景下，任何国家发展知识经济不能离开世界市场。总之，生产国际化和经济全球化趋势的强化，使人们之间的距离由于信息化而大大缩短，这就使地球成为“地球村”。

（2）知识经济是信息化经济。知识经济是基于信息经济的、以全部知识为基础的经济，是一个全新的、基于最新科技和人类知识精华的经济形态。信息技术的应用广泛渗透于社会的各个领域，信息业作为一种新兴的知识产业独立于社会经济结构。知识经济最明显的标志是“信息社会”的出现。美国学者E. 拉兹洛指出：“在20世纪末和21世纪初，规定世界上权力与财富性质的游戏规则已经改变。权力不再以诸如某个办公室或某个

---

[1] 秦剑军. 知识经济时代的人才强国战略［M］. 北京：中国社会科学出版社，2011：50－53.

组织的权威之类的传统标准为基础，财富的含义正在从诸如黄金、货币和土地之类有形的东西转移开去。一个比黄金、货币和土地更为灵活的无形的财富和权力基础正在形成。这个新基础以思想、技术和通信占优势为标志，即以‘信息’为标志。”这表明，知识经济的形成与发展，正在使财富的社会、历史性质发生变化。在知识经济条件下，知识、信息、技术在一定意义上是比货币资本、实物资本更为重要的资本，是最重要的社会财富。

（3）知识经济是创新经济。创新是社会经济发展的灵魂和动力。人们的经济活动源于知识，而知识的产生又离不开创新，所以创新才是经济增长的发动机。在当今世界里，知识经济的发展使现代知识与生产结合，更新了许多传统科学的分类与研究，大大提高了许多基础研究和科学知识的实用价值，信息科学、遗传工程、新能源、新材料、空间技术、海洋科学、环境科学及现代管理等知识，成为发达国家经济投入的重要资本，这些知识资本对经济增长的贡献率已远远高于传统的生产要素，并对经济增长的轨迹和趋势产生重要的影响。创新是人类社会进步和经济发展的动力和源泉。人类创新的能力主要来源于学习、掌握、创新和应用新知识，因此，知识经济又被称为学习经济。故步自封、因循守旧都是知识经济的大敌。

（4）知识经济是可持续发展的经济。在知识经济社会，知识被凸显到非常突出的地位，人力资源的开发，特别是人力资源创造能力的开发具有特殊的价值；同时，社会经济结构、产业结构将发生重大变化。知识经济产生在多种自然资源近乎耗竭、环境危机日益加剧的时代，它把科学与技术融为一体，反映了人类对自然界与社会科学的全面认识。因此，知识经济发展的指导思想是科学、合理、综合、高效地利用现有资源，同时开发尚未利用的自然资源来取代已近耗竭的稀缺自然资源。在知识经济中，一方面，整个经济活动充分信息化、网络化；另一方面，绿色产品、洁净生产成为社会消费、生产的时尚，环境得到有效保护，生态平衡得以真正实现，人类将第一次真正实现自然与经济社会的协调和经济的可持续发展。以往任何形态的经济都受自然资源有限性的制约，面临资源短缺、环境恶化等危机，而知识经济则促进了人类与自然的协调统一，以实现现有资源利用的高效性、科学性为目标，从而保证经济的可持续发展。

2. “知识经济” 本质是人才经济

人才是知识经济发展的根本条件。知识经济是以知识为基础以人的智力为重要资源的经济。无论知识对经济社会发展的作用如何巨大，知识永远离不开人这个载体，它只能是一种生产财富、创造财富的手段。正如彼得·德鲁克所说：“人的智力资本是最重要的资源。”在知识经济时代下，知识已经人格化为人力资源，知识经济呈现为人格化特征，即知识经济中的知识产业组织的经营活动是以人才的素质和技能为先决条件，以智能和创新为灵魂，以人才资本为核心，坚持以人为本的管理模式，在经济行为中表现出人的意志、思想、观念、情感、责任、追求和道德要求。习近平总书记多次强调“人才是创新的核心要素”，并指出“科学技术是人类的伟大创造性活动。一切科技创新活动都是人做出来的。我国要建设世界科技强国，关键是要建设一支规模宏大、结构合理、素质优良的创新人才队伍。”人才在知识经济中的作用主要体现在以下方面：

第一，因为人才是知识经济的主体。人类社会的创新活动有多种形式，如知识创新、技术创新、服务创新、管理创新、组织创新、制度创新等，几乎所有的创新是人才创造性劳动的成果。法国欧洲工商管理学院、新加坡人力资本领导能力研究院等合作完成的全球人才竞争力指数调查显示：“一国的国内生产总值和人才竞争力密切相关。创新能力最强的国家，也是那些尽最大努力吸引并留住人才的国家。”从历史发展的轨迹来看，在不同经济社会时代，自然资本、生产资本、人才资本、社会资本扮演的角色和所起的作用不同：以手工工具为主导的农业社会，发展主要依靠自然资本，以农业见长的文明古国，如埃及、中国、巴比伦、印度等，大多具有土地肥沃、气候温和、雨量充沛、灌溉方便等自然条件；18世纪中叶产业革命发生后，英国、法国、西班牙、美国、日本等国相继崛起，占尽了生产资本优势，创造了工业文明取代农业文明的历史；第二次世界大战后，以电子技术为先导的新技术革命，将人才资本提升到前所未有的高度，成为决定当代经济社会发展的决定性力量。从发达国家发展历程来看，进入发展新阶段之后，几乎是通过人力资源对自然资源的替代，实现了经济发展方式的转变和发展动力的转换。在知识经济时代，知识资源将取代土地、资本、原材料等成为主要的生产要素。加里·斯坦利·贝克尔认为，发达国家经济的75%以上不再是实物资本，而是人力资本。他指出，如果说科技是现代经济腾飞的发动机，那么人才就是发动机得以运转的“燃料”。据测算，以科技为核心的知识对经济增长的贡献率在一些发达国家已经上升到80%~90%。

第二，人才是知识经济最能动的生产要素。知识经济解答了传统经济学无法解答的一个难题，即在资源增量很少、资源存量不多的情况下，经济何以能够长期持续增长。知识与其他生产要素不同，它可以重复使用，且在使用过程中其价值不会减少反而会增加。知识所具有的连续增长、报酬递增的特征，使传统的资本增加边际效率、报酬递减规律发生逆转。知识是一个重要的生产要素，对知识的投资不仅能增加知识的积累，还能增加其他经济要素的生产能力。而决定知识要素这种奇特功效源泉的就是人才本身。在创新诸多要素当中，人才是最能动的因素。人才在发现创新先机、整合创新资源、组织创新活动、促使创新转化等方面发挥着十分关键的作用。离开了人才，其他创新要素就不可能整合起来产生创新效益。经济学家约瑟夫·熊彼特将企业家精神视为比劳动力、资本、土地等更重要而且特殊的无形生产要素。在知识经济时代，谁首先抢占了人才高地，谁拥有更多的人才资本，谁就控制了21世纪发展的制高点，谁就能在激烈的综合国力竞争中处于有利地位。根据美国学者E. 曼斯菲尔德的研究，世界科技创新成果的70%以上由世界500强垄断。与发达国家相比，我国企业收入的70%来源于现有传统产品及服务，20%源于对现有产品及服务的延伸，只有10%来源于创新。最新的一项调查显示，创新人才短缺始终被企业家认为是妨碍企业创新的最重要因素，高达60.7%的企业家认为企业创新人才缺乏。

第三，人才是知识经济时代创新价值的创造者、实现者。人才资本属于价值范畴，这与马克思的资本概念同出一辙，是它的逻辑延伸，它体现了市场经济条件下人才的商品属性和特征。作为商品，它具有商品的使用价值和价值。人才资本的使用价值由自身价值和价值增值两部分组成，其价值增值部分（即创新资本所形成的价值）要比传统劳动力的使用价值大得多。在知识经济时代，人们将不再以拥有土地和钱财的多少论财富，而以知识的多少、智力的高低和创新能力的大小论贫富。在知识社会中，体能、技能、智能对社会财富的贡献比例为1：10：100。谁拥有了大量的高素质人才，谁就拥有了大量的财富，处在人力资本最高层次的人才资本是能够在更高数量级上创造利润的最宝贵的资本。例如，美国钢铁大王卡内基家族靠产业资本成为百万富翁，用了近百年；美国石油大王洛克菲勒家族靠资源资本成为千万富翁，用了50年；而计算机奇才比尔·盖茨靠人才资本成为百亿富翁，只用了十几年。比尔·盖茨以“知识致富”，多次登上世界首富宝座，微软公司16000名雇员中，百万富翁就有200多人。为什么人才资本比资源资本、产业资本能产生更为巨大的增值呢？这就是人才资本的特殊价值所在。李嘉诚在被记者问到：为何几十年的成功积累还不如比尔·盖茨的几年暴富？他一方面感慨“后生可畏”，另一方面承认比尔·盖茨掌握了这个年代最为稀缺的资源：创新资本。创新资本可以让一个“新品”在一夜之间战胜一个畅销几十年的“名品”，这就是人才资本的价值。世界经济论坛近日发布的《人力资本报告》称，与金融资本相比，人力资本才是21世纪最有效连接创新、竞争力和经济增长的关键纽带。

3. “知识经济”对人才队伍发展的要求

在知识经济时代，知识经济发展对人才的素质有更高的要求，要求人才有现代发展意识，有先进的科学知识和技术能力，要具备敬业奉献精神等方面的思想道德品质，还要有健康的体魄和良好的心理状态，否则就无法承受艰苦的脑力劳动和体力劳动。科学文化素质是综合素质的基础，对人才的自身发展起着关键作用，直接影响人生价值、理想信念的追求。因此，在知识经济时代，人才要不断地充实自己，不断地更新知识，努力提高科学文化素质，构建新的知识结构。道德素质是综合素质的灵魂与核心，是创新的统帅，科学文化实质是创新的实力，心理素质是创新的内驱动力，身体素质是诸素质的载体。人才的知识和智慧是由信息转化而来，人才的发展在很大程度上归结为知识和智慧的增长，因而要不断地进行知识更新、创新。知识经济时代最需要的人才是创新型人才、复合型人才、合作型人才。

（1）知识经济时代需要大批的创新型人才。知识经济在某种角度上说，是一种创新经济，创新经济需要创新型人才。所谓创新型人才，即具有自觉的创新意识、缜密的创新思维和自主的创新能力的人才。知识创新只能发生在富有创造性思维的人的头脑中，那些富有创造性思维头脑的杰出人才便是创新人才。创新人才的培养和使用是迎接知识经济挑战的关键。在知识经济时代，产品的知识含量增加，逐步形成知识产品。知识产品的生产，最重要的资料不是设备和工具，而是人的知识和能力，特别是人的创造能力。另外，商品的价值不再是劳动者体力的简单转化，而是劳动者知识的转化。知识商品的价值会随着新技术的产生、新工艺的出现而变得一文不值，其生命周期变得更短。这又要求创新人才不仅要创新，而且要再创新，保持持续不断的创造力。唯有全面创新，包括技术创新、制度创新、产品创新、市场创新、管理创新等，才能维持经济的竞争力。所以，知识经济时代需要创新型人才。

（2）知识经济时代需要大批的复合型人才。在知识经济时代，要成才，就要创造。此时的创造不可能依靠某种单一知识和单一技能来实现。它必须借助多种知识、多种技能的综合运用来完成。社会越发展，创造的复杂程度就越高，高度复杂的创造需要高度发展的能力系统，也就是对知识面的要求越来越宽。当代科学技术的发展要求自然科学、技术科学、人文社会科学的相互渗透、沟通，乃至融合。因此，知识经济要求的“知识人”必须知识广博，基础扎实，在广泛领域具有较强的适应性和较高的能力水平。复合型人才是知识经济时代所需的人才，它是多种专业技能的复合，是社会科学和自然科学的复合，是智力因素与非智力因素的复合。日本学者有一个明确的表述，“单一能力时代已经结束了，只有具备综合能力的人，才能在现代竞争中获胜。”

（3）知识经济时代需要大批的合作型人才。在知识经济社会，企业是链状供应，银行是网状服务，信息是网上共享……因此，知识经济社会是一个人际关系高度社会化的社会。在知识经济环境中，要从事科研、发明、创造，或从事生产与经营，靠一个人的力量难以完成。在这样的社会里，需要更紧密的联系和合作，需要借助集体的力量和他人的力量，才能发挥自己的力量，取得事业的成功。作为知识经济时代的人才，必须跳出“一间实验室、一支笔、几支试管”的封闭工作状态，必须学会通过各种渠道与他人合作，共享资源，共享成果。大规模的集团型合作将是知识经济时代的科研方式。因此，人才个体必须学会与他人交流、协商以达到充分合作的目的，成为合作型人才。美国学者比恩认为，竞争是工业社会的价值观，而知识经济时代的价值观是合作。知识经济时代已不是“单枪匹马闯天下”的时代，现代型组织更注重分工与协作，组织的战略决策依赖于群体智慧，因此组织除需要领导人物以外，更需要人才群体，需要人才积极合作的团结精神。[1]

4. “知识经济”对人才管理提出了更高的要求

在知识经济时代，知识是创造核心能力的基础，是决定竞争力强大与否的关键要素；知识的创造速度和数量增大，知识的传播速度和更替周期

---

[1] 秦剑军．知识经济时代的人才强国战略［M］．北京：中国社会科学出版社，2011：69－72.

加快，知识创新的方式也更加多样化。知识的载体是人才，要充分发挥知识在知识经济中的作用，必须遵循以知识创新的规律来推进人才管理创新。

（1）实施人本管理模式。管理创新即把创新渗透于管理的整个过程之中，不断进行观念创新、制度创新、市场创新，进而实现组织价值和管理效能的最大化。传统的管理理念过多地强调“管理是一种权力”，“管理就是控制”，管理者被看作“组织或企业的大脑和智慧的化身”。组织内部呈现的“金字塔式”的管理结构遏制了创新，带来的是组织的僵化、封闭和停滞，严重地制约了组织作为生命有机体功能的发挥。知识经济时代的到来，预示着传统的“金字塔式”的“他控式管理”理念，将被现代的“扁平化”的“互动式知识管理”理念所取代。因此，管理创新的首要使命将是围绕着知识管理进行组织的设计和体制的安排，为知识工作者充分发挥其个性和创造力提供制度平台。管理者应把知识工作者看成最重要的财富和组织生存的根本，以此营造尊重人、关心人、信任人的舆论氛围，进而实现知识的创新与共享。[1] 因此，知识经济条件下，知识的有效开发和利用，不但依靠严格的管理制度，更要依靠相对自由、宽松的工作环境，减少人才思想上的压迫感和被动性，活跃人的思维和情绪，增强主动性和积极性，以激发人才创造力，使人才对工作产生极大的兴趣。做好本职工作，做出突出成绩，成为人生价值得以实现的最佳途径，把对企业的贡献和自己事业上的成功变成一种精神上的渴求。这种以人为本的管理模式在知识经济时代显示强大的生命力。现代企业家和管理者将知识经济时代称为“人才决胜时代”，纷纷摒弃了早期管理者僵死的、烦琐的管理方式，提出了“以人为本”的经营理念。世界500强企业，大多数采取了员工参与、人际沟通、激励措施、民主决策、福利政策等人本管理模式。

（2）大数据技术助力现代人才管理。世界著名未来学专家阿尔文·托夫勒把农业文明、工业文明之后的信息社会誉为第三次浪潮，将大数据称为“第三次浪潮的华彩乐章”。所谓大数据，又称巨量资料，其大小或复杂性使得无法通过常用技术以合理的成本并在可接受的时限内对其进行捕获、管理和处理。大数据技术，就是通过特殊的技术，从各种各样类型的海量数据中，快速获得有价值的信息。麦肯锡全球研究院的报告指出，“大数据时代已经到来!”数据正成为与物质资产和人力资本相提并论的重要生产要

---

[1] 张国臣，黎志成．管理理念在知识经济时代的三大创新［N］．光明日报，2003－06－16.

素。大数据带来的信息风暴正在变革我们的生活、工作和思维，带来一场新的思维变革、商业变革和管理变革。Google 推出“流感趋势”项目，通过追踪像“咳嗽”“发烧”和“疼痛”这样的词汇，准确判断流感在哪里扩散；沃尔玛使用大数据模式，分析社交网站海量数据，从“挖掘”顾客需求到“创造”消费需求，精准营销啤酒和尿布；洛杉矶警察局用大数据计算模型安排警车巡逻，预测案件多发地段；通过分析淘宝、天猫、B2B、聚划算的商家的各种数据，阿里巴巴打造了一个信贷工厂，为平台上的卖家提供小额信贷服务。可以预见，大数据在各行各业特别是公共服务领域，具有更加广阔的应用前景。

哈佛大学社会学教授加里·金说：“这是一场革命，庞大的数据资源使得各个领域开始了量化进程，无论学术界、商界还是政府，所有领域都将开始这种进程。”人才发展同样如此，例如，汤森路透公司依靠大数据成功预测了 39 位诺贝尔奖得主；阿里云机器人小 Ai 成功预测了《我是歌手 4》总决赛的冠军；李娜运用大数据提升能力获得了澳网公开赛冠军……“不管你认同与否，大数据时代已经来临，将引发人才管理服务的颠覆性变革。”“不会量化就无法管理”已成为世界一流企业的共识。以谷歌公司为例，为了改善管理，谷歌基于大数据开发了一种人才保留算法，可以成功地预测哪些员工很有可能会离职，从而提前为员工留任提供个性化解决方案。在著名人才学专家王通讯看来，国外的猎头公司之所以能够帮助国家、企业寻找到合适的人选，就是因为它们有相关的数据，而我们没有。“人家在‘猎头’，我们在‘猎腰’‘猎脚’。”“大数据时代的到来，将使人才宏观管理从‘经验加感觉型’走向‘数据加事实型’。”中央印发的《关于深化人才发展体制机制改革的意见》提出，充分运用云计算和大数据等技术，为用人主体和人才提供高效便捷服务。可以预计，今后在人才领域运用大数据技术创新工作将成为趋势，以改进当前人才引进和管理的粗放模式，通过相关数据收集、分析和应用，实现人才引进和服务的精准化，不断提高人才工作科学化水平。

（二）生态文明建设给人才工作提出新的要求

当前，资源约束趋紧、环境污染严重、生态系统退化，是我国面临的严重问题。推进生态文明建设不仅是系统解决我国资源环境问题的战略性举措，更是我国迈上发展新台阶、打造经济“升级版”的重要战略抉择。

国土资源是生态文明建设的物质基础、能源来源、空间载体和构成要素，实现美丽中国梦，国土资源管理工作责任重大、使命光荣。因此，推进国土资源人才队伍建设，必须深刻理解生态文明建设与人才发展的内在关联。

1. 生态文明建设内涵与主要任务

文明不仅是人类在社会发展中创造的财富总和，更是作为一种生存状态而存在。从生态文明的属性、本质和关系上来看，生态文明可以定义为人与社会通过“生态化”的生产方式，在处理人与人、人与自然的实践活动、人与社会的关系方面所取得的成果。生态文明以可持续发展为原则，以尊重和保护生态环境为宗旨，为子孙后代得以继续繁衍生息考虑。它强调的是人类的自觉性，倡导的是人与自然之间相互依存，共同繁荣。应该说，在长达300年工业文明中，人类在发展工业的同时，肆意破坏生态环境。特别是地球上出现的一系列生态危机已经为当今世界敲响了警钟，提醒着人们在发展工业的同时，要注意自然环境的承载能力。面对地球上稀缺的自然资源逐渐减少，我们亟须寻找一个能够延续我们存活的新文明时代。赫伯特·马尔库塞面对日益严重的生态环境提出了“大自然的解放”思想，他在批判工业文明造成人与自然不和谐的基础上，主张将自然纳入人类的道德关怀，他的思想引发了一系列全新的社会运动。从1972年罗马俱乐部“增长的极限”理论诞生，1987年“可持续发展理念”的出现，再到1992年《里约宣言》中《为各国在环境与发展领域采取行动和开展国际合作》的发表，生态文明的构建在人类对工业文明的反思中开启了。生态文明同农业文明和工业文明的最大差异是，生态文明更为强调和注重人类在对自然进行改造时要以保护和尊重自然为前提。

生态文明建设是指以生态文明观为指导，对社会建设进行全面的改造，不断地对人与人、人与自然、人与社会的关系进行完善与优化的实践活动。如果说生态文明是一种全新的文明发展状态，那么生态文明建设就是人类建立在科学理论基础之上的高度自觉的实践活动。生态文明建设是中国特色社会主义伟大事业中的一项重要战略任务，它是一项系统、庞大而又复杂的社会工程，并且在我国建设的过程中持续不断地探索、完善和丰富。2007年10月，党的十七大将生态文明建设纳入全面建设小康社会的目标之一，并将其确定为一项战略任务。2009年9月，党的在十七届四中全会将生态文明建设作为中国特色社会主义事业总体布局中的一部分，将其与政治建设、经济建设、文化建设和社会建设的地位并列。2012年11月，党的十八大从历史新起点，做出“大力推进生态文明建设”的战略决策，系统阐述了生态文明建设，并将其地位提升到一个前所未有的高度，充分体现了生态文明建设的重要地位。2015 年 3 月 24 日，中共中央政治局召开会议，审议通过了《关于加快推进生态文明建设的意见》；2015 年 9 月 11 日，新出台的《生态文明体制改革总体方案》，着眼于理念方向的提出，着力于基础性框架的构造，明确地提出资源总量管理和全面节约制度、构建自然资源资产产权制度、环境治理和生态保护的市场体系、环境治理体系、生态文明绩效评级考核和责任追究制度等 8 个方面的制度体系。2015 年 10 月 26 日，随着党的十八届五中全会的召开，增强生态文明建设首度被写入国家五年规划。习近平总书记系统论述了创新、协调、绿色、开放、共享的“五大发展理念”，并强调实现创新发展、协调发展、绿色发展、开放发展、共享发展。

实现绿色发展是以习近平同志为核心的党中央科学把握生态文明建设阶段性特征，深刻认识经济社会发展规律提出的治国理政新理念，是顺应发展大势、顺应人民意愿的重大战略决策，是从源头上破解我国资源环境瓶颈约束、提高发展质量、形成人与自然和谐发展的必由之路。特别是 2017 年 5 月 26 日，中共中央政治局就推动形成绿色发展方式和生活方式进行第 41 次集体学习。习近平在主持会议时指出，推动形成绿色发展方式和生活方式，是发展观的一场深刻革命。这就要坚持和贯彻新发展理念，正确处理经济发展和生态环境保护的关系，像保护眼睛一样保护生态环境，像对待生命一样对待生态环境，坚决摒弃损害甚至破坏生态环境的发展模式，坚决摒弃以牺牲生态环境换取一时一地经济增长的做法，让良好生态环境成为人民生活的增长点、成为经济社会持续健康发展的支撑点、成为展现我国良好形象的发力点，让中华大地天更蓝、山更绿、水更清、环境更优美。习近平强调，要充分认识形成绿色发展方式和生活方式的重要性、紧迫性、艰巨性，把推动形成绿色发展方式和生活方式摆在更加突出的位置，加快构建科学适度有序的国土空间布局体系、绿色循环低碳发展的产业体系、约束和激励并举的生态文明制度体系、政府企业公众共治的绿色行动体系，加快构建生态功能保障基线、环境质量安全底线、自然资源利用上线三大红线，全方位、全地域、全过程开展生态环境保护建设。

习近平就推动形成绿色发展方式和生活方式提出 6 项重点任务。一要加快转变经济发展方式。根本改善生态环境状况，必须改变过多依赖增加物质资源消耗、过多依赖规模粗放扩张、过多依赖高能耗高排放产业的发展模式，把发展的基点放到创新上来，塑造更多依靠创新驱动、更多发挥先发优势的引领型发展。这是供给侧结构性改革的重要任务。二要加大环境污染综合治理。要以解决大气、水、土壤污染等突出问题为重点，全面加强环境污染防治，持续实施大气污染防治行动计划，加强水污染防治，开展土壤污染治理和修复，加强农业面源污染治理，加大城乡环境综合整治力度。三要加快推进生态保护修复。要坚持保护优先、自然恢复为主，深入实施山水林田湖一体化生态保护和修复，开展大规模国土绿化行动，加快水土流失和荒漠化石漠化综合治理。四要全面促进资源节约集约利用。生态环境问题，归根到底是资源过度开发、粗放利用、奢侈消费造成的。资源开发利用既要支撑当代人过上幸福生活，也要为子孙后代留下生存根基。要树立节约集约循环利用的资源观，用最少的资源环境代价取得最大的经济社会效益。五要倡导推广绿色消费。生态文明建设同每个人息息相关，每个人都应该做践行者、推动者。要加强生态文明宣传教育，强化公民环境意识，推动形成节约适度、绿色低碳、文明健康的生活方式和消费模式，形成全社会共同参与的良好风尚。六要完善生态文明制度体系。推动绿色发展，建设生态文明，重在建章立制，用最严格的制度、最严密的法治保护生态环境，健全自然资源资产管理体制，加强自然资源和生态环境监管，推进环境保护督察，落实生态环境损害赔偿制度，完善环境保护公众参与制度。习近平强调，生态环境保护能否落到实处，关键在领导干部。要落实领导干部任期生态文明建设责任制，实行自然资源资产离任审计，认真贯彻依法依规、客观公正、科学认定、权责一致、终身追究的原则，明确各级领导干部责任追究情形。对造成生态环境损害负有责任的领导干部，必须严肃追责。各级党委和政府要切实重视、加强领导，纪检监察机关、组织部门和政府有关监管部门要各尽其责、形成合力。

2. 准确把握生态文明建设与人才发展的内在关系

生态文明建设与人才发展互为条件，互相影响，这本质上是人与自然和谐社会观的传承与延伸。一方面，生态文明奠定了人才发展的物质基础和社会环境；另一方面，人才的有效发展可以为生态文明提供更为坚实的人才保障和智力支撑，为我们建设更高层次的生态文明提供可能。

（1）生态文明建设是人才发展的前提和保障。实现人才发展离不开所必需的物质条件——自然环境和生态系统，高度发达的生态文明体系与和谐的人与自然关系，是人才发展的重要前提和实践保障。人才需要的阳光、植物、空气和水这些基本元素是维持生理存在的必备条件，缺少了这些必要条件，连生存都成问题，更谈不上人才发展。马克思指出："自然界是包括人类在内的一切生物的摇篮，是人类赖以生存和发展的基本条件。"[1] 纵观人类社会生产和发展的历史进程可以发现，认识、改造和利用自然是人类社会发展至今的主要活动内容。正是基于此，在经历过农业文明、工业文明后，人类社会开始逐步重视对生态和自然的保护，当前世界各国都非常重视生态文明建设，建立以生态技术为基础的生态产业体系。同时，人才发展不仅需要物质保障，更需要精神动力。正如马克思提出的："植物、动物、石头、空气、阳光等，一方面作为自然科学的对象，另一方面作为艺术的对象，都是人的意识的一部分，是人的精神的无机界，是人必须从事先进加工以便享用和消化的精神食粮。"物质决定意识，意识是人脑对物质的反映，自然界在人们生活和生产中不断提供物质材料，人类运用感性和理性思维，将这些物质材料创造性地转化为艺术、文学、音乐等精神成果。人才在与自然和谐共处的环境中，其思维方式、生活方式和心理健康等同时发生变化，特别是促使人才的思维方式——由片面追求经济增长的方式向尊重自然规律、实现人才与自然和谐发展的方向转变。实践证明，和谐的生存环境，能够愉悦人的灵魂，陶冶人的情操，塑造人的品格，净化人的心灵，规约人的行为，推动人才的发展。此外，推进生态文明建设可为人才发展提供政治保障。在世界各国普遍深陷生态环境问题泥沼的当今时代，环境和生态问题在各个国家和各个阶层广泛受到关注。在许多国家，人们不断上街游行、示威和抗议，要求政府当局采取有力措施改善和控制环境污染，环境问题进入国家政治结构。生态文明建设有助于人们对自己的政治角色的重新定位，促使人们形成关注生态文明的社会意识，在更广泛领域明确自己的"政治人"责任，保护实现自己的环境权、生存权和发展权。同时，有助于人们对政府的决策进行监督，使政府的决策更好地反映人民的要求，朝着科学化、民主化迈进，从而促进人才的科学发展。习近平总书记早就强调"我们不能把加强生态文明建设、加强生态环境保护、提倡绿色低碳生活方式等仅仅作为经济问题。这里面有很大的政治。""要把生态环境保护放在更加突出的位置，环境就是民生，青山就是美丽、

[1] 马克思. 1844 年经济学哲学手稿［M］. 北京：人民出版社，1985：65.

蓝天也是幸福。”

（2）人才发展是生态文明建设的根本价值取向。在当今世界，生态文明已经不只是生态、环境领域的重大课题，而是人与自然、人与社会、人与人之间关系协调、发展平衡、步入良性循环的理论和实践。人才发展实质是生态文明建设的核心理念和根本价值取向。第一，人才是推进生态文明建设的主体。人通过实践活动影响了生态，改造了自然，全面推进生态文明建设是一项系统工程，这项工程的主体仍然是人，是人才。在当前大力推进生态文明建设，修复自然生态环境的背景下，依然要靠人才这个主体去完成，因此，在推进生态文明建设的过程中，人才是最大也是最关键的主体。第二，人才发展是生态文明建设的目的。生态文明建设的根本目的是突出人在自然、社会活动中的主体地位，就人与自然关系的本质而言，人具有目的价值，自然界具有手段价值。自然界之所以有价值，就在于它为人的生存及发展提供了条件，为人的生活服务，为人的目的服务。因此，从人才发展与生态文明建设的关系来讲，生态文明建设是实现人才发展的必要手段和条件，人才发展是生态文明建设的最终目的。第三，人才发展是生态文明建设的关键。生态文明，包含生态意识文明、生态制度文明、生态行为文明，因而生态文明建设的基本要求，即要树立生态意识、建立和完善生态制度、改善和提升生态行为。正如前述，人才是生态文明建设的主体，无论是生态意识的树立、生态制度的建立，还是生态行为的提升，人才对整个社会生态文明建设起到引领示范作用。因此，加强生态文明建设，应着眼于人才这一根本，把人才的发展水平作为衡量生态文明建设及其发展的重要尺度，并自觉地将人才发展和人文关怀带入其中，把其作为思考问题的根本取向、解决问题的基本前提和关键。[1]

（3）推进生态文明建设对人才工作的新要求。党的十八大明确要求，把生态文明建设放在突出地位，融入经济建设、政治建设、文化建设、社会建设各方面和全过程，努力建设美丽中国，实现中华民族永续发展。因此，今后一段时期，必须把推进生态文明建设战略要求融入人才队伍建设。重点应把握以下方面：

第一，以习近平总书记的生态文明思想为指导，提高人才队伍生态文明素养。生态文明建设的顺畅与否将在很大程度上取决于人们生态文明价

[1] 叶忠海，中国人才研究会．新编人才学通论［M］．北京：党建读物出版社，2013：444－448.

值观的树立。党的十八大以来，习近平总书记站在中华民族永续发展、人类文明发展的高度，明确地把生态文明作为继农业、工业文明之后的一个新阶段，指出生态文明建设是政治，关乎人民主体地位的体现，共产党执政基础的巩固和中华民族伟大复兴的中国梦的实现。习近平总书记的生态文明思想既有现代生态科学基础，又有深厚传统文化底蕴，是马克思主义生态文明观的发展，包含着极为丰富的内容，包括绿色发展观、绿色政绩观、绿色生产方式、绿色生活方式等。习近平总书记提出“绿色 GDP”概念及“绿水青山就是金山银山”“破坏生态环境就是破坏生产力，保护生态环境就是保护生产力，改善生态环境就是发展生产力”“建设生态文明，是民意，也是民生”“良好生态环境是最公平的公共产品，是最普惠的民生福祉”“生态环境没有替代品，用之不觉，失之难存”“要像保护眼睛一样保护生态环境，像对待生命一样对待生态环境”等一系列论断；为实现人与自然和谐，习近平总书记提出了人与自然构成“生命共同体”的思想，他指出：“山水林田湖是一个生命共同体，人的命脉在田，田的命脉在水，水的命脉在山，山的命脉在土，土的命脉在树。”习近平总书记强调：“中国将按照尊重自然、顺应自然、保护自然的理念，贯彻节约资源和保护环境的基本国策，更加自觉地推动绿色发展、循环发展、低碳发展。”因此，在人才工作上贯彻落实生态文明建设，必须认真学习领会习近平总书记的生态文明思想，把总书记的生态文明和绿色发展理念贯彻到人才队伍建设的全过程，推动人才队伍树立起生态文明的价值观、发展观、生产观、消费观、政绩观。特别是各级领导干部必须扛起生态文明建设的政治责任，坚决把思想和行动统一到党中央决策部署上来，坚决把生态文明建设摆在全局工作的突出地位抓紧、抓实、抓好，必须把重视生态环境保护作为检验领导干部“四个意识”的重要标尺，紧盯生态环境重点领域、关键问题和薄弱环节，层层落实生态环境保护责任清单，以钉钉子精神下大气力解决好人民群众反映强烈的生态环境突出问题。

第二，按照加快生态文明建设要求，加快推进人才结构战略性调整。生态文明是人类为保护和建设美好生态环境而取得的物质成果、精神成果和制度成果的总和，是贯穿于经济建设、政治建设、文化建设、社会建设全过程和各方面的系统工程，是人类文明的新的发展阶段，这必然对人才队伍规模和结构提出了更高的要求，必须更加重视和践行“人才优先、高端引领”的原则。根据《中共中央国务院关于加快推进生态文明建设的意见》的目标和任务，今后应着力加大四个方面人才队伍建设：一是围绕国土空间开发格局进一步优化的目标和任务，加大对空间规划人才队伍建设力度，包括从事主体功能区规划、生态环境保护规划、城乡规划、国土规划、土地规划、海洋功能区划及“多规合一”复合型的人才队伍，推进经济、人口布局向均衡方向发展，陆海空间开发强度、城市空间规模得到有效控制，城乡结构和空间布局明显优化。二是围绕资源利用更加高效的目标和任务，重点在能源节约、资源循环利用、新能源开发、污染治理、生态修复等领域培养能够实现关键技术突破的战略科技人才，加强生态文明基础研究、试验研发、工程应用和市场服务等科技人才队伍建设，大力培养践行生态文明和绿色发展理念的企业家队伍，重点培养推动战略性新兴产业和先进制造业的产业人才队伍和服务业人才队伍，大力发展节能环保产业、生态农业人才队伍，加大对从事清洁能源和矿产资源综合利用人才队伍建设力度，切实推动技术创新和结构调整，提高发展质量和效益，全面促进资源节约循环高效使用，推动利用方式根本转变。三是围绕生态环境质量总体改善的目标和任务，加大能源、矿产资源、水、大气、森林、草原、湿地、海洋和水土流失、沙化土地、土壤环境、地质环境、温室气体等自然资源、生态环境调查监测统计评价人才队伍建设，加强大气污染防治、水污染防治、土壤污染治理和修复专业技术人才队伍发展；加大综合整治人才队伍建设，推进实施山水林田湖一体化生态保护和修复，加快水土流失和荒漠化石漠化综合治理；全面加强自然灾害调查评价、监测预警、防治和应急等防灾减灾人才队伍建设；加强自然资源和环境督察队伍、基层执法队伍、环境应急处置救援队伍建设，加强执法监督。四是围绕生态文明重大制度基本确立的目标和任务，大力培养服务节能评估审查、节水、应对气候变化、生态补偿、湿地保护、生物多样性保护、土壤环境保护等法治人才队伍建设，加强能耗、水耗、地耗、污染物排放、环境质量等标准研制人才队伍建设；围绕自然资源资产产权和用途管制、生态保护红线、生态保护补偿、生态环境保护管理体制等关键制度建设，大力加强自然资源与生态战略和政策咨询人才队伍建设，推进新型智库人才队伍建设；围绕自然资源与生态环境市场化机制建设，大力培育产权市场服务人才和金融服务人才；大力加强适应生态文明建设要求的新型党政干部人才队伍建设，切实履行好生态文明建设责任制。

第三，将生态文明建设要求贯彻到深化人才体制机制改革当中，不断优化人才生态环境。“环境好，则人才聚、事业兴；环境不好，则人才散、事业衰”。人才环境建设的关键在于人才体制机制，而遵循什么样的人才理念又是核心。生态文明作为遵循人、自然、社会和谐发展的客观规律的一种存在，不仅是处理人与自然关系的准则，也是处理人与人、人与社会关系的准则。同时，理论界不断把生态学理念引入人才管理中，提出了人才生态链理论。人才生态链是指在人才生态系统中，模仿自然生态系统中的生产者、消费者和分解者，以人才价值（知识、技能、劳动成果、经验、教训等）为纽带形成的具有工作衔接关系的人才梯队。人才生态链运行内在机理是以核心人才为种核发展演化的，通常显示强烈的人才种核效应；一个或几个同行中的领袖级人物，往往会对同类人才产生强大的号召力、向心力和凝聚力，成为群体发展的生长基点和凝聚核心，带动其上下游人才向其靠拢，大大提高群体对人才的吸纳能力，并通过衍生、扩张与拓展，成为更大范围、更大规模、更大影响的人才布局，使人才集聚度不断提高，形成蔚为壮观的“人才生态链”和“人才生态圈”。按照生态文明建设要求推进人才体制机制改革，不仅使人才工作更加主动地融入五大建设，也有利于为生态文明建设形成有力的“人才生态链”支撑。为此，应加快建立自然资源与生态环境领域人才数据库，加快建立自然资源与生态环境人才市场建设，推进相应的人才社会组织建设；完善自然资源与生态环境领域学研用协同培养人才机制，加强人才供需调查与专业动态调整机制；不断完善生态文明建设领域高层次创新型科技人才培养支持方式，加大青年科技人才培养力度；着眼于发展战略性新兴产业和新兴业态需要，突出“高精尖缺”导向，更大力度培养引进经济社会发展急需紧缺人才；创新自然资源和生态环境人才评价机制，突出对生态文明建设能力、实绩和贡献的评价；进一步推进绿色职业建设，研究制定绿色职业标准，提供绿色职业技能鉴定服务，完善自然资源和生态环境建设领域职业准入制度；进一步建立绿色教育培训体系，把生态文明教育作为素质教育的重要内容，纳入国民教育体系和干部教育培训体系；制定实施更加适合绿色人才创新创业的人才引进政策；加大对生态文明领域特定行业和急需紧缺绿色人才在身心健康、人身安全方面的服务保障等。

（三）准确把握当前国土资源形势任务

围绕中心服务大局，服务大局是国土资源人才工作的重要遵循。做好新时期国土资源人才工作，必须把握好当前国土资源工作的主要形势和任务。应该说，党的十八大以来，以习近平同志为核心的党中央，立足我国发展仍处于可以大有作为的重要战略机遇期，但其内涵已经发生深刻变化的客观实际，作出了经济发展进入“新常态”的重大判断；科学分析了我国发展所处的历史方位和“三期叠加”的阶段性特征，形成了以新发展理念为指导、以供给侧结构性改革为主线的政策框架；坚持从世情国情出发，把握发展规律，确立了稳中求进的工作总基调。2016 年以来，国土资源部党组认真贯彻新发展理念，主动适应经济发展“新常态”，以推进供给侧结构性改革为主线，以编制“十三五”规划为龙头，以改革创新和法治国土建设为抓手，努力提升国土资源管理水平，有力保障了经济社会持续健康发展，实现了“十三五”良好开局。

2017 年在全国国土资源工作会议上，国土资源部部长姜大明同志结合国土资源管理职责和工作实际，就准确把握稳中求进的辩证关系进行了系统阐述。姜大明部长指出，党中央将贯彻稳中求进工作总基调提升到治国理政重要原则和经济工作方法论的高度，是适应“新常态”要求，对经济工作思想方法作出的重大调整，是“稳”与“进”的辩证统一。深刻理解和正确把握“稳”与“进”的关系，对做好新形势下的国土资源工作至关重要。

如何把握“稳”。姜大明部长强调，我国基本资源国情没有变、资源在发展大局中的地位和作用没有变、资源环境约束趋紧的总体态势没有变，由此决定了国土资源管理的基本目标、基础制度要保持稳定。必须保持战略定力，牢牢守住 18.65 亿亩耕地和 15.46 亿亩永久基本农田保护红线，保障国家粮食安全；牢牢守住建设用地“双控”目标，保障国家生态安全；牢牢守住影响全局的能源、大宗矿产和战略性新兴产业矿产资源供给底线，保障国家经济安全。必须坚持最严格的资源管理制度，坚持最严格的耕地保护制度，始终做到“像保护大熊猫一样保护耕地”；坚持最严格的资源节约制度，全面节约和高效利用资源，转变粗放低效用地、用矿模式。必须坚守国土资源管理改革底线，农村土地制度改革不能把土地公有制改垮了、不能把耕地改少了、不能把粮食生产能力改弱了、不能把农民利益损害了，这同样是国土资源管理其他方面改革必须坚守的底线。

如何实现“进”。姜大明部长指出，随着经济结构优化、发展动力转换、发展方式转变，国土资源的需求结构、动力机制、内外环境也出现重大趋势性变化，我们必须顺势而为、与时俱进。一是资源需求结构深刻变化，资源供应结构需要加快调整。“新常态”下消费结构和消费模式的变革，带动资源的类型、规模、质量等的需求相应改变，资源供应必须更加科学有效。从土地方面看，温饱问题解决后，消费者对农产品质量和安全更加关注，需要在坚守耕地红线的同时，加强耕地质量监管；城镇房地产高库存与高房价并存，住宅用地供应部分城市偏多、部分城市不足的问题凸显，需要合理调整供地结构；消费加快升级，催生了大批新产业、新业态、新模式，需要加强产业多元化供地与多样化需求的对接；扩大有效投资，聚焦重大项目，特别是有利于调结构、补短板、惠民生的项目，需要进一步保障土地供应。从地矿方面看，传统市场容量相对缩小，但对清洁能源、新能源和战略性新兴矿产的需求迅速增加，对农业、城市、旅游、环境、海洋等地质服务的需求持续上升，这对加快地质调查结构调整、拓展地质服务领域提出了新要求。二是发展动力转换深刻变化，国土资源管理和科技创新需要加快推进。世界经济复苏乏力，保护主义加剧，我国要更多依靠内生动力保持中高速增长、迈向中高端水平，这一现状对国土资源管理制度和科技创新提出了更高要求。我们要更加注重自然资源资产产权保护，平等保护各种所有制主体财产权利；更加重视城乡统一建设用地市场建设，夯实农村集体土地产权权能；更加重视产业用地政策创新，助力培育经济发展新动能。要进一步深化“放管服”改革，持续推进简政放权，加强事中事后监管，大力推行“互联网+政务服务”，激发市场活力和社会创造力。科技革命有力推动世界经济结构调整，国土资源是高科技含量的领域，必须面向世界科技前沿、面向经济主战场、面向国家重大需求在科技创新上走在前列。三是经济发展方式深刻变化，国土资源利用和管理方式需要加快转变。走绿色发展之路，建设资源节约型、环境友好型社会，要求我们加快转变资源利用方式，更加重视资源节约和高效利用，更加重视耕地数量、质量、生态“三位一体”保护，更加重视矿产资源绿色勘查、开发。必须看到，一些地方资源环境约束不断加剧，承载力趋近极限，必须加快转变资源监管方式，更加注重宏观管理，严格规划管控；更加注重法治国土建设，维护良好市场秩序。还要看到，在经济增速趋缓、发展方式转型、发展动力转换的情况下，一些地方过度依赖土地和矿产收益的风险和矛盾增大，我们必须把防控风险放到更加重要的位置，注重科学决策、加强预期引导、严格规范管理。

2017 年国土资源工作的总体要求是，全面贯彻党的十八大和党的十八届三中、四中、五中、六中全会精神，认真落实中央经济工作会议和农村工作会议部署，围绕统筹推进“五位一体”总体布局和协调推进“四个全面”战略布局，坚持稳中求进工作总基调，牢固树立和贯彻落实新发展理念，适应把握引领经济发展“新常态”，以供给侧结构性改革为主线，坚持尽职尽责保护国土资源、节约集约利用国土资源、尽心尽力维护群众权益，推进重点领域改革，加快科技创新步伐，强化法治国土建设，推动国土资源治理体系和治理能力现代化，促进经济平稳健康发展和社会和谐稳定。

国土资源部印发的《2017 年国土资源工作要点》对国土资源工作提出十大任务：一是推动供给侧结构性改革，积极推动去产能，标本兼治去库存，多措并举降成本，非常之策助脱贫。二是提高国土资源保障能力，保障重大基础设施建设，支持重点产业发展，完善房地产用地调控机制，推动区域协调发展，促进新型城镇化建设，强化国土空间规划。三是推进国土资源领域重大改革，统筹推进农村土地制度改革三项试点，深入推进自然资源管理制度改革，深化“放管服”改革。四是实施科技创新战略，推进“三深一土”任务实施，建实科技创新平台和团队，强化创新服务支撑保障。五是创新耕保机制，强化耕地数量、质量、生态“三位一体”管护，推进永久基本农田特殊保护，强化省级耕保责任目标考核。六是统筹矿产资源勘查开发和保护，推进找矿突破战略行动第三阶段重点任务，做好城市地质工作，推进矿业国际合作。七是推进资源节约集约利用，推进试点示范。八是维护群众资源权益，加强不动产权益保护，维护被征地农民合法权益，加强地灾防治。九是推进法治国土建设，加快推进国土资源重大立法进程，全面推进政务公开，加大执法监察力度，全面履行土地督察职责。十是落实全面从严治党，开展“责任落实年”活动，加强党风廉政建设和干部队伍建设。

二、稳中求进，努力做好当前国土资源人才工作

在新时期，国土资源人才工作既要贯彻落实习近平总书记关于人才工作系列重要讲话精神，深入贯彻落实中央《关于深化人才发展体制机制的改革意见》，又要把握好知识经济和生态文明建设对人才队伍和人才工作的新要求，更要与国土资源业务工作深度融合。应该说，自 2011 年 2 月国土

资源人才规划颁布实施以来，国土资源系统、地勘行业各单位及有关高校和职业院校围绕中心、服务大局，积极推进国土资源四项重点人才工程和七项重点人才计划，加大人才体制机制创新力度，人才工作氛围明显增强，人才规模和质量稳步提高，国土资源人才工作总体呈现“出人才、见制度、显成效”的良好局面；特别是国土资源人才工作紧紧围绕贯彻落实新发展理念，主动融入国家区域发展总体战略、节约优先战略、国家粮食资源生态安全战略、创新驱动发展战略等重大战略与行动当中，积极服务“尽职尽责保护国土资源、节约集约利用国土资源、尽心尽力维护群众权益”职责定位和深化国土资源领域改革及建设法治国土目标任务，积极为生态文明建设和国土资源事业提供人才保障和智力支持，人才资源作为第一资源在国土资源领域的作用和特征更加显现。

在新时期做好国土资源人才工作，采取什么样的工作方法至关重要。党的十八大以来，历次中央经济工作会议都强调“稳中求进工作总基调”。2016 年 12 月 9 日，中央政治局会议强调，“稳中求进工作总基调是我们治国理政的重要原则”；12 月 14 日召开的中央经济工作会议进一步强调，“稳是主基调，稳是大局，在稳的前提下要在关键领域有所进取，在把握好度的前提下奋发有为。”“稳中求进也是做好经济工作的方法论，明年贯彻好这个总基调具有特别重要的意义。”姜大明部长在全国国土资源工作会议上强调，“稳是主基调、是大局、是条件，进是目的、是方向。要在稳的前提下在关键领域有所进取，在把握好度的前提下奋发有为。国土资源是发展之基、民生之本，在经济平稳健康发展和社会和谐稳定中发挥着重要的作用，今年各项工作要保持连续性稳定性，确保资源供应稳定、市场秩序平稳、管理有序推进。在稳的前提下，也要奋发进取、有所作为，要加强土地政策与相关政策的配套协同，发挥政策组合效应；深化重点领域改革，发挥好改革的突破性和先导性作用。”我们认为，新时期的国土资源人才工作改革创新总体也要按照“稳中求进”的原则推进。

从“稳”的方面来看，国土资源人才工作重点就是继续推进《国土资源中长期人才发展规划（2010—2020 年）》的组织实施。目前，国土资源中长期人才发展规划作为全面落实中央和部党组人才工作指示精神的“蓝图”已经实施了 6 年，规划确定的 97 项具体任务，有 95 项得到了落实，规划确定的 80 余项主要成果和推进计划，有 60 余项已经形成。目前，国土资源人才规划组织实施已进入攻坚阶段，必须按照习近平总书记反复强调的“一张好的蓝图绘到底，一茬接着一茬干，并在实践中不断发展完善”的要求，继续大力推动国土资源人才规划组织实施。特别是要注重加强人才强国战略、科学人才观和国土资源人才规划实施宣传，着力提高各级领导人才优先发展的战略意识和行动自觉。加大对现有规划实施统筹力度，优先推进重要性高的人才工程和计划，重点推进实施工作缓慢的人才工程计划，着力解决人才工程计划实施不平衡的问题，加大差别化实施推进力度，突出培养造就高层次创新型国土资源科技人才、国土资源管理与国土资源经济复合型人才、地质找矿专业技术人才、土地专业技术人才、国土资源党政人才、国家土地督察人才、国土资源执法监察人才、土地调查评价规划人才、土地产权和市场及评估人才、土地整治专业人才、国土资源信息技术人才、地质灾害防治专业人才、基层国土资源所人才、地勘行业技能人才等，为国土资源事业提供强有力的人才保障和智力支持。

从“进”的方面来看，国土资源人才工作的重点是改革创新，核心是推进人才供给侧结构性改革。习近平总书记指出：“供给侧结构性改革，重点是解放和发展社会生产力，用改革的办法推进结构调整，减少无效和低端供给，扩大有效和中高端供给，增强供给结构对需求变化的适应性和灵活性，提高全要素生产率。”人才资源作为第一资源，是重要的创新供给要素。从国土资源人才队伍存在问题来看，国土资源专业人才总量不足、质量不高，国土资源急需紧缺实用人才总体缺乏，地勘技能人才梯队面临“断档”危险，国土资源高层次创新型科技人才偏少，院士出现“断层”，高端智库人才缺乏，地勘行业具有丰富经验、能够胜任大型项目的总工程师、副总工程师等复合型人才短缺；同时，地勘人才队伍同质化发展严重，现有地勘人才专业领域主要集中在传统地质领域，能力素质比较单一，不适应清洁能源发展、战略性新兴产业、民生和军事地质发展需要；土地人才能力素质结构与当前国土资源保护、规划、用途管制、不动产统一登记工作不相适应。国土资源高校和职业院校与国土资源领域单位人才供需对接不到位，在当前地勘经济出现周期性下行的形势下，人才供需失衡、专业培养错位问题不断显现。解决当前国土资源人才队伍存在的问题，就需要用供给侧结构性改革思维去解决人才工作难题，重点是强化国土资源人才政策供给，加强人才培养和引进结构性改革，扩大国土资源人才有效供给，形成对国土资源事业改革发展的强有力的人才支撑。具体来说，应重点从以下方面加强创新。

（一）围绕“三深一土”科技创新战略，大力推进国土资源科技创新人才建设

2016 年 5 月，习近平总书记在全国科技创新大会上指出：“向地球深部进军是我们必须解决的战略科技问题。”这一重要论断把国土资源科技创新提升到关系国家科技发展大局的战略高度，明确了地球、海洋、测绘地信、土地领域科技创新的战略导向。2016 年 9 月，姜大明部长在全国国土资源系统科技创新大会上强调，国土资源事业是科技和人才密集型事业，并就紧盯世界科技前沿、全力实施“三深一土”国土资源科技创新战略作出专门论述，特别指出“实现向地球深部进军的战略科技突破，必须树立人才是第一资源的理念，培育年轻人才，用好现有人才，集聚创新人才，打造领军人才，建设一支规模适当、结构合理、素质优良的创新人才队伍，激发各类人才创新活力和潜力”。“国土资源领域培养造就一批能够把握世界科技大势、研判科技发展方向的战略科技人才，培养造就一批善于凝聚力量、统筹协调力强的科技领军人才，培养造就一批勇于创新、善于创新的高技能人才”。《国土资源“十三五”科技创新发展规划》明确提出，“十三五”时期国土资源科技创新的总体目标是深地探测、深海探测、深空对地观测战略科技领域创新能力跻身先进国家行列，土地科技水平显著提升，科技综合管理迈出实质步伐，创新活力竞相迸发，成为引领国土资源事业发展的重要驱动力，有力支撑“十三五”时期国土资源发展目标实现。该规划对“十三五”时期国土资源科技创新提出明确部署：向地球深部进军，大力推进地球深部探测，开展深部能源快速高效勘查评价，推进重要矿产资源勘查与高效利用，强化地质灾害防治和地质环境保护；向深海空间拓展，推进深海矿产资源勘查，开展海洋基础地质调查评价，强化海洋环境与极地观测研究；推进深空对地观测，构建全球地理信息资源开发关键技术，推进国土资源卫星观测与应用体系建设，发展国土资源卫星遥感应用关键技术；大力发展土地科技，推进土地资源调查评价与空间优化开发，发展土地资源节约集约与耕地保护技术，加强土地科学与工程基础研究；提升自然资源综合管理水平，优化自然资源综合评价与管理，构建国土资源大数据与智慧国土，健全标准化与质量检测技术；构筑高水平创新平台与基地，强化国家级科技创新平台建设，优化部级科技创新平台建设，深化国际合作平台与基地建设；加快建设创新型人才队伍，大力培养科技创新人才，完善人才流动与激励制度。

2016 年印发的《国土资源部关于加快推进科技创新的若干意见》专门就着力加强科技创新人才队伍建设提出了四个方面的任务要求。

1. 加强领军人才和创新团队建设、重点培养创新型领军人才

各单位要高度重视两院院士、“千人计划”、“万人计划”、“长江学者”、国家杰出青年科学基金等国家级高层次创新人才与团队的培养和举荐，着力提高入选率。继续实施国土资源高层次创新型人才培养工程，鼓励和支持已实施的李四光学者、黄汲清学者等领军人才计划。注重对野外调查和重大工程一线高水平科技创新人才的培养和条件保障，使他们热心野外工作，潜心一线实践，造就一批国土资源领域科学大师和工程技术大师。充分用好领军人才。充分发挥高层次领军人才入选者在参与科技创新顶层设计、科技成果评价中的重要作用。支持其优先申报国家重大、重点科研项目，依法赋予项目负责人科研活动更大的人财物支配权、技术路线决策权，鼓励项目依托单位给予重大、重点科研项目负责人岗位高聘待遇。加强创新团队建设。对重点学科方向的创新团队，持续加大稳定支持力度，全力改善保障条件。支持学科互补、老中青结合的科研团队，提高重大科技创新任务竞争力和担当能力，允许其围绕创新任务自主聘用科研辅助人员、财务助理，减轻行政性事务负担。充分发挥资深优秀专家的作用，对正在承担重大科研任务、创新团队负责人及在国际学术组织中担任重要职务的人员，经批准可适当延长退休年龄，不占单位专业技术岗位指标。

2. 创新青年科技人才培养机制、大胆起用青年科技人才

重视发挥青年人才在科研工作中的生力军作用，支持青年人才担任项目负责人，组建团队，快速成长。在建设创新团队过程中，要注重使用青年科技骨干，40 岁以下青年科研人员比例应不小于 1/3。特别优秀的青年科研人员可按国家有关规定越级竞聘专业技术岗位。大力培养青年科技人才。鼓励青年科研人员申报国家自然科学基金等国家科研项目。在推荐国家奖励、国土资源奖励等方面，向优秀青年科技人才倾斜，促进有真才实学、成就突出的青年科技人才脱颖而出。重点实验室、工程技术研究中心等科技创新平台要加强青年创新人才培养，在职称评定、出国研修培训等方面，对优秀青年科研人员予以优先支持。

3. 鼓励科技创新人才竞争流动、鼓励创新人才在创业中流动

科研人员经所在单位批准，可带着项目和科研成果到企业开展科技创新工作，3 年内保留岗位、职级等基本待遇不变。优先支持到与企业共建的重点实验室、工程技术中心、产业技术创新联盟单位工作。鼓励有条件的单位设立一定比例的流动岗位，吸引有创新经验的企业家和企业科技人才兼职，促进人才流动。促进创新人才在竞争中流动。对国家重大需求和科技创新急需人才的岗位，扩大选人用人视野，并面向国内外公开招聘负责人和科研骨干。依托重点实验室等创新平台，加强科技合作、互派人员任职交流和客座研究，推动创新人才跨室、跨单位和跨地域流动，加速复合型科技人才成长。积极推进国际引智、出国培训、对外援助培训、合作研究和互派访问学者，促进国际人才交流。

4. 完善创新人才评价机制、引进人才评价考核方式

按照国家分类推进人才评价机制改革的精神，坚持德才兼备，注重以能力、实绩和贡献评价人才。探索第三方评价，发挥专业组织、市场、用人单位等评价主体作用，改进人才评价考核方式。对基础研究人才，以同行学术评价为主；对应用研究和技术开发人才，突出市场和社会评价。

（二）围绕国土资源领域深化改革目标任务，加大国土资源新型智库人才队伍建设

当前，我国正处于全面深化改革的攻坚期和经济增长阶段的转换期，党中央、国务院对科学决策、民主决策、依法决策及决策正确度的要求越来越高，建设高质量中国特色新型智库已经成为当前大变革时代的迫切需求。2013 年 4 月，习近平总书记专门对加强智库建设作出重要批示，指出智库是国家软实力的重要组成部分，随着形势的发展，智库的作用会越来越大。要高度重视、积极探索中国特色新型智库的组织形式和管理形式。2014 年 10 月 27 日，习近平总书记在中央全面深化改革领导小组第六次会议审议《关于加强中国特色新型智库建设的意见》时强调，我们进行治国理政，必须善于集中各方面智慧、凝聚最广泛力量；改革发展任务越是艰巨繁重，越需要强大的智力支持；要从推动科学决策、民主决策，推进国家治理体系和治理能力现代化、增强国家软实力的战略高度，把中国特色新型智库建设作为一项重大而紧迫的任务切实抓好。世界高端智库发展经验表明，高端智库的创新发展最终取决于是否有高质量的人才资本。《关于加强中国特色新型智库建设的意见》（中办发〔2014〕65 号）专设“加强智库人才队伍建设”一节压轴，提出要“把人才队伍作为智库建设重点，实施中国特色新型智库高端人才培养规划”。在哲学社会科学工作座谈会

上，习近平总书记就智库人才发展提出：“要实施哲学社会科学人才工程，着力发现、培养、集聚一批有深厚马克思主义理论素养、学贯中西的思想家和理论家，一批理论功底扎实、勇于开拓创新的学科带头人，一批年富力强、锐意进取的中青年学术骨干，构建种类齐全、梯队衔接的哲学社会科学人才体系。要完善哲学社会科学领域职称评定和人才遴选制度，建立规范的奖励体系，表彰有突出贡献的哲学社会科学工作者，增强他们的荣誉感、责任感、获得感。”

为贯彻落实中央关于智库建设的意见精神，国土资源部专门印发了《中共国土资源部党组关于建设国土资源新型智库的意见》（国土资党发〔2016〕27号），提出“到2020年，建成国家急需、特色鲜明、结构合理、制度创新、关系协调、服务高效的国土资源新型智库体系”。在智库人才方面，也提出“培育造就一支坚持正确政治方向、德才兼备、富于创新的决策咨询队伍，培育一批领军人物和杰出人才”。国土资源智库人才队伍可界定为：一批坚持正确政治方向、具有高度社会责任感、富有战略思维和创新精神的国土资源战略、公共政策研究和决策咨询专家，主要使命是围绕国土资源重大改革、重大问题和重大发展开展前瞻性、针对性和储备性政策研究，提出系统化、有坚实学理支撑和方法论支撑的政策建议和战略建议。同时，国土资源智库人才不同于学术研究人才，也不同于科技专家，是以国土资源政策研究咨询为导向的知识型、创新型的专家，既要有学术造诣，又必须具有实践经验，更应善于将政策理念和创新思想传播出去。从国土资源智库人才队伍建设现状来看，目前学术研究人才多，真正智库人才少；“中庸”型智库人才多，领军杰出人才少；写报告、出专著的“书斋式”人才多，“名嘴”、引导社会舆论的人才少；短期策略研究人才多，战略研究型人才少；实证型、总结型研究人才多，出新思想、新理论的人才少；智库人才个体身份活跃多，智库人才团队协同少；等等。同时，国土资源智库人才队伍发展体制机制更是滞后，既没有按照智库人才队伍发展规律来推进战略研究和公共政策人才队伍建设，也与中央《关于深化人才发展体制机制改革的意见》差距很大，等等。因此，推进国土资源新型智库建设必须把智库人才队伍建设放置到最优先的位置，把人才制度创新作为新型智库建设最核心、最关键、最优先的制度设计。

当前，国土资源智库人才队伍建设的总体目标可设定为：深入贯彻习近平总书记系列重要讲话精神和治国理政新理念、新思想、新战略，牢固树立创新、协调、绿色、开放、共享五大发展理念，统筹推进“五位一体”总体布局和协调推进“四个全面”战略布局，适应国土资源事业改革创新发展和中国特色新型智库建设要求，围绕全面提升国土资源新型智库资政建言、综合创新、战略谋划、舆论引导、社会服务的功能要求，引进培养一批在国家层面具有话语权的国土资源高端智库领军人才，重点培养造就一批具有行业影响力的高端智库杰出人才，分专业、分领域培养一批精专特智库骨干人才和青年杰出人才，依托部属事业单位、有关高校和科研院所及地方国土资源政策基地建设若干特色智库研究团队，打造若干国土资源智库人才发展载体，建立一套支撑国土资源智库人才队伍发展的制度支撑体系，营造良好的国土资源智库人才发展环境。在当前智库发展大好形势下，应不失时机地打造国土资源智库人才建设重点工程。具体设想如下。

1. 实施国土资源高端智库人才支撑计划

围绕加快构建以咨询中心为基础的国土资源新型智库体系建设，按照构建国土资源新型智库理事会、学术委员会和综合智库的要求，建立一支高层次顾问人才队伍、兼职研究人才队伍，全职引进一批高端智库人才。①遴选国土资源新型智库理事会理事。重点是以咨询中心原有退休司局级以上行政领导和咨询委员为基础，同时邀请30名左右院士、相关部委司局级以上行政领导（包括退休人员）、国家相关高端智库负责人、国内外知名社会活动家和企业家、国土资源部现任正司级以上行政领导等，组成50人国土资源新型智库理事会，对国土资源新型智库体系发展进行战略性决策，指导国土资源新型智库体系发展重大布局和重大资源配置。②遴选国土资源新型智库学术委员会委员。重点以咨询中心现有咨询委员中的有关老领导、老专家为基础，在国土资源部属相关单位、有关大专院校、有关科研院所和地方研究基地，选拔、聘请30～40名在国土资源领域功底深厚、视野开阔、善于创新的高层次创新型人才，组成50人学术委员会；同时，按照专业领域建立土地、地矿、国土综合、国土生态环境、人才发展与评价等5个专业委员会；学术委员会及专业委员会委员是国土资源新型智库体系的主体成员，并作为特邀研究员或兼职研究员参与综合智库研究工作。学术委员会负责研究制定中长期研究规划和年度计划，审核鉴定研究成果并择优推荐供决策参考；指导和推进重大学术合作与交流活动；受国土资源部委托，对国土资源规划、计划、法律、法规、政策的执行情况、实施效果和社会影响进行评估；负责国土资源智库人才遴选、评价和培养等工作。同时，每个专业委员会聘请2~3名中青年专家作为执行秘书，具体负责专业学术委员会日常工作。③引进国土资源智库高端人才。重点根据综合智库发展需要，围绕土地、地矿、国土综合、国土生态环境、科技人才等领域，在部属业务司局、部属事业单位、高校和科研院所和地方，全职引进30名国土资源高端智库人才和杰出青年人才，形成50人综合智库研究团队。

2. 实施国土资源新型智库聚才计划

重点面向综合智库、相关专业智库和协作单位，围绕土地、地矿、国土综合、国土生态环境、人才科技等领域，发布国土资源高端智库人才需求目录和标准，在单位推荐、专家推荐和个人自荐的基础上，经学术委员会遴选审核，确定200名左右国土资源高端智库人才，纳入国土资源高端智库人才数据库，实行动态管理，管理期限为3年。国土资源高端智库人才库是新型智库学术委员会、综合智库发展的人才“蓄水池”。在国土资源高端智库人才数据库中，每3年在部层面遴选30名首席专家、50名资深专家、20名青年专家，遴选10个左右国土资源特色智库创新团队，进行重点培养。其中，对首席专家实行动态管理，在聘期内有效，其是智库人才队伍中的领军人才，在国土资源战略研究、政策咨询和引导社会舆论中发挥关键作用；在资深专家方面重点选择55岁以下具有很好发展潜力的中青年智库杰出人才进行培养；在青年智库专家方面重点选择40岁以下具有很好发展潜力的优秀智库人才进行培养；对创新团队采取“首席专家+团队”的开发模式，以首席专家为核心，以资深专家和青年专家为骨干，以储备人才为辅助，形成一批基础研究扎实、特色领域鲜明、专业团队稳定、经费来源有保障、数据信息采集畅通、对外交流合作条件良好的智库创新团队。鼓励相关国土资源专业智库建立首席专家制，推进本智库特色人才培养计划。

3. 实施国土资源智库人才业务能力提升计划

围绕提升国土资源智库人才的战略思维、全局视野、超前意识、政策理解度、科学研究方法、田野调查能力、行文写作能力等素质，重点借鉴国外“旋转门”机制，每年选送10名国土资源智库专家到部机关、督察局和地方政府进行挂职（任职）锻炼，到地方政策研究基地进行学习实践；每年选送10名智库人才到国内外知名大学、相关智库进行学习深造，接受专门的学术训练并学习政策分析技术；积极推荐国土资源高端智库人才到有关国际组织任职；鼓励国土资源智库人才参与国家相关智库项目合作，通过项目合作进行学习借鉴；建立国土资源智库人才集中培训制度，定期进行政治辅导、理论研修、政策解读等培训活动，加强政治思想引领，开展世情、国情、部情教育；经常性组织国土资源智库人才深入基层一线开展调查研究，首席专家和资深专家到基层开展调研活动时间每年不少于一个月；开展国土资源智库成果项目评选活动，通过“讲、学、评”带动智库人才队伍发展等。

4. 实施国土资源智库人才基础能力建设计划

按照国土资源智库人才发展规律，开发国土资源智库人才能力素质标准和评价指标体系，构建以社会评价为核心的国土资源智库人才评价技术体系，实现对智库人才的品德、能力和贡献测评。依托国土资源人才数据库信息系统，建立国土资源智库人才数据库服务、评价和监测功能模块，探索利用大数据技术实现国土资源智库人才评价、遴选服务。建立国土资源新型智库信息资料获取共享平台，方便国土资源智库人才方便及时获取研究所需资料。推进国土资源智库成果宣传推介平台建设，建立智库成果内部报送、传递和运用反馈的通道，设立国土资源智库人才成果信息网，开设国土资源智库人才高级论坛，定期发布智库决策咨询成果，等等。向人社部申请在部咨询中心设立国土资源战略与政策研究博士后工作站，吸引高层次优秀青年人才参与国土资源高端智库建设。

（三）适应经济发展“新常态”，推进地质勘查人才队伍转型发展

2013 年以来，伴随着全球经济危机的逐渐深化，我国矿业形势急剧恶化，地勘行业投资出现较大幅度下滑。地勘行业已经从高收入行业再次回落到低收入行业，曾经的“风光”日子不再，地质勘查投资持续减少、钻探工作量持续减少、地勘项目数量持续减少的地质勘查“三减少”局面将持续较长时间。有专家预计，在“新常态”下产业结构大调整和全球经济复苏缓慢态势下，这次地勘行业全面复苏的周期可能比 20 世纪 90 年代更长。在这种形势下，地勘人员按照市场规律进行“改行”“跳槽”将不可避免，地勘人才队伍呈现职业多元发展趋势，地勘人才面临新一轮流失。与此同时，受 20 世纪 90 年代 10 年地质行业萧条期影响，35～45 岁具有较为丰富的工作经验、年富力强，适合承担具体工作的骨干力量尤为短缺，整个地勘专业技术队伍“老的老，少的少”，呈现青黄不接、中间力量断档

的劣势局面；具有丰富经验、能够胜任大型项目的总工程师、副总工程师等高端人才缺乏，地勘行业高层次、高技能人才尤为短缺。特别是目前地勘单位在“百局千队”格局下导致同质化发展严重，大多数地勘人才专业领域主要集中在地质、物探、化探、钻探、水文地质等传统领域，在油气、页岩气、天然气水合物、铀等清洁能源及战略性新兴产业所需矿产资源（例如锂、钴、“三稀”等）勘查领域，城市、农业、灾害、环境、海洋、军事地质等大地质领域人才极为短缺。据有关专家估算，传统地质领域大约有50%的人才处于闲置状态，而新兴领域的相关地勘人才供给明显不足。地质勘查工作是经济社会发展重要的先行性、基础性工作，是我国经济社会发展的重要基石，关系国计民生、创新发展和国家安全。同时，地质勘查工作是一个知识密集、对智力投入要求很高的行业，地质勘查人才的培养投入大、周期长，保持一支规模适度、素质优良、运行高效的地质勘查一线紧缺人才队伍始终是国土资源人才工作的核心，也是加快推进国土资源科技创新发展、保障国土资源事业持续发展的重要保障。因此，准确研判地勘行业发展形势，对地勘人才队伍进行战略性调整是当前的工作重点。

2017年4月，中国地质调查局钟自然局长在全国地勘局长座谈会上提出，当前地质工作基础性、先行性的地位没有改变，地质工作长期向好的基本面没有改变，经济社会发展对地质工作的需求没有减弱，但结构、内容和要求正在发生深刻变化。主要有五个变化：一是由以资源为主向资源环境空间多要素并重转变；二是资源地质从传统的固体矿产向清洁能源矿产和战略新兴矿产转变；三是由浅部向深部转变，由陆地向海洋转变，由境内向境内外并举转变；四是由以采集数据提供地质报告向大数据挖掘提供解决方案转变；五是由强调数量向重视质量和效益转变。关于当前及今后一段时期，经济社会发展和生态文明建设对地质工作的要求，钟自然局长主要强调了八个方面：①服务国家能源资源安全。经济“新常态”下，能源和其他重要矿产资源的需求总量仍将处于高位，增长速度将放缓，但需求结构正发生重大变化。一是清洁低碳能源需求将持续增长。油气、页岩气、天然气水合物、铀矿、地热等资源的勘查力度将不断加大，其中地热资源呈现巨大潜力。二是战略性新兴产业快速发展，迫切需要加大锂、钴、“三稀”、晶质石墨等新能源、新材料矿产的勘查力度。据预测，2025年我国新能源汽车发展对原材料碳酸锂的需求量将是2016年的6.6倍。三是铁、铜、铝、钾盐等紧缺大宗矿产虽然需求增速放缓，但需求总量仍处于高位，并保持较高的对外依存度，需要加强国内优质资源的勘查。②服务生态文明建设。生态文明建设提出了优化国土空间开发格局、全面促进资源节约、加大自然生态系统和环境保护力度、加大生态文明制度建设四大任务。一是优化国土空间开发格局，需要加强“山水林田湖”、海岸带、重要经济区与城市群等综合地质调查，评价资源环境承载力，支撑国土空间规划的编制实施。二是全面促进资源节约，需要推进资源综合调查评价，加强资源利用技术研发与应用攻关，开展资源集中区的地质潜力、技术经济和环境影响等综合评价。三是加大自然生态系统和环境保护力度，需要加大矿山环境恢复治理、土地整治与污染修复力度，发展绿色勘查技术。目前，全国共有非油气矿山 11 万余个，矿山总面积 10.4 万平方千米，采矿累计损毁土地达 300 余万公顷，亟待加强矿山环境恢复治理。四是加大生态文明制度的建设，迫切需要在地质、矿产、土地调查的基础上，发挥地质工作空天地立体化多手段调查的优势，查明多门类自然资源的特征和权属，加强对自然资源的动态监测和综合信息集成。③服务防灾减灾。我国地质灾害数量大、分布广、危害大。截至 2016 年底，发现山体崩塌、滑坡、泥石流、地面塌陷等地质灾害及隐患点 28.3 万余处，灾害高易发区面积超过 100 万平方千米，威胁众多人口和财产。国家“十三五”规划提出，要开展国家、省、市、县四级监测预警，对重大地质灾害隐患点进行实时化、自动化、智能化监测，要基本完成威胁学校、集镇等人员密集区重大地质灾害隐患点的搬迁避让和工程治理。④服务新型城镇化、工业化、农业现代化和重大工程建设。一是新型城镇化特别是城市地下空间科学开发利用迫切需要加大城市地质工作的力度。全国现有地级以上城市 300 余个，目前仅有少数城市开展了系统性城市地质工作，亟须全面开展城市地下地质结构探测，资源环境承载力评价，地热、地下水及土壤等清洁能源资源调查，地质灾害和地壳稳定性调查监测预警，污染和损毁土地修复治理及地质大数据建设等工作，保障和促进城市安全、绿色、集约、智慧发展。二是农业供给侧改革、土地管理制度改革迫切需要加大土地特别是耕地的地球化学调查力度。除需要完成剩余 1/3 耕地面积 1∶25 万地球化学调查外，在一些重点地区还将开展 1∶5 万和 1∶1 万的大比例尺调查。即将开展的全国第三次土地调查，不仅需要按照新的要求深化土地质量调查，而且需要大力发挥遥感等先进技术的作用。⑤服务海洋强国建设。目前，我国 300 万平方千米的“蓝色国土”地质工作程度总体较低。建设海洋强国，需要在加快海洋基础地质调查的基础上，摸清海洋资源“家底”，加大海域天然气水合物、油气和固体矿产资源调查力度，整合集成海洋地质信息，并走向深海大洋、挺进南北两极。另外，我国东部沿海地区经济发达，向海洋要空间的需求很迫切，亟须加强海岸带的自然资源综合调查和资源环境承载力评价，建立地质灾害预警预报系统，为沿海重大工程建设和规划提供地质支撑。⑥服务国防和军队建设。军民融合发展战略，为地质工作服务强军和国防建设指明了方向。军事工程地质、军事水文地质、军事矿产地质、军事海洋地质、军事地球物理和军事遥感地质是当前国际军事地质发展的六大方向，同时呈现三大趋势：一是大数据和云计算正成为军事地质工作的重要支撑技术，二是军事地质将由资源保障走向资源、环境和空间综合发展，三是现代军事地质的保障范围将大大拓展。⑦支撑国家重大战略。党的十八大以来，中央实施了脱贫攻坚战、“一带一路”建设、京津冀协同发展、长江经济带发展等一系列重大战略。这些重大战略的实施，迫切需要地质工作提供规划建议、技术支撑和信息服务。一是脱贫攻坚迫切需要加大对贫困地区地下水、地质灾害、土地质量、矿产资源、地质环境、地质遗迹调查的力度，发展当地矿业、农业、旅游业等产业和供水、防灾等民生事业。二是推进“一带一路”建设，需要加强与沿线国家的矿产勘查开发投资合作与产能合作。三是京津冀协同发展、长江经济带发展等区域发展战略的实施，迫切需要加强区域内资源环境承载力综合评价和地热、地下水、耕地等资源调查，开展地壳稳定性、地质灾害监测预警，为国土空间开发、重大工程的布局和建设提供地质支撑。雄安新区和北京城市副中心建设迫切需要地质工作发挥基础先行作用，提出规划建议。⑧肩负向地球深部进军的光荣使命。实施“三深一土”国土资源科技创新战略，是全国国土资源系统落实党中央赋予的“向地球深部进军”使命的战略行动，是全国地质科技创新的重大任务。一是推进深地探测，需要突破地下空间高精度探测技术、深部矿产资源探测技术和油气勘探开发关键技术，提高深部资源发现率，实现深部探测装备自主研发。二是推进深海探测，需要以天然气水合物、深水油气、多金属结核、富钴结壳等资源勘查开采为突破口，构建以深钻为核心的探测体系和装备研发体系。三是推进深空对地观测，需要创新对地观测理论方法和模型，逐步形成支撑全国、全球、深空创新应用系统和装备保障体系。四是实施土地科技创新，需要加强土地数量、质量、产能调查评价方法技术攻关。

围绕中心、服务大局，是做好地勘人才工作的重要遵循。推进地勘人才队伍转型发展必须围绕贯彻落实新发展理念，把握好适应和引领经济发展“新常态”、推进供给侧结构改革的新要求，面向经济社会发展和国土资源事业持续发展的主战场，主动适应国家和国土资源行业工作重心调整对人才需求的调整，着力解决地勘人才供给中的突出矛盾，补齐地勘行业转型升级中的人才短板，以地勘人才规模的扩大、结构的完善和质量的提升，带动地勘行业全要素生产率的提高，努力开创地勘行业转型发展新局面，切实为生态文明建设和国土资源事业改革创新提供人才支撑。今后工作创新的重点如下。

1. 在全行业营造“人才优先发展”的战略意识

地质事业本质属性和特殊性决定了人才是推进地勘事业发展的核心和根本，无论地勘单位如何改革，抓住人才就意味着抓住了地勘单位转型发展的主动性。这是因为，地质勘查业产品由两部分组成，一部分是探明的矿产资源量；另一部分是专项的地质信息集成，具体表现为地质劳务或探矿权，实际上就是人力资本的一种实现形式。同时，从当前地勘体制运行看，在探矿权采矿权分设和事业单位预算体制下，地勘单位不能独立从事地质勘查全部产业活动，国有地勘单位人才在市场上实际是以提供劳务为主的“打工者”，各类人才实际是地勘单位最主要的“生产力”或者说是“产能”。此外，从地质工作本质来看，地质调查过程就是科学探索过程，地质调查的本质就是科学研究；做好一项地质调查工作，参加地质调查野外工作和室内研究人员，在整体思路上必须是一体化的，野外地质调查是科学研究和科学实践的最重要部分，凝聚了地质工作者的智力和科技创新要素。

2. 适应地质工作新需求，推进传统地勘人才队伍结构转型

结构转型的重点是服务国家能源资源安全，增加油气、页岩气、天然气水合物、铀矿、地热等能源资源勘查人才，增加锂、钴、“三稀”、晶质石墨等新能源、新材料矿产勘查人才，增加铁、铜、铝、钾盐等紧缺大宗矿产勘查人才；服务生态文明建设，增加综合地质调查、资源环境承载力评价、国土空间规划编制人才，增加资源综合调查评价、资源利用技术研发与应用和地质环境经济综合评价人才，增加矿山环境恢复治理、土地整治与污染修复人才，增加自然资源的动态监测和综合信息集成技术人才；服务防灾减灾与地质保护，增加地质灾害评价、监测预警技术人才增加地质灾害综合防治（工程治理、搬迁避让、工程防护、开发利用）人才，增加矿山地质环境调查评价与监测、地下水监测人才，增加地质矿山遗迹调查与保护、旅游地质调查人才；服务新型城镇化、工业化、农业现代化和重大工程建设，增加城市综合地质调查人才（地质结构探测、资源环境承载评价、清洁能源资源调查、地灾调查监测预警、污染损毁土地修复治理、地质大数据建设），增加土地质量调查人才。

3. 服务支撑国家重大战略实施，优化地勘人才布局

重点与海洋强国战略融合，加强海洋地质基础调查人才，海域天然气水合物、油气和固体矿产资源调查人才，海洋地质信息集成技术人才，海岸带的自然资源综合调查和资源环境承载力评价人才聚集建设；重点与脱贫攻坚战略融合，为贫困地区地下水、地质灾害、土地质量、矿产资源、地质环境、地质遗迹调查聚集人才；服务“一带一路”建设，加强国际化地质人才队伍建设；服务京津冀协同发展、长江经济带发展等区域发展战略的实施，聚集资源环境承载力综合评价和资源调查、地质灾害监测预警人才；加强军民融合战略，加强服务军事工程地质、军事水文地质、军事矿产地质、军事海洋地质、军事地球物理和军事遥感地质人才队伍建设；肩负向地球深部进军的光荣使命，大力培养把握世界科技大势、研判科技发展方向的战略型科技人才，培养推进深地探测、深海探测、深空对地观测和土地科技创新杰出科技人才，培养选拔勇于创新、善于开发新技术的高技能人才。

4. 开展地勘一线优秀人才遴选培养工作，构建地勘人才职业发展新路径

重点围绕“三深一土”国土资源科技创新战略和地质找矿突破战略任务，面向地质勘查行业（不含海洋、测绘、石油系统从事地质矿产勘查的人才），按照局级单位、队级地勘单位和地质勘查项目负责三个层级，分别在地质调查、矿产勘查、专业勘查技术服务等领域分类型、分专业遴选1.5万~2.0万名地质勘查紧缺一线人才，进入部地勘人才专家库；部级地勘人才库实行5年大调整、年度微调机制，对入库专家信息实行动态调整。同时，依托地勘一线紧缺人才专家库，5年内分专业分领域遴选500名地勘一线杰出青年人才，300名地勘一线领军人才，授予相应的荣誉称号；在地勘一线领军人才中推选100名地勘一线有重大贡献的杰出人才，授予“地勘大师”称号；在全国范围遴选100个地质勘查杰出团队。此外，建立一批地勘一线紧缺人才培养培训载体，重点联合有关共建高校和科研院所、国家工程技术中心、国家和部级重点实验室、有关实践基地等现有人才培养平台，重点在学历提升、能力素质、专业知识、实践训练等方面为地勘一线紧缺人才提供联合培养平台；设置一批公益性实训地勘项目，为地勘一线紧缺人才提供实践学习、技艺切磋和集智攻关平台和机会；举办地勘人才高级论坛，交流地质勘查工作新理论、新技术、新方法；开展优秀地勘技术报告遴选；开发地勘人才在线教育培训网络平台，依靠地勘一线专家开发一批实用性、针对性强的培训视频；开发地勘技术知识管理平台，集成地质调查和地质找矿经验和知识，构建知识分享机制等。

5. 开展国土资源人才供需调查，加强国土资源人才总量调控

《关于深化人才发展体制机制改革的意见》强调"突出经济社会发展需求导向，建立高校学科专业、类型、层次和区域布局动态调整机制。统筹产业发展和人才培养开发规划，加强产业人才需求预测，加快培育重点行业、重要领域、战略性新兴产业人才"。目前，从事国土资源后备人才培养的高校和职业院校与用人单位之间存在信息不对称，导致国土资源行业领域人才"不够用""不适用""不被用"现象并存，国土资源人才，特别是地勘行业人才供需失衡已经成为国土资源人才队伍建设的突出问题。重点需要从履行行业人才管理角度解决上述问题，一是开展国土资源类人才培养基本情况调查，重点从国土资源系统工作的基本任务出发，厘定高职高专、本科、研究生不同培养层次国土资源人才的专业范围。通过调查问卷、访谈等方式，对高校国土资源类专业人才培养的情况进行整体分析。组织填写《高校国土资源相关专业毕业生情况调查表》和《高校国土资源相关专业毕业生流向统计表》，采集近四年（一个培养周期）高校国土资源类本科、硕士、博士及高职高专专业布点情况、毕业生规模、相关专业核心课程、毕业流向等基本情况相关数据。二是开展国土资源类人才需求基本情况调查。初步调查分析国土资源系统主要企事业单位人才需求、人事政策等基本情况；选定部分具有代表性的用人单位，开展实地走访与深度访谈；组织填写近两年《国土资源用人单位应届毕业生需求调查表》，在数据采集的基础上，分析研判国土资源人才需求变化特征和趋势。三是编制国土资源类人才供需与专业分析报告，包括以下内容：分析国土资源人才供需面临的宏观形势环境，包括宏观形势、科技创新、行业发展、教育事业发展等；分析国土资源人才供需形势，包括有关国土资源高校和职业院校人才供给形势（总体形势和重点院校供给情况）和国土资源领域行业人才招录及需求形势；分析国土资源高校和职业院校专业总体布局及重大调整情况；国土资源人才供需和专业设置指导建议。通过国土资源人才供需调查，编制年度国土资源人才供需与专业分析报告，可以动态反映当前有关高校和职业院校培养各类国土资源专业人才的潜在供给规模、结构和分布及有效供给情况，反映国土资源领域行业部门和单位人才需求的现状和趋势。既可为各有关高校和职业院校年度招生、学科专业调整和学校发展定位提供决策依据，也可为国土资源领域用人单位根据事业发展更加便捷、高效、精准地搜寻人才提供服务，同时更加有利于推动国土资源政产学研合作，为国土资源行业主管部门和教育主管部门加强国土资源人才和专业学科宏观调控提供依据。

（四）贯彻落实中央深化人才发展体制机制改革意见精神，积极推进国土资源人才体制机制改革

国土资源人才工作要深入贯彻中共中央印发的《深化人才发展体制机制改革的意见》精神，深入实施人才优先发展战略，破除束缚国土资源人才发展思想观念和体制机制障碍，构建科学规范、开放包容、运行高效的国土资源人才发展治理体系，切实把坚持党管人才、服务发展大局、突出市场导向、体现分类施策和扩大人才开放落到实处，为“新常态”下的国土资源事业改革和创新发展提供人才保障和智力支持。当前和今后一段时间国土资源人才体制机制改革的重点如下。

1. 优化国土资源人才管理体制

充分发挥部属单位在人才培养、吸引和使用中的主导作用，依法依规保障部属单位自主开展人才招聘、评价、薪酬激励，减少部对所属单位用人过度干预；优化部属事业单位专业技术类岗位设置，建立岗位动态调节机制。支持部属科研单位领导和专业人才在科研密切相关的学术团体兼职，防止人才管理行政化、“官本位”倾向。加快建立国土资源人才数据库信息系统和国土资源人才网，为部属单位和人才提供信息化高效便捷服务。支持国土资源领域人才类社会组织发展，承接国土资源人才培养、评价、流动、激励等职能，推进国土资源人才市场化、社会化服务水平。

2. 完善国土资源产学研用协同培养人才机制

发挥国土资源部对高校和职业院校国土资源人才培养引导作用，加强对国土资源行业人才的需求预测，引导高校国土资源学科专业、类型、层

次和区域布局与国土资源事业发展相协调，推动国土资源领域“卓越工程师”培养。加强国土资源部属单位与高校在国土资源科技创新、业务推进、学科发展与人才培养协同方面的创新，加强国土资源人才的创新意识和创新能力培养。

3. 完善国土资源高层次创新型科技人才培养支持方式

推动国土资源重点人才工程计划项目与国土资源重大科研工程、科研计划相衔接，推进各单位建立和完善“平台＋项目＋人才”培养机制，促进“大项目＋大成果＋大人才”机制显现成效。探索国土资源高层次创新型科技人才培养工程与国家重点人才工程计划衔接机制，建立国土资源首席科学家和首席专家制度。加强国土资源重点实验室建设，建立从事国土资源基础研究人才培养长期稳定支持机制，鼓励人才自主选择科研方向、组建科研团队，开展国土资源原创新基础研究和战略性应用研究。完善符合国土资源人才创新规律的科研经费管理办法，注重竞争性经费和稳定性经费相协调。

4. 加强国土资源青年科技人才培养力度

坚决破除论资排辈、求全责备等陈旧观念，积极探索建立使青年科技人才脱颖而出的制度。加大现有国土资源各类科技、人才工程对青年人才的支持力度，重点在项目资金、国际交流、奖项申报等方面进行倾斜。探索设立部级国土资源青年人才工程专项，加强对杰出青年科技人才职业早期的资金资助。鼓励有条件单位设立“青年研究员岗位”，遴选并破格聘用优秀的青年科技人才。加强部属单位博士后科研（流动）工作站建设，积极发挥博士后制度吸引培养国内外高层次创新型青年科技人才作用。

5. 创新国土资源人才评价机制

坚持德才兼备，注重凭能力、实绩和贡献评价国土资源人才，分层分类制定国土资源人才能力素质标准和评价指标体系，克服唯学历、唯职称、唯论文、唯奖项等倾向。积极推动多元化人才评价主体培育，加强国土资源领域人才评价专业组织建设，探索建立科学化、社会化、市场化的人才评价制度。探索实行国土资源基础研究人才以同行评价为主，国土资源应用和技术人才突出市场、能力或业绩评价，国土资源社会科学人才强调社会评价。注重在地学领域引入国际同行评价。建立国土资源评审专家数据库，探索建立评价责任和荣誉制度。

6. 完善国土资源职称制度和职业资格

根据国家对职称外语和计算机应用能力考试的要求，及时对国土资源部组织的职称评审作出调整。分层分类完善国土资源职称评定标准，发挥职称评定标准对国土资源人才发展的导向作用。扩大国土资源领域公有制经济组织和社会组织人才申报参加职称评审渠道。进一步推进国土资源水平类职业资格评价市场化、社会化，加快推进土地类职业体系建设。

7. 健全国土资源人才顺畅流动机制

加强部属事业单位人才与部机关、土地督察机构之间干部人才交流，有条件吸收地方党政事业单位、非公有制经济组织和社会组织人才到国土资源部属单位工作。鼓励国土资源科技创新人才竞争流动，促进科研人员跨处室、单位和地域流动，鼓励科研人员带项目创新创业；鼓励面向社会公开招聘科研负责人和科研骨干，允许部属事业单位设立流动岗位，吸引企业科技人才兼职。鼓励国土资源部属人才向艰苦边远地区、贫困地区和基层一线流动，加强干部挂职锻炼。

8. 完善国土资源人才激励保障机制

赋予部属科研单位科技成果使用、处置和收益管理自主权（除事关国防、国家安全、国家利益、重大社会公共利益外）。允许国土资源科技成果通过协议定价、在技术市场挂牌交易、拍卖等方式转让转化，实行对国土资源科技成果主要完成人、成果转化重要贡献人员和团队进行奖励不低于转化所得收益50%的保障机制。依法赋予创新领军人才更大人财物支配权、技术路线决定权，实行以增加知识价值为导向的激励机制。试点探索对创新人才实行股权期权激励政策，对不适宜实行股权期权激励的采取其他激励措施，让更多创新人才“名利双收”。

9. 大力引进培养国土资源国际化人才

突出“高精尖缺”导向和国土资源重大战略需求导向，大力引进急需紧缺高层次国土资源科技人才，柔性汇聚全球国土资源人才资源。支持部属单位设立引才项目，进行动态管理。支持海外引进人才在部属科研单位担任领导职务。积极协助解决引进人才任职、社会保障、子女教育等切身利益问题。推荐国土资源优秀人才到国际组织任职、交流，提高我国在自然资源领域国际组织的话语权。鼓励支持国土资源人才参加国际项目合作、学术交流、境外培训等，提升国土资源人才国际化知识和能力培养，培养国际视野。鼓励国土资源各类人才积极参与多边双边矿产资源合作规则、矿产贸易谈判和投资规则制定、修订，提高其参与全球矿业治理的能力。

10. 建立国土资源人才优先发展保障机制

坚持国土资源人才发展与国土资源重大战略同步谋划、同步推进。积极落实“一带一路”建设、京津冀协同发展、长江经济带建设、“中国制造 2025”等国土资源人才支持措施。支持国土资源系统和共建高校支持武警黄金部队转型发展，促进军民深度融合发展，建立军地人才、技术、成果转化对接机制。实施国土资源重大建设工程和项目，统筹安排人才开发培养经费。积极引导企业和社会资金对国土资源人才资本进行多元化投资。

11. 加强对国土资源人才工作的领导

发挥国土资源部党组总揽全局、协调各方的领导核心作用，加强党对人才工作的统一领导，切实履行管宏观、管政策、管协调、管服务职责。进一步完善国土资源人才工作协调小组职责任务和工作规则，健全领导机构，配强工作力量，完善宏观指导、科学决策、统筹协调、督促落实机制。协调将国土资源人才队伍建设列入国土资源部“三定”方案。建立部属单位和领导干部人才工作目标责任制，建立人才考核指标体系，并将考核结果作为领导班子评优、干部评价的重要依据。将人才工作列为落实党建工作责任制情况述职的重要内容。

12. 加强国土资源人才团结教育和服务

加强对国土资源人才的教育培训、国情研修，进一步增强认同感和向心力。完善国土资源专家决策咨询制度，畅通建言献策渠道，加快推进国土资源新型智库建设，打造高级智库人才。加强优秀人才和工作典型宣传，营造尊重人才、见贤思齐的社会环境，鼓励创新、宽容失败的工作环境，待遇适当、无后顾之忧的生活环境，公开平等、竞争择优的制度环境。大力开展国土资源优秀人才、优秀创新团队先进事迹及先进人才工作经验宣传，传承和发挥“三光荣”精神、“李四光”精神，引导国土资源科技工作者树立奉献、创新、求实、协作的科学精神，大力营造国土资源人才发展的良好环境。

三、落实责任，扎实做好 2017 年国土资源人才工作

国土资源人才工作协调小组办公室印发的《2017 年国土资源人才工作要点》提出 2017 年国土资源人才工作总的要求是：全面贯彻党的十八大和

党的十八届三中、党的十八届四中、党的十八届五中、党的十八届六中全会精神，深入学习贯彻习近平总书记系列重要讲话精神和治国理政新理念、新思想、新战略，切实增强政治意识、大局意识、核心意识、看齐意识，深入贯彻落实创新驱动发展战略和人才优先发展战略，紧紧围绕“三深一土”国土资源科技创新战略实施，坚持稳中求进的工作总基调，大力实施国土资源重点人才工程计划，积极推动国土资源高层次创新科技人才、智库人才、紧缺人才和法治人才队伍建设，深化国土资源人才体制机制改革，不断提升人才工作公共服务能力，努力营造人才优先发展的良好环境，为“新常态”下的国土资源事业改革和创新发展提供人才保障和智力支持。具体包括四项任务。

（一）促进国土资源人才规划实施

一是推进《国土资源中长期人才发展规划（2010—2020 年）》中期评估成果运用。及时向中央人才工作协调小组办公室报告国土资源人才规划中期评估情况，积极宣传人才规划实施中期成果，针对中期评估中发现的问题开展专题对策研究。二是调整完善国土资源重点人才工程计划。组织编制《国土资源法治人才培养工程方案》《国土资源智库人才培养工程方案》，推进国土资源法治人才队伍和智库人才队伍建设；调整完善《土地科技紧缺人才培养工程方案》，加强土地和国土规划、不动产登记等复合型科技人才队伍建设。三是开展年度国土资源人才队伍监测评估工作。按照《国土资源“十三五”规划纲要》年度监测评估工作要求，开展 2017 年国土资源人才队伍监测评估工作，形成年度监测评估报告。

（二）为“三深一土”科技创新战略提供人才支持

一是大力推进国土资源高层次创新型科技人才队伍建设。加强高端急缺科技人才引进和培养。积极组织推荐各类国家级科技人才计划，做好院士增选配合工作。启动国土资源高层次创新型科技人才培养工程第一批评估和第三批遴选工作，培养和遴选一批创新型科技领军人才、杰出青年科技人才和科技创新团队。继续实施地调局高层次科技人才培养计划，遴选一批卓越、杰出、优秀地质人才。举办国土资源高层次创新型科技人才能力建设研修班。二是积极推进地质勘查一线人才队伍建设。适应“新常态”下地质工作转型发展需要，积极推进地质勘查人才队伍战略性结构调整。研究制定地质勘查一线紧缺人才遴选制度办法，试点开展地质勘查一线紧缺人才遴选工作。组织开展地质勘查新技术、新理论、新方法培训工作。指导高技能人才培训基地和技能鉴定站建设。三是积极推动国土资源智库人才队伍建设。组织启动国土资源智库人才培养重点工程，大力培养国土资源战略、公共政策研究咨询人才队伍。积极引进国土资源高端智库人才。探索建立国土资源智库首席专家制度、智库人才选聘机制，启动国土资源高端智库人才专家库建设。四是加强土地科技紧缺人才队伍能力建设。围绕土地科技创新战略实施和土地主要业务工作，举办不同层次土地业务培训班。推进土地学科建设，指导高校建设土地工程专业。加强不动产登记人员队伍建设，制定相关政策，促进划转人员的能力素质提升。研究制定土地整治工程技术人员职业标准，探索不动产登记人员、土地调查监测人员能力标准，探索国土规划从业人员上岗认证和机构资质认证制度。五是全面开展国土资源党政人才教育培训。举办国土资源部学习贯彻党的十八届六中全会精神专题培训班。办好国土资源大讲堂。推进部司局级干部组织调训和网络自学培训，做好部处级干部脱产培训、调训、任职培训工作，落实部青年干部的入职培训。举办国土资源部党校春秋季培训班、土地督察干部集训班、国土资源市（县）局长培训班、国土资源所长示范培训班，开展党支部书记、党务干部、纪检干部、新党员、入党积极分子培训。加大国土资源执法监察工作人员持证上岗业务培训力度。开展不动产登记工作人员依法行政培训，做好国土资源系统干部法治培训。六是统筹推进国土资源信息技术、地质环境保护和地质灾害防治人才队伍建设。开展地质灾害防治、矿山地质环境保护与治理恢复等业务培训，继续推进地方地质灾害防治应急技术机构和应急专家队伍建设。加强和推进国土资源基层一线信息技术应用人才队伍建设，加强高层次、创新型信息化科技人才自主培养和引进，开展各级信息中心业务骨干双向学习交流和调研。

（三）贯彻落实中央深化人才发展体制机制改革意见

一是健全国土资源人才培养支持机制。统筹科技创新、业务推进与人才培养，推进各单位建立和完善“平台＋项目＋人才”培养机制，形成“大项目出大成果、大人才”机制。加强博士后科研（流动）工作站建设，积极发挥博士后制度吸引培养高层次创新型青年科技人才的作用。鼓励采取合作协议、合作研究、交流互访、互聘客座人员等方式，加强国土资源系统和地勘行业各单位与有关科研院所、高校和职业院校开展产学研用协同育人的合作。二是创新国土资源人才评价发现机制。贯彻落实中共中央办公室、国务院办公室《关于深化职称制度改革的意见》精神，研究制定国土资源部关于深化职称制度改革的意见，调整完善国土资源职称评定标准和评价方式。建立和完善国土资源高端人才遴选和评价指标体系，突出分类评价，强化解决行业重大需求、服务行业创新发展的指标和权重。完善部属事业单位专业技术岗位遴选任职标准和条件，探索设立首席研究员、特聘研究员、客座研究员岗位和短期研究岗位制度。探索以同行专家评审为基础的业内评价机制，丰富人才评价方式。三是健全国土资源人才顺畅流动机制。鼓励国土资源科技创新人才跨处室、单位和地域流动，支持科研人员带项目创新创业，鼓励事业单位面向社会公开招聘科研负责人和科研骨干。加强部属事业单位与部机关、土地督察机构之间的人才交流。鼓励和引导国土资源人才向艰苦边远地区、贫困地区和基层一线流动。四是完善国土资源人才激励保障机制。认真贯彻落实《国土资源部促进科技成果转化暂行办法》，探索建立有利于国土资源科技成果转化的收益分配机制。贯彻落实中央财政科研经费管理政策，建立健全国家科技计划科研项目间接费用绩效激励制度。推动国土资源高端人才薪酬制度改革，指导科研单位制定向重点岗位、高层次人才倾斜的绩效工资分配办法，探索年薪制和协议工资制。加强对国土资源青年科技人才的培养激励，强化项目、资金支持，注重选拔培养杰出青年科技人才。

（四）加强国土资源人才基础能力和环境建设

一是推进国土资源人才研究和人才信息化建设。编制国土资源人力资源年报和国土资源人才发展报告。推进国土资源人才数据库信息系统Ⅰ期开发，形成国土资源人才管理服务系统和职称评定管理信息系统功能模块。组建国土资源人才战略研究院，打造国土资源人才研究智库。开展深化人才发展体制机制改革调研，加强国土资源人才基础研究。二是积极营造良好的人才生态环境。大兴识才、爱才、敬才、用才之风，着力破除束缚人才发展的思想观念。积极营造民主、创新和诚信的国土资源科研学术环境，引导国土资源科技工作者树立奉献、创新、求实、协作的科学精神。传承和发挥地质“三光荣”精神、“李四光”精神，强化实践导向，加强职业引导和荣誉激励。

工作进展篇

根据《中共中央组织部办公厅关于开展〈国家中长期人才发展规划纲要（2010—2020年）〉实施情况中期评估的通知》（组厅字〔2016〕59号）和《国土资源中长期人才发展规划（2010—2020年）》（国土资发〔2011〕24号）（以下简称国土资源人才规划），2016年6—12月，国土资源人才工作协调小组办公室组织开展了国土资源人才规划2011—2015年度实施评估工作。整个评估工作按照“全面评估、突出重点，问题导向、注重创新，多维评价、客观公正，协调联动、及时运用”的原则，采取问卷调查、访谈座谈、实地调研和实施参与单位总结自评等方式进行，分别组织召开了国土资源系统、地勘行业和共建高校及职业院校贯彻落实国土资源人才规划实施评估座谈会；到河南省、广西壮族自治区、黑龙江省、青海省等国土资源系统和地勘单位进行实地调研；共有70余个单位提交了自评估报告，分析评估调查问卷800余份，并对2011—2015年国土资源系统和地勘行业人力资源进行了专项评价。

本部分重点结合自评、调研评估和专项评估工作对“十二五”期间国土资源人才规划实施情况进行全面评估，重点对规划实施总体情况、重点人才工程计划实施、人才体制机制创新进行定性与定量评估，并总结规划实施存在的问题和原因，提出了“十三五”期间推进国土资源人才规划实施的建议。

国土资源人才规划实施情况总体评价

自2011年2月《国土资源中长期人才发展规划（2010—2020年）》颁布实施以来，国土资源系统、地勘行业各单位及有关高校和职业院校围绕中心、服务大局，积极推进国土资源4项重点人才工程和7项重点人才计划，加大人才体制机制创新力度。规划确定的97项具体任务，有95项得到了落实；规划确定的80余项主要成果和推进计划，有60余项已经形成；各单位人才工作力度明显加大，人才工作氛围明显增强，人才规模日益扩大、质量稳步提高，国土资源人才工作总体呈现“出人才、见制度、显成效”的良好局面；特别是国土资源人才工作紧紧围绕贯彻落实新发展理念，主动融入国家区域发展总体战略、节约优先战略、国家粮食资源生态安全战略、创新驱动发展战略等重大战略与行动当中，积极服务“尽职尽责保护国土资源、节约集约利用国土资源、尽心尽力维护群众权益”的职责定位和深化国土资源领域改革及建设法治国土的目标任务，积极为基本农田保护、土地整治与高标准农田建设、土地资源调查监测、土地节约集约利用评价、不动产登记、地质灾害防治、地质找矿突破、矿产资源综合利用、国土资源执法监察、国土资源信息化建设等国土资源重大工作提供人才保障和智力支持，人才资源作为第一资源在国土资源领域的作用和特征更加显现。具体成效如下。

一、国土资源人才规划体系不断完善，党管人才格局基本形成

为推进《国土资源中长期人才发展规划（2010—2020年）》的组织实施，2011年4月，国土资源部成立了以部长为组长、分管副部长为副组长的国土资源人才工作协调小组。目前，协调小组成员单位已达31个，包括国土资源部有关司局、中国地质调查局和部其他有关直属事业单位、中央管理的地勘单位、有关行业协会学会；同时，国土资源部印发了《国土资源中长期人才发展规划（2010—2020年）任务分工方案》和《〈国土资源中长期人才发展规划（2010—2020年）〉重点人才工程和计划实施方案》，提出28项重点人才工作、97项具体任务、11项重点人才工程和计划实施方案。为贯彻落实国土资源人才规划，国土资源系统、地勘行业各单位及

共建高校和有关职业院校大多数编制了本部门本单位人才发展规划或实施方案，并积极实施各具特色的人才工程和计划，基本形成了上下贯通、横向互补、衔接配套的国土资源人才规划体系。

国土资源部部长，国土资源人才工作协调小组组长姜大明同志高度重视国土资源人才工作，多次对国土资源人才工作作出指示和要求。2015 年 5 月，姜大明部长对人才工作作出批示："近年来，国土资源人才工作围绕中心，服务大局，积极推进国土资源人才规划的组织实施，国土资源人才总量不断扩大、结构布局逐步优化、能力素质持续提升，有效支撑了国土资源各项工作。当前，我国经济发展进入新常态，实施创新驱动发展战略进入关键期，各级国土资源主管部门和地勘单位要更加重视人才工作，深入学习贯彻习近平总书记关于人才工作的重要指示精神，以'四个全面'战略布局为统领，坚持党管人才原则，把人才作为第一资源，把科技作为第一生产力，把创新作为第一动力，推进人才和科技体制创新，为国土资源事业改革和创新发展提供坚强有力的人才保障和智力支持。"2016 年 9 月，姜大明部长在全国国土资源系统科技创新大会上进一步强调"国土资源事业是科技和人才密集型事业"，并就紧盯世界科技前沿、全力实施"三深一土"国土资源科技创新战略作出专门部署，特别指出"实现向地球深部进军的战略科技突破，必须树立人才是第一资源的理念，培育年轻人才，用好现有人才，集聚创新人才，打造领军人才，建设一支规模适当、结构合理、素质优良的创新人才队伍，激发各类人才创新活力和潜力"。"要大兴识才、爱才、敬才、用才之风""要为人才成长创造良好环境""要在实践一线造就年轻创新人才"等，都为进一步推进国土资源人才工作指明了方向。

为学习贯彻落实中央人才工作新精神新部署、不断推动落实国土资源人才规划组织实施，国土资源部组织召开了 5 次国土资源人才工作协调小组全体会议，每年总结上年度人才工作，制定本年度国土资源人才工作要点；同时，国土资源部将人才工作业绩纳入考核部直属单位领导班子和领导干部职责绩效的重要指标。2011 年以来，以部党组、部和部办公厅下发的有关干部人才的文件将近 20 件，人才政策体系不断完善。国土资源系统和地勘行业各单位坚持党管人才原则，不断完善领导机构和工作机构，坚持人才工作由主要领导亲手抓，逐步建立了党管人才的新体制。例如，中国地质调查局加强目标责任考核，把人才培养和团队建设作为单位年度重要目标，纳入各单位领导班子、主要负责人、计划协调人、工程首席专家、项目负责人的绩效考核体系之中，基本形成了组织人事部门牵头总抓、职能部门齐抓共管、局和各直属单位上下联动、统筹推进的人才工作领导体制和运行机制。上海市国土资源和房屋管理局建立了各级党组织定期听取人才工作专项汇报制度，把人才工作纳入各级领导班子工作目标责任制并严格考核。浙江省国土资源厅健全完善了人才工作目标责任制，突出“一把手”负总责的原则，进行严格考核。四川省地矿局定期组织相关处室对全局人才工作进行专题研究，每年对全局人才结构进行统计分析，形成人才发展意见呈报局人才工作领导小组审议，并在此基础上制定“十三五”人才发展专项规划，纳入局“十三五”发展总体规划。河北省地勘局每年明确加强和推进年度重点人才工作的主管局领导、责任部门，在队（院）层面实行人才工作目标责任制，把人才工作纳入对各单位党政负责人的年度目标和考核内容，并量化考核分值。据调查，国土资源系统和地勘行业88%的部门和单位建立了人才工作领导机构，92%的部门和单位制订了本部门和本单位的人才规划或计划；90%以上的受访者对本单位近年来坚持党管人才原则的情况是满意的。

二、国土资源人才队伍建设成效明显，国土资源行业人才竞争力明显提高

问卷调查显示，52.3%的受访者认为国土资源人才规划实施对实现国土资源系统和地勘行业人才总量增长有较明显的促进作用；特别是在促进人才质量提升方面，63.6%的受访者认为，规划实施对促进高等教育人才比例的提高有较明显的促进作用，44.3%的受访者认为规划实施对促进国土资源人才队伍高级、中级职称占专业技术人才比例的提高有较明显的作用；同时，50%的受访者认为规划实施对提升国土资源人才队伍行业竞争力具有较大贡献，52.3%的受访者认为，规划实施对促进国土资源事业发展方面的贡献较大。国土资源人才队伍建设成效具体表现如下。

（一）国土资源系统人力资源队伍总体稳定，人才质量和结构得到优化

“十二五”期间，国土资源系统人力资源总量从43.33万人减少为42.69万人，减少了1.5%，呈现“稳中有降、总体稳定”的特征；同时，

国土资源系统人员编制 5 年间增加了 16378 个，超编率由 9.88% 下降到 3.93%，人才发展编制保障明显增强。具体见图 2－1。

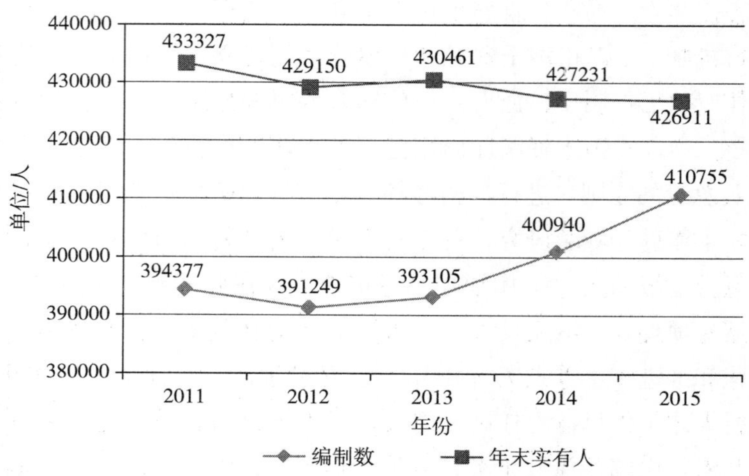

图 2－1 “十二五”期间国土资源系统人员编制与实有人员情况

从学历来看，国土资源系统人力资源总体以本科、专科学历为主，且“十二五”期间呈现本科人数逐年增加、专科人数逐年递减的趋势；同时，硕士、博士人数 5 年内分别累计增加 5048 人和 707 人，硕博士占年末实有人数的比例从 2011 年的 2.69% 增加至 2015 年的 4.38%，国土资源系统人力资源学历结构不断优化。从性别结构来看，国土资源系统 5 年内女性人数增加 4797 人，男性人数减少 5710 人，性别比率逐渐优化，但总体来说男性人数为女性人数的 2 倍。从专业结构来看，国土资源系统所学土地、地质地矿、测绘和信息技术等国土资源密切相关专业的比例为 21.31%，比 2011 年提高 1.73 个百分点；其中，行政机关人员所学密切专业人员比例为 18.56%，比 2011 年提高 3.00 个百分点，国土资源系统干部专业素质进一步提高。从专业技术人员来看，国土资源系统专业技术人员 2015 年为 69040 人，比 2011 年增加 6896 人，同比增长了 11.1%；同时，专业技术人员占年末实有人数比例也由 14.3% 提升到了 16.2%，是国土资源系统内人员增加最显著的一类。具体见图 2－2。

（二）地勘行业人力资源呈现总量与专业技术人员“双减少”态势，但总体处于高位运行

我国地勘行业人力资源发展与地质事业发展周期密切相关，1999 年地

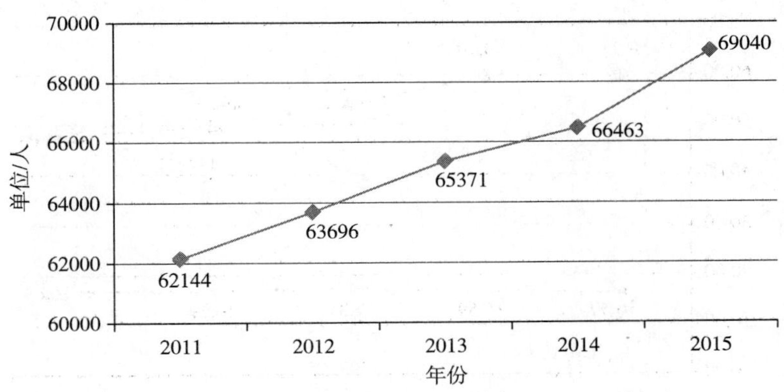

图 2－2 “十二五”期间国土资源系统专业技术人员情况

勘队伍属地化改革后，全国从事非油气地质勘查工作的地勘单位在职职工在 2001—2006 年间呈现低速波动增长，2007—2009 年呈现高速“井喷式”增长，2009 年后趋于稳定；其中，2011 年总数为 59.93 万人，达到历史最高点，此后人员规模持续下降；2014 年在职职工为 49.63 万人，2015 年在职职工为 48.03 万人；地质勘查专业技术人员数量从 2013 年开始出现拐点，2014 年专业技术人员为 16.79 万人，较 2013 年 17.34 万人减少 3.17%，2015 年为 16.84 万人，整个地勘队伍出现地勘行业人力资源总量与专业技术人员“双减少”的局面，但总体来看，地勘人才队伍还处于高位运行。同时，从地勘行业在职职工人均创收来看，由 2011 年的 1.78 万元增加到 2015 年的 3.27 万元，人均创收增长了 83.71%，年均增长率为 16.39%，地勘行业人才贡献率显著提高（图 2－3）。

（三）国土资源高层次人才培养成效突出，“高端引领”格局总体形成

2015 年，国土资源系统共有特殊专业人才 679 人，比 2011 年增加了 344 人，增长率为 103%，其中，中国科学院和中国工程院院士 20 人，国家科技奖项负责人 41 人，省部级优秀科技人才 615 人，享受国务院政府特殊津贴人员 121 人，“百千万人才工程”国家级人选 24 人，有突出贡献的中青年科学技术管理专家 33 人。在国土资源部层面，2011 年以来共有 6 人入选“万人计划”，2 人入选“青年千人计划”，3 人入选“创新人才推进计划”中青年科技创新领军人才，1 团队入选“创新人才推进计划”重点领域创新团队，1 基地入选“创新人才推进计划”创新人才培养示范基地；

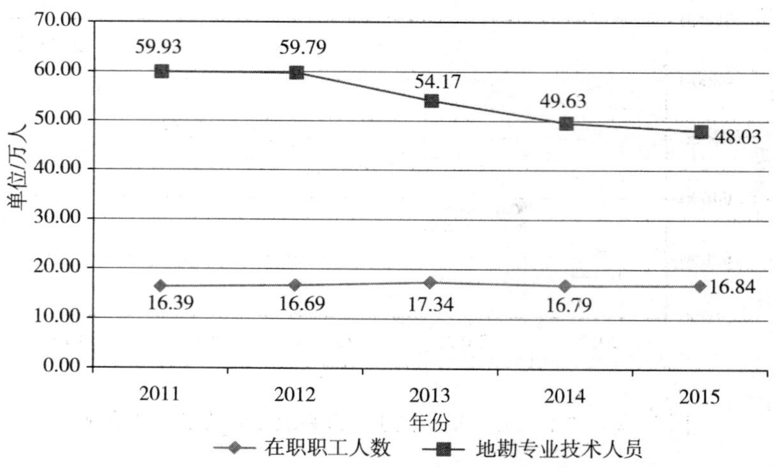

图 2－3　“十二五”期间地勘行业人力资源总量及专业技术人员情况

1 人 1 团队获得全国杰出专业技术人才表彰；产生 1 名院士，新增 12 位享受政府特殊津贴人员。同时，“十二五”期间，3 名地勘技能人才被中华全国总工会授予“全国五一劳动奖章”荣誉，18 位地勘技能人才被人力资源和社会保障部授予“全国技术能手”荣誉称号，60 位地勘技能人才被国土资源部授予“国土资源系统技术能手”荣誉称号；近 300 名地勘技能人才获得省级“五一劳动奖章”和省级“技术能手”。

同时，各省级国土资源主管部门、地勘单位和共建高校落实人才优先发展战略，依托各类人才工程涌现一批高端人才。例如，青海省国土资源厅依托“青藏专项”“三江源科学考察”“黄河谷地百万亩土地整理”等重大工程加大人才培养力度，涌现以潘彤为代表的 2 名全国劳动模范和 6 名省级劳动模范，获“李四光地质奖”“新世纪百千万人才工程”国家级人选 1 名，享受国务院政府特殊津贴专家 2 名，获青海省优秀专业技术人才和优秀专家 17 名，获“西部之光”访问学者 1 人，获国土资源部“优秀青年科技人才”称号 1 人。内蒙古地勘局依托自治区“三大平台”和“十大百人计划”为重点的“草原英才”工程，“十二五”期间，有 6 人入选“草原英才”工程创新创业人才个人，1 人获“自治区突出贡献专家”，1 单位入选“草原英才”高层次人才创新创业基地。“十二五”期间，吉林大学地球科学学部新增双聘院士 5 人，国家“千人计划”特聘教授 1 人，“长白山学者”特聘教授 1 人、讲座教授 1 人，新增省部级突出贡献专家 7 人次，省级高层次人才 22 人次，新世纪优秀人才 3 人；新增黄汲清青年地质科学技术奖获得者1人，中国青年地质科技奖金锤奖获得者1人、银锤奖获得者1人。2011—2015年，成都理工大学共新增国土资源各类高层次人才17人，国家级高层次创新团队1队，省部级创新团队11队。

（四）国土资源人才规划中期目标总体完成，质量指标成效突出

1. 国土资源系统人才规划中期目标完成情况

根据国土资源系统人力资源统计情况（表2-1），2015年国土资源系统人力资源总量为42.69万人，其中人才总量为33.26万人，占人力资源总量的77.91%；规划中期目标确定总量为34.00万人，考虑到2015年国土资源系统人力资源总量比2011年减少6400人，同时，国土资源系统6.38万人属于工勤人员，尚未将该批人才计算到人才总量当中。按照人才统计标准，部分有技术的工勤人员应是国土资源人才的重要组成，特别是“十二五”期间，部分工勤人员通过学历提升、资质资格考试或转岗等已经达到人才标准，如果按照15%的比例核算，该部分人才总量将近9500人，国土资源系统人才总量为34.21万人，达到规划中期目标值（34.00万）。同时，从表2-1来看，2015年国土资源系统受过高等教育人才比例比中期目标超过6.88%，中级职称占专业技术人员比例超过中期目标7.44%。

表2-1　2009年和2015年国土资源系统人才发展主要指标

指标		单位	2009年	2015年（目标）	2015年（完成值）
人才资源总量		万人	32.30	34.00	34.21（包含技能人才9500人）
受过高等教育的比例		%	81.90	85.00	91.88
其中	博士学历人才所占比例	%	0.60	1.00	0.74
	硕士学历人才所占比例	%	2.20	3.00	4.41
	大学本科人才所占比例	%	41.60	45.00	46.96
高级职称占专业技术人才比例		%	12.00	15.00	14.60
中级职称占专业技术人才比例		%	28.60	30.00	37.44

2. 地勘行业人才规划中期目标完成情况

从地勘单位来看，2015年地质勘查人员中专业技术人才数为16.84万人，超过2015年规划中期15.00万人的目标，其中，高级职称人才所占比例为31.47%，超过2015年规划中期25.00%的目标；中级职称人才所占比

例为49.41%，超过2015年规划中期42.00%的目标（表2-2）。

表2-2　地勘行业人才发展主要指标

指　标		单位	2009年	2015年（目标）	2015年（完成值）
地质勘查专业技术人才		万人	12.00	15.00	16.84
其中	高级职称人才所占比例	%	22.00	25.00	31.47
	中级职称人才所占比例	%	39.00	42.00	49.41

三、国土资源系统大规模开展人才教育培训，国土资源后备人才培养成效突出

专业技术人员业务培训和干部教育培训是推进人才规划实施的重要手段。近年来，各单位更加注重培训质量和成效，采取各种措施加大培训力度。例如，国土资源部机关党委持续举办国土资源学习大讲堂，邀请中央党校、国际关系学院、清华大学等单位的有关专家学者，为直属机关党员干部进行辅导。5年来，人事司举办了3期国土资源厅局长培训班，每年“两会”期间组织国土资源部机关干部和直属单位领导班子开展专题培训，同时组织不同形式和专题的调训和选学。总督办每年开展土地督察业务集中培训工作，定期举行督察机构视频培训。5年来，人力中心持续举办96期市（地）、县（市）国土资源局长培训班，12期乡（镇）国土资源所所长示范班和10期党校培训班等。执法局持续推进国土资源执法监察工作人员持证上岗业务培训。勘查司每年举办“地质勘查专业技术人员知识更新”高级研修班、地质勘查资质培训班等。地调局连续举办地质调查总工培训班、环境监测总站站长总工培训班，举办地球化学填图数据处理与图件制作等新技术、新产品、新工艺、新方法培训班，着力提升野外一线地质人才业务能力。环境司在全国集中开展地质灾害防治知识宣传教育培训，5年累计培训1000万人次（包括视频培训）。人事司、科技司、地调局举办了“国土资源科技领军及高层次人才能力建设”高级研修班，强化了对高端人才的政治引领。耕保司、整治中心每年举办土地整治技术培训班。不动产登记中心每年举办全国不动产登记人员培训班，派人到地方不动产登记机构进行业务培训，现场培训规模累计达10000人次。信息中心组织召开全国国土资源信息安全及相关技术培训。规划司、地籍司、利用司、规划院、不动产登记中心先后组织了土地登记持证上岗培训、年度资源一号

02C 卫星数据处理技术培训、全国土地变更调查成果国家级内业、外业核查技术培训、全国耕地后备资源调查评价工作培训、全国城市建设用地节约集约利用评价工作培训、不动产登记代理、国土资源管理政策与法律制度改革培训等，“十二五”期间，累计培训各类土地技术人员数万人。从全国国土资源人才教育培训来看，主要有以下特点。

（一）国土资源系统人才培训规模总体增加，培训结构更加符合中央培训要求

2011—2015 年，国土资源系统通过党校、行政学院、干部学院及国土资源培训机构等累计培训 173.1 万人次，平均每年培训 323724 人，相当于平均 1.25 年将全系统国土资源干部轮训一次。2011—2015 年，培训规模呈现先增后减的趋势，2013 年培训规模最大，随着中央“八项规定”和新培训制度的出台，培训规模略微下降，但总体保持增长态势。详见图 2－4。

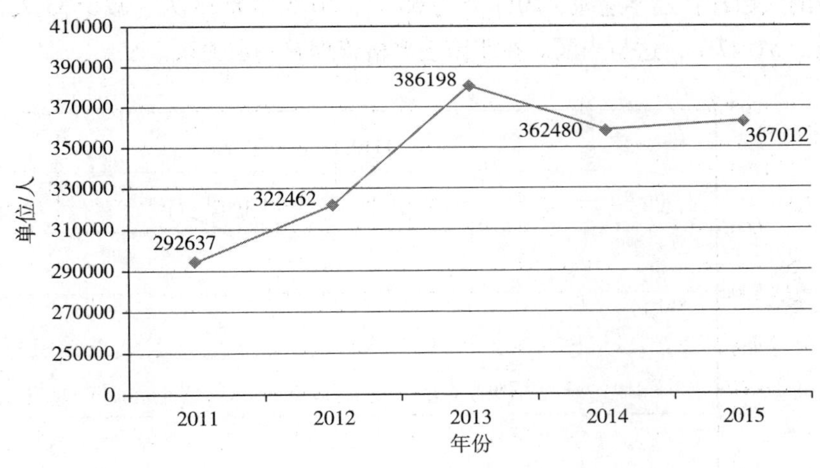

图 2－4　2011—2015 年国土资源系统干部教育培训情况

从培训类型来看，参加培训人数最多的是党校、行政学院及干部学院的培训，并且人数呈现逐年增加的趋势。参加国土资源培训机构的人数次之，且人数在 2013 年后出现递减趋势，这也与新的培训政策出台有关；同样，2012 年国外培训的人数最多，为 717 人，2015 年人数最少，仅为 327 人。

（二）接受国土资源系统学历教育的人数先增后减，呈现周期性变化

“十二五”期间，国土资源系统接受学历教育人数变化波动较大，平均每年参加学历教育的人数为 21467 人。2011—2012 年，参加学历教育的人数

增加1341人，同比增长6.17%；2012—2013年参加学历教育的人数迅速减少，共计减少3226人，同比减少13.98%；2013—2015年人数持续增长，但增长趋势放缓，两年共计增加1903人，同比增加9.59%；2015年，参加学历教育的人数与2011年基本持平，“十二五”期间形成了周期性变化轨迹。从不同地区来看，内蒙古、山东、四川、贵州等8个省份接受学历教育的人数远大于其他省份；北京、海南、西藏等地接受学历教育的人数较少。

（三）国土资源系统学历教育效果整体提升

获得学位是检验接受学历教育培训成果的重要标志。2011—2015年，国土资源系统每年获得学位的人数总体呈现递增的趋势，其中2013年最高，获得学位人数为1110人，具体见图2－5。同时，每年获得学士学位的人数最多，且数量在不断增加；2011年获得学士学位的人数为425人，2015年获得学士学位的人数增长到663人，增加238人，同比增长56.00%；而获得博士学位的人数却在逐年递减，2011年为68人，2015年为33人，减少35人，同比减少51.47%，这与当前对在职博士严格管理有一定关系。

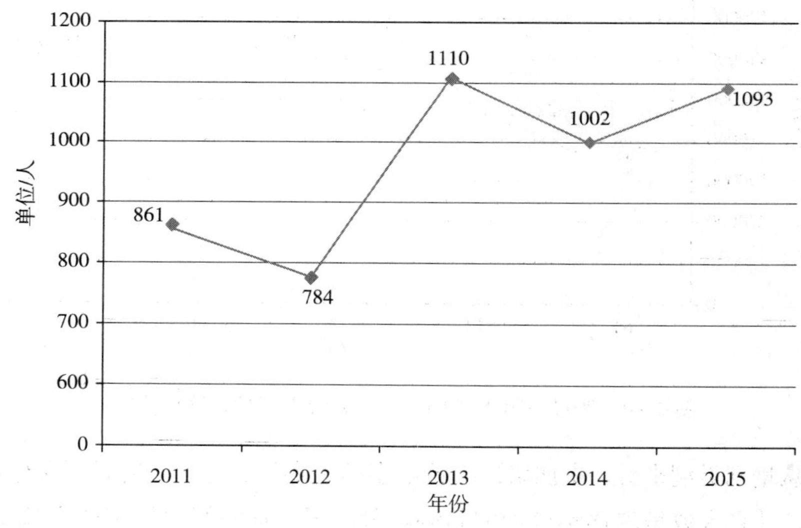

图2－5　2011—2015年国土资源系统获得学位人员数量

（四）国土资源部部共建、省部共建高校持续为国土资源行业领域输送人才

吉林大学、中国地质大学（北京）、中国地质大学（武汉）、长安大学、成都理工大学、东华理工大学、河北地质大学等7所共建高校，坚持

把为国土资源行业培养人才作为立学之本，在“十二五”期间普遍根据招生规模和专业结构稳定、增量投放国土资源和地勘专业原则，为国土资源领域和地勘行业输送人才。据初步统计，2011—2015 年共建高校为国土资源领域和地勘行业输送本科生共 29000 名、研究生 12000 名，为国土资源相关行业的建设和发展提供了人力资源保障。

四、国土资源人才国际交流平台不断完善，人才国际化取得重要突破

国土资源领域国际合作是我国对外开放的重要领域，国土资源部党组明确指出，要以开放理念拓展国土资源合作发展新空间。“十二五”期间，国土资源部积极参与全球矿业治理，统筹两个市场两种资源，助推“一路一带”建设，深入开展国际交流互鉴，拓展国土资源领域国际合作新空间，强化人才国际化交流培养。

（一）巩固拓展国土资源国际合作网络平台，扩展国土资源人才国际化空间

截至 2015 年，国土资源部与世界 100 多个国家和地区国土资源主管部门建立了合作联系，其中与美国、俄罗斯、澳大利亚、加拿大、南非、埃塞俄比亚、阿根廷、智利、秘鲁、日本、韩国、印度尼西亚、哈萨克斯坦、德国、芬兰等 51 个国家和地区国土资源主管部门签署了 115 份合作谅解备忘录和合作协议，涉及土地、矿产、地球科学、地质调查、科技项目、人才培训等一系列合作领域，形成了双边高层互访机制，推动了国土资源人才经验交流和信息共享。同时，积极推动多边合作，与亚太经合组织、联合国教科文组织、世界银行、国际测量师协会、国际登记法中心、国际地质科学联合会、国际滑坡协会、东亚东南亚地学计划协调委员会、国际土地联盟（ILC）、欧洲经济委员会土地管理工作小组（WPLA）、国际不动产登记协会（IPRA）等 20 多家国际组织建立了友好合作关系，推动国内人才与国际同行交流国际先进技术理念。同时，大力推动国际组织在中国机构建设，国际地质科学联合会秘书处迁址中国，联合国教科文组织国际岩溶研究中心、联合国教科文组织“全球尺度地球化学国际研究中心”、中国——上海合作组织地学研究中心成立并正式运行，为推动国土资源人才国际科技交流合作搭建了重要平台。

（二）主办及参与国际重要会议，加强人才国际智力交流

“十二五”期间，国土资源部会同有关部门和地方政府连续举办中国国际矿业大会、中国－东盟矿业合作论坛、中国（湖南）国际矿物宝石博览会等国际矿业大会，形成了面向全球、辐射周边、定位明确、特色鲜明的矿业对外交流与经贸合作平台网络；同时，每年组织国内企业和地勘单位各类人才参加加拿大勘探开发者协会年会（PDAC）、南非国际矿业大会（Ming Indaba）、澳大利亚矿业大会（AMEC）、智利国际矿业展（EX-POMIN）等国际知名矿业大会，大力推动矿业国际人才的交流。在地质调查领域，成功举办了首届国际地调局长论坛、中日韩地调局长论坛、第十二届国际盐湖会议、第十四届国际矿床成因协会大会等重要国际会议，提升了我国地学人才国际地位，扩大了地学人才国际交流。在土地领域，与日本国土交通省、日本不动产研究所、韩国国土交通部、韩国国土研究院定期举办年度土地政策研讨会；与 ILC 合作举办了“新兴国家和发展中国家的土地管理和改革经验：最新研究和战略合作”研讨会等国际会议；参加了“世界地籍峰会”“联合国欧洲经济委员会土地管理工作组会议”等国际会议，加强地籍管理、土地评估、耕地保护、土地登记等土地人才国际合作交流。

（三）开展国际合作交流项目，通过项目培养人才科技创新能力和国际视野

“十二五”期间，国土资源部组织实施了一批重要合作科技项目。例如，在地学领域，通过实施大陆动力学合作项目、深部探测技术与实验研究专项、海陆相互作用与全球变化等项目，与周边国家合作开展了五国（中国、俄罗斯、哈萨克斯坦、蒙古国、韩国）“1∶250 万亚洲中部及邻区地质图系”项目、中欧亚八国地质编图工作。在成矿规律和矿产资源潜力评价方面，与美国、澳大利亚、加拿大等矿业大国合作开展碰撞造山环境成矿作用研究，与俄罗斯、智利、阿尔巴尼亚合作开展了“蛇绿岩与铬铁矿成因合作研究”，与美国合作开展了“环太平洋成矿带成矿规律对比与资源评价技术研究”，在东北亚、南美洲、非洲和西太平洋地区开展了 19 项重要成矿带成矿规律与优势矿产资源潜力分析研究，与加拿大、美国、日本、韩国等国合作开展了天然气水合物特性及产出特征的研究。在地质灾害治理和环境监测方面，与德国、瑞士等国家合作研究应用先进的地下水

实时模拟技术和测渗技术、传统水文地质方法与环境同位素技术相结合的新方法、高分辨率星载干涉 SAR 监测的关键技术等。在土地领域，与欧美国家共同开展了国家耕地资源动态监管系统核心技术引进与合作、新型城镇化下国土空间优化利用技术合作研究、城乡土地整治与可持续发展战略研究等多个项目。通过国际合作项目，大大提升了国土资源科技人才创新能力和国际视野。同时，开展了对马达加斯加、埃塞俄比亚等 10 余个国家的援外地质调查，实施了南部非洲土地管理对外援助技术合作项目，既对我国“走出去”外交战略的实施起到了积极的促进作用，同时锻炼了国土资源对外援助队伍。

（四）强化培训和国外智力引进，建设国土资源高水平、国际化人才队伍

重点是积极开展出国（境）培训。“十二五”期间先后与美国、加拿大、德国、澳大利亚、瑞典、匈牙利、新加坡等实施了 30 余期土地综合管理、土地利用规划、土地督察制度、矿山土地复垦中心、国土资源电子政务、土地融资等领域的人力资源培训项目，培养了近 600 名土地管理专业人才；先后与加拿大女王大学、荷兰地理信息科学和地球观测学院、澳大利亚悉尼大学、澳大利亚昆士兰州自然资源矿产部等知名大学和政府机构，围绕国土资源规划、矿业权管理、页岩气开发利用、矿山环境恢复治理等领域，累计培训了 500 余名国土资源管理和专业技术人员。积极推进援外培训，建立了我国国土资源领域援外培训专家队伍，承担完成近 40 期商务部援外研修班工作，累计培训了 80 多个国家和地区的 700 多名国土资源管理官员与专业技术人员。特别是积极与柬埔寨、老挝、越南等国开展援助培训，培养东南亚区域土地管理人才；与莱索托、津巴布韦、肯尼亚等非洲国家开展援助培训，培养非洲土地管理人才，锻造我国土地管理领域复合型专家，推进了土地领域国际人才培养。进一步加强引智工作。“十二五”期间，共执行 20 多项引智项目，聘请了来自美国、加拿大、法国、德国、日本等国家的各类专家 60 余人次，并争取到国家外国专家局经费资助，充分吸收借鉴了国外先进的科技与理念，培养了一大批人才，卓有成效。1 位专家获得国家“友谊奖”，3 位专家获得“中国国际科学技术合作奖”。

（五）积极推动国土资源高端人才进入国际组织

近年来，国土资源部积极推动一批学术带头人在国际地学组织中任职，

先后有50余名专家在亚太经合组织、国际地质科学联合会、东亚东南亚地学计划协调委员会、世界地质图委员会、国际矿床成因协会、国际滑坡协会、国际海底管理局等国际组织担任职务，不断提高我国地学领域国际话语权。例如，2012年国际地科联秘书处落户地科院，董树文当选国际地科联司库和德国艾尔福特科学院院士，毛景文当选国际矿床成因协会主席，郑绵平当选国际盐湖协会副主席，张洪涛担任天然气水合物国际科学委员会主任委员。2013年，殷跃平当选国际滑坡联合会主席，毛景文当选经济地质学家学会理事，侯增谦当选国际矿床地质学会理事，董树文当选美国地质学会荣誉会士，王巍当选国际地科联秘书处副主任，金小赤当选联合国教科文组织国际地质公园网络执行局委员，程彦博当选国际矿床成因协会稀缺金属工作组秘书长。2014年，吴珍汉当选世界地质图委员会中国委员，何庆成当选CCOP名誉顾问和国际大陆科钻计划执委会委员，张明华当选国际地学信息管理与应用委员会委员，增强了我国在国际地学界的话语权。

五、国土资源人才发展的基础工作、培养平台和服务不断提升，人才发展氛围进一步向好

“十二五”期间，国土资源部重点加强人才研究、信息化建设、人才培养平台和人才宣传等方面工作，切实推进人才发展整体环境改善。调查显示，在国土资源人才规划实施对优化国土资源行业人才发展环境方面，67.9%的被调查者认为具有较为明显的促进作用；特别是对优化科研创新文化、营造宽容尊重的氛围的作用时，76.25%的被调查者认为人才规划实施具有提升帮助作用。具体成效表现如下。

（一）国土资源人才研究和人才信息化建设取得重要突破

重点依托人事司、人力中心，建立了国土资源人力资源年度统计和定期发布制度，“十二五”期间每年编制年度国土资源人力资源年报，形成了国土资源人力资源白皮书，成果得到了广泛应用；公开出版了《国土资源人才发展报告（2014年）》《国土资源人才发展报告（2016年）》，成为具有广泛影响的行业人才发展蓝皮书。启动了以“一库（国土资源人才基础信息库）四功能系统（国土资源人才管理服务、国土资源人才评价辅助决策、国土资源人才规划实施监测、国土资源人才在线培训）”为核心的国土

资源人才数据库信息系统建设工作，建立了国土资源干部教育培训网。形成了“国土资源人才数据库建设框架和标准规范研究”“国土资源人才管理信息系统原型设计与开发”“国土资源党管人才体制机制研究”“国土资源人才激励保障机制”“2012年国土资源系统人力资源状况分析研究”“国土资源党政人才能力素质标准”“国土资源科技人才评价指标体系研究”“国土资源党政人才能力素质标准体系与测评技术研究”“国土资源科技人才评价指标体系研究”“国土资源科技人才胜任力模型构建研究”“国土资源党政人才能力素质标准开发与应用研究”“土地职业与相近行业相关职业差异性比较研究”“国土资源人才战略体系研究”等10余项人才研究成果。出版了《地勘钻探工》《水文地质工》《地质测量工》国家职业资格系列培训教材，编写出版了《地勘行业高级技师》分册，填补了地勘行业高技能人才技能培训教材的空白。同时，为推进国土资源人才研究平台建设，人力中心与中国地质大学（北京）共建了国土资源人才评价开放实验室，成立了中国地质矿产经济学会人力资源研究专业委员会，成为首个专门研究国土资源领域人力资源开发管理工作的社团组织；组建了国土资源职业教育教学指导委员会及6个专业教育教学指导委员会。

（二）积极打造国土资源人才培养平台

截至2015年，国土资源部共建高校与国土资源系统及地勘行业单位共签署合作协议超过150个。国土资源部支持中国地质大学（武汉）、浙江大学合作共建了国土资源管理学院、土地与国家发展研究院，形成了国土资源高端复合型人才“订单”培养基地和国土资源政策研究、决策咨询的“高级智库”。中国地质大学（北京）在山西朔州建成了目前全国唯一“矿－市－省－部－校”有效对接的土地整治技术与管理产学研人才培养基地。“十二五”期间，中国地质调查局新增6个博士后科研工作站，目前共有博士后科研工作站10个、博士后流动站1个，每年吸引近百名博士后在站工作，有效缓解了青年高层次人才紧缺问题。中国地质调查局积极推动地科院与大区地调中心建立“8＋6”“6＋1”合作交流平台，形成了地质调查与地质研究一体化人才培养模式；北京离子探针中心已成为世界级同位素定年平台及国家首批科技基础条件平台，岩溶动力系统与全球变化国际联合研究中心被科技部认定为国家级国际联合研究中心，国家现代地质勘查工程技术研究中心顺利通过科技部评估，新组建地球深部探测中心、全球矿产资源战略研究中心等科技平台建设取得良好效果。目前，依托科技平台凝聚团队、培养人才作用突显，其中基于平台建设的1个团队入选国家重点领域创新团队，20个团队入选国土资源部创新团队培育计划。

（三）加强宣传引导，积极营造人才发展的良好氛围

调查显示，88.89%的被调查者认为人才宣传工作对营造人才优先、鼓励创新的社会环境非常重要。近年来，国土资源部注重总结推广人才工作典型经验和做法，宣传优秀人才和优秀团队先进事迹，积极营造有利于人才成长的良好氛围。国土资源人才工作协调小组办公室专门印发了《关于开展国土资源优秀人才、优秀创新团队及先进人才工作经验宣传活动的通知》（国土资人才办发〔2014〕5号），全面启动了国土资源优秀人才、优秀创新团队及先进人才工作经验宣传活动，并在《中国国土资源报》、《中国矿业报》开设专栏对全国先进个人和优秀团队事迹进行宣传。勘查司、经研院等深入推进寻访“最美地质队员”宣传活动，中央管理地勘单位、各省地勘单位、矿业企业共100余个局级地勘单位广泛参与，推荐381名地勘一线典型人物，最终评选102名“最美地质队员”和“十佳最美地质队员”，深入宣传报道了地质勘查一线先进人物事迹。中国地质调查局在《中国国土资源报》开设“人才强局之路”专栏，对局人才规划、重点计划和政策进行解读。国土资源人才办通过印发国土资源人才工作要点，编印国土资源人才工作简报，引导各地各部门多措并举，创新人才工程和计划，完善人才发展保障体制机制。

国土资源重点人才工程计划实施情况评价

国土资源人才规划自2011年颁布实施以来，以国土资源高层次创新型科技人才工程推进为引领，国土资源4项重点人才工程和7项重点人才计划全部启动；同时，国土资源系统和地勘行业各单位积极实施特色人才工程计划，总体形成了以人才工程计划带动国土资源人才规划实施的良好局面。

一、国土资源重点人才工程计划总体执行良好

国土资源4项重点人才工程和7项重点人才计划实施以来，各地各部门各单位积极响应，总体执行情况良好。特别是“双高”工程计划（国土资源高层次创新型科技人才培养工程和地勘行业高技能人才振兴计划）实施成效突出。国土资源高层次创新型科技人才培养工程以遴选高层次科技人才为重点，2013年、2015年组织开展了两个批次科技人才工程遴选工作，遴选科技领军人才开发和培养计划82人，杰出青年科技人才培养计划141人，科技创新团队培育计划46个。地勘行业高技能人才振兴计划以举办全国地勘钻探职业技能大赛为抓手，组织31个省（自治区、直辖市）及冶金、有色、煤炭、核工、建材、化工、武警黄金部队等近100家局级地勘单位400多名钻探高技能人才参赛，全面展示了地勘职工队伍精湛的技艺水平和良好的精神风貌，一批技术优秀的高技能人才脱颖而出。大赛授予78名技术工人“全国五一劳动奖章”“全国技术能手”或“国土资源系统技术能手”荣誉称号；通过各省级竞赛，近300名钻探工获得省级“五一劳动奖章”和省级“技术能手”称号。其他国土资源重点人才工程计划以培训和构建人才发展新机制为抓手，积极推进各项任务的落实。

国土资源重点人才工程计划总体执行良好，但期望值高于满意度。此次重点对国土资源重点人才工程和计划实施情况进行问卷调查（1表示很好，2表示较好，3表示一般，4表示执行不到位），结果显示排名前三位的是国土资源“卓越工程师”教育培养计划（1.22），国土资源高层次创新型科技人才培养工程（1.32），国土资源管理与国土资源经济复合型人才培养工程（1.34）。排名后三位的分别是国土资源信息技术人才支持计划

(1.64)，基层国土资源所人才素质提升计划（1.54），地质灾害防治专业人才支撑计划和地勘行业高技能人才振兴计划（1.52，并列第三）。总体看，国土资源4项重点人才工程和7项重点人才计划实施均处于很好与较好之间，执行情况良好。具体见图2-6。

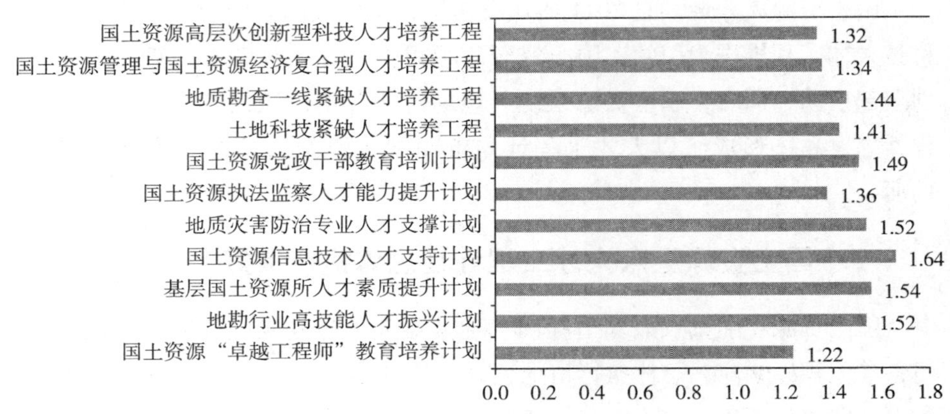

图2-6　国土资源重点人才工程和计划实施情况评价

2014年，国土资源人才规划实施三周年评估对重要性（期望值）和满意度进行了调查，调查显示，各类人才对国土资源人才工程计划期望值总体在80%以上，对各类人才工程计划执行满意度均在70%~80%之间。此次评估，关于满意度和期望值的调查结果与2014年基本相同。同时，对“4项重点人才工程和7项重点人才计划的实施情况存在不了解”人数进行分析，结果显示，大家对国土资源“卓越工程师”教育培养计划了解最少，对国土资源党政干部教育培训计划最为熟悉。具体而言，对各项工程计划实施情况不了解的人数所占比例的排名为：国土资源“卓越工程师”教育培养计划（44.3%），国土资源管理与国土资源经济复合型人才培养工程（35.2%），土地科技紧缺人才培养工程（34.1%），国土资源执法监察人才能力提升计划（34.1%），国土资源高层次创新型科技人才培养工程（33.0%），地质勘查一线紧缺人才培养工程（33.0%），地勘行业高技能人才振兴计划（29.5%），基层国土资源所人才素质提升计划（27.3%），地质灾害防治专业人才支撑计划（23.9%），国土资源信息技术人才支持计划（21.6%），国土资源党政干部教育培训计划（19.3%）。从总体来看，国土资源重点人才工程计划实施良好，但期望值高于满意度，国土资源人才工程计划实施需要进一步加大宣传和执行力度。

二、国土资源领域各单位积极实施特色人才工程计划

国土资源系统、地勘行业各单位和部分共建高校主动创新，认真贯彻落实国土资源重点人才工程计划，借助相关人才政策，因地制宜，以特色人才重点工程和计划实施为重点，从引才、用才、人才储备等方面下功夫，积极推进国土资源科技人才、复合型人才、基层一线人才队伍建设。例如，中国地质调查局积极实施创新高层次人才引聘计划，着力引聘一批能够破解重大能源、资源、环境、灾害难题和基础地质问题，在国际地学界具有话语权的急需紧缺高层次人才；积极实施地质科技人才工程和卓越地质人才计划、杰出地质人才计划和优秀地质人才计划，大力培养造就一支能够破解重大资源环境和基础地质问题，能够全力支撑国家能源资源安全保障，精心服务国土资源中心工作，在国内地学界具有影响力，在国际地学界具有话语权的地质科技人才队伍。目前已经产生9名“李四光学者”（卓越地质人才、急需紧缺高层次人才）和33名“杰出地质人才”、58名优秀地质人才，积极组织实施“青年地质英才培养计划”，目前已完成3届遴选。中国冶金地质局确立“科技兴业、人才强企”战略，实施了科技百人工程、主业一线紧缺人才开发计划，建立了首席地质专家制度，积极落实“7080”计划，大力推进高层次人才和青年人才成长。云南省地勘局实施了5项重点人才工程，即科技领军人才培养工程、优秀经营经济管理人才培养工程、专业技术人才知识更新工程、工人技能提升工程、紧缺专业人才增量工程，全面推进地勘人才开发。吉林大学、中国地质大学（北京）、长安大学等共建高校，围绕国土资源系统和地勘行业的人才需求，从学科建设、专业设置上下功夫，积极推进重大工程和计划的组织实施，提供人才队伍建设的储备和支撑，对国土资源系统和地勘行业的全面发展谋势蓄力。部分单位重点人才工程和计划实施的情况如表2－3所示。

表2－3　全国国土资源系统部分单位实施人才工程和计划情况

单位	实施人才工程的主要内容
中国地质调查局	大力实施人才强局战略，积极实施推进高层次地质科技人才工程（卓越地质人才计划、杰出地质人才计划和优秀地质人才计划）、高层次急需紧缺人才引聘计划、党政管理人才培养计划和青年地质英才培养计划，建立“李四光学者”制度，构建与国家人才工程、计划相互对接、互相补充的高层次人才培养体系

续表

单位	实施人才工程的主要内容
上海市规划和国土资源管理局	①以科技领军人才团队建设为示范，加强高层次创新型科技人才的培养。近年来依托重大项目和重点工程，通过科技创新团队、劳模工作室、博士后工作站、地区规划师等平台，在实践中培养、选拔、锻炼了一批专业水平高、创新能力强、具有规土行业特色，在专业领域具有较高知名度的领军人才和学科带头人，2011—2015 年共有 11 人和 3 个团队获得省部级荣誉，39 项成果荣获部级、市级科研成果奖项。②大力加强国土管理和国土经济复合型人才培养。2011—2015 年，通过项目合作、联合培养、轮岗交流和挂职锻炼等形式，共开展国土管理和国土经济复合人才培养 112 人次，开展综合管理类培训 1356 人次。③制订实施《上海市规划和国土资源管理局地勘一线紧缺人才培养工程实施方案》并逐项落实。通过将地勘一线紧缺人才培养与重大地勘项目、培养平台有机结合，在地勘项目经费上给予地勘一线紧缺人才支持，并将培养目标进行细化分解逐项落实，健全紧缺人才数据库和统计年报制度。2011—2015 年，共引进地勘行业紧缺人才 14 人；培养工程师以上职称地勘专业技术人才 30 人，其中正高级 4 人、副高级 18 人；培训地勘高级技师 11 人；与院校合作开展地勘培训 233 人次，积极开展地质灾害防治技术培训 157 人次。④大力加强土地科技紧缺人才培养。采取知识更新培训、在职学历教育、招收高校毕业生和实践锻炼等多种方式，加大土地科技紧缺人才的培养力度，培养了一批土地调查与评价、规划与利用、整治与开发、调控与监测等领域的土地专业技术人才。2011—2015 年，共引入土地科技紧缺人才 21 人，培养了工程师以上职称的土地专业技术人才 22 人；安排了 26 名优秀年轻干部赴境内外进行土地管理知识的学习培训和科技交流
辽宁省国土资源厅	积极落实“卓越工程师”教育培养计划，遵循“行业指导、校企（事）合作、紧缺优先、形式多样”的原则，将营口市土地勘测规划院作为试点单位，通过与营口大学园管理委员会签订合作共建协议，实现人才培养引进的无缝对接
内蒙古自治区国土资源厅	国土资源作为人才和技术密集型行业，被列为自治区“草原英才”工程和“百人计划”的重点实施领域。结合国土资源人才规划的相关要求，根据地质勘查、矿业开发、土地利用、测绘管理对专业技术人员的实际需求，采取自主招聘、市场招聘、依托产业和项目、加强对外联络等有效形式，切实做好高层次人才的引进培养工作。目前，厅属单位培养的高层次经营管理和技术研发人才中，有 11 人被评选为自治区“草原英才”，1 个联合培养基地被评为自治区高层次人才创新创业基地，3 个单位被评为自治区产业创新（创业）人才团队。厅所属地质调查院借助自治区“333 人才引进工程”，聘请中国科学院院士翟裕生、张本仁和中国工程院院士陈毓川 3 人为内蒙古自治区人民政府国土资源顾问，此后，又引进地质、物探、遥感等专业 6 名首席专家，受到自治区政府好评。内蒙古矿业（集团）有限责任公司围绕有色金属生产深加工、新能源、煤化工、资本运营等核心产业，千方百计、全方位从自治区内地勘单位调入、央企和自治区重点企业引入高级经营管理人才 20 余人，为公司发展奠定了坚实的人才基础

续表

单位	实施人才工程的主要内容
宁夏回族自治区国土资源厅	依托自治区相关重点工程、重大建设项目和国土资源调查评价工程、矿产资源保障工程、国土资源科技创新工程、国土综合整治工程、地质灾害防治工程和国土资源管理信息化工程等重大工程，努力建设国土资源科技创新团队。5 年来，引进急需紧缺高层次人才 51 人。着眼于提高国土资源节约和管理水平，依托高等院校，实施复合型人才培养工程，全面培养具有硕士以上学位、具有双学士学位的中高层次复合型国土资源管理和国土资源经济人才。在国土资源规划、土地资源管理、矿产资源管理、测绘地理信息等专业领域，开展大规模知识更新培训和继续教育，每年培训业务骨干上千人次
黑龙江省国土资源厅	结合省国土资源人才工作的实际情况，制订了《黑龙江省国土资源厅学科（专业）带头人、后备带头人培养规划》，按照该项规划要求，共建设学科带头人才梯队 5 支，队伍成员 119 人，人才队伍建设取得一定成效
青海省国土资源厅	借助青海省“西部之光访问学者”平台优势，加强高层次创新型专业技术人才队伍建设。重点是加快优秀青年人才培养，注重经受过艰苦环境、重要项目、技术岗位锻炼的具有发展潜质的拔尖人才培养，造就一批具有国内领先、国际前沿水平的中青年创新型专业技术人才。有计划地重点扶持 10 名左右高层次专业人才赴国外学习深造，着力打造人才“小高地”和创新团队建设，充分发挥高端人才在地质科研和地勘经济发展中的引领作用。每年组织 1～2 名专业技术骨干到高校和科研院所进行专题研修，突出培养创造性思维，努力提升科技水平、综合研究能力和技术创新能力
贵州省国土资源厅	①实施高新测绘地理信息技术重点人才工程。通过无人机航测人和直升机航测人才引进及培养，建设一支拥有国家领先水平的高新测绘技术人才队伍，为贵州测绘事业的高速发展提供强有力的智力支撑。先后投入 2000 多万元为厅属测绘地理信息事业单位购置了无人机、航测直升机、车载移动三维激光扫描测量系统、应急监测车等先进测绘设备。②实施北斗导航及大数据重点人才工程。以培养引进北斗导航定位人才和北斗大数据人才为目标，为贵州省第一测绘院加挂贵州省北斗导航位置服务中心牌子。省第一测绘院从德国布伦瑞克工业大学引进专门从事卫星定位服务、熟悉大数据专业知识的博士 1 名，并以该博士为主要专家组建了一支 14 人专业技术团队，其中高级职称 8 名。申报并大力开展了贵州省北斗导航定位基准站网项目建设
浙江省地质勘查局	确立人才兴局、科技强局战略，提出“1226”人才工程，包括地质工作千人培训计划、科技创新和地质找矿团队建设计划、高层次科技人才引进培养计划、百名中青年地质技术骨干培养计划等七项具体人才工作计划，精心推进人才计划实施，推进地勘人才发展
吉林大学	实施了“优秀青年教师培养计划”和“百名海外博士引进计划”，计划实施以来，学校已经遴选了 200 名优秀青年教师进入重点培养阶段，49 名优秀青年教师进入经营培养阶段，其中地球科学学部进入重点培养阶段 27 人，进入精英培养阶段 4 人。引进各层次海外博士 66 人，其中地球科学学部 9 人

续表

单位	实施人才工程的主要内容
中国地质大学（北京）	实施了“求真学人”计划、卓越工程师教育培养计划、“地学研究生联合培养示范基地”计划、对口支援西部高校计划等重点人才计划，通过科研经费支持、团队建设走马换将与实验空间安排、人才联系等制度安排，求真学人项目已取得初步成绩：4人获得“优青”，4人获得金银锤奖，1人获得侯德封奖等。在天津地质调查中心、成都地质调查中心、沈阳地质调查中心、河南省地质调查院、中国地质环境监测院、天津华北地质勘查局设立示范基地，聘请50余人作为联合培养副导师。与石河子大学签署合作协议，重点关注其理学院下属土地资源管理学科建设与人才培养，通过师资交流、本科插班生形式进行帮扶
长安大学	启动了“卓越师资队伍建设计划”，积极推进“创新团队建设计划”“学术带头人支持计划”“教学名师支持计划”“青年骨干教师素质提升工程”“学术骨干出国培训计划”“青年学术骨干支持计划”“青年骨干教师海外研修访学支持计划”和“优秀博士选留计划”等计划的实施，为国土资源人才队伍建设提供了有力保障，取得了良好成效

国土资源人才体制机制创新评价

国土资源人才规划颁布实施以来，国土资源人才工作协调小组各成员单位重点以政策制度为突破，不断在人才管理、考核评价、培训培养、选拔任用、交流引进、激励保障等方面进行积极探索。例如，人事司起草了《关于竞争性选拔领导干部的暂行办法》《关于领导干部选拔任用暂行办法》《国土资源部干部教育培训管理办法》《关于规范部接受挂职（学习）锻炼、借调和返聘人员管理工作的通知》《2013—2017 年国土资源部干部教育培训规划》等文件，并以国土资源部名义印发。人事司、人力中心、地质教育研究分会组织起草了《关于实施国土资源领域卓越工程师教育培养计划的意见》并与教育部联合印发，组织制定了资源勘查工程等 8 个专业“卓越工程师”教育培养计划专业行业标准。国际与科技合作司组织制定了《国土资源部关于加快推进科技创新的若干意见》，重点就培养科技创新人才、加强科技创新团队建设、完善创新人才评价激励制度等方面进行政策设计。人事司、人力中心、土地整治中心积极推进国土资源职业入典工作，新版《职业分类大典》将旧版原有的“地质勘探工程技术人员”小类细分为 6 个职业，分别是地质实验测试工程技术人员、地球物理地球化学与遥感勘查工程技术人员、水工环地质工程技术人员、地质矿产调查工程技术人员、钻探工程技术人员，其中将地质测绘工程技术人员归类到测绘和地理信息工程技术人员下；同时，地质勘查人员下设置 5 个职业 19 个工种，新增了地质调查员职业；特别是土地整治工程技术人员的成功入典，标志着土地职业实现零突破。勘查司积极推进注册地质师制度建设，向人力资源和社会保障部报送了《国土资源部关于提请审议注册地质勘查师资格管理三个办法（草案）的函》。法规司、信息中心、人力中心初步起草了《国土资源法治人才培养方案（送审稿）》《国土资源信息技术高端人才培养基地和创新团队建设的指导意见（送审稿）》《地质勘查一线紧缺人才遴选培养方案（讨论稿）》《国土资源智库人才队伍建设培养工程方案（讨论稿》）等，积极推进国土资源人才体制机制创新。

问卷调查结果显示，目前“健全完善党管人才体制”“创新人才培养开发机制”“人才管理工作科学化、制度化、规范化”工作成效比较突出，“创新人才激励保障机制”“创新人才吸引引进机制”“创新人才选拔任用机制”“创新人才评价发现机制”等体制机制创新较为重要和关键。结合各省级国土资源主管部门和地勘行业各单位的人才体制机制创新调研和自评情况，国土资源人才体制机制创新主要体现在6个方面。

一、考核评价方式更加科学

国土资源系统和地勘行业各单位通过制度建设和机制创新，以品德、能力和业绩为导向，构建起了较为完善的国土资源人才考核评价机制。例如，中国地质调查局建立了以“五不唯”和“四问”为核心的成果和人才评价标准，将品德、能力、成果业绩作为人才评价标准，不唯资历、不唯学历、不唯职称、不唯论文、不唯奖项；实施人才岗位聘用和目标责任考核，打破了人才称号终身制，解决了人才能上能下、能进能出的问题。中国国土资源经济研究院在实施绩效考核时突出群众认可、系统评价，将考核结果作为职称评审、岗位聘用、干部使用、收入分配的重要依据，形成了绩效考核倒逼人才成长的有效机制。土地整治中心转变用人机制，组织实施首个聘期内岗位补充遴选工作，遴选一批专家型、领军型人才。浙江省国土资源厅先后出台《全省市、县（市、区）国土资源局领导干部管理暂行办法》《浙江省国土资源厅干部人事工作规则》《浙江省国土资源系统领导干部述职述廉制度实施办法》《浙江省国土资源系统后备干部工作实施意见》《省国土资源厅机关公务员年度考核暂行办法》《浙江省国土资源厅干部挂职锻炼管理办法（试行）》《浙江省国土资源厅工作人员考勤暂行办法》等一系列政策性文件，以制度文件促人才体制机制改革和创新。天津市国土资源和房屋管理局建立了以实绩考核为核心、具有行业特点、分级分类的人才绩效考核评价体系，实行干部奖惩、干部使用、结构优化、工作推进“四位一体”的考核评价机制；将年度考核和平时考察相结合、定量考核与定性考核相结合、领导考核与群众评议相结合的考核评价机制；以品德、知识、能力、业绩为主要依据，重在社会和业内认可的科学评价机制；促进科学发展的干部考核评价机制，把考核评价与干部选拔任用、培养教育、管理监督结合，建立干部考核与干部进退留转、推荐表彰、教育培训挂钩的良性机制。

二、培养培训形式更加丰富

国土资源系统和地勘行业各单位认真贯彻落实中共中央印发的《干部教育培训工作条例》，结合各单位人才队伍实际，不断探索科学的人才培训培养方式。例如，中国地质调查局按照“统筹管理、分级分类、突出重点、按需施教、联系实际、学以致用”的原则，统筹协调业务建设、科技进步、学科发展与人才培养，基本建立了年初有计划、年中有检查，上下联动、广泛覆盖、分级分类的教育培训体系，构建了“大项目 + 大成果 + 大人才”的人才培养机制。土地整治中心发展多种模式的人才培训培养机制，开展专业技术培训，加大省、市、县级土地整治技术人才培训力度，增强全国土地整治系统技术能力。上海市规划和国土资源管理局探索“负责人 + 团队 + 项目”的培养模式，同时从学习交流、挂职锻炼、培训培养等方面着手，采取近、中、远期相结合的培养措施，加快对青年干部人才的培养。浙江省国土资源厅和各市国土资源局分别编制了《2015—2017 年国土资源系统干部教育培训规划》，对国土资源系统职工实行分类、分层培训，并拓宽教育培训渠道。天津市国土资源和房屋管理局制定了《2011—2015 年公务员培训工作规划纲要》，并在每年初制订本年度培训计划，预留培训专项经费，确保将培训落到实处；对系统内现有的各种教育培训资源进行有机整合，统筹安排、合理调剂，实现了教育资源共享；以更新知识和提高能力为目的，加强在职人员的业务培训，积极拓宽教育培训渠道，注重运用电化教育、远程培训、网络学习等载体强化干部教育培训工作的效果。陕西省国土资源厅提出了“内容上注重三个转变、对象上实行分级分类、方式上强调实践互动、资源上突出多元共建”的培训思路，科学设置培训内容，不断加大培训力度。云南省国土资源厅坚持“突出重点、结合实际、逐级管理、分层培训”的原则，注重年度教育培训指标任务年初有计划、年中有检查、年底有考核，着重体现包括基层国土资源管理局及机关各职能处（室）在内的多个层级的业务培训，取得了良好的成效。青海省国土资源厅积极为在职人员搭建学习平台，邀请国土资源部、中国地质调查局、西北项目办等多家单位领导和专家对系统职工进行专业培训与指导。广西壮族自治区国土资源厅制定了《2013—2017 年广西国土资源系统干部教育培训规划》，强化对国土资源人才管理体制和人才培养机制的领导。广东省国土资源厅积极搭建培训平台，落实“技术人员每年继续教育培训至少须修满72学时”的相关要求，依托建成的全省国土资源行业继续教育专业科目学习平台，举办国土资源行业从业人员继续教育专业科目学习培训班，培训全省土地、测绘、矿产等国土资源领域的专业技术人员及管理人员。内蒙古自治区国土资源厅通过“草原英才”工程和“百人计划”等平台载体，着力培养高层次企业经营管理人才和创新创业团队。黑龙江省有色金属地勘局为更好地提高职工专业技能水平，积极做好职工技能竞赛工作，以赛代训，开展了全局青年技能竞赛、青年技术能手竞赛，组织参加全省测绘杯竞赛，在青年职工中形成了练技能、比能力的热潮。浙江省地勘局积极倡导在项目实施过程中有针对性地开展课题研究和技术攻关活动，利用项目运作，充分发挥高职称人员的传帮带作用，推进生产与科研的结合，增强产学研互动，在出项目成果的同时，出科研成果、出优秀人才；先后成立了中国地质大学（武汉）浙江研究院、何继善院士工作站、博士后流动工作站（试点2个）、浙江省勘察大师工作室、浙江省工程勘察院企业技术研发中心，加强了与浙江大学、中国海洋大学、青岛海洋地质研究所等科研院校的沟通联系，开展联合办学、课题研究和科研项目合作，为专业技术人才的培养提供平台。内蒙古自治区有色地勘局强力推进“两基地一中心”建设，即内蒙古自治区地质矿产专业技术人员继续教育基地、地勘行业特有工种职业技能鉴定基地、地矿培训中心，不断加大软硬件的投入力度，改善办公条件，配齐机构和人员，服务地矿人才培养和培训；加强与中国地质大学（北京）、中国地质大学（武汉）、吉林大学等高等院校的合作，通过联合办学、发挥产学研基地的作用，切实提高企业管理人才的理论水平、专业素质和创新能力；在巩固保持与高校产学研用合作的基础上，寻找更多的合作院校，采取与高校签订委托培养协议的方式，抓好“订单式”培养和“对口单招”，加快主体专业人才培养。河北省地勘局建立项目成果交流机制，打造科研实践平台，鼓励局属各单位每年开展一次项目成果交流研讨，对项目实施过程中取得的经验、成果、困难由专家进行点评分析，全体专业技术人员共同参与讨论；由省局不定期地组织专业技术报告会，鼓励各个队（院）共同攻克科研难关，协同培养人才。广西壮族自治区地勘局积极实施人才培养计划与培养工程，加强对党政干部、专业技术人员、职业技能人才等各类人才的知识更新和专业技能提升的教育培训，教育培训活动范围不断扩大、培训人数逐年增加。

三、选拔任用制度更加完善

国土资源系统和地勘行业各单位积极探索创新选拔制度，扩大选人用人视野，不断促进人岗相适、用当其时、人尽其才，积极为优秀人才的脱颖而出创造良好环境。例如，中国地质调查局探索建立人才成长双通道，建立符合专业技术人才和行政管理人才不同特点的职业发展路径。广东省国土资源厅制订出台了《广东省国土资源厅机关竞争性选拔处级领导干部方案》，进一步树立了注重基层导向、注重平时表现等良好用人导向，为优秀干部脱颖而出创造了有利条件。陕西省国土资源厅坚持把“提名来源多元化、推荐方向多元化、考察内容多元化”作为干部选拔任用的基本思路；在提名上，注重采用以“个人自荐、群众推荐、领导实名举荐和人事部门研判”为核心的“四因素法”；在推荐上，特别增加了转非、降级等干部“能下”的通道；在考察上，坚持干部考察与日常管理相结合、与目标责任考核相结合、与综合研判相结合，更加突出定性与定量相结合，有力杜绝了拉票现象，提升了推荐权威，破解了提名难题。五年来，系统内干部群众对干部选拔工作满意率均在90%以上。浙江省国土资源厅形成了竞争上岗、公开选拔、组织选任等多形式、多层次的领导干部竞争性选拔新机制，以及面向基层一线为主的竞争性选调等多形式、多层次的人才选拔任用新机制。天津市国土资源和房屋管理局坚持德才兼备、以德为先，按照好干部标准和拓宽来源、优化结构、改进方式、提高质量的要求，不断改进和规范干部培养选拔机制，积极推进常态化培养、合理化配备、制度化运行，基本建立了一支来源广泛、数量充足、结构合理、素质优良的年轻后备干部队伍，为服务全市经济社会发展和高标准履行国土房管职能提供了强有力的组织保障。云南省国土资源厅始终坚持严把“标准关”“人选关”“审批关”“纪律关”“监督关”选拔任用干部，做到提出动议必不可少、民主推荐必不可少、组织考察必不可少、党组集体讨论决定必不可少。宁夏回族自治区国土资源厅建立了“全员聘用、竞争上岗、评聘分离、绩效分配”等为主要内容的事业单位人事制度，组织开展了两轮专业技术岗位全员竞聘工作，推动建立竞争择优、能上能下的用人机制；创建了人力资源管理系统和人才信息库，提高了事业单位人事人才管理工作科学化水平。贵州省国土资源厅积极推进事业单位体制改革，对承担国土资源管理技术支撑工作的事业单位，通过建立和推行聘用合同制及专业技术人员聘任制、管理人员和工人岗位聘用制，逐步建立一套符合国土资源事业单位特点的用人制度；坚持按省人社厅要求进行岗位设置，坚持科学设岗、竞争上岗、按岗聘用，实行分类分级管理，引入自主灵活的分配激励机制，实行绩效优先、按劳分配和兼顾公平的原则。广西壮族自治区地勘局坚持按照《干部任用条例》《公开选拔党政领导干部暂行规定》《广西地质矿产勘查开发局处级领导干部选拔任用管理办法》等规定，坚持公开、平等、竞争、择优原则，大力开展以竞争上岗为主的竞争性选拔干部工作，积极营造良好的选人用人环境。河北省地勘局探索建立“双通道”机制，即提供管理晋升通道和技术发展通道，鼓励职工尤其是青年技术人员不断提高专业技术能力，成为队内的技术专家。

四、交流引进机制更加顺畅

国土资源系统和地勘行业各单位借助国家和国土资源部的相关政策，积极出台适合本部门、本单位特点的制度办法，加大引智引才力度，鼓励推动干部人才内外、上下、纵横交流，促进人才合理流动，增进人才活力，做到人尽其才、才尽其用。例如，中国地质调查局出台了《急需紧缺高层次人才引聘计划实施办法》，建立“李四光学者”制度，强调引聘一批能够破解重大能源、资源、环境、灾害难题和基础地质问题，在国际地学界具有话语权的急需紧缺高层次人才。土地整治中心积极拓宽干部挂职锻炼渠道，“十二五”期间选派5名处级以上干部赴基层挂职，选送1名干部援藏，选派3名博士服务团支援地方经济建设，选送11名新入职大学毕业生到基层国土部门学习锻炼。中国地质调查局发展中心争取国土资源部、中国地质调查局的政策支持，开展高端人才引进工作试点，建立人才引进专项资金，用优越的工作环境和生活条件吸引海内外高端人才，着力解决岗位设置比例与人才结构之间的矛盾。上海市规划和国土资源管理局制订《关于干部轮岗交流的暂行规定》，明确了干部轮岗交流的对象、范围、方式、程序和措施，使干部交流轮岗有了依据，以制度形式加以固定，实现了局机关处室之间、局机关与区县局之间、局机关与局属事业单位之间双向、多层面、跨部门的交流轮岗，增强了干部队伍活力。云南省国土资源厅制订《云南省国土资源系统干部交流轮岗实施办法》，积极推行处级领导职务任期制和重点岗位干部任期制，明确要求处级领导干部和承担土地或矿权审批、项目资金安排、储量评审等重点岗位的干部，连续工作达到5年的，必须轮岗或交流，有力推动了干部轮岗交流的制度化、常态化。陕西省国土资源厅积极推行处级领导职务任期制和重点岗位干部任期制，有力推动了干部轮岗交流的制度化、常态化，累计有机关70%的处长、85%的机关重要岗位干部和60%的市局“一把手”轮岗交流或异地任职；干部选拔任用和轮岗交流的系列改革举措，受到陕西省委组织部的特别表扬和《人民日报》的专门宣传。广东省国土资源厅制订出台了《广东省国土资源系统开展“上机关下基层交流锻炼”活动方案》和《广东省国土资源系统领导干部和关键岗位干部交流轮岗实施办法》，2011—2015年，先后安排15名厅机关和厅属事业单位干部到市、县国土资源系统挂职锻炼；先后安排8名干部到国土资源部机关跟班学习，安排市、县国土资源系统干部48人次到厅机关学习锻炼；先后安排48名厅机关干部和厅属事业单位主要领导轮岗交流；同时，厅党组协调各地级市党委、组织部门安排干部上下交流、系统内外交流，拓宽干部进出渠道；从厅机关、厅属事业单位选派7人到地级市国土资源局任领导职务；从系统外交流调入40名同志到地级市国土资源行政主管部门任领导职务，推荐31名处级领导干部到系统外交流任职，国土资源系统领导干部队伍结构得到优化。黑龙江省有色金属地勘局不断加大开展向社会及各大科研院所公开招聘高端人才和急需人才的力度，解决各地勘单位高端人才和技术骨干短缺问题；提高全局专业技术能力与专业技术人才的学历结构，在招录事业单位工作人员的过程中，针对专业技术岗位研究生以上学历人员在考试、录用及相关待遇方面给予充分倾斜，提高全局对高学历、高水平人员的吸引力。山东省地勘局创新人才引进方式，经过积极争取，多次沟通，经山东省人社厅同意，对急需的矿产勘查、物探、化探、水文与水资源、勘查技术与工程、岩土工程、测绘工程等初级专业技术岗位，在地质类专业师资力量较强的中国地质大学（武汉）、吉林大学、长安大学、河北地质大学、成都理工大学等5所高等院校中，采取面试、签约的方式，直接招聘相关专业本科及以上学历的应届毕业生。

五、激励保障措施更加有效

国土资源系统和地勘行业各单位探索新形势下对人才队伍的激励保障，

通过建立制度、创新机制，实现国土资源人才队伍“引得进来，用得起来，留得下来”。例如，中国地质调查局充分发挥绩效工资的激励作用，改革绩效工资分配，结合目标责任体系建立，构建与目标责任考核和成果业绩紧密挂钩，充分体现专业技术和党政管理两类人才价值，有利于激发人才创新活力的绩效分配机制。中国地质科学院创新工作思路，与新华联公司共同设立新华联科技奖，专门奖励找矿突破和为地质科技发展作出突出贡献的优秀科技人员，对人才科技创新起到有力的推动作用。中国地质调查局发展中心改革完善中心收入分配激励、绩效奖励激励、绩效工资向优秀顶尖人才和关键岗位倾斜的政策制度。宁夏回族自治区国土资源厅争取相关部门支持，重新核定专技岗位设置，增加高级岗位27个、中级岗位49个，在竞争择优的基础上，尽可能为取得专业技术任职资格的人员提供发展平台，给予相应的报酬；对科技带头人实施项目和经费承包办法，工资收入与完成项目多少及科技成果质量挂钩，调动其工作积极性；开展国土资源及测绘地理信息科技成果申报和奖项评选工作，激励科技创新。河北省地勘局在人才激励保障机制方面探索考核、奖励与人文关怀多措并举，在局属各单位对二级经济实体的考核中，鼓励队（院）对二级实体的中层干部建立综合量化考核体系，改变单一的经济效益指标考核方式，并将人才培养、能力建设纳入考核体系，充分调动经营单位加强科技人才队伍建设的积极性。山东省地勘局按照“劳动、资金、技术和管理等生产要素按贡献参与分配”的方针，逐步形成人才劳动成果价值化、资本化和股份化的分配机制；同时设立“曹国权地质科学奖”和“山东省地矿局青年科技奖”，每两年评选一次，每次不超过10人，主要奖励在地质工作中作出突出成就的个人和40岁以下的青年科技工作者。浙江省地勘局充分发挥政府引导性资金投入的优势效用，通过浙地人家专用房等民生工程，有效缓解了职工住房压力；同时，鼓励局属单位积极融入地方，充分享受地方政府人才优惠政策，例如为博士生争取购房补贴和贴息政策、申购地方人才公寓、新录用员工租房补贴、“雏凤计划”毕业生政府工作津贴等，通过改善生活条件，最大限度地吸引优秀人才和高端人才来浙落户。

六、对全面贯彻落实深化人才发展体制机制改革的意见充满期待

2016年2月，中共中央《关于深化人才发展体制机制改革的意见》

正式印发，明确了未来一段时间人才发展体制机制改革的指导思想、基本原则和主要目标，为国土资源人才体制机制改革指明了方向。为此，对8个具体改革方向及32个具体细化的改革措施实施的重要性进行抽样调查（1表示很重要，2表示较重要，3表示一般，4表示不重要），具体结果如图2－7所示。从8个改革方向来看，得分排在前三位的分别为：改进人才培养支持机制，平均得分为1.39；创新人才评价机制和构建具有国际竞争力的引才用人才机制，平均得分都为1.48，说明这三项改革最为重要。得分排在后三位的三项改革依次是：强化人才创新创业激励机制，平均得分为1.65；建立人才优先发展保障机制，平均得分为1.63；推进人才管理体制改革，平均得分为1.59，都在1～2的中间水平。从整体来看，所有项得分均在1～2之间，即在很重要和重要之间，说明全面贯彻落实《关于深化人才发展体制机制改革的意见》，契合了国土资源各类人才的需求情况。

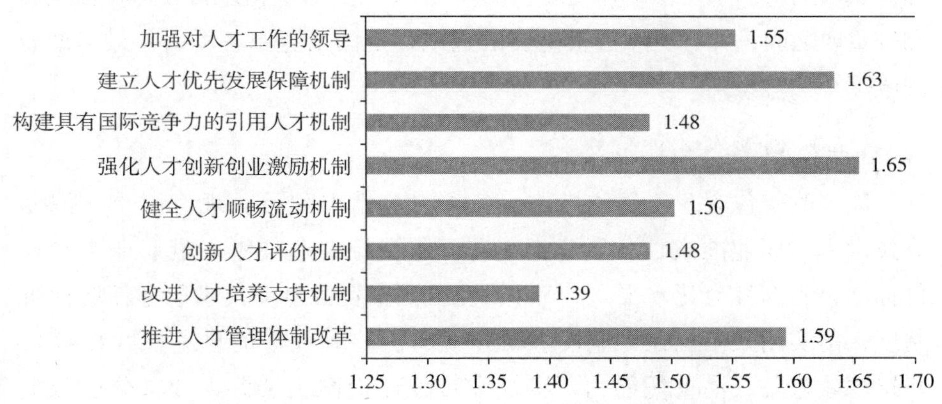

图2－7 国土资源人才体制机制改革方向重要性评价

对上述8个改革方向的具体措施重要性调查如下。

（一）推进人才管理体制改革

该项改革包含5项具体措施，各项得分情况如下：自主开展人才招聘、评价、薪酬激励（1.39）；专业技术类岗位自主设置，建立岗位动态调节机制（1.44）；支持科研单位领导和专业人才在科研密切相关的学术团体兼职（1.78）；建立国土资源人才数据库信息系统和国土资源人才网（1.60）；支持国土资源人才类社团组织发展，推进国土资源人才市场化、社会化服务水平（1.71）。根据调查结果，自主开展人才招聘、评价、薪酬激励和专业技术类岗位自主设置的改革最为重要（重要程度为1.39），即各类人才对用人自主权最为期待。专业技术岗位（重要程度为1.44）也需要更多的自主设置权，以满足不同部门专业技术岗位差别化需求。

（二）改进人才培养支持机制

该项改革包含6项具体措施，各项得分情况如下：建立和完善“平台+项目+人才”培养机制，建立“大项目+大成果+大人才”机制（1.40）；建立从事国土资源基础研究人才培养长期稳定支持机制，鼓励人才自主选择科研方向、组建科研团队（1.44）；建立竞争性经费和稳定性经费相协调的科研经费管理制度（1.39）；探索建立使青年科技人才脱颖而出的制度（1.30）；探索设立针对青年人才的相关专项工程（1.44）；建立产学研用相结合的人才培养机制，引导高校国土资源学科专业、类型、层次和区域布局与国土资源事业发展相协调（1.34）。各项措施得分均在很重要和较重要之间，并且更靠近很重要的选项，是国土资源各类人才最为期盼的改革。

（三）创新人才评价机制

该项改革包含5项具体措施，各项得分情况如下：规范国土资源专业技术人才职业准入，分层分类完善国土资源专业技术人员职业水平评价标准，提高社会化水平（1.53）；完善国土资源专业技术职务任职评价制度，落实用人单位在专业技术职务（岗位）聘任中的自主权（1.41）；坚持德才兼备，注重凭能力、实绩和贡献评价国土资源人才，分层分类制定国土资源人才能力素质标准和评价指标体系（1.39）；建立国土资源评审专家数据库，探索建立评价责任和荣誉制度（1.50）；实行国土资源基础研究人才以同行评价为主，国土资源应用和技术人才突出市场、能力或业绩评价，国土资源社会科学人才强调社会评价等相关评价制度（1.57）。在此项改革方面，注重凭能力、实绩和贡献评价国土资源人才的措施最受期待和关注。

（四）健全人才顺畅流动机制

该项改革包含3项具体措施，各项得分情况如下：推进事业单位与机关干部间人才交流（1.52）；鼓励国土资源科技创新人才竞争流动，促进科研人员跨处室、单位和地域流动，鼓励科研人员带项目创新创业（1.53）；加强干部挂职锻炼（1.46）。三项措施的重要性程度相当，其中加强干部挂职锻炼最受关注。

（五）强化人才创新创业激励机制

该项改革包含4项具体措施，各项得分情况如下：建立科研单位科技成果使用、处置和收益管理自主权（1.44）；允许科研人员到企业、高校等兼职，并取得报酬（1.85）；依法赋予创新领军人才更大人财物支配权、技术路线决定权，实行以增加知识价值为导向的激励机制（1.47）；鼓励和支持离岗人才创新创业（1.83）。可以看出，赋予科研单位和科技领军人才更大的自主权，建立以知识价值为导向的激励机制最受国土资源人才关注和期盼。

（六）构建具有国际竞争力的引才用才机制

该项改革包含3项具体措施，各项得分情况如下：引进急需紧缺高层次国土资源科技人才，柔性汇聚全球国土资源人才资源（1.44）；协助解决引进人才的任职、社会保障、子女教育等切身问题（1.47）；推动国土资源人才国际化知识和能力培养（1.54）。这三项改革措施都受到国土资源各类人才的关注，说明人才引进和人才国际化培养存在较大“短板”。

（七）建立人才优先发展保障机制

该项改革包含3项具体措施，各项得分情况如下：建立促进人才发展与经济社会发展、国土资源事业深度融合的政策、平台和方式（1.55）；建立推动人才发展的多元投入机制（1.82）；建立人才、技术、成果转化对接机制（1.51）。可以看出，建立人才发展多元投入机制并非是最迫切的。

（八）加强对人才工作的领导

该项改革包含3项具体措施，各项得分情况如下：将人才工作列为落实党建工作责任制情况述职的重要内容（1.51）；完善国土资源专家决策咨询制度，畅通建言献策渠道（1.50）；加强对人才的团结教育引导服务（1.60）。可以看出，将国土资源人才工作列入党建工作责任制和完善专家决策咨询制度较为重要，各类人才对强化人才领导和发挥人才作用期盼很大。各个方向的具体调查结果对比如图2－8。

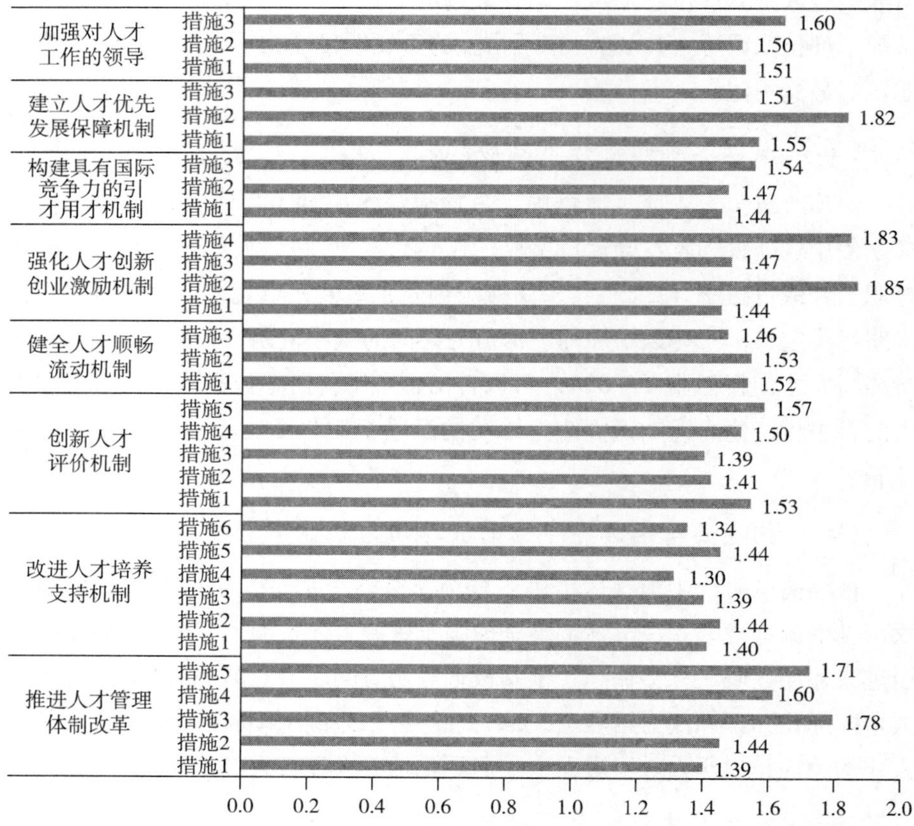

图 2－8　国土资源人才体制机制改革措施重要性评价

国土资源人才规划实施存在的主要问题

在国土资源系统、地勘行业各单位及各有关高校和职业院校共同努力下，国土资源人才工作呈现顶层引领、稳中求进、不断趋好的发展势头。但同时，从国土资源人才队伍现状来看，国土资源高层次创新型科技人才队伍短缺，高端智库人才队伍建设滞后，国土资源管理和经济管理复合型人才偏少，基层和一线国土资源主专业人才队伍普遍缺乏，“新常态”下地勘人才队伍还面临二次“断层”的风险等；从人才管理体制机制来看，人才传统管理模式依然存在强大的制度惯性，全面贯彻落实中央《关于深化人才发展体制机制改革的意见》政策措施在国土资源系统和地勘行业存在传导不顺、落实不够、配套不足等问题，人才工作实际成效与中央的要求、行业的需求和人才的期盼存在一定距离，影响国土资源科技创新的高度和国土资源事业持续发展的深度。这些问题具体如下。

一、国土资源专业技术人才总量不足

省以下国土资源系统中，所学专业为土地、地矿和测绘等国土资源密切相关专业的人才数量不到人才总量的1/3，行政机关所学专业为国土资源密切相关专业的人才不到1/5，特别是基层国土资源管理部门平均拥有国土资源密切相关专业人才仅为1.5个，拥有地质地矿类专业人才仅为0.5个；国土资源系统专业技术人才仅占16%，且高级职称专业技术人才65%集中在部省一级，县级高级职称专业技术人才仅占13%，2015年高级专业技术人才总量没有达到国土资源人才规划中期目标。全国地勘行业专业技术人才占地勘单位职工比例仅为35%，其中高级专业技术人员仅为5.30万人，占专业技术人才的31%。地勘一线紧缺人才、土地科技紧缺人才、国土资源法律实用人才、地质灾害防治人才等国土资源急需紧缺实用人才总体缺乏。受事业单位制度限制，国有地勘单位地勘技能人才多年基本处于“停招”状态，老职工退休，新职工无法有效接续，许多单位急需的钻探、实验测试等技能人才几乎绝迹，各个专业、各个工种的人才阶梯状发展几乎断档，越来越对地质工作形成瓶颈制约。西部地区和边疆落后地区国土资源部门和基层地勘单位普遍存在缺乏专业人才的状况。

二、国土资源高层次创新型人才规模质量总体偏低

2015 年国土资源系统特殊专业人才仅有 679 人，仅占国土资源系统人才总量的 2‰，占系统人力资源总量的 1.5‰，并且 90% 为省部级优秀科技人才；国家科技奖项负责人、新世纪百千万人才工程国家级人选、有突出贡献的中青年专家、中国科学院和中国工程院院士等国家级人才较少，特别是两院院士作为一个行业或系统高层次创新型人才的突出代表，国土资源部本级在中国科学院连续 9 届院士增选中仅有 2 人当选，在中国工程院院士增选中已连续多届无人当选，目前国土资源系统 14 名院士中 13 名为资深院士，院士将出现“断层”。以国土资源战略和公共政策研究为主的高端智库专家缺乏，在国家层面具有改革话语权的“大家”“大师”寥寥无几。既懂业务又懂法律、经济和熟悉党建工作及能管理会带队伍的高端复合型人才普遍缺乏，难以适应复杂形势下国土资源管理工作要求。在地勘领域，具有丰富经验、能够胜任大型项目的总工程师、副总工程师等高端人才缺乏，地勘行业高层次高技能人才尤为短缺。同时，国土资源系统和地勘行业人才体制机制和待遇与相关科研院所、高校和企业存在差距，近年院士、万人计划入选者等高端人才流失现象频发。国土资源高端人才缺乏，一方面影响了国土资源行业综合竞争力提升，另一方面对国土资源科技创新特别是“三深一土”科技创新发展战略实施形成制约。

三、国土资源人才队伍年龄结构存在“断层”现象

受 20 世纪 90 年代 10 年地质行业萧条期影响，地勘行业人才主要集中在 40 岁以上和 30 岁以下，30～40 岁之间的人才缺乏，35～40 岁之间具有较为丰富的工作经验、年富力强，适合承担具体工作的骨干力量尤为短缺，该人才“断层”问题已经影响到地勘行业新时期的发展。地勘行业人才年龄“断层”现象更为集中体现在地勘一线单位，部分单位 35 岁以下的年轻人基本占到 80%，年富力强、经验丰富的高层次人才极其缺乏。同时，在 40 岁以上人才队伍中，45～50 岁年龄档也存在“断层”问题，整个地勘专业技术队伍“老的老，少的少”，呈现青黄不接、中间力量断档的劣势局面。特别是随着地勘人才年龄的增长，一批高端人才面临退休，部分地勘单位面临着从“人才高地”走向“人才洼地”的危险。此外，地勘单位机关处级领导干部老龄化严重，据统计，50 岁以上处级干部占比超过 55%。

同时，国土资源主管部门人才队伍目前年龄结构呈现为“橄榄形”，后备力量短缺和老龄化趋势问题凸显，尤其是国土资源所普遍存在工作人员年龄偏大、人才梯队断层等状况，国土资源人才持续发展存在隐忧。

四、国土资源人才能力素质与“新常态”下国土资源工作转型发展存在偏差

“新常态”下国土资源工作要全面贯彻落实“创新、协调、绿色、开放、共享”的新发展理念，不仅需要进一步扩大国土资源管理人才和技术人才数量，更需要现有人才能力素质结构从继承型、初中级、单功能向创新型、高层次和复合型转变。从地勘行业人才来看，受世界经济复苏趋势持续放缓及国内经济转型升级、部分矿产品需求减弱等因素影响，地质勘查投资持续减少、钻探工作量持续减少、地勘项目数量持续减少的地质勘查“三减少”局面仍将持续。但同时，随着生态文明和美丽中国建设及“一带一路”、京津冀一体化、长江经济带、海洋强国战略等的实施，海洋、农业、城市、旅游、环境等方面对地质服务的需求将明显上升。目前，地勘单位在“百局千队”格局下同质化发展严重，大多数地勘人才的专业领域集中在地质、物探、化探、钻探、水文地质等传统领域，在油气、页岩气、天然气水合物、铀等清洁能源及战略性新兴产业所需矿产资源（例如锂、钴、“三稀”）勘查领域，城市、农业、灾害、环境、海洋、军事地质等大地质领域人才极为短缺。据有关专家估算，传统地质领域大约有50%的人才处于闲置状态，而新兴领域的相关地勘人才供给明显不足。同时，受事业单位统一招聘政策限制，非地质专业人才招聘受到严格限制，地勘单位在转型升级过程中所需要的经营管理类等高层次人才明显不足，高级经济师、高级会计师、注册会计师、注册咨询师、工程预算造价工程师、监理工程师在部分单位几乎空白；境外勘查人才也存在短缺问题，影响地质工作“走出去”，实现跨境发展。此外，“新常态”下对国土资源保护、规划、用途管制、不动产统一登记更加重视，这不仅对从事相关工作的土地人才提出了规模需求，更是对相关人才知识结构、素质能力等质的方面提出了更高要求，但目前土地领域人才能力素质结构相对单一和低端，难以适应新时期国土资源事业持续发展的需要。

五、国土资源人才供需存在失衡现象

实现国土资源人才供需动态平衡是加强国土资源人才宏观管理的重要

目标，然而，在经济社会快速发展、技术变革日新月异和行业周期变化越来越复杂的今天，加强国土资源人才宏观调控难度越来越大，导致国土资源人才“不够用”“不适用”“不被用”现象并存，国土资源人才供需失衡已经成为国土资源人才队伍建设的突出问题。从人才需求端来看，特别是对于地勘人才来说，随着地质行业2003年进入十年黄金发展期，各地勘单位普遍加大人才招聘力度，“十一五”“十二五”期间填补地勘人才缺口，人才规模刚性需求大大降低；2013年以来，随着地质、矿业、石油、冶金、建筑等行业持续低迷，2015—2016年各地勘单位普遍出现暂停招聘计划或减少招聘指标，或者提高学历、学校和入职门槛，相关中小企业用人需求也锐减，国土资源人才需求出现断崖式下降。从人才供给端来看，由于培养国土资源人才的高校和职业院校没有根据地勘形势及时调整招生规模，相关专业设置与调整存在滞后，造成部分地勘类人才供给过剩；但同时，随着生态文明建设的推进，对土地和国土资源综合类人才的需求越来越大，但相关高校土地类专业设置普遍比较单一，难以满足国土资源事业发展需要；另外，有关高校专业设置本身与社会发展、市场需求不衔接，办学定位和学生培养方向摇摆不定，产学研协同培养人才机制难以建立，造成用人单位招聘学生“无所适从”，人才培养与用人单位需求脱节。

六、国土资源人才优先发展理念和制度体系尚未完全建立

对人才管理理念上存在的普遍性问题进行的调查结果显示：认为国土资源系统和地勘行业在人才投入上“见物不见人”现象比较突出的占30.77%；认为唯学历、唯职称、唯论文、唯身份的观念相对比较突出的占30.00%；认为人才流动上“单位部门所有”“管卡压”权力意识比较突出的占31.99%；认为人才使用上的“论资排辈”“求全责备”观念比较突出的占55.69%；认为人才激励上“平均主义”“大锅饭”思想比较突出的占60.00%；认为在人才管理上官本位、行政化的思维定式比较突出的占58.68%。从调查数据可以看出，国土资源系统和地勘行业各单位在人才使用、人才激励和人才行政化管理上仍然受到传统理念影响较深，人才优先发展理念完全落实到行动尚存一定距离，“人才资源是第一资源”理念并没有完全深入人心。此外，从问卷调查结果看，67.9%的被调查者认为国土资源人才规划实施对优化整个国土资源行业人才发展环境影响比较显著，但54.4%的被调查者认为改善员工个人工作环境一般，也凸显了现有人才

体制机制在“以人为本”上还存在差距。从实际调研来看，多数单位缺乏系统性引才用才制度体系，将近50%的单位存在缺少针对专业技术人才遴选培养计划；政产学研协同培养人才处于散、乱、低的状态，缺乏部级层面系统性的协同培养人才机制；缺少科学的人才评价指标和评价机制，人才考核内容单一，考核方式传统，缺少反馈机制等问题。从国土资源人才规划实施来看，目前推进较为缓慢的任务和成果也集中在体制机制和有关政策制度上，含金量高的人才政策制度出台偏少。

七、现行地勘行业混合体制对人才发展的“制约”日益显现

历史原因使地勘单位一直以事业单位企业化经营模式运作，但随着事业单位管理的不断规范和市场经济体制的不断完善，这种模式所固有的管理体制与经营机制的深层次矛盾日益突出，对地勘人才队伍发展的体制性障碍越来越明显，主要表现为：一是事业单位管理体制导致地勘单位缺乏用人自主权，大多数国有地勘单位编制内人才招聘必须参加社会统一公开招录，人才专业限定为地勘主专业人才，非地质类专业急需人才、技能人才基本被排除在外，人才引进受编制制约影响很大，造成引进毕业生专业素质、能力水平及从事野外工作的性别需求难以保证。二是国有地勘人才激励措施受事业单位制度制约较大，例如，地勘单位领导在下属企业兼职不能兼薪，影响高端复合型人才的积极性；原有的针对地勘单位骨干人才、紧缺人才的补贴、绩效奖金、安家费等激励措施，在全面从严管理背景下大部分被取消，部分地勘单位人才收入减少将近50%，干事创业积极性受到打击。例如，黑龙江有色地勘局曾对取得学历的在职人员报销学费，取得硕士和博士分别给予住房补贴5万元、20万元，对主专业技术骨干按照学历学位、技术职务（已聘用）、技术管理岗位等条件月补贴400～2400元不等，但2011年后由于审计、巡视被叫停，同时不能足额享受野外补贴，在基层地勘单位造成很大反响。三是在现行探矿权采矿权分设和事业单位预算体制下，国有地勘单位人才在市场上实际是以提供劳务为主的“打工者”，地勘单位实际无法按照企业模式实行资本增值保值，导致地质勘查单位差异化、创新性服务不足，人才生存发展50%要靠市场竞争项目，人才培养难以形成稳定支撑、协同创新、协同育人的格局，难以培养高端人才。以青海省为例，青海省地质领域的科技进步奖最高获得者是西部矿业，并非省地勘系统，其原因是西部矿业按照企业模式运作，而地勘局是按照事

业单位运作，难以在科技创新方面有系统性、持续性投入。四是受地勘经济下滑、工作条件艰苦等多因素综合影响，国有地勘单位骨干人才队伍流失比较严重，引才引智难度增大。一些基层地勘单位新引进毕业生流失率达到50%，有的毕业生干两年就走，有的毕业生评完中、高级职称后辞职或调离。例如，青海省地勘局近5年来流失300多人，多数是骨干优秀人才，对地勘单位野外作业能力和竞争力产生极大影响。当前部分国有地勘单位甚至已经沦为民营地勘单位人才培训基地，也导致地勘单位对人才培养的投入产出预期不高，不愿过多投入资金对人才进行培养，担心得不偿失，地勘行业发展与人才队伍建设间出现“恶性循环”问题。

八、适应地勘行业特殊性特征的人才政策支撑不足

地勘行业在工作环境、工作性质、作业条件、职工队伍等方面与其他行业存在较大差别，属于特殊行业，目前不论是国家还是地方政府对地勘行业和地勘人才群体调查研究不够，相关政策没有考虑到地勘行业的特殊性。主要表现为：一是国家有关激励科研人员创新政策在地勘行业落实存在认识和机制障碍，例如国务院2016年印发的《实施〈中华人民共和国促进科技成果转化法〉的若干规定》和中共中央办公厅、国务院办公厅印发的《关于实行以增加知识价值为导向分配政策的若干意见》等均提出提高科研人员科技成果转化收益分享比例和加大作出突出贡献科研人员和创新团队奖励政策要求，然而，各地大多数把地勘项目作为工作项目，并非作为科研项目或科技创新项目看待，有关对科研人员收入分配的利好政策在地勘行业难以落实。“地质调查的本质就是科学研究”早已经被实践证明，从目前找矿重大突破实践来看，大矿的突破都是从最基础的地质工作做起的，野外地质调查凝聚了地质工作者智力和科技创新要素；同时，地勘工作者的重大探矿权成果一旦形成采矿权，所形成的市场收益和政府收益都是非常高的，对在地质找矿中获得重大地质找矿成果和在项目引进工作中作出重要贡献的人员，理应给予重大物质奖励。二是地方政府制定的有关人才政策与地勘行业特殊性不适应。例如，山东省要求全省地勘单位全部参照《山东省工程技术事业单位岗位设置结构比例指导标准》执行，规定管理岗位不超过20%、专业技术岗位不低于70%、工勤人员岗位不超过10%；由于地勘单位工作的特殊性，生产工人在队伍构成中所占比例较大，远远超出一般工程技术事业单位工勤人员的比例，造成局属单位的工勤技

能岗位设置数量严重不足，导致部分工勤人员长期不能聘任到更高层次岗位，工资待遇得不到保障，影响职工工作积极性；再如，青海省国土资源厅委托国土资源部开展地勘高级职称评审工作，但获得的正高级职称在省级层面并不被认可，只能在国土资源系统使用；同时，在条块管理不统一的体制下，国土资源部、人社部批准设立的地勘行业特有工种职业技能鉴定在部分地区不能单独组织考核，造成无法开展技师、高级技师的考评工作。三是地勘人才特有的关心支持政策保障不足。地勘单位适合在春夏秋进行野外地质调查，冬天是进行培训的良好时机，组织长期在艰苦边远地区工作的野外一线骨干地质人才到东部地区进行集中培训，既能对其业务进行提升，也能进行身心修整，对地质人才具有很好的激励效果，但这些培训被地方认为不符合“八项规定”要求而取消；此外，由于长年的野外工作，一些地勘人员心理发生变化，也需要相关文化政策加以引导。

九、土地专业技术人才发展在国家层面缺乏职业引领

进入国家法定职业，也就意味着从业人员享有国家法律规定的职业权利和获得相应劳动报酬的职业利益。随着经济社会发展对国土资源需求的不断扩大，我国土地调查、土地规划、土地评价、土地整治、土地评估、不动产登记、土地登记代理、土地储备、土地经纪等土地相关行业迅速发展，土地行业从业人员将近百万人，特别是一大批相关民营企业快速发展，逐渐成为行业的中坚力量，使得部分土地行业已经达到了国家职业确认的有关标准。然而，作为衡量行业成熟发展标志的《国家职业分类大典》，仅将“土地整治工程技术人员”作为小类纳入其中，其他土地从业人员目前尚未被纳入国家职业体系，造成了土地行业从业人员贡献与职业地位极不匹配的局面。特别是按照深化行政审批制度改革的要求，依据《国家职业分类大典》建立职业资格目录清单管理制度已经成为主要改革方向，未来各行业的职业指导、职业生涯规划、人才招聘、培养标准和课程设置、职业标准、职业资格考核评价均须依据行业职业体系进行；同时，中共中央办公厅 国务院办公厅印发《关于深化职称制度改革的意见》强调，职称制度改革要依据职业分类和职业标准。从现实来看，由于缺乏土地职业标准，社会人员进入土地行业“门槛”无法形成，土地从业人员专业素质参差不齐、繁杂多样，直接造成土地工程项目质量水平层次不一、隐患较多；同时，从社会土地从业人员来看，由于缺乏土地职业引领，难以形成规范有

效的土地专业人才培养和评价体系，土地从业人员对职业发展预期不足，造成土地专业人才队伍不稳定，对土地事业持续发展和科技创新形成制约。

十、国土资源人才规划实施保障不足，效应不充分

目前，在国土资源人才规划组织实施过程中，专门用于人才工作的经费保障普遍不足，多数单位将人才经费纳入职工一般性教育培训、科研项目等工作中统筹使用，国土资源重点人才工程计划缺乏明确的专项资金支持。国土资源人才工作信息化建设滞后，缺乏“互联网＋国土资源人才管理服务”的技术支撑。各地各单位虽然普遍成立了人才工作领导（协调）小组，却缺乏明确的职责和工作规则，人才工作队伍多为兼职，专职队伍偏少。同时，国土资源人才工作者的理论素养、实践经验及能力水平尚不能满足当前工作需要，国土资源人才政策研究和基础研究相对滞后。同时，调查显示，国土资源系统和地勘行业部分人才对国土资源人才规划内容不了解，规划实施在部分单位反响不大；同时，有关“人才发展投入力度加大、人才投资效益不断提高”“人才规模与国土资源事业发展相适应”“人才发展环境不断改善”“人才素质大幅度提高、人才结构进一步优化”等规划实施效应指标评价满意度并不高。这说明，由于规划实施保障不足，国土资源人才规划宣传和实际实施效果与规划预期目标尚存在差距，人才规划的实施效应没有得到充分体现。

推进国土资源人才规划实施的建议

针对国土资源人才规划实施、国土资源人才队伍建设和人才工作存在的问题，根据党的十八大以来党中央和习近平总书记关于人才工作的新理念、新思想、新战略，结合国土资源工作的新定位、新部署和国土资源人才队伍发展的新形势、新特点，从全面贯彻落实《关于深化人才发展体制机制改革的意见》和全国国土资源系统科技创新大会、全国国土资源工作会议精神角度，以实现人才工作与国土资源事业发展深度融合为目标，现对国土资源人才规划实施和人才工作提出以下措施和建议。

一、加大国土资源人才宣传和工程计划统筹实施

继续利用报纸、网络等宣传媒介开展人才强国战略、科学人才观和国土资源人才规划实施宣传工作，注重运用微博、微信、社交网络等新技术手段加强人才舆论引导，着力提高各级领导人才优先发展的战略意识和行动自觉。加大对现有规划实施统筹力度，优先推进重要性高的人才工程和计划，重点推进实施工作缓慢的人才工程计划，着力解决人才工程计划实施不平衡问题，加大差别化实施推进力度。特别是大力实施国土资源高层次创新型科技人才工程，着力打造国土资源高层次创新型人才队伍，吸引造就能够领军“三深一土”新科技领域、把握世界科技大势、研判科技发展方向的战略型科技人才，激励成就醉心科研、善于协作、实干能力强的杰出人才，培养选拔勇于创新、善于新技术开发的高技能人才，重视培养国土资源事业发展急需的能工巧匠。继续支持各部门、各单位结合实际，制订与国家和地方重点人才工程、人才引进计划等相衔接的特色人才工程计划，进一步推进人才优先发展战略全面确立。

二、及时调整完善国土资源人才规划实施任务

根据国土资源人才工作的新形势、新任务，及时调整完善国土资源人才规划实施主要任务：一是全面贯彻落实《深化人才发展体制机制改革的意见》，进一步破除束缚国土资源人才发展思想观念和体制机制的障碍，按照构建科学规范、开放包容、运行高效的国土资源人才发展治理体系目标，

研究制订深化国土资源人才发展体制机制改革方案，重点从优化国土资源人才管理体制、完善国土资源产学研用协同培养人才工作机制、完善国土资源高层次创新型科技人才培养支持方式、加大国土资源青年科技人才培养力度、创新国土资源人才评价机制、完善国土资源职称制度和职业资格、健全国土资源人才顺畅流动机制、完善国土资源人才激励保障机制、大力引进培养国土资源国际化人才、建立国土资源人才优先发展保障机制、加强对国土资源人才工作的领导、加强在国土资源人才团结教育和服务等方面建立具体改革配套政策措施，深化国土资源人才体制机制改革。二是贯彻落实《中共中央关于全面推进依法治国若干重大问题的决定》和《中共国土资源部党组关于全面推进法治国土建设的意见》精神，研究制订《国土资源法治人才培养工程方案》，推进国土资源法治人才队伍建设。三是贯彻落实中共中央办公厅 国务院办公厅《关于加强中国特色新型智库建设的意见》和国土资源部党组《关于建设国土资源新型智库的意见》精神，研究制订《国土资源智库人才培养工程方案》，推进国土资源智库人才队伍建设。四是贯彻落实《不动产登记暂行条例》《国务院关于印发全国国土规划纲要（2016—2030 年）的通知》精神，调整完善《土地科技紧缺人才培养工程方案》，大力推进土地（国土）科技人才队伍建设。

三、深化以人才为核心的地勘人才队伍发展谋划与部署

地质事业本质属性和特殊性决定了人才是推进地勘事业发展的核心和根本，无论地勘单位如何改革，抓住人才就意味着抓住了地勘单位转型发展的主动性。在当前地勘单位深化改革的背景下，建议如下：一是从战略角度加强对地勘单位的改革指导。地勘单位是地勘人才队伍发展的主要依托和载体。由于地质勘查事业具有基础性、战略性、公益性属性，同时具有艰苦性、探索性、连续性、高风险、高投入、长周期性等特征，在当前国有地勘单位普遍存在负担重、经营压力和资金压力大、抗风险能力较弱的情况下，针对各地对地勘单位改革预期普遍不足、观望情绪严重的现实，建议国家加强顶层指导，持续在相关职能定位、人事管理、财政保障、投资决策等分类政策方面给予指导和支持，推进国有地勘单位深化改革，为地勘人才队伍发展提供体制保障。二是建立健全地勘人才队伍发展的差别化支持政策，重点是建议有关部门赋予地勘单位更大的用人自主权和相对灵活的人事管理权限，解决地勘单位急需紧缺实用人才的短缺问题；从国

家层面明确地质工作科技创新的本质属性和全新内涵，建立类似于科研院所科研人员激励机制的地勘行业科研激励机制；建立健全地勘单位绩效工资制度，突出绩效工资向从事艰苦工作、完成急难险重任务、作出特别贡献的群体倾斜；允许各地勘单位在社会项目收益中按适当比例提取教育培训基金，用以支付地勘人才教育培训费用；设立地勘人才发展基金，支持西部地区和边疆地区地勘人才发展，有效解决当前地勘人才发展资金不足的问题。三是全面启动地勘一线人才遴选培养工作。重点围绕“三深一土”国土资源科技创新战略和地质找矿突破战略任务，面向地质勘查行业分区域、分专业、分层次建立地勘人才专家库，分层遴选地勘一线杰出青年人才、领军人才和杰出团队，建立地质勘查大师制度；加快推动注册地质师制度，建立与市场经济相适应、与国外地质师制度相衔接的地质人才职业资格制度体系；建立地勘一线紧缺人才联合培养平台，大力推进地勘人才培训工作。

四、全面推进土地职业体系建设

抓住当前国家职业分类大典推广应用与调整优化的机遇，借鉴国内外职业建设的经验，大力推进土地职业体系建设。一是加快推进土地整治工程技术人员职业能力标准建设工作，制定核心能力标准、行业通用能力标准和特定能力标准，建立土地整治工程技术人员职业能力标准应用体系。二是积极推动土地调查监测、土地评价、不动产登记、土地规划等从业活动纳入国家职业分类体系工作，研究制订职业能力模型，构建科学的土地职业分类体系。三是积极构建土地职业教育服务体系，联合有关高校和科研院所、有关实践基地等培养载体，建设土地从业人员教育培训网络化服务平台，畅通土地行业继续教育与专业学位教育衔接机制，开发土地职业教育培训在线系统，建立土地职业教育培训师资库，开发土地职业培训教程。四是全面推进土地行业职称制度改革，积极探索土地类工程师纳入国家职业资格体系方法，为土地行业从业人员提供职业晋升的双通道。

五、建立健全国土资源人才供需宏观调控机制

把加强国土资源人才供需调控作为履行行业人才宏观管理的重要职责。一是组织有关高校、职业院校和国土资源行业领域用人单位编制年度国土资源人才供需与专业分析报告，及时分析年度国土资源人才供需的宏观环境、供需规模和质量、专业布局和调整情况，引导高校国土资源学科专业、

类型、层次和区域布局与国土资源事业发展相协调。二是加大国土资源系统和地勘行业各单位与有关高校和职业院校在国土资源科技创新、业务推进、学科发展与人才培养方面的协同创新力度，建立健全产学研协同培养人才的平台和机制，加强国土资源人才的创新意识和创新能力培养。

六、大力推进国土资源人才信息化建设

按照“互联网＋国土资源人才管理服务”的部署思路，加快推进以“一库四功能服务系统”为核心的国土资源人才数据库信息系统建设，全面推进国土资源人才数据库管理服务系统和职称评定管理信息系统开发工作，加快完成“国土资源科技人才评价管理系统”“国土资源党政人才素质测评系统”“国土资源人才规划实施监测系统”“国土资源人才在线培训系统”等功能模块的开发工作，并依托“国土资源云”进行统一部署与应用，实现国土资源系统、地勘行业各单位及共建高校、相关职业院校等人才数据纵向互联互通，实现国土资源人才数据与国土资源业务数据相互协同，实现国土资源人才数据库的动态管理和开发运用，建成全国唯一权威的国土资源人才网和国土资源人才云中心，积极为社会提供国土资源人才公共服务。

七、加大国土资源人才工作保障力度

按照党管人才原则，建立健全国土资源人才工作保障措施。一是进一步构建国土资源部党组对人才工作发挥统一领导作用、省级国土资源主管部门和地勘单位党组（党委）发挥核心领导作用、各用人育人单位发挥主体作用的管理工作格局，充分吸纳有关行业协会、学会、高校和中介机构等力量参与国土资源人才工作。二是进一步完善国土资源人才工作科学决策机制、分工协作机制、沟通交流机制、督促落实机制，形成组织健全、职责明确、协调高效、措施到位、协同推进的规划实施组织机制。三是加快建立国土资源人才工作目标责任制，将人才工作列为落实党建工作责任制情况述职的重要内容。四是联合有关共建高校、职业院校、国土资源部系统相关事业单位、地勘单位和地方国土资源管理部门，共建国土资源人才战略研究院，建立国土资源人才研究智库体系，培育国土资源人才研究力量，提升国土资源人才研究水平，推出高水平的人才研究成果。五是积极向国家财政和地方各级财政争取财政专项经费，探索建立国土资源人才开发基金，引导企业和社会资金对国土资源人才资本进行多元化投资。

队伍发展篇

受国际金融危机冲击，2009年以来的世界经济始终在深度调整中曲折复苏、增长乏力。2016年，世界经济依然在金融动荡、政局变换中低速增长，世界经济呈现复苏趋势。受全球经济形势变化影响，2016年全球矿业形势从年初萎缩萧条到第四季度矿产品价格强劲上扬，矿业形势呈现复苏态势，但增长乏力。从我国矿业形势来看，我国矿业固定资产投资连续三年下降，矿产资源地质勘查投入已经连续四年下降，矿业持续稳定增长的动力不足，促进矿业复苏成为一项长期艰巨的任务。但从长远来看，我国经济社会发展对矿产资源的刚性需求仍将保持在高位，在不断推进地质工作转型发展的同时，要求不断优化矿业固定资产和地质勘查投资的结构，继续保持对重要的战略性矿产的投入，确保国家资源安全和经济安全。与此同时，随着生态文明建设的不断推进，国土资源工作将牢固树立和贯彻落实新发展理念，坚持稳中求进的工作总基调，以供给侧结构性改革为主线，坚持尽职尽责保护国土资源、节约集约利用国土资源、尽心尽力维护群众权益，不断推进重点领域改革，加快科技创新，强化法治国土建设，不断推动国土资源治理体系和治理能力现代化建设。

实践证明，“十三五”时期国土资源各项工作任务能否落到实处，关键在人，关键在人才。本部分重点介绍了“十二五”时期我国国土资源系统和地勘行业人力资源发展成效。

全国国土资源系统人力资源发展状况

国土资源系统人力资源包括国土资源部机关、国家土地督察机构、省级及以下各级国土资源主管部门及所属单位、新疆生产建设兵团国土资源局、中国地质调查局及国土资源部其他直属单位。

一、“十二五”期间国土资源系统人员编制稳步增加，年末实有人数趋于稳定

2015 年全国国土资源系统机构数量 49268 个，人员编制 410755 人，年末实有人数 426911 人。

从“十二五”期间国土资源系统行政机关、事业单位、国土资源所三类机构的变化来看，五年内机构数均有不同程度的变化。2015 年行政机关数量与 2011 年相比，同比增长 3.7%，期中 2013 年数量为最小值 3150 个，但总体呈现增加趋势；2015 年事业单位共有 20396 个，与 2011 年相比，同比增加 1.28%，期中在 2012 年数量为最小值 19612 个，随后有所增加。而 2015 年与 2011 年相比，国土资源所总数减少 303 所，同比减少 1.18%，其中 2011—2012 年减少 236 个，2013—2014 年增加 270 个，2015 年又减少 337 个，呈波动变化。

“十二五”期间，全国国土资源系统编制数稳定增加，从 2011 年的 394377 个增加到 2015 年的 410755 个，同比增长 4.2%，增加趋势明显，特别是 2013 年编制数显著增加；与此同时，年末实有人数在五年中持续缓慢下降，人员数量基本保持稳定在 42.5 万左右。2011 年，国土资源系统实有人数远远超过编制数，差额为 38950，但在 2015 年实有人数与编制数差距在数值上已经缩小为 16156，人员聘用和编制设置科学性稳定提高。具体如图 3 – 1 所示。

从不同类型机构编制数变化来看。“十二五”期间不同类型机构增加幅度不同，事业单位编制数最多，行政机关编制数最少，国土资源所编制减少。2011 年，国土资源系统中，行政机关编制数为 57526 个，事业单位编制数为 214993 个，国土资源所编制数为 121858 个；到 2015 年，行政机关编制数增长到 58381 个，同比增长 1.49%；事业单位编制数增长到 231188 个，同比增

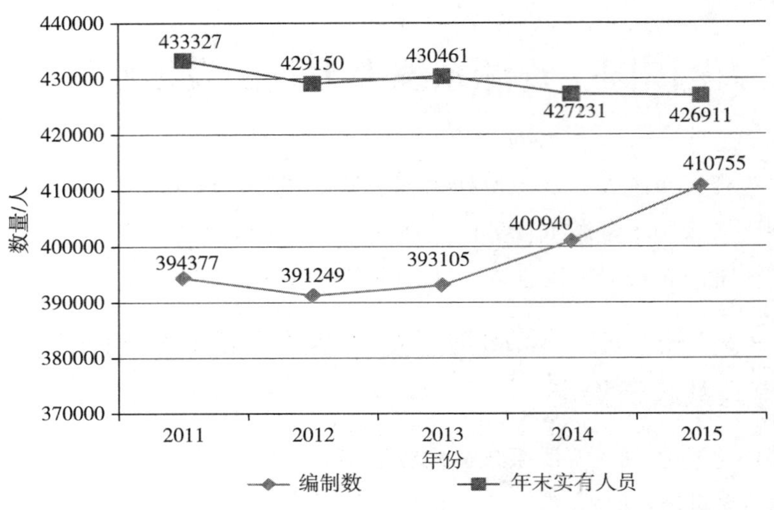

图 3－1　2011—2015 年全国国土资源系统人员和编制变化情况

长 7.53%；国土资源所编制数减少到 121186，同比减少 0.55%。

从不同类型机构实有人数变化来看。“十二五”期间行政机关和国土资源所年末实有人数逐年递减，而事业单位人数逐年递增。2011—2015 年行政机关年末实有人数总计减少 6281 人，同比减少 8.23%；2011—2015 年国土资源所年末实有人数总计减少 5328 人，同比减少 4.2%；2011—2015 年事业单位年末实有人数总计增加 5193 人，同比增加 2.3%。

二、“十二五”期间全国国土资源系统人员队伍学历素质稳步提高，高学历人数占比持续增加，但专业结构需要进一步完善

2015 年，国土资源系统人员中研究生学历人员 19736 人，占比为 5.43%，同比 2014 年末增加了 0.50%；大学本科学历人员 155720 人，占比为 42.88%，同比 2014 年末增加了 1.58%；大学专科学历人员 129256 人，占比为 35.59%，同比 2014 年末减少了 1.19%；中专及以下学历人员 58437 人，占比为 16.09%，同比 2014 年末减少了 0.91%。具体见图 3－2。

“十二五”期间国土资源系统人力资源总体以大学本科和专科两类学历为主，同时，本科人数呈现逐年增加的趋势，专科人数呈现递减的趋势，人员学历结构趋向优化。2011 年，国土资源系统博士人数共计 1747 人，硕士人数共计 8041 人；2015 年，博士人数增长为 2454 人，硕士人数增长为

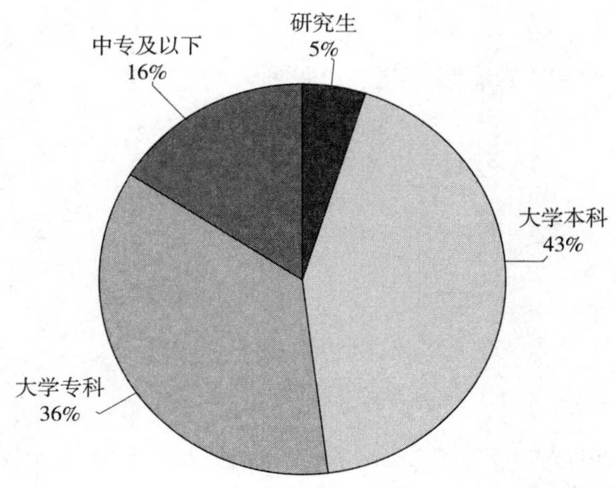

图 3 - 2　2015 年国土资源系统人力资源学历结构情况

13449 人，比 2011 年分别增加 707 人和 5048 人，硕博士占年末实有人数的比例从 2.69% 增加至 4.38%。具体学历结构如图 3 - 3 所示。

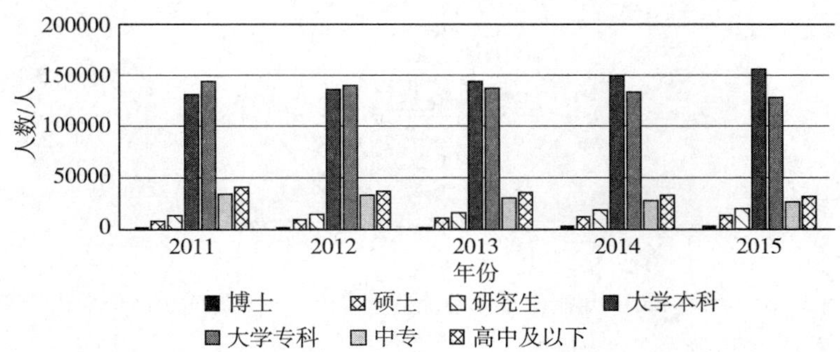

图 3 - 3　2011—2015 年国土资源系统人力资源学历结构变化情况

分部门来看，国土资源行政机关人员本科学历人数大于专科学历人数，且本科学历人数逐年递增，专科学历人数逐年递减，本科人数递增的程度明显小于专科学历人数递减的程度，具体情况如图 3 - 4 所示。

而国土资源事业单位却表现为专科学历人数递减的程度远小于本科学历人数递增的程度，具体情况如图 3 - 5 所示。

国土资源所人员学历结构与前两者明显不同，其专科学历人数远大于本科学历人数，并且高中及以下学历人数占比远大于行政和事业机构。总体来说，国土资源所的人员学历层次普遍要低于国土资源行政机构和国土资源事业单位，具体情况如图 3 - 6 所示。

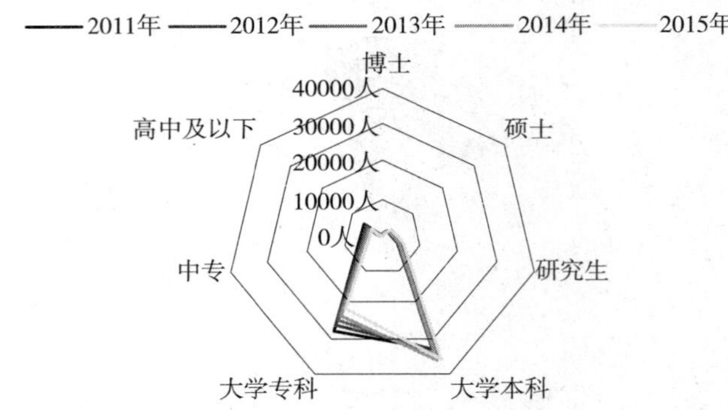

图 3－4　2011—2015 年国土资源系统行政机关人力资源学历结构变化情况

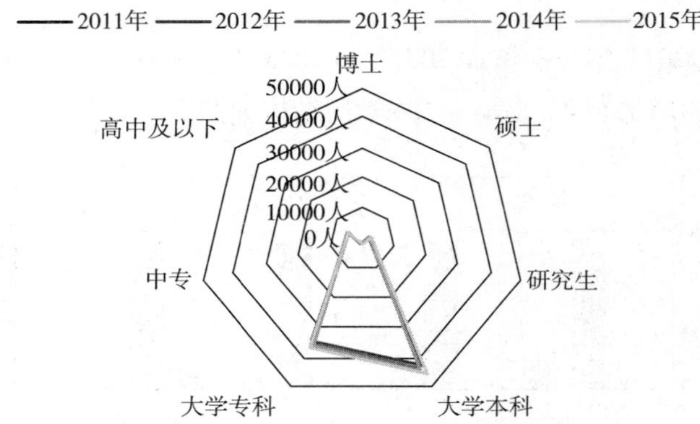

图 3－5　2011—2015 年国土资源系统事业单位人力资源学历结构变化情况

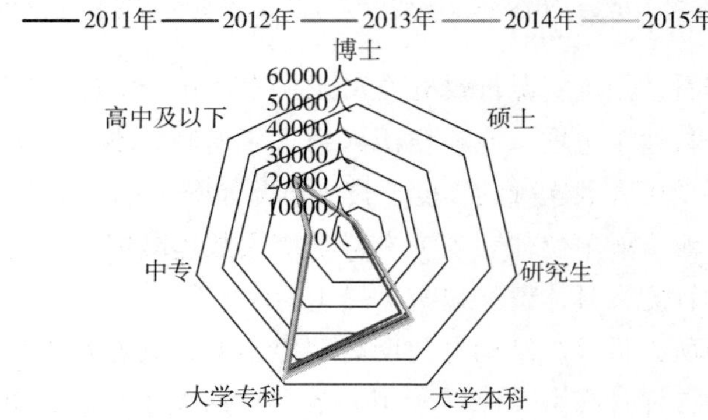

图 3－6　2011—2015 年全国国土资源所人力资源学历结构变化情况

三、现有国土资源系统人员队伍年龄结构以中青年为主，年龄结构呈“橄榄形”，35 岁以下年轻人数占比不断减少

2015 年，省级及以下国土资源系统中 35 岁以下人员 95433 人，占比为 26.28%，36 ~ 50 岁人员 207335 人，占比为 57.09%，51 岁以上人员 60382 人，占比为 16.63%，国土资源系统老中青人员比例为 1.00 : 3.43 : 1.58，年龄结构呈现为“橄榄形”。分析“十二五”时期国土资源系统人力资源年龄变化情况，35 岁以下的总人数呈现逐年递减的现象，36 ~ 50 岁中年人占比逐渐增加，51 岁以上的人数占比增长明显。如图 3 – 7 所示。具体到各年龄段人员变化情况如图 3 – 8 所示，36 ~ 40 岁的人数有下降的趋势，而 40 ~ 45 岁年龄段的人数五年间显著增加，51 ~ 54 岁的人群在五年间显著增加。这表明，整个国土资源系统干部呈现年轻后备人才接续不足、骨干队伍老龄化趋势并存的局面，这就要求既要发挥好老同志传帮带作用，也要为整个系统人员的持续发展做好准备，引入新鲜血液。

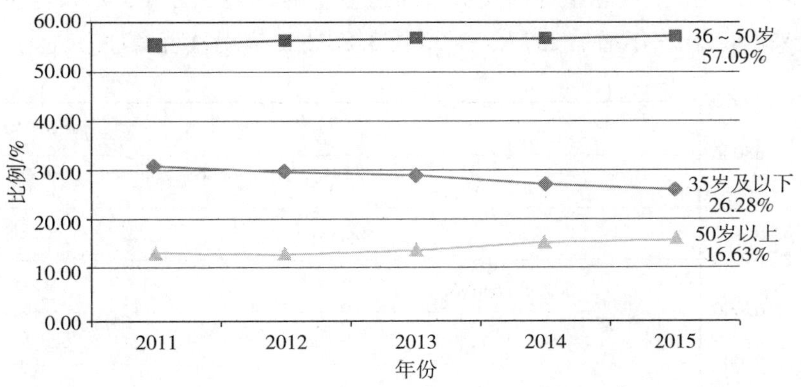

图 3 – 7　“十二五”期间国土资源系统各年龄段人数占比例变化情况

四、国土资源系统专业技术人员增加明显，但高级人才主要集中在部省两级

2015 年，全国国土资源事业单位实有人员 230116 人。其中，管理人员 97313 人，专业技术人员 69040 人，工勤人员 63763 人。2015 年，全国国土资源系统有高级职称人员 12859 人，中级职称人员 35468 人，初级职称人员 45079 人；其中，部省两级高级职称人员共 7928 人，占全国国土资源高

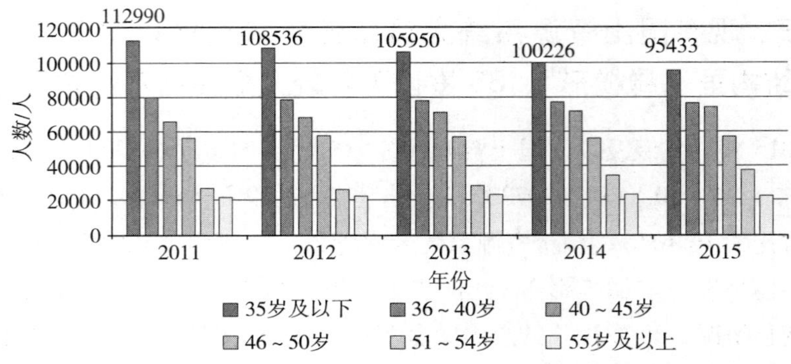

图3-8　“十二五”期间国土资源系统各年龄段人员结构变化情况

级职称人员总数的61.65%，国土资源系统高级专业技术人才主要集中在部省两级，基层部门专业技术人才匮乏。

“十二五”期间国土资源系统事业单位专业技术人员配置显著增加。根据图3-9，2011—2015年专业技术人员五年间共计增长6896人，增长了11.09%，是国土资源系统内人员增加最显著的一类。另外，从每年的增长情况来看，2015年增加2577人，增长3.88%，呈现显著增加态势。

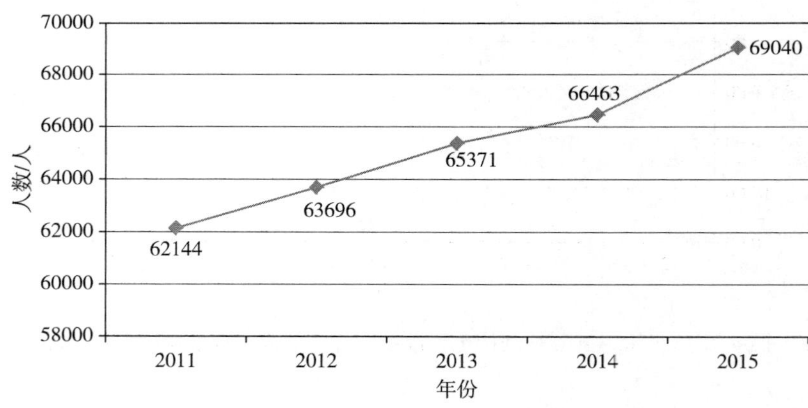

图3-9　2011—2015年国土资源系统事业单位专业技术人员年变化情况

“十二五”期间国土资源系统事业单位管理人员稳定增加。从图3-10来看，国土资源系统管理人员年末实有人数在五年间增加了3800人，同比增加4.06%，总体增加趋势明显；其中2012—2013年、2014—2015年这两个时间段增加的人数更多，分别为1416人、1521人。

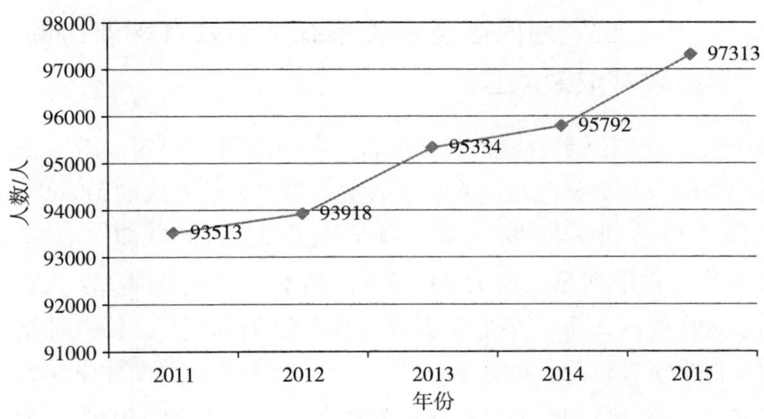

图 3－10　2011—2015 年国土资源系统事业单位管理人员变化情况

五、“十二五”期间省以下国土资源主管部门人员流动趋于加快，国土资源干部内外交流逐渐频繁

2015 年，省级及以下国土资源主管部门流入人员 8210 人，流出人员 7274 人，其中，省级国土资源主管部门流入人员 358 人，流出人员 337 人；市级国土资源主管部门流入人员 1805 人，流出人员 1308 人；县级国土资源主管部门流入人员 6407 人，流出人员 5629 人。从流动途径构成看，人员流入以应届高等院校毕业生招聘、外系统调入为主；人员流出以退休和调到外系统为主；同时，从 2014 年起辞职人数有所增加。从 2011—2015 年来看，各级国土资源主管部门系统内外干部交流数量总体呈现逐年增多趋势。具体见图 3－11。

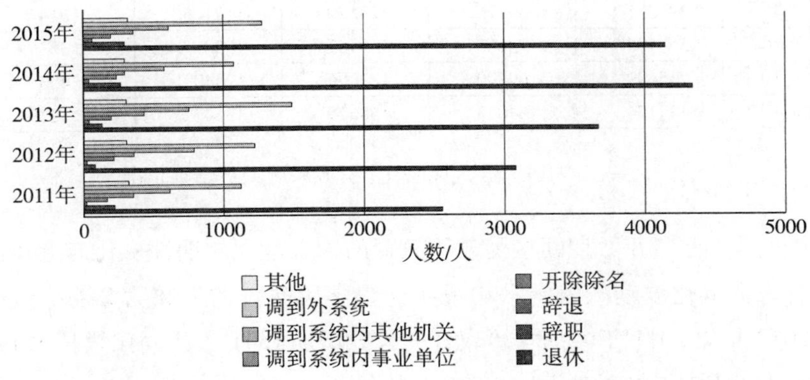

图 3－11　2011—2015 年国土资源系统主管部门人员增减情况

六、“十二五”期间国土资源系统干部教育培训结构进一步优化，学历教育成效明显

2015 年，全国国土资源系统干部参加各类培训 344174 人次。其中，党校、行政学院及干部学院培训 64023 人次，占培训总人次的 18.60%；国土资源培训机构培训 148679 人次，占培训总人次的 43.20%；其他培训 131472 人次，占培训总人次的 38.20%，其中，国外培训 327 人次，占其他培训总人次的 0.25%。参加学历教育总人数 21745 人，其中研究生 1760 人，占参加学历教育总人数的 8.09%，博士 254 人，占参加学历教育总人数的 1.17%，硕士 1506 人，占参加学历教育总人数的 6.93%；大学本科 11507 人，占参加学历教育总人数的 52.92%；大学专科 8478 人，占参加学历教育总人数的 38.99%。2015 年 1093 人获得学位，其中，获得博士学位的 33 人，获得硕士学位的 397 人，获得学士学位的 663 人。“十二五”期间国土资源系统人力资源培训情况如图 3－12 所示。

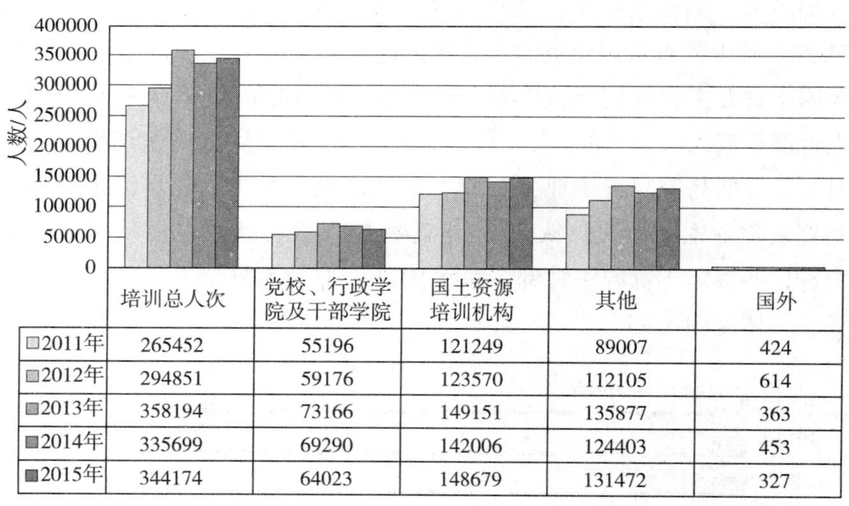

	培训总人次	党校、行政学院及干部学院	国土资源培训机构	其他	国外
2011年	265452	55196	121249	89007	424
2012年	294851	59176	123570	112105	614
2013年	358194	73166	149151	135877	363
2014年	335699	69290	142006	124403	453
2015年	344174	64023	148679	131472	327

图 3－12　“十二五”期间国土资源系统人员培训情况

同时，“十二五”期间接受学历教育的人数呈现周期性变化。五年间学历教育人数变化波动较大，平均每年获得学历教育的人数为 21467 人；其中，2012 年比 2011 年参加学历教育的人数增加 1341 人，同比增长 6.17%；2013 年比 2012 年参加学历教育的人数减少 3226 人，同比减少 13.98%；2013—2015 年两年人数持续增长，但增长趋势放缓，两年共计增加 1903

人，同比增加 9.59%；2015 年参加学历教育的人数与 2011 年基本持平。同时，五年间每年获得学位的人数总体呈现递增的趋势，但 2013 年后呈缓慢增长态势，这与在职学历教育从严管理有关。从学位构成来看，每年获得学士学位的人数最多，且数量在不断增加，2011 年获得学士学位的人数为 425 人，2015 年获得学士学位的人数增长到 663 人，增加 238 人，同比增长 56.00%；而获得博士学位的人数却在逐年递减，2011 年为 68 人，2015 年为 33 人，减少 35 人，同比减少 51.47%。

七、国土资源党政领导人才总量总体增加，系统内外交流比例不断优化

2015 年，国土资源部所属单位和省级及以下国土资源主管部门党政领导人才年末实有人数 18250 人，其中女性 1850 人；期中，党政主要领导 4049 人，占比为 22.19%；班子其他成员 14201 人，占比为 77.81%。省级及以下国土资源主管部门党政领导人才增加 1793 人，减少 1510 人；省级国土资源主管部门党政领导人才增加 46 人，减少 53 人；市级国土资源主管部门党政领导人才增加 341 人，减少 307 人；县级国土资源主管部门党政领导人才增加 1406 人，减少 1150 人；各个层级基本表现为党政人才净增加。从 2011—2015 年变化来看，尤其是 2011 年、2012 年、2013 年这三年增加的人数显著大于减少的人数，其增加人数分别为减少人数的 1.76、1.80、1.72 倍。同时，从党政人才产生的方式来看，总体以国土资源系统内部产生为主，但比例在降低，领导干部内外交流力度不断加大。例如，2011 年国土资源系统内部产生党政人才人数是外部产生人数的 2.61 倍，2012 年为 2.90 倍，但 2015 年为 1.70 倍。具体见图 3－13。

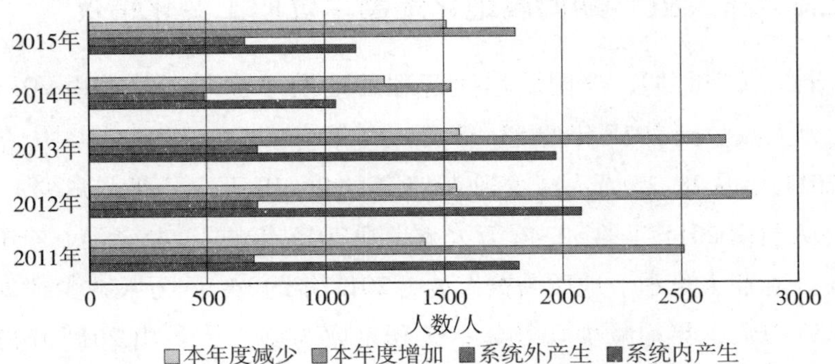

图 3－13　“十二五”期间国土资源系统党政人才变化情况

全国地勘行业人力资源发展状况

本部分所指地勘行业人力资源主要指全国从事非油气地质勘查工作的属地化管理的地勘单位、中央管理的地勘单位和其他地勘单位的职工。

一、“十二五”期间地勘行业人力资源发展总体特征

“十二五”时期，全国地勘单位职工总数由2011年的103.89万人减少到2015年的88.58万人，年均减少3.91%。其中，在职人员由2011年的59.93万人减少到2015年的48.03万人，年均减少5.38%。离退休人员由2011年的43.96万人减少到2015年的40.55万人，年均减少2.00%。在职人员中，地质勘查人员由2011年的24.54万人减少到2015年的23.85万人，年均减少0.72%；工程勘察与施工人员由2011年的7.86万人减少到2015年的7.63万人，年均减少0.71%；矿业开发人员由2011年的4.10万人减少到2015年的2.25万人，年均减少11.43%；其他人员由2011年的23.43万人减少到2015年的14.03万人，年均减少12.04%。地质勘查人员中，技术人员由2011年的16.39万人增加到2015年的16.85万人，年均增长0.69%。高级技术人员由2011年的4.39万人增加到2015年的5.30万人，年均增加4.79%；中级技术人员由2011年的6.77万人增加到2015年的8.32万人，年均增加5.28%。

二、“十二五”期间属地化地勘单位职工变化情况

“十二五”时期，全国属地化管理的地勘单位职工总数由2011年的58.71万人减少到2015年的55.55万人，年均减少1.37%。其中，在职人员由2011年的28.25万人减少到2015年的26.10万人，年均减少1.96%。离退休人员由2011年的30.46万人减少到2015年的29.45万人，年均减少0.84%。在职人员中，地质勘查人员由2011年的14.96万人减少到2015年的14.55万人，年均减少0.70%；工程勘察与施工人员由2011年的4.22万人减少到2015年的4.08万人，年均减少0.84%；矿业开发人员由2011年的0.72万人增加到2015年的0.75万人，年均增加1.37%；其他人员由

2011 年的8.35 万人减少到2015 年的6.72 万人，年均减少5.30%。在地质勘查人员中，技术人员由2011 年的10.06 万人增加到2015 年的10.33 万人，年均增长0.65%；高级技术人员由2011 年的2.42 万人增加到2015 年的2.99 万人，年均增加5.38%；中级技术人员由2011 年的4.04 万人增加到2015 年的4.99 万人，年均增加5.38%。

三、“十二五”期间中央管理的地勘单位职工变化情况

“十二五”时期，全国属中央管理的地勘单位职工总数由2011 年的11.82 万人减少到2015 年的11.51 万人，年均减少0.66%。其中，在职人员由2011 年的6.30 万人减少到2015 年的6.25 万人，年均减少0.20%。离退休人员由2011 年的5.52 万人减少到2015 年的5.26 万人，年均减少1.20%。在职人员中，地质勘查人员由2011 年的3.45 万人增加到2015 年的3.76 万人，年均增加2.18%；工程勘察与施工人员由2011 年的0.73 万人增加到2015 年的0.80 万人，年均增加2.46%；矿业开发人员由2011 年的0.07 万人增加到2015 年的0.11 万人，年均增加10.14%；其他人员由2011 年的2.05 万人减少到2015 年的1.58 万人，年均减少6.19%。地质勘查人员中，技术人员由2011 年的2.15 万人增加到2015 年的2.53 万人，年均增长4.24%；高级技术人员由2011 年的0.61 万人增加到2015 年的0.87 万人，年均增加9.09%；中级技术人员由2011 年的0.76 万人增加到2015 年的1.18 万人，年均增加11.62%。

四、“十二五”期间其他地勘单位职工变化情况

“十二五”时期，其他地勘单位职工总数由2011 年的33.36 万人减少到2015 年的21.52 万人，年均减少10.39%。其中，在职人员由2011 年的25.38 万人减少到2015 年的11.68 万人，年均减少11.35%。离退休人员由2011 年的7.98 万人减少到2015 年的5.84 万人，年均减少7.52%。在职人员中，地质勘查人员由2011 年的6.13 万人减少到2015 年的5.54 万人，年均减少2.50%；工程勘察与施工人员由2011 年的2.91 万人减少到2015 年的2.75 万人，年均减少1.36%；矿业开发人员由2011 年的3.31 万人减少到2015 年的1.66 万人，年均减少15.85%；其他人员由2011 年的13.03 万人减少到2015 年的5.73 万人，年均减少18.59%。地质勘查人员中，技

术人员由 2011 年的 4. 18 万人减少到 2015 年的 3. 98 万人，年均减少 1. 21%；高级技术人员由 2011 年的 1. 36 万人增加到 2015 年的 1. 44 万人，年均增加 1. 48%；中级技术人员由 2011 年的 1. 97 万人增加到 2015 年的 2. 15 万人，年均增加 2. 25%。

理论研究篇

加强国土资源人才工作理论研究，有助于帮助我们科学认识和把握国土资源人才队伍建设和人才工作发展规律，有助于进一步改进和创新当前人才工作，为国土资源事业发展提供重要人才保障。近年来，国土资源部人力资源开发中心联合相关研究力量，针对国土资源人才工作的重点、难点和热点问题持续深入开展研究，形成了多项研究成果。本篇重点选择《土地行业从业人员职业发展路径研究》等九项成果进行介绍，以期为国土资源人才工作提供决策参考。

- 土地行业从业人员职业发展路径研究
- 地方国土资源党政领导人才能力素质标准与应用研究
- 国土资源科技人才胜任力模型构建研究
- 国土资源系统干部能力建设研究
- 国土资源部职称评审制度改革研究
- 境外地质调查单位人才国际化培养研究
- 公益二类地勘事业单位改革体制机制研究
- 国土资源绩效管理指标体系建构路径与优化研究
- 国土资源人才数据库信息系统设计与实现研究

报告一　土地行业从业人员职业发展路径研究

杜新波　宋家宁　周　伟　胡　璇

摘要：2015 年“土地整治工程技术人员”作为职业小类被纳入国家《职业分类大典》，成为土地行业发展的大事。然而，与我国土地事业在社会经济发展中的地位相比，我国土地职业体系建设明显滞后，大部分土地专业并没有被纳入国家《职业分类大典》。为尽快扭转这种局面，2016 年，国土资源人才工作协调小组办公室把推进土地职业体系建设纳入国土资源重点人才工作布局，并委托中国地质大学（北京）土地科学技术学院开展了相关课题研究。本文重点从土地从业人员职业发展背景、相关行业职业比较方面进行了系统分析，并提出了我国土地职业发展的总体思路和目标任务。

2015 年“土地整治工程技术人员”作为小类被纳入国家《职业分类大典》，实现了土地行业职业的“零突破”。《关于做好〈中华人民共和国职业分类大典（2015 年版）〉应用工作的通知》（人社部发〔2016〕18 号）要求各地、各部门要做好《职业分类大典》的宣传、推广和应用工作，要求以《职业分类大典》确定的职业分类为基础，开展就业人口结构变化和劳动力供求状况研究分析、合理设置职业教育培训专业、制定培养标准和课程规范、建立专业教学标准和职业标准联动开发机制、依据《职业分类大典》制定并分批向社会发布国家职业资格目录、规范开展职业资格考核评价工作等。与此同时，我国土地行业除土地整治工程技术人员（约 30 万人）外，从事土地调查、土地规划、土地评价、土地整治、土地评估、不动产登记、土地登记代理、土地储备等的从业人员超过 70 万人，仅“土地整治工程技术人员”进入国家职业体系，显然与土地行业从业人员的贡献和职业地位严重不相称，也对土地从业人员的职业发展和土地事业持续长远发展形成制约。因此，当前应抓住“土地整治工程技术人员”入选国家《职业分类大典》的契机，将全面推进土地从业人员职业发展作为当前国土资源人才队伍建设的一项重要任务和抓手。

一、我国土地从业人员职业发展背景

所谓职业，一般指从业人员为获取主要生活来源，利用专门知识和技能，为社会创造物质财富和精神财富时所从事的社会性工作的类属。纳入国家法定职业，也就意味着从业人员享有国家法律规定的职业权利和获得相应劳动报酬的职业利益。

对职业进行科学分类是经济社会发展的客观需要，也是人力资源管理和开发的基础性工作。《中华人民共和国劳动法》规定："国家确定职业分类，对规定的职业制定职业技能标准，实行职业资格证书制度"。当前，我国职业分类突出以工作性质相似性为主、辅以技能水平相似性作为基本原则，运用一定的科学手段对社会职业进行系统划分与科学归类。2015 年新版《职业分类大典》将我国职业分为 8 个大类，66 个中类，413 个小类，1838 个细类（职业）。其中，专业技术人员属于第二大类，着重依据工作领域、工作技术、工作对象、工作任务的相似性等原则进行职业划分，突出了专业性和专门性，其技能水平等级被界定为 3 ~ 4，与国家机关、党群组织、企业、事业单位负责人技能水平（第一大类）处于同一档次，而其他职业大类技能水平基本都在 1 ~ 2 级。从实践来看，职业的形成包括职业伦理建设、职业规范建立、职业标准健全、教育培训完善、职业准入规范、职业社团发展、社会地位和职业声望形成等多个方面和环节，同时，职业的发展具有一定周期性和动态性。

要推进我国土地行业从业人员的职业发展，必须要"观大势、谋全局"，方能抓住"本行"之要。在这里，重点对我国专业技术人员职业发展制度运行和改革背景进行分析，同时比较借鉴国外专业技术人员发展路径，从中寻找构建适合中国特色的土地从业人员职业发展的关键支撑。

（一）我国专业技术人员职业发展与改革情况

我国专业技术人才职业发展主要与我国职称制度改革相伴而行。中华人民共和国成立以来，我国职称制度改革完善大体经历了技术职务任命制、专业技术职务聘任制、专业技术职务聘任制与职业资格证书制度双轨并行的三个历史时期，不断形成了我国专业技术人才职业发展的两个路径：职称制度发展职业路径和职业资格发展路径。

1. 职称制度发展与改革情况

国内外对"职称"的通常定义为："区别专业技术或学术水平的等级称号"，是授予专业技术人员水平、能力及成就等级的"衔"或"称号"，是反映专业技术人员学术、技术水平、工作能力及工作成就的标志。理论上的“职称”具有如下特征：①评定与岗位、职责无关，不与工资待遇挂钩；②没有数额限制；③一旦拥有，终身享用；④相同的职称，评定的标准相同；⑤与人员使用无关。实际上，职称制度作为我国专业技术人才评价和管理的基本制度，既承担评价功能，同时承载岗位聘用、薪酬福利功能。当前我国职称制度运行的通常做法是：企事业单位在上级主管部门核定的专业技术职务结构比例范围内，结合本单位专业技术工作需要，设置专业技术岗位；专业技术人员通过评审委员会评审取得专业技术职务任职资格；企事业单位在获得任职资格的人员中聘任；聘任职务有任期，在任期内履行职责，并享受相应的职务工资待遇。目前，我国已经建立了包括工程、卫生、农业、经济、会计、统计、翻译、新闻出版广电、艺术、教师、科学研究等29个职称系列，总体上涵盖主要从业专业技术人员。

为适应我国新时期专业技术人才职业发展需要，推进专业技术人才队伍发展，针对近年职称评定中存在的问题，2017年1月，中共中央办公室、国务院办公室印发《关于深化职称制度改革的意见》（本文以下简称《意见》），既为新时期专业技术人才职业发展描绘了新的蓝图，同时体现了国际上通行的专业技术人才专业化、国际化发展制度惯例。特别是《意见》多次明确提到“职业”，充分体现了职业分类、职业标准、职业发展等在专业技术人才队伍建设中的基础性作用，有关内容具体表述如下：

——《意见》在“指导思想”中明确提出“遵循人才成长规律，把握职业特点，以职业分类为基础，以科学评价为核心，以促进人才开发使用为目的，建立科学化、规范化、社会化的职称制度，为客观科学公正评价专业技术人才提供制度保障”。

——《意见》在“健全职称制度体系”中提出“取消个别不适应经济社会发展的职称系列，整合职业属性相近的职称系列。适应经济社会发展新需求，探索在新兴职业领域增设职称系列”“目前未设置正高级职称的职称系列均设置到正高级，以拓展专业技术人才职业发展空间”“促进职称制度与职业资格制度有效衔接。以职业分类为基础，统筹研究规划职称制度和职业资格制度框架。在职称与职业资格密切相关的职业领域建立职称与职业资格对应关系，专业技术人才取得职业资格即可认定其具备相应系列和层级的职称，并可作为申报高一级职称的条件”。

——《意见》在“完善职称评价标准”中提出“坚持把品德放在专业技术人才评价的首位，重点考察专业技术人才的职业道德。用人单位通过个人述职、考核测评、民意调查等方式全面考察专业技术人才的职业操守和从业行为”“以职业属性和岗位需求为基础，分系列修订职称评价标准，实行国家标准、地区标准和单位标准相结合，注重考察专业技术人才的专业性、技术性、实践性、创造性，突出对创新能力的评价”“注重考核专业技术人才履行岗位职责的工作绩效、创新成果，增加技术创新、专利、成果转化、技术推广、标准制定、决策咨询、公共服务等评价指标的权重”。

——《意见》在“创新职称评价机制”中提出“建立以同行专家评审为基础的业内评价机制，注重引入市场评价和社会评价；采用考试、评审、考评结合、考核认定、个人述职、面试答辩、实践操作、业绩展示等多种评价方式，提高职称评价的针对性和科学性”“进一步打破户籍、地域、身份、档案、人事关系等制约，创造便利条件，畅通非公有制经济组织、社会组织、自由职业专业技术人才职称申报渠道”“打通高技能人才与工程技术人才职业发展通道，符合条件的高技能人才，可参加工程系列专业技术人才职称评审”“建立完善个人自主申报、业内公正评价、单位择优使用、政府指导监督的社会化评审机制”“加强评价能力建设”。

——《意见》在“促进职称评价与人才培养使用相结合”中提出“紧密结合专业技术领域人才需求和职业标准，在工程、卫生、经济、会计、统计、审计、教育、翻译、新闻出版广电等专业领域，逐步建立与职称制度相衔接的专业学位研究生培养制度，加快培育重点行业、重要领域专业技术人才”“推进职称评审与专业技术人才继续教育制度相衔接，加快专业技术人才知识更新”“用人单位结合用人需求，根据职称评价结果合理使用专业技术人才，实现职称评价结果与各类专业技术人才聘用、考核、晋升等用人制度的衔接”。

——《意见》在“改进职称管理服务方式”中提出“健全专业化的考试评价机构，建立职称评审考试信息化管理系统，开展职称证书查询验证服务。选择应用性、实践性、社会通用性强的职称系列，依托京津冀协同发展等国家战略，积极探索跨区域职称互认。在条件成熟的领域探索专业技术人才评价结果的国际互认”。

2. 职业资格发展与改革情况

职业资格制度是在我国社会主义市场经济条件下酝酿产生的评价人才的一项科学的重要的制度。根据党的十四届三中全会提出的“实行学历文凭和职业资格两种证书制度”的要求，我国从1994年开始建立职业资格证书制度。国家优先选择部分职业实行准入控制和统一管理，遵循的原则是以对人们安全影响较大、利益冲突较明显、专业技术含量要求较高的职业为主。我国职业资格包括执业资格（准入类）和从业资格（水平评价类）两类。其中，执业资格是指政府对某些责任较大、社会通用性强、关系公共利益的专业（工种）实行准入控制，是依法独立开展或从事某一特定专业（工种）学识、技术和能力的必备标准，具有行政许可性质，通常由国家依据有关法律、行政法规或国务院决定设置；从业资格是对从事社会通用性强、专业性强、技能要求高的职业（工种）的学识、技术和能力的起点标准，不具有行政许可性质，由人力资源和社会保障部会同国务院有关主管部门根据经济社会发展需要设置。

在国家层面，我国职业资格有三大考试认证机构，人力资源和社会保障部职业技能鉴定中心（中国培训就业技术指导中心）、人力资源和社会保障部考试中心和教育部考试中心。职业技能鉴定和专业技术职业资格认证有显著的区别。前者是指按照职业技能要求，对一般技能人员的劳动技能进行技术等级鉴定的过程，本质是一种考核，具有主观和非量化成分；后者是指按照职业能力标准，对专业技术人员的职业能力进行从业资格评价的过程，本质是一种认证，具有客观和可量化因素。显然，后者比前者对能力的要求层面更高，认证条件更为苛刻，适应人群更为专业。目前，我国除了人力资源和社会保障部负责的专业技术职业资格以外，教育部从学历的角度开展了一些与升学、深造相联系的专业技术资格考试；其他部委根据各自涉及行业的需要，也组织了一些相应的专业技术职业资格认证，例如土地估价师职业资格认证。另外，在国家不能对职业资格提供政策规范的情况下，一些发展较为成熟的专业技术行业，出于对人才的渴求，也从国外引进职业资格认证考试体系，这一现象主要集中在会计审计、保险清算、金融等财经和计算机科学等领域。据调查，截至 2013 年底各地区各部门共设置各类职业资格 2493 项。按设置主体分，国务院部门设置 618 项，其中专业技术人员职业资格 219 项，技能人员职业资格 399 项；地方设置 1875 项，其中专业技术人员职业资格 389 项，技能人员职业资格 1486 项。应该说，职业资格作为一种适应市场经济发展的人才评价方式，为专业技术人员和技能人员搭建了职业发展的重要通道。

党的十八大以来，为推进简政放权、放管结合、优化服务为主要内容的行政审批制度改革，积极为大众创业、万众创新创造环境。2014 年以来，国务院分七批审议通过取消国务院部门职业资格许可和认定事项共434项，其中专业技术人员职业资格154项、技能人员职业资格280项。同时，根据《国务院办公厅关于清理规范各类职业资格相关活动的通知》（国办发〔2007〕73号）和《人力资源社会保障部关于减少职业资格许可和认定有关问题的通知》（人社部发〔2014〕53号）的有关精神，对取消的国务院部门设置的没有法律法规或国务院决定作为依据的准入类职业资格，行业管理确有需要且涉及人数较多的职业，可报国务院人力资源和社会保障部门批准后设置为水平评价类职业资格，要求不再实行执业准入控制，不得将取得职业资格证书与从事相关职业强制挂钩；对取得职业资格证书的人员不再实行注册管理；取得资格人员按照专业技术人员管理规定参加继续教育，不再将职业资格管理与特定继续教育和培训硬性挂钩。例如，国务院将房地产经纪人、税务师、土地登记代理人、矿业权评估师、注册资产评估师等五项准入类职业资格调整为水平评价类职业资格。

从当前和今后一段时间来看，减少和优化职业资格是大趋势。根据《进一步减少和规范职业资格许可和认定事项的改革方案》，专业技术人员职业资格改革的方向主要如下：一是进一步加大取消职业资格许可和认定事项工作力度，对剩余的184项职业资格许可和认定事项，除涉及国家安全、公共安全、公民人身财产安全以外，进一步研究清理取消。二是实施国家职业资格目录清单管理。清单之外一律不得许可和认定职业资格，清单之内除准入类职业资格外一律不得与就业创业挂钩；建立调整更新机制，对目录清单进行适时调整、动态更新。2016年12月，人力资源和社会保障部公示了首批国家职业资格目录清单，拟列入职业资格目录清单151项。其中，专业技术人员职业资格58项，技能人员职业资格93项。2017年9月，人力资源和社会保障部印发《关于公布国家职业资格目录的通知》（人社部发〔2017〕68号），最终公布140项职业资格。其中，专业技术人员职业资格59项，含准入类36项，水平评价类23项；技能人员职业资格81项，含准入类5项，水平评价类76项。三是全面清理名目繁多的各种行业准入证、上岗证等。对没有法律法规依据的行业准入证、上岗证等，一律取消；对虽有法律法规依据，但与国家安全、公共安全、公民人身财产安全关系不密切的行业准入证、上岗证等，提请修订法律法规后予以取消或进行优化整合。四是强化对职业资格设置实施的监管服务。严格落实“考培分离”“鉴培分离”，健全职业资格证书管理办法，严格证书发放管理。建设全国专业技术人员资格考试报名服务平台和全国职业技能鉴定服务监管平台，加强职业资格信息化管理和服务。五是加强国家职业资格法治建设。研究构建与我国经济社会发展和人才队伍建设相适应、统一开放的国家职业资格框架体系。推动职业资格设置管理相关立法工作，明确职业资格法律地位、管理体制、职责分工、设置方式和监管服务等基本制度。

部分职业资格取消后，针对专业技术人员如何提高从业能力素质方面，2016 年 11 月 25 日，人力资源和社会保障部汤涛副部长在国务院政策例行吹风会上表示，主要是进一步加大岗位管理和培训，推进分类评价和职称制度改革。同时，汤涛副部长强调，减少职业资格，并不是取消职业资格制度，也不是不再新设职业资格了；取消职业资格不是取消岗位和职业标准，相反要加强对职业标准和评价规范的制订工作。

（二）国外发达国家专业技术人员职业发展比较借鉴

由于国外发达国家与我国政治制度和经济制度不同，所以，专业技术人员的职业发展与我国差别较大，总体上国外专业技术人员职业发展主要依靠资质资格制度，职业标准建设处于重要基础核心地位；职称制度仅限于个别领域，并且与我国职称制度存在较大差别。

1. 国外职业资格制度建设情况

发达国家高度重视职业化发展，特别是在工程技术领域，普遍通过建立认证注册制度来推动工程科技人才的职业发展。《华盛顿协议》各缔约国将工程师资质规制形式划分为三类：执照、认证、注册。其中，“执照”是政府授予某个个体从事特定领域任务的权威，并禁止无执照者在特定领域内从事相关实践工作，个人职业范围受法律保护，是职业准入类资格规制力最强的一种形式。“认证”则是一种信用保证形式，是指由机构、学会按照相关标准对个人的素质、能力、水平进行评定，并授予合格个体使用某种头衔的权力；认证主体可以是政府，也可以是非政府组织，认证制度的关键在于“权威”，但不一定控制个体的实践范围。“注册”是对个人资质、资格进行登记或备案的一种手续，注册可由政府、学会或其他机构实施，其本身不具备法律强制性或权威性；注册均为资质规制中的最终环节。通过这种制度，政府或机构对个人的资质信息进行登记、备案以完善对工程师资质的管理。目前，美国对工程师资质主要实行“执照”管理，其他国家大部分采用“认证”资质管理。

《华盛顿协议》缔约国范围内的工程科技人才的相关开发制度和实践可归结为三种模式：英国模式、美国模式和澳大利亚模式，其特点主要包括六个方面：

（1）设置了比较清晰的职业发展通道及与能力对应、有效区分的职业发展台阶。例如，美国工程师设置了实习工程师和专业工程师两级台阶，实行执照管理，资质认证需要经过教育、考试并具备四年以上工作经验；目前，美国正在尝试建立副工程师、注册工程师和职业工程师组成的工程师资质等级体系。英国专业工程师分为工程技师、主任工程师和特许工程师，属于水平评价类职业资格，其资质认证需要经历认证的高等教育、经过在职的专业发展训练和经过专业学会的评审认证；并且，英国工程师的职业发展通道充分考虑了业界对日常工程工作环境和不同职责职位功能的判断，使不同等级、类别的工程师与实践中能够胜任的任务和岗位清晰对应，并且不同等级工程师之间有明显的区分度和进阶性。澳大利亚工程师分为职业准入工程师和特许工程师两个层级，以及助理工程师、工程师、职业工程师三个类别。职业准入工程师是对本行业内从业能力的资质证明，而特许工程师是对工程科技人员的职业能力、领导能力、专业能力、工作质量与安全性、独立操作能力的最高认可。

（2）设立了完善的资质能力标准。发达国家工程科技人才的评价标准是清晰、明确、一致、一贯的，由社会专业机构制订形成。例如，美国颁布了工程师相关模型法和执照法，其中核心内容是设定从业人员的准入标准或门槛，主要体现为以“专业技能、实践能力”为基础。英国工程理事会出台了《英国专业工程师能力素质标准》，包括“素质能力”“个人承诺”，前者包括专业能力和通用能力，涉及理论知识、工程实践、领导能力、沟通能力等；该标准提出了工程教育应达到的目标，也规定不同等级专业工程师应具备的能力素质标准，并与可胜任的工作建立了清晰的对应关系。澳大利亚工程师学会出台了《阶段一：能力标准》《阶段二：能力标准》，前者对应准入工程师，后者对应特许工程师。

（3）建立专业化、社会化、标准化、规范化的社会考核评价方式。发达国家对工程科技人才评价的方式是以同行评议为基础，以考试、考核和评审为具体手段。例如，美国工程师制度以“考试”［分为基础考试（闭卷）实践考试（开卷）］作为鉴别工程科技人才能力水平的基本手段，以考试成绩作为工程师职业序列等级晋升的基本依据。英国和澳大利亚，建立了以资历审查和专业面试为基础的专业能力考核和认定评价机制，没有设置考试环节，评价手段是同行评议方式，政府不干预具体的评审工作，具体由专业委员会开展评审和认证工作；工程师评审主要是材料评审和同行评议，对主任工程师和特许工程师进行包括材料审核、同行评议、面试和综合评估等方面的审核，同时，需要行业专家作为推荐人对申请人的能力水平进行评价推荐。

（4）高校工程教育的认证。在典型发达国家，有两个核心认证与工程科技人才职业发展密切相关，即工程教育鉴定认证和工程师资质认证。其中，接受过认证的工程教育是一名工程科技人才走上职业化发展之路的起点。美国工程师执照制度规定，工程师资格申请人需要在通过经过认证的工程教育课程后才能参加国家工程师考试，突出了认证工程教育在工程师资质体系中的基础作用。在英国，申请特许工程师需要获得经过认证的工程硕士学位，主任工程师一般要求接受过经过认证的工程学士学位，工程技师对学历要求较低，获得中级职业资格证或同等学力的个体具有一定工作经历后即可申请。在澳大利亚，通过受鉴定的工程教育不仅是个人在专业工程师发展道路上的第一步，更直接决定了工程师今后的职业发展路径。在常规路径下，申请人的教育背景往往决定了其专业工程师的等级位置。例如，申请特许职业的工程师，若没有相应教育学位，除非通过极为充分且复杂的证据证明拥有同等学力，否则难以改变现有职业路径。

（5）必需的继续教育。在典型发达国家工程师的职业化发展历程当中，继续教育占据着重要地位，与工程师的职业发展规划紧密联系在一起。在美国，大部分地区州政府将继续教育作为更新执照的基础依据，在每五年一次的工程师执照更新中，将对工程师继续教育的学时、机构、内容等方面进行全面审核，并采用学时转换的方式，量化个人教育情况，未达到继续教育标准，执照可能被取消。美国工程与测量考试委员会 2010 年颁布了《继续专业能力准则》，支持建立全国统一的工程师继续教育能力标准以保障社会公众的健康、安全与福利。继续教育包括多种形式，包括接受大学课程、继续教育、短期培训，出席高水平研讨会、内部培训、讲座，以及在学术、技术会议中的演讲，出版学术出版物，参与执照考试专业类考试，协助开展工程教育课程的实践拓展活动及取得发明专利。在英国，继续教育被统称为“专业发展”活动，它是专业工程师必须履行的承诺和义务，分为初级专业发展和持续专业发展。工程师资质认证不是终身的，对个人继续教育活动进行定期审核、备案和评估，不合格必须补齐，严重者取消。继续教育形式包括参加内部外部培训课程、实践学习、讲座、研讨会，或辅导、指导、授课，发表论文及参加志愿者活动等。澳大利亚与英国相似，继续教育定位是通过不断的学习，提升各领域工程技术人员的知识储备、技术和判断力；继续教育包括硕士课程、短期课程、研讨会、讲座、小组讨论、会议、技术视察及服务于工程行业的志愿者活动。

（6）专业社会组织发挥主导作用。在典型发达国家，非政府组织和非营利专业机构往往在推动工程师职业化发展中扮演着规制、引导，甚至主导的角色。在美国，政府部门与社会组织合理分工共同推动工程科技人才的职业发展。美国政府设立了专业工程师执照局，参与工程师制度的执行，对合格的工程师颁发执照；同时，专业团体——工程与测量考试委员会、工程和技术认证委员会负责主导建立工程师和工程教育评价标准，实施认证和评估程序，以期实现对工程师资质专业质量的严格控制；政府部门仅扮演领导、组织、协调角色。英国专业工程师制度是一个自下而上的、形成和发展于民间的制度体系，政府在其中不承担具体职责。英国工程理事会及其下属的专业学会在工程师发展中发挥着主导作用；英国工程理事会是经皇家特许的权威性规制机构，负责对英国工程界进行管理监督、颁布标准、设计流程、对各类资质认证学会及项目进行授权和备案，而专业学会接受英国工程理事会的授权，对工程师和工程教育课程进行具体认证和鉴定。在澳大利亚，澳大利亚工程师学会获得皇家特许，制定并维护整个国家工程师体系的运转与方向，包括确立工程师认证标准与申请程序，认证工程师专业资质和工程教育等，并在国际事务上代表本国家利益，参与工程行业信息的交流与宣传等，其所有权力和功能均获得政府承认，其行为和政策接受政府的指导与监督。

2. 国外职称制度情况

在国外，职称制度主要涉及科研人员、高校教师、医生等行业，几乎没有一个国家采取类似我国职称任职资格评审的办法，其他国家大多是与岗位聘任直接结合起来，因为每一个机构的岗位要求不一样，不同研究机构的研究人员不可能采取相同标准。如果从职称定义“专业技术职务的名称”及其评价专业技术人员学术技术水平和专业能力高低的定位来看，国外更多可以用 Academic Ranks（学衔）和 Professional Title（职称）与之相对应。例如，在美国的科研机构中，“教授”既代表研究人员本身所具有的学术水平，反映从事教学和科研工作的能力，也代表科研人员在组织内担任的职务，一旦离开原来所在组织或被另外研究机构所聘，则需重新确定职称。在德国、韩国、日本和印度等国家，评职称也并非易事。日本和韩国看重资历，印度则是“论资排辈”和“一考定高下”并重，而德国则实行职称评定和职业资格认定并行的行业准入制度，职称评定制度主要适用于例如公务员、教师、军人等国家公职机构的工作人员。在国外，医生的职称制度与高校又有不同。以美国为例，通常只要能拿到各州政府颁发的营业执照和相应的资质证明，即为合法的医师，可以独立执业，但只有受雇于教学医院的医生才涉及职称评定问题。日本人似乎没有很强烈的“职称情结”，更多人关心的是如何赚到更高的工资，要获得医生、律师等专门知识的职位都需要通过国家考试，而且考起来很难，合格率很低。

3. 国外职业标准建设情况

职业标准在国家职业资格体系中处于龙头位置，起着导向作用。它引导着职业教育、职业培训、鉴定考核等活动，其举足轻重的地位现在越来越清晰地呈现出来。发达国家高度重视职业标准，建立了职业标准运用制度体系和保障体系，下面重点介绍美国和英国职业标准建设情况。

（1）美国职业标准。美国现行国家职业标准分类系统是2000年修订的标准职业分类系统（简称2000SOC）。该系统根据职业工作活动及技能要求的相似性将类似的工作进行归类，该系统包括23个大类，96个中类，449个小类和821个细类（职业）。美国的国家职业标准编制工作以职业活动为导向，以职业能力为核心，运用职业功能分析法，按照模块化、层次化、国际化和专业化的方向发展，是以职业必备能力为基础的，具有动态性、开放性和灵活性的国家职业标准，能够更全面地满足企业生产、科技进步及劳动就业的需要。美国现行职业分类系统的广泛应用与职业分类系统的信息化建设是不可分的。在现已建成使用的各种职业分类信息系统中，影响最大、使用最广泛的是职业信息网络系统（O＊NET）。O＊NET从全新的角度提供了多种职业信息，它不仅提供了诸如工作任务、工作活动及从事该工作所需要的能力、技能、知识和人格要求等内容，还用规范化的指标体系衡量所有的职业，发展了跨职位的指标描述系统，为描述不同的职位提供了共同语言，有利于进行职位之间的比较。无论是人们选择和调换工作，还是进行全面的职业规划，都能从O＊NET中获取必需的信息。

（2）英国职业标准。英国国家职业标准的基础是能力本位评价理论，可以说英国是当今世界上国家职业标准制度发展最完善的国家。从1986年开始，英国就在全国推行国家职业标准体系，NVQs（National Vocational Qualification System）是由英国培训局倡议制定，以国家职业标准为导向，以实际工作表现为考评依据，由73个工业界领导机构同意的职业能力标准体系。它涵盖了所有职业，包括从刚工作的新手到高级管理人员的所有技能和知识层次。发展到20世纪90年代中期，英国的国家职业标准体系包含了11类共900个以上的职业标准，覆盖了全社会80%的劳动力。英国国家职业标准制度的基本出发点是使教育与培训的产出更接近产业的需要，创立一种真正与工作直接相联系的资格，并使之成为向全体劳动者开放的证书体系。英国的国家职业标准由若干单元组成，每一单元涉及一个特殊专业，包括各自独立的与专业学科相关的标准，此标准与这一专业的职业要求和工作质量有关。长期以来，英国一直致力于职业标准的改革，出版了大量的报告文件。为了更好地制定标准，英国还专门开发了职业功能分析法，突破了传统的学科分析体系。

（三）国内外职业制度对土地职业建设的启示

由于我国当前实行以公有制为主体、多种所有制经济共同发展的基本经济制度，而西方国家普遍实行以私有制为基础的市场经济制度，这一根本制度的不同，形成了我国以职称为主、职业资格为辅的专业技术人员职业发展路径，而西方国家是以职业资格为主、职称为辅的专业技术人员职业发展路径。为适应经济全球化发展需要，20世纪80年代美国等一些发达国家发起并开始构筑了工程教育与工程师国际互认体系，其内容涉及工程教育和继续教育的标准、机构认证的认证，以及学历、工程师资格认证等诸多方面。目前，我国仅是《华盛顿协议》成员国，其他协议尚未加入，对我国人才国际化形成了很大制约。参照国际通行职业发展惯例，构建具有中国特色的专业化、国际化职业发展体系是我国职业发展大趋势，2012年中组部、人社部印发的《专业技术人才队伍建设中长期规划（2010—2020年）》明确提出要“建立和完善与国际接轨的工程师认可认证制度，提高工程技术人才职业化、国际化水平。特别是当前民营经济组织已经作为一支重要力量参与土地行业各种建设，建立健全土地职业发展体系空间潜力巨大。从国内外职业发展比较来看，对下一步构建土地职业发展体系的启示主要有四个方面：

一是加强土地职业基础建设，包括推进职业分类和职业能力标准建设。不论是职称发展还是职业资格发展均以职业分类和职业标准为基础，特别是现代意义上的职业分类，要对职业活动的各个层面进行科学描述，对职业名称、职业定义、工作任务、教育培训要求、职业资格要求、职业绿色特征等方面进行明确界定。

二是全面构建适合土地从业人员职业发展的职称制度体系，全面构建职称职业发展路径，这是我国专业技术人员职业发展的特色之路，也是全面贯彻落实《关于深化职称制度改革的意见》精神的必然措施。

三是积极探索推进土地职业资格制度，探索部分职业实行职业资格制度。《中华人民共和国行政许可法》提出设置行政许可的事项包括：直接涉及国家安全、公共安全、经济宏观调控、生态环境保护及直接关系人身健康、生命财产安全等特定活动，需要按照法定条件予以批准的事项；有限自然资源开发利用、公共资源配置及直接关系公共利益的特定行业的市场准入等，需要赋予特定权利的事项；提供公众服务并且直接关系公共利益的职业、行业，需要确定具备特殊信誉、特殊条件或者特殊技能等资格、资质的事项等。土地是民生之本、发展之基、财富之母、生态之依，土地资源开发利用与保护关系着粮食安全、经济安全和生态安全，同时，土地资源开发利用与整治保护是科技密集型事业，具有较强的专业性，因此，对土地行业从业人员设置职业资格具有法理依据。此外，国务院有关法规对土地从业人员资质资格有明确规定，例如，《土地调查条例》规定“土地调查人员应当坚持实事求是，恪守职业道德，具有执行调查任务所需要的专业知识。土地调查人员应当接受业务培训，经考核合格领取全国统一的土地调查员工作证”。《全国国土规划纲要（2016—2030 年）》明确提出“建立完善规划从业人员上岗认证和机构资质认证制度，推进国土规划人才队伍和机构建设”。

四是加快建立土地行业从业人员职业教育培养体系和土地职业数据库信息系统。不论是发达国家工程师的职业化发展，还是我国职称制度改革，都把继续教育与职业晋升制度捆绑在一起，同时，工程教育（专业学位培养）对专业技术人才职业发展发挥着重要基础作用。同时，建立土地职业数据库信息系统至关重要。例如，英国工程技术学会专门设有职业规划管理系统，要求准备申请工程师资质者有针对性地参加继续教育项目，并进行长期、详尽的记录。国家“十三五”规划纲要提出：“建立个人学习账号和学分累计制度，畅通继续教育、终身学习通道，制定国家资历框架，推进非学历教育学习成果、职业技能等级学分转换互认”“建立国家资历框架认证平台，建设国家学习成果转化管理网、学习成果认证服务体系等基础设施，为学习者建立终身学习成果档案”。建立土地职业数据库信息系统，为土地专业技术人才提供评价认证、教育培训相关信息支撑和辅助决策极为重要。

二、土地行业与国内相近行业职业分类比较

推进土地行业从业人员职业发展的首要基础是进行职业分类。我国职业分类总体以国际劳工组织1998年修订的《国际标准职业分类》及一些经济发达国家的职业分类为主要参考依据，并突出职业应有的社会性、目的性、规范性、稳定性和群体性特征，同时，在近年职业分类修订过程中越来越注重工作的“技能水平”和“技能的专业化程度”，越来越注重对具有“环保、低碳、循环”特征的绿色职业活动进行探索和分析。

对土地职业进行科学分类，可参考相关相近行业职业分类。通过应用类比、比较的方法，得到了四类与土地相近行业、相似职业：第一类是资源类行业，包括地质矿产资源、水与海洋资源、森林和草原资源等；作为资源类行业，它们与土地资源一样，对人类是至关重要的，是人类赖以生存和发展的物质基础。第二类是测绘与地理信息工程类行业，它们与土地行业在应用的技术手段、方法上有一定的相似性。第三类是农业与环保类行业，农业是支撑国民经济建设与发展的基础，而土地是农业中不可替代的基本生产资源；特别是近年土地污染问题日益严重，土地污染的治理与修复与环保类行业息息相关，它们是为利用或者改善土地自身的生产能力而形成的行业。第四类是住建和城乡建设类行业，它们是依靠土地的空间承载能力形成的行业，而土地是支撑城市社会经济发展和基础设施建设的空间需求，土地行业与住建和城乡建设类行业有一定的相关性。通过对这四类行业职业分类体系和技术要素进行比较研究，可为土地行业职业分类提供借鉴参考。

（一）资源类行业职业差异性比较

1. 地质矿产资源类相关职业比较

矿产资源类相关职业在《职业分类大典》中的分类具体见表4－1。

表 4-1 矿产资源类行业在《职业分类大典》中的位置

中类	小类	细类（职业）
2-02 工程技术人员	2-02-01 地质勘探工程技术人员	2-02-01-03 水工环地质工程技术人员
		2-02-01-04 地质矿产调查工程技术人员
	2-02-03 矿山工程技术人员	2-02-03-01 矿井建设工程技术人员
		2-02-03-02 采矿工程技术人员
		2-02-03-03 矿山通风工程技术人员
		2-02-03-04 选矿与矿物加工工程技术人员
		2-02-03-05 矿山环保复垦工程技术人员
2-06 经济与金融专业人员	2-06-06 评估专业人员	2-06-06-04 矿业权评估专业人员

（1）水工环地质工程技术人员、地质矿产调查工程技术人员比较。在《职业分类大典》中，2-02-01-03 水工环地质工程技术人员是从事水文地质、工程地质、环境地质勘查、监测与评价，地质灾害勘查、监测、评估、治理的工程技术人员。在进行水工环地质工作时，主要以地质学、地球物理和地球化学技术、数学地质方法、遥感技术、测试技术、计算机技术等为手段。2-02-01-04 地质矿产调查工程技术人员是从事陆域、海域、极地地质调查，矿产地质调查和矿产资源勘查、评价，以及基础地质研究的工程技术人员。主要工作任务包括：进行地质填图、地质编录、地质剖面测量；进行地质调查资料处理、样品测试数据分析、资料综合解释；进行基础地质问题研究、成矿规律研究；进行矿产资源预查、普查、详查、勘探等，确定矿产类型、分布及储量，评价其开采价值，设计矿床开发方案；编制综合图件，编写成果报告；编制地质矿产相关技术和质量标准、规程；提供地质矿产调查技术咨询服务。

从土地行业来看，土地调查技术人员与水工环地质工程技术人员、地质矿产调查工程技术人员具有相似性。土地调查是全面查清土地资源和利用状况，掌握真实准确的土地基础数据，为科学规划、合理利用、有效保护土地资源提供依据。目前，土地调查的主要任务包括土地调查表册的填写、宗地草图的绘制、遥感影像图的判读、宗地的实地丈量、土地利用现状图的识别与更新、土地调查档案管理等。从工作范围比较来看，土地是由地球陆地部分一定高度和深度范围内的岩石、矿藏、土壤、水文、大气和植被等要素构成的自然综合体，土地调查包括对土地利用现状（地类、位置、面积、分布等）、土地权属和土地条件（自然条件、经济条件）的调查，这是水工环调查和矿产资源调查远远不能包含的。同时，土地调查工作过程中要用到地质学、遥感技术、测试技术、计算机技术等相似技术手段。目前，我国正处于工业化、城镇化快速发展的阶段，资源环境的压力越来越大，国土资源问题始终是我国现代化建设中必须解决好的重大问题。开展土地调查，全面掌握建设用地、农用地特别是耕地、未利用地的数量和分布，掌握城镇、独立工矿区内部工业用地、基础设施用地、商业用地、住宅用地及农村宅基地等各行业用地的结构、数量和分布，是科学制定土地政策、合理确定土地供应总量、落实土地调控目标的重要依据，是挖掘土地利用潜力、推进节约集约用地的基本前提。从实践来看，我国已经进行了两次全国规模的土地调查，同时，每年要进行全国土地利用变更调查。因此，从工作任务和专业技能比较来看，有必要在《职业分类大典》中增加土地调查工程技术人员职业。

（2）矿山环保复垦工程技术人员。2－02－03－05 矿山环保复垦工程技术人员是从事矿山保护、矿区生态恢复工程设计、施工组织、管理的工程技术人员。主要工作任务包括：研究应用矿区环境保护管理与技术；监测、监察矿区环境；制订矿区环保管理制度、管理体系、应急预案；编制矿山污染物治理计划和减排规划；使用、管理及监测放射性同位素设备及危化品；编制并组织实施矿山排弃到位区域和矿井沉降区域填埋与复垦方案。

目前，《职业分类大典》对土地整治工程技术人员的界定是：主要从事土地开发、整理、复垦等工程的勘测、规划、设计、施工、监测、监管等工程技术人员。主要任务包括：研究、确定农用地、农村居民点、城镇工矿建设用地、工矿废弃地、未利用地等土地整治工程边界；调查、确定土地类型、数量、质量、权属、价值；勘测土地利用和工程建设条件；分析土地利用限制条件，编制可行性报告；进行土地平整、灌溉排水、田间道路、生态环境保持等工程设计并指导施工；制订污染土地修复工程、土地生态景观建设方案并指导实施；进行土地权属调整设计，编制权属调整方案，变更、登记土地权属；监测、监管土地整治工程建设项目资金、质量、管护、运营。目前，我国土地整治重点对低效利用、不合理利用、未利用及生产建设活动和自然灾害损毁的土地进行整治，是保障发展、保护耕地、统筹城乡土地配置的重大战略。土地整治包括土地复垦，矿山复垦实际是整治的一部分。随着我国人口、资源、环境的矛盾日趋严重，土地资源整治工作日益重要，加强对土地整治工程技术人员的职业规范尤为重要。

（3）矿业权评估专业人员。2－06－06－04 矿业权评估专业人员是从事矿业权出让、转让评估和咨询服务的专业人员。土地从业人员中的土地评估专业人员是主要从事城镇基准地价评估、宗地价评估、不动产评估、房地产开发与经营、农用地估价、土地工程造价等工作的人员。两者都是评估，但评估的对象不同，矿业权评估的目的是为矿业权交易或其他市场经济行为提供矿业权定价的参考意见或依据；价值是矿业权人在法定的范围内，经过资金和技术的投入而形成的，应当依法受到保护。目前，土地资产的价值日益受到国家和广大群众的重视，土地评估有利于土地交易的顺利进行、企业投资决策、土地市场的管理和土地权人合法权益的保护。从专业技术比较来看，有必要在《职业分类大典》中增加土地评估专业人员职业。

2. 水与海洋资源类相关职业比较

水与海洋资源类职业分类具体见表 4－2。

表 4－2　水与海洋资源类行业在《职业分类大典》中的位置

中类	小类	细类（职业）
2－02 工程技术人员	2－02－21 水利工程技术人员	2－02－21－01 水资源工程技术人员
		2－02－21－02 水生态和江河治理工程技术人员
		2－02－21－03 水利工程管理工程技术人员
		2－02－21－04 防汛抗旱减灾工程技术人员
2－06 经济与金融专业人员	2－06－06 评估专业人员	2－06－06－05 海域海岛评估专业人员
4－08 技术辅助服务人员	4－08－02 海洋服务人员	4－08－02－01 海洋水文气象观测员
		4－08－02－02 海洋浮标工
		4－08－02－03 海洋水文调查员
		4－08－02－04 海洋生物调查员

（1）水利工程技术人员比较。2－02－21 水利工程技术人员是从事水资源勘测利用、水生态及江河治理、防汛抗旱、水利工程管理的工程技术人员。水在我们的生命中起着重要的作用，它是生命的源泉，是人类赖以生存和发展的不可缺少的最重要的物质资源之一；同样，土地是人类赖以生存和发展的物质基础，是社会生产的劳动资料，是农业生产的基本生产

资料，是一切生产和存在的源泉。土地资源开发利用与保护与水资源开发利用保护具有相似性和同等重要性，因此应与增加水利工程技术人员一样，有必要在《职业分类大典》中增加土地工程技术人员职业小类。

（2）海域海岛评估专业人员比较。2－06－06－05 海域海岛评估专业人员是从事海域、海岛价格影响因素分析、价格估算、咨询服务的专业人员。主要工作任务包括：收集、分析海域、海岛基础地理信息资料；研究、确定海域、海岛使用面积、建筑物及构筑物面积等调查要素；进行现场调查、测量；建立海域、海岛价格测算模型；估算海域、海岛价格；撰写评估报告；提供海域、海岛评估、鉴证服务。当前土地行业中的土地评估人员也是从事土地价格影响因素分析、价格估算、咨询服务的专业技术人员；评估对象是城镇基准地价、宗地、不动产、农用地和房地产等。土地评估人员虽与海域海岛评估空间范围不同，但其专业理论、技能水平、技能专业化程度是一致的，并且从业范围和从业人员密度更高。特别是在20世纪末我国就实行土地估价师资格证制度，已经为土地资产保值增值和监管提供了职业化保障，因此有必要在《国家职业大典》中增加土地评估专业人员职业。

（3）海洋水文调查员比较。4－08－02－03 海洋水文调查员是使用温、盐、探测定仪等仪器设备，进行海水温度、盐度、深度、海流、潮位、波浪等要素的数据采集和资料整理的人员。目前在土地行业中的土地调查员是从事土地调查过程中的档案填报、实地测绘、内业制图等技能型工作的社会服务人员，二者属于资源调查的辅助服务人员，都是从事数据采集和资料整理的人员，都用到绘图技术、遥感技术、量测技术、识图技术等。因此，随着土地调查工作的广泛开展，有必要在《职业分类大典》增加土地调查员职业。

3. 森林、草原资源类相关职业比较

我国森林、草原资源类职业分类具体见表4－3。

表4－3　森林、草原资源类行业在《职业分类大典》中的位置

中类	小类	细类（职业）
2－02 工程技术人员	2－02－20 林业工程技术人员	2－02－20－01 防沙治沙工程技术人员
		2－02－20－02 森林培育工程技术人员
		2－02－20－03 园林绿化工程技术人员
		2－02－20－04 野生动植物保护利用工程技术人员
		2－02－20－05 自然保护区工程技术人员

续表

中类	小类	细类（职业）
2-02 工程技术人员	2-02-20 林业工程技术人员	2-02-20-06 森林保护工程技术人员
		2-02-20-07 木竹藤棕草加工工程技术人员
		2-02-20-08 森林采伐和运输工程技术人员
		2-02-20-09 经济林产品加工工程技术人员
		2-02-20-10 林业资源调查与检测工程技术人员
		2-02-20-11 园林植物保护工程技术人员
2-06 经济与金融专业人员	2-06-06 评估专业人员	2-06-06-03 森林资源评估专业人员

（1）林业工程技术人员比较。在《职业分类大典》中，2-02-20 林业工程技术人员是从事林业生态环境建设、森林培育、园林绿化、天然林经营与保护、野生动物繁育、森林保护和森林开发、利用的工程技术人员。林业不仅是生态建设的主体，又是生态安全的保障，更是生态文明的标志，担负着改善生态和林产品供给的双重使命，是人类与自然和谐发展的绿色纽带，在可持续发展中处于重要地位。同样，围绕加强土地生态保护与建设，保护基础性生态用地，加大土地生态环境整治力度，有利于因地制宜改善土地生态环境，促进环境友好型社会建设。因此，通过土地规划构建生态良好的土地利用格局，因地制宜调整各类用地布局，逐渐形成结构合理、功能互补的空间格局；积极运用工程措施、生物措施和耕作措施，综合整治水土流失、加快风蚀沙化土地防治、集中连片改良盐碱化土地和综合整治土壤环境等都能有效发挥土地的生态功能，对于推进生态文明建设具有重要意义。因此，从共同维护生态建设功能目标任务考虑，有必要在《职业分类大典》中增加土地工程技术人员职业。

（2）森林资源评估专业人员。2-06-06-03 森林资源评估专业人员是从事森林资源及生态效益评估的专业人员。主要工作任务包括：复核森林资源数量、质量和空间位置；估算森林资源价值形态；估算森林资源生态效益评估森林自然灾害损失；编写评估报告，复核评估结果；提供森林资源及生态效益评估咨询服务；制订森林资源评估技术标准、规范。同样，在土地评估中也要注重土地资源数量、质量和位置，估算土地资源价值和生态效益，编写评估报告，复核评估结果，提供咨询服务；特别是生态效益在农用地评价与估价中尤其重要，农用地提供绿色环境、景观、净化空气、保育土壤、维护生物多样性等诸多功能，涉及环境生态及社会各个领域。从评估专业技术相似性和重要性比较来看，有必要在《职业分类大典》中增加土地评估专业人员职业。

（二）测绘与地理信息工程类行业相关职业比较

目前我国测绘与地理信息工程类职业分类具体见表4－4。

表4－4　测绘与地理信息工程类行业在《职业分类大典》中的位置

中类	小类	细类（职业）
2－02工程技术人员	2－02－02测绘和地理信息工程技术人员	2－02－02－01大地测量工程技术人员
		2－02－02－02工程测量工程技术人员
		2－02－02－03摄影测量与遥感工程技术人员
		2－02－02－04地图制图工程技术人员
		2－02－02－05海洋测绘工程技术人员
		2－02－02－06地理国情监测工程技术人员
		2－02－02－07地理信息系统工程技术人员
		2－02－02－08导航与位置服务工程技术人员
		2－02－02－09地质测绘工程技术人员
4－08技术辅助服务人员	4－08－03测绘服务人员	4－08－03－01大地测量员
		4－08－03－02摄影测量员
		4－08－03－03地图绘制员
		4－08－03－04工程测量员
		4－08－03－05不动产测绘员
		4－08－03－06海洋测绘员
		4－08－03－07无人机测绘操控员
	4－08－04地理信息服务人员	4－08－04－01地理信息采集员
		4－08－04－02地理信息处理员
		4－08－04－03地理信息应用作业员

1. 测绘和地理信息工程技术人员职业比较

在《职业分类大典》中，2－02－02测绘和地理信息工程技术人员是从事地球整体及其表面和外层空间中的自然和人造物体与空间分布有关的信息采集、处理、存储、分析、管理、更新及利用的工程技术人员。测绘和地理信息工程与土地工程息息相关，其中运用到的测绘技术、遥感技术和地理信息系统技术等也是土地工程通用的技术方法。特别是2－02－02－

06 地理国情监测工程技术人员是指从事地理国情监测工程设计、信息挖掘分析并指导产品制作的工程技术人员。主要工作任务包括：定制开发地理国情监测、普查软件工具和生产技术平台；进行地理国情监测工程设计和指导体系构建，指导作业人员搜集、采集、整理地理信息数据资料；进行地形地貌、地表覆被、地理单元等地理国情要素动态、多时相的信息挖掘分析；编制地理国情监测图集、报告、指导地理国情监测产品生产制作；提供地理国情信息数据支持、设备管理和技术咨询；检查、验收地理国情监测、普查成果。

地理信息是指与空间地理分布有关的信息，它表示地表和环境固有的数量、质量、分布特征；地理信息虽然包括土地信息，但是地理信息更强调的是土地资源信息。土地信息是关于土地资源、土地权属、土地资产、土地市场、土地法规和土地监察的信息。由此可见，地理信息并不能完全、良好的涵盖土地信息。当前在土地行业里，专门有一批从事土地调查、利用、地籍管理、土地信息管理等工作中的土地信息采集、存储、处理、信息服务工程技术人员。目前土地信息与人们的工作生活越来密切联系，通过土地信息工程的建设，有利于把握国土资源现状和动态变化，提高国土资源合理规划、高效管理、快速反应和科学决策的能力。当前我国从事土地信息采集、土地信息系统管理与维护、数据库建设与更新、信息服务的人员预计超过 20 万。因此，有必要在《职业分类大典》中增加土地信息工程技术人员职业。

2. 地理信息采集员比较

4 -08 -04 -01 地理信息采集员是使用移动测量系统、激光扫描仪、卫星定位仪等，采集和记录地物空间位置和属性信息的人员。通过信息采集，有利于储备丰富的数据资源、进行地区地理信息统计分析和资源执法监察。与地理信息采集员类似，当前土地行业里的土地工程信息采录员也是采用一定的技术手段来采集和记录信息。但是两者不同的是，土地工程信息采录员是主要从事土地工程建设、土地调查与地籍测量等土地工程项目质量、进度信息采录以及监督检查的社会服务人员，重点为土地整理复垦工程建设项目、土地生态建设工程项目、农用地和建设用地开发工程、土地利用调查项目和地籍测量工程项目监管提供信息保障。因此，土地工程信息更加有针对性和目的性，特别是随着我国生态文明建设不断推进，各类土地工程不断出现，工程信息及时采录处理是保障工程质量和进度的重要措施。

因此，从职业发展现状和发展前景来看，有必要在《职业分类大典》中增加土地工程信息采录员职业。

（三）农业与环保类行业职业比较分析

我国农业与环保行业职业分类情况具体见表4－5。

表4－5　农业与环保类行业在《职业分类大典》中的位置

<table>
<tr><th>中类</th><th>小类</th><th>细类（职业）</th></tr>
<tr><td>2－01科学研究人员</td><td>2－01－07农业科学研究人员</td><td>2－01－07－00农业科学研究人员</td></tr>
<tr><td rowspan="6">2－02工程技术人员</td><td rowspan="6">2－02－27环境保护工程技术人员</td><td>2－02－27－01环境监测工程技术人员</td></tr>
<tr><td>2－02－27－02环境污染防治工程技术人员</td></tr>
<tr><td>2－02－27－03环境影响评价工程技术人员</td></tr>
<tr><td>2－02－27－04核与辐射安全工程技术人员</td></tr>
<tr><td>2－02－27－05核与辐射监测工程技术人员</td></tr>
<tr><td>2－02－27－06健康安全环境工程技术人员</td></tr>
<tr><td rowspan="15">2－03农业技术人员</td><td>2－03－01土壤肥料技术人员</td><td>2－03－01－00土壤肥料技术人员</td></tr>
<tr><td>2－03－02农业技术指导人员</td><td>2－03－02－00农业技术指导人员</td></tr>
<tr><td>2－03－03植物保护技术人员</td><td>2－03－03－00植物保护技术人员</td></tr>
<tr><td>2－03－04园艺技术人员</td><td>2－03－04－00园艺技术人员</td></tr>
<tr><td>2－03－05作物遗传育种栽培技术人员</td><td>2－03－05－00作物遗传育种栽培技术人员</td></tr>
<tr><td rowspan="3">2－03－06兽医兽药技术人员</td><td>2－03－06－01兽医</td></tr>
<tr><td>2－03－06－02兽药技术人员</td></tr>
<tr><td>2－03－06－03宠物医师</td></tr>
<tr><td rowspan="2">2－03－07畜牧与草业技术人员</td><td>2－03－07－01畜牧技术人员</td></tr>
<tr><td>2－03－07－02草业技术人员</td></tr>
<tr><td rowspan="2">2－03－08水产技术人员</td><td>2－03－08－01水产养殖技术人员</td></tr>
<tr><td>2－03－08－02渔业资源开发利用技术人员</td></tr>
<tr><td>2－03－09农业工程技术人员</td><td>2－03－09－00农业工程技术人员</td></tr>
<tr><td>2－03－99其他农业技术人员</td><td></td></tr>
</table>

1. 农业科学研究人员比较

在《职业分类大典》中，2－01－07农业科学研究人员是从事农业发展自然规律和经济规律研究的专业人员。农业是人类社会赖以生存的基本生活资料的来源，是社会分工和国民经济其他部门成为独立的生产部门的前提和进一步发展的基础，也是一切非生产部门存在和发展的基础。土地为人类的生存和发展提供了客观的、基础性的物质条件，特别在农业生产中对土地的要求更甚于其他产业；在农业生产中，土地不仅是劳动对象，而且本身是最重要的劳动资料，没有土地就没有农业生产。为此，我国已经有一批专门从事土地整治与开发、土地工程、土地利用、土地规划、不动产产权与估价等领域基础理论、关键技术研究的科学研究人员。从职业重要性和相关性比较来看，有必要在《职业分类大典》中增加土地科学研究人员职业。

2. 环境保护工程技术人员比较

2－02－27 环境保护工程技术人员是指从事环境状态和结构改变、环境质量下降、环境功能衰退等过程监督管理、调查研究、分析监测及环境污染控制、治理与环境修复的工程技术人员。环境是人类生存和发展的基本前提，环境为我们的生存和发展提供了必要的资源和条件。目前，保护环境是我国的一项基本国策，解决全国突出的环境问题，促进经济、社会和环境协调发展及实施可持续发展战略，是政府面临的重要而又艰巨的任务。

从土地领域来看。近年来，土地受到采矿或工业废弃物或农用化学物质的侵入，生产潜力减退、产品质量恶化的现象越来越严重。据不完全调查，目前全国受污染的耕地约有 1.5 亿亩，大量的受污染土地该怎么处置与利用，是当前土地整治工作面临的重要任务。这些任务包括：积极运用工程措施、生物措施和耕作措施，综合整治水土流失；加快风蚀沙化土地防治，合理安排防沙治沙项目用地，大力支持沙区生态防护体系建设；综合运用水利、农业、生物及化学措施，集中连片改良盐碱化土地；建立土壤环境质量评价和监测制度，严格禁止用未达标污水灌溉农田，综合整治土壤环境，积极防治土地污染；推进矿山生态环境恢复治理，加强对采矿废弃地的复垦利用，有计划、分步骤地复垦历史上形成的采矿废弃地，及时、全面复垦新增工矿废弃地；推广先进生物技术，提高土地生态系统自我修复能力；加强对持久性有机污染物和重金属污染超标耕地的综合治理。目前，2－02－27 环境保护工程技术人员目录中，强调的是水资源、空气质量、核与辐射安全等保护，对土地资源的保护涉及得少，但是土地保护又是环境保护中的重中之重，因此，在《职业分类大典》中增加土地整治工程技术人员是非常必要的。

3. 农业工程技术人员比较

2－03－09 农业工程技术人员是从事农业机械运用、农田水土保持、土地资源利用、农村建筑和农业生物环境调控、农副产品加工、农村能源转化、农业电气化实施等的技术人员。主要工作任务包括：进行农业机械需求调研、水平评估、技术推广、装备管理，实施农业机械试验鉴定、检验、安全监理；进行土壤基本状况调查、土壤成分监测，编制基本农田建设、水土流失治理规划，实施盐碱地综合治理、水土保持等；进行农业土地资源调查，实施农用土地的开发、利用、整治等；进行农村建筑、设施和农业生物环境的施工与运行监控，实施大田生产防冻、防霜、防雹等；进行设施农业的生物繁育、生产及农产品贮藏保鲜管理，提供畜禽动物生产环境及设备管理服务；进行农副产品加工设备管理、工艺设计、生产调控、设备维护、产成品储运管理；进行役畜、生物质能、水能、风能、太阳能等农村能源资源状况调查，提供农村能源开发与利用的技术应用及能源设施设备的运营、维护管理服务；进行农业电气化工程规划、农村输配电改造、设计施工，提供节能减排、安全用电培训、咨询、宣传等服务。

在土地领域。土壤基本状况调查和农业土地资源类似于土地调查，但它们仅是土地调查的一部分；土地调查包括土地利用现状及变化情况、土地权属及变化情况和土地条件，既包括农村土地调查，也包括城市土地调查。编制基本农田建设、水土流失治理规划类似于土地规划，但是土地规划涉及范围更广，内容更丰富，包括对区域建设用地（城镇、水利、交通、特殊用地等）、农业用地（耕地、园地、林地、牧草地、水面）和未利用地的规划；并且不同级别区域的土地规划侧重点和内容深度不同。盐碱地综合治理、水土保持工作等类似于土地整治工作，但地整治工作不限于盐碱地综合治理、水土保持，还包括对农用地、农村建设用地、城镇工矿建设用地、未利用地开发整理与土地复垦。因此，从工作内容比较来看，有必要在《职业分类大典》中增加土地工程技术人员职业。

（四）住建和城乡建设类行业职业比较分析

我国住建和城乡建设行业职业分类具体见表4－6。

表4－6　住建和城乡建设类行业在《职业分类大典》中的位置

中类	小类	细类（职业）
2－02 工程技术人员	2－02－18 建筑工程技术人员	2－02－18－01 城乡规划工程技术人员
		2－02－18－02 建筑和市政设计工程技术人员
		2－02－18－03 土木建筑工程技术人员
		2－02－18－04 风景园林工程技术人员
		2－02－18－05 供水排水工程技术人员
		2－02－18－06 工程勘察与岩土工程技术人员
		2－02－18－07 城镇燃气供热工程技术人员
		2－02－18－08 环境卫生工程技术人员
		2－02－18－09 道路与桥梁工程技术人员
		2－02－18－10 港口与航道工程技术人员
		2－02－18－11 民航机场工程技术人员
		2－02－18－12 铁路建筑工程技术人员
		2－02－18－13 水利水电建筑工程技术人员
		2－02－18－14 爆破工程技术人员
2－06 经济和金融专业人员	2－06－06 评估专业人员	2－06－06－02 房地产估价专业人员
4－06 房地产服务人员	4－06－01 物业管理服务人员	4－06－01－01 物业管理员
		4－06－01－02 中央空调系统运行操作员
		4－06－01－03 停车管理员
	4－06－02 房地产中介服务人员	4－06－02－01 房地产经纪人
		4－06－02－02 房地产策划书
	4－06－99 其他房地产服务人员	

1. 城乡规划工程技术人员比较

在《职业分类大典》中，2－02－18－01 城乡规划工程技术人员是从事城乡土地利用、空间布局、综合部署研究、规划、设计的工程技术人员。主要工作任务包括：调研踏勘、收集分析城乡规划基础资料；编制城乡规划阶段性方案及技术文件；编制城镇体系规划、城市总体规划、乡镇总体规划、村庄规划及其详细规划；编制规划成果前期审查文件；进行城乡规划理论研究和应用技术研发；提供规划实施的咨询服务。目前，城乡规划是政府指导和调控城乡建设和发展的基本手段，对实现城乡经济、社会和环境协调发展具有重要的意义。而土地规划的基本任务是从国家全局和长远战略出发，在保护耕地的前提下协调各类用地需求，统筹安排各类用地的规模和布局，合理安排土地开发和整理，以促进土地资源的充分、高效利用，保障社会经济的可持续发展。当前土地利用总体规划是国家空间规划体系的重要组成部分，是实施土地用途管制，保护土地资源，统筹各项土地利用活动的重要依据；城乡建设、区域发展、基础设施建设、产业发展、生态环境保护、矿产资源勘查开发等各类与土地利用相关的规划，都要与土地利用总体规划相衔接。《中华人民共和国土地管理法》规定："城市规划、村庄和集镇规划中的建设用地规模不得突破土地利用总体规划确定的城市和村庄、集镇建设用地规划。"城乡规划和土地规划在专业技术和价值功能方面存在着相似性，但两种规划的侧重点不同，有必要在《职业分类大典》中增加土地规划工程技术人员职业。

2. 房地产估价专业人员

2－06－06－02 房地产估价专业人员是从事房地产价值和价格评估及相关咨询服务的专业人员。主要工作任务包括：制订房地产估价技术路线、作业方案；收集、整理估价资料，实地查勘估价对象；分析影响估价对象价值的自身和外部因素，并进行价值测算；比较、检查、确认、分析测算结果，确定估价对象价值；编制、出具估价报告；提供房地产资产评估咨询服务。房地产估价能够提供权威性和公正性的估价结果，维护房地产市场的正常秩序；也为缴纳房地产税费、房地产抵押提供依据。而土地评估主要是满足对社会和经济秩序中土地价值状况的鉴证，包括土地利益关系界定、土地经济责任确定、土地价值争议协调等，工作范围包括从事城镇基准地价评估、宗地价评估、不动产评估、房地产开发与经营、农用地估价、土地工程造价等工作的人员。土地评估与房地产评估虽然在技术上相似，但两者评估范围和对象不同。鉴于土地估价目前比较规范、稳定，有必要在《职业分类大典》中增加土地评估专业人员。

此外，从我国土地行业法律法规来看，现行的土地法律法规已经形成了以《中华人民共和国宪法》中有关土地的条文为依据，以《中华人民共和国土地管理法》为基本法律，同时与《中华人民共和国民法通则》《中华人民共和国行政诉讼法》《中华人民共和国物权法》等相关内容相协调的庞大的土地法律体系。同时，国务院制定了《城镇国有土地使用权出让和转让暂行条例》《不动产统一登记暂行条例》《基本农田保护条例》《土地调查条例》

《城镇土地使用税暂行条例》《退耕还林条例》《土地复垦条例》《中华人民共和国耕地占用税暂行条例》《国有土地上房屋征收与补偿条例》等系列行政法规。国土资源部作为土地行政主管部门，制定了大量的部门法规，例如，《闲置土地处置办法》《土地储备管理办法》《农村土地承包经营权流转管理办法》《土地违法案件查处办法》《自然保护区土地管理办法》《土地复垦条例实施办法》《铁路用地管理办法》《确定土地所有权和使用权的若干规定》《土地权属争议调查处理办法》《征收土地公告办法》等等。此外，根据工标网提供的数据，土地行业在30年的发展中共制定了30多条行业标准，包括《城镇地籍调查规程》《土地利用现状调查省级汇总技术规程》《农用地分等规程》《农用地定级规程》《农用地估价规程》《耕地后备资源调查与评价技术规程》《土地勘测定界规程》《城市地价动态监测技术规程》《土地利用动态遥感监测规程》《土地整治项目验收规程》《城镇地籍数据库标准》《土地利用数据库标准》《基本农田数据库标准》《县级土地利用总体规划制图规范》《土地复垦质量控制标准》《土地整治重大项目可行性研究报告编制标准》《土地整治项目设计报告编制规程》《土地整治项目工程量计算规则》《土地整治工程质量检验与评定规程》《土地整治工程施工监理规范》《生产项目土地复垦验收规程》等。因此，现阶段我国土地领域法律、法规和行业标准也为构建土地职业体系提供了法治准备。

三、土地行业从业人员职业发展总体思路和主要目标任务

从国内外经验来看，全面推进土地从业人员职业发展，既要解决职业分类、职业标准、专业教育、职业评价、继续教育具体实施问题，更需要统筹考虑解决功能定位、框架体系、运行机制、治理模式等制度设计问题。

（一）总体思路

当前土地从业人员职业发展的总体思路是：认真贯彻落实“创新、协调、绿色、开放、共享”新发展理念，围绕生态文明建设、“三深一土”国土资源科技创新战略和土地事业可持续发展，以积极贯彻落实《国家中长期人才发展规划纲要（2010—2020年）》《关于深化人才体制机制改革意见》《关于深化职称制度改革的意见》、《进一步减少和规范职业资格许可和认定事项的改革方案》等精神，按照“放管服”改革要求，遵循“职业分类是前提，职业标准是基础，职业发展评价体系和职业教育培训服务体

系是核心，职业信息系统是保障”的原则，统筹规划土地职业职称制度和职业资格制度框架，优先建立健全土地从业人员职称制度，积极推进土地职业资格制度建设，大力推进土地从业人员的职业化和国际化水平。

（二）主要目标任务

1. 推进土地职业分类

按照职业分类相关标准和修订要求，借鉴国外职业分类技术和经验，对现有从事土地调查、土地规划、土地评价、土地整治、土地评估、不动产登记、土地登记代理、土地储备等从业人员开展职业调查和比较分析，提出科学的土地职业分类体系（或土地职业簇）。同时，按照推进土地职业进入国家职业大典的现势性、科学性和可达性，提出并实施具体入典策略。目前可采取两个思路：一方面，对已纳入大典的“土地整治工程技术人员”小类进行职业内涵修改，扩充职业边界，将其他土地职业作为细类纳入。另一方面，将“土地整治工程技术人员”职业小类调整为“土地工程技术人员”，将现有的“土地整治工程技术人员”作为细类职业列入，将拟增加的土地调查、不动产登记、土地评价等工程类职业作为细类列入，其他非工程土地职业纳入相关职业类别。按照第二种思路，同时根据土地行业与相关相似行业职业分类比较，可以考虑在《职业分类大典》中新增土地类职业11个，按照职业分类体系分为两大类：第二大类专业技术人员（即技术类，下分土地科学、土地工程、土地经济3个中类4个小类8个职业），第四大类社会生产服务人员（即技能类，包括土地服务1个中类1个小类3个职业），具体可见表4－7。

表4－7　土地类职业在《职业分类大典》中的位置及代码建议

中类	小类	细类（职业）
2－01 科学研究人员	2－01－12 土地科学研究人员	2－01－12－01 土地科学研究人员
2－02 工程技术人员	2－02－37 土地工程技术人员	2－02－37－01 土地调查监测工程技术人员
		2－02－37－02 土地规划工程技术人员
		2－02－37－03 土地整治工程技术人员
		2－02－37－04 土地信息工程技术人员
2－07 经济和金融专业人员	2－07－06 评估专业人员	2－07－06－05 土地评估专业人员
	2－07－13 不动产产权专业人员	2－07－13－01 不动产登记专业人员
		2－07－13－02 不动产登记代理专业人员

续表

中类	小类	细类（职业）
4-08 专业技术辅助服务人员	4-08-10 土地服务人员	4-08-10-01 土地调查员
		4-08-10-02 土地工程信息采录员
		4-08-10-03 土地纠纷调解员

2. 研究制定土地职业能力标准

职业标准既要考虑“硬性”“专业性”“单一性”的专业能力素质标准，也必须考虑“软性”“通用性”“综合性”能力素质标准。“硬性”“专业性”“单一性”主要体现为专业化的知识或技能，这是一种职业区别于其他职业的标志和基础。同时，在专业化知识技能基础上的职业领域还要形成一定的职业道德、职业价值、职业伦理、职业文化、职业话语体系和行为准则，以指导、约束和规范特定职业群体的自身行为，调整职业与社会、不同职业群体之间，以及同一职业群体内部的社会关系，这是“软性”内容；并且从社会发展来看，“软性”知识越来越重要。土地职业标准制定要参照国内外职业能力标准理论和经验模式，以土地职业活动为导向，以职业能力为核心，运用职业功能分析法，分层次地确定和制定不同土地职业的核心能力标准、行业通用能力标准和职业特定能力标准，形成具有动态性、开放性和灵活性的标准体系，以满足土地事业和土地从业人员的发展需要。

3. 建立科学化、社会化的土地职业评价体系

不论国外职业资格注册认证，还是当前我国深化职称制度改革导向，建设科学的人才评价体系均是关键核心。对于土地从业人员职业评价来说，涉及评价主体、评价方式、评价标准、评价内容等多个方面，按照职称导向还是职业资格导向，土地职业评价具体方式有所区别，但均应考虑以下方面：一是推进社会化土地职业评价主体建设，包括建立健全有关土地行业协会学会、土地职业第三方评价机构等；二是建立同行评议与考试考核相结合的评价方式，包括资历审查、考试、面试、综合评估等具体方式，全面反映土地职业人员的能力素质水平；三是建立与土地从业人员职业晋升等级相对应的系统性标准框架和职业评价标准等。

4. 建立健全土地职业教育服务体系

从国际经验来看，职业化发展需要建立规范的工程教育（专业学位教育）、继续教育与工作实践有效衔接的系统框架，以保障职业个体在职业发

展中持续提升专业知识和技能。因此，推进土地从业人员职业发展，必须把教育训练、培训开发作为提高职业专业化程度的核心手段。从土地专业技术人员职业发展来看，推进职业教育培养服务体系主要措施包括：建立土地职业化台阶晋升（职业资格或职称资格）与工程教育、学位教育对接机制，形成土地职业建设与土地学科、土地专业建设的联动机制，加强土地专业学位教育宏观调控；建立土地职业化“台阶”晋升与继续教育关联机制，研究继续教育“个人承诺”和继续教育认证制度；推进建立土地职业个人学习账号和学分累计制度，畅通继续教育、终身学习通道，将土地职业教育培训纳入国家资历框架，推进非学历教育学习成果、职业技能等级学分转换互认；联合有关高校和科研院所、国家和部级重点实验室、有关实践基地等现有人才培养平台，重点从学历提升、能力素质、专业知识、实践训练等方面出发，搭建土地从业人员教育服务网络平台；推动编制土地职业培训教材，建立土地职业培训师资库；等等。

5. 推进土地职业数据库信息系统建设

重点依托目前正在开发的国土资源人才数据库信息系统，借鉴美国职业信息监测系统（O＊NET）建设经验，开发土地职业信息功能模块，包括建立土地职业分类信息、土地职业信息在线调查、土地从业人员职业轨迹追踪、土地从业人员能力素质考评、土地从业人员在线教育培训与管理等，实现土地职业分类和职业发展状况动态监测，形成基于职业信息的土地专业技术人才开发决策支持系统，积极为土地专业技术人才职业生涯规划和土地人才宏观调控提供服务。

6. 大力推进土地专业技术人员职称制度改革

深入贯彻落实《关于深化职称制度改革的意见》精神，遵循土地专业技术人才成长规律，建立科学化、规范化、社会化的土地专业技术人员职称制度。包括：在现有职称系列中细化土地专业，完善土地专业技术人员职称层级，建立正高级土地工程师职称；修订完善土地专业职称评价标准，突出以品德、能力、业绩为导向；创新职称评价机制，积极探索以同行专家评审为基础的业内评价机制，探索考试、评审、考评结合、考核认定、个人述职、面试答辩、实践操作、业绩展示等评审操作具体实现方式；建立非公有制经济组织、社会组织、自由职业土地专业技术人才职称申报渠道；打通土地领域高技能人才与工程技术人才职业发展通道；加强土地专业技术人员评价能力建设，建立评审专家库等。

7. **积极探索土地职业资格制度建设**

重点在工程师领域，为土地从业人员设计阶梯式的认证体系和职业发展通道；借鉴国外工程师职业资格认证经验和模式，积极适时推进土地类工程师进入国家职业资格目录清单，建立政府规制与行业规制相结合的土地工程师认证机制；建立（认证的）工程教育、继续教育与土地工程师职业发展有效衔接的框架，形成有效的合格工程师培养开发体系；构建以能力标准为依据，以同行评议为基础，以考试面试为媒介的土地工程师评价认证机制；建立土地工程师信用体系等。

最后，推进土地从业人员职业发展是一项系统工程，需要社会各方协同推进，共同努力。对此，建议加强组织保障，专门成立综合协调组，具体承担土地职业体系建设的总体设计、统筹协调、成果运用等职责，成立工作组和专家咨询组，推进土地行业职业调查、职业标准开发和论证工作，加强部际之间高层沟通协调。同时，加强政策保障，将土地从业人员职业发展纳入国土资源中长期人才发展规划和相关国土资源专项政策规划当中；加强研究保障，发动各方专家学者对土地职业建设理论和实践路径进行研究，夯实工作基础。此外，加强宣传保障，让土地事业各参与主体、社会各界充分意识到土地职业建设的重要性和必要性，形成良好的舆论氛围等。

报告二　地方国土资源党政领导人才能力素质标准与应用研究

杜新波　徐　斌　胡利哲　石丹阳　曹　毅

摘要：构建国土资源党政领导人才能力素质标准是人才工作的重要内容，2016 年国土资源部人力中心委托首都经济贸易大学开展了“国土资源党政领导人才能力素质标准开发与应用研究”项目。本研究依托该项目，主要以市、县国土资源领导干部为研究对象，采用文献综述、O＊NET 工作分析、行为事件访谈编码、问卷调查等研究方法，研究了地方国土资源党政领导人才胜任特征的构成、特点及内在规律，并提出胜任特征模型的应用建议。

地方党政领导人才的素质、能力及整个科处级公务员队伍建设，在我国干部选拔、教育培训、考核、晋升等管理工程中，有着极为重要的地位和作用。地方国土资源党政领导人才是地方党政领导人才的重要组成，面临着“保障发展，保护资源”的双重压力，特别在“新常态”下，随着“四个全面”战略布局和创新、协调、绿色、开放、共享的五大发展理念不断贯彻落实和深入推进，对地方国土资源党政领导人才履职担当、善作善为的能力要求越来越高。如何提升地方国土资源党政领导人才的政策把握能力、担当精神、应变能力、问题解决等各方面的能力素质，从而使其能够妥善处理政府、相关单位、社会群众之间的矛盾，建立和谐发展关系，成为国土资源部党政人才能力建设的关键点。本研究根据胜任特征的理论最新趋势与实践最新需求，从人才测评开发视角出发，构建完整的地方国土资源党政领导人才的胜任特征模型、人才测评、人才发展系统，揭示地方国土资源党政领导人才胜任特征的构成、特点及内在规律，探索地方国土资源党政领导人才胜任特征标准体系的应用和实施。

一、胜任特征及胜任特征模型的界定

基于研究视角的不同，国内外各学者对胜任特征的概念也有不同的理解和表达。通过对比和概括各种胜任特征的概念，可以发现胜任特征具有预测绩效水平、区分高低绩效、基于具体情境、可观察性与可测量性四点共同的关键特性。基于此，研究采用Spencer（1993）的胜任特征定义，也是最受研究者广泛引用的定义，它涵盖了上述四个胜任关键特性。Spencer（1993）认为，胜任特征指能将某一工作（或组织、文化）中有卓越成就者与表现平平者区分开来的个人的潜在特征，它是能够被测量或计数的，例如动机、特质、自我形象、态度或价值观、某领域知识、认知或行为技能，并且能显著区分优秀与一般绩效的个体❶。

胜任特征模型可被认为是胜任特征的集合。时勘（2009）认为，胜任特征模型（Competency Model）指的是胜任某一职位的个体所应具备的胜任特征的集合，是按照对该职位上的高绩效人员的要求，集合的胜任特征结构。胜任特征模型主要包括胜任特征的名称、定义和行为指标等级三个要素❷。在胜任特征模型中，名称和定义是指对模型中所包含各个胜任特征进行的命名和解释，通过对该特征的描述就能看出这一岗位的具体要求。行为指标等级是对每个胜任特征进行细化、分层，行为和动作的划分按照从基本合格水平到绩效优秀水平的不同表现而界定，从而能够清晰明确地对任职者进行指标的衡量。

二、地方国土资源党政领导人才胜任特征模型的初步构建

（一）研究对象

党政人才指公务员、参照公务员法管理的群团机关工作人员❸。本研究所指的地方国土资源党政领导人才，是指省以下国土资源部市（地）、县（市）局党政领导干部，即经过上级单位党委提名或直接任命的领导班子成员。具体研究对象包括市（地）、县（市）国土资源局局长、副局长、党组书记、党组副书记。2016年省级及以下国土资源主管部门党政领导人才17351人，其中省级196人，市级2346人，县级14809人。本次研究选择调查对象主要是国土资源市、县领导干部。

---

❶ Spencer L M, Spencer S M. *Competence at work: models for superior performance* [M]. New York: John Wdey&Sons, lnc., 1993.

❷ 时勘. 胜任特征模型理论和实践的探索［A］//中国管理现代化研究会. 第四届（2009）中国管理学年会——组织行为与人力资源管理分会场论文集. 中国管理现代化研究会, 2009: 21.

❸ 定义参考《国家中长期人才发展规划纲要（2010—2020年）》。

（二）研究思路

研究将采用文献综述、O＊NET 工作分析、行为事件访谈、问卷调查等研究方法，探讨并分析地方国土资源党政领导人才胜任特征，总结提炼关键的能力素质维度，在此基础上构建优秀地方国土资源党政领导人才所具备的通用胜任特征标准体系，研究框架见图 4－1。

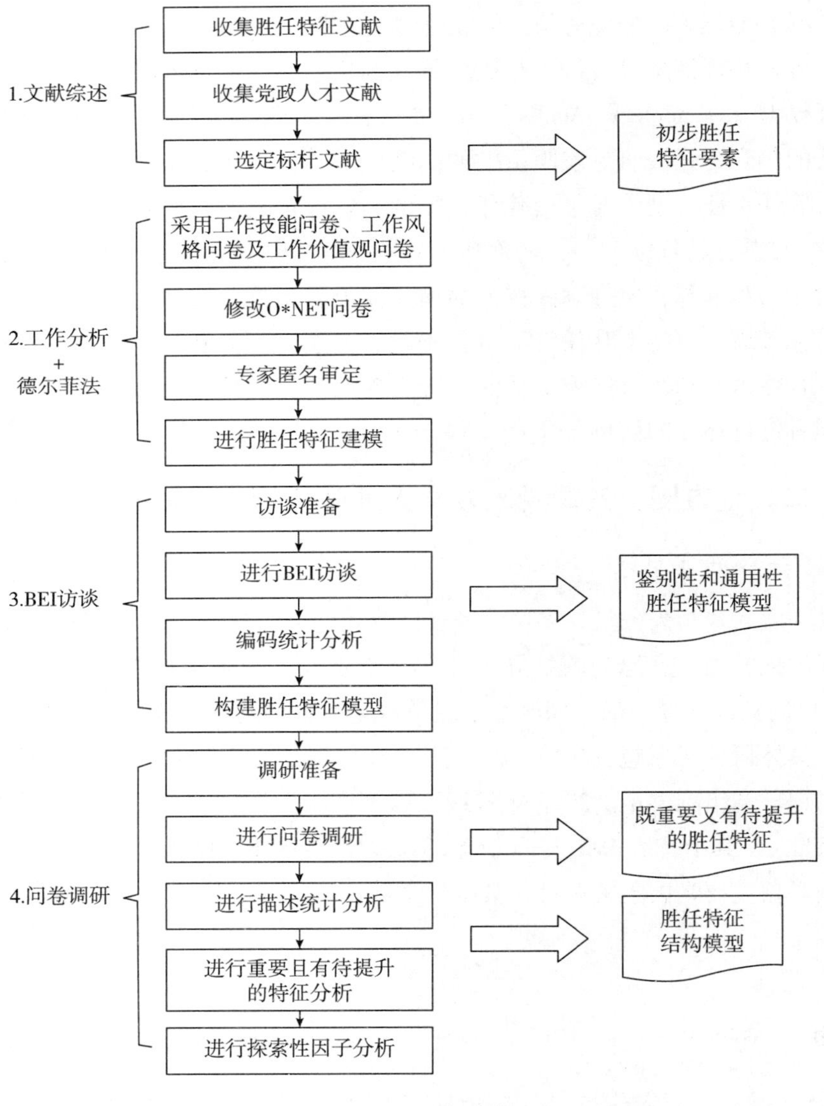

图 4－1　研究路线

按照上述思路，能力素质标准体系的主要内容包括：

胜任特征初筛：党政人才与胜任特征标准理论研究。通过收集关于构建公共部门党政人才能力素质体系的文献、领导讲话资料，总结公共部门党政人才的内涵与特点，探究能力素质体系的建立方法，从而为构建国土资源党政领导人才能力素质体系提供可借鉴的思路。

胜任特征匹配：根据文献分析总结的结论进行实证分析，运用工作分析法提取符合国土资源系统的胜任特征。首先，采用修正后的 O * NET 工作分析系统中的工作技能问卷、工作风格问卷及工作价值观问卷（时勘等修订的中文版）进行胜任特征建模。然后，采用专家访谈、行为事件访谈法等方式进行调研，对关键岗位的能力素质分析应用行为事件访谈，依据访谈的分析结果，得出初步的通用性胜任特征和鉴别性胜任特征，并对词典进行修订。

胜任特征模型构建：根据文献综述、O * NET 工作分析和行为事件访谈系统建模的结论进行调研及实证分析。使用问卷调查法，使用《国土资源市（地）、县（市）局党政人才胜任素质标准体系研究调查问卷》，有针对地进行发放、回收，并进行量化分析，得出初步的胜任特征结构模型。最后，对胜任特征水平与工作绩效水平进行相关分析和回归分析，验证模型的效标效度，总结国土资源党政领导人才应当具备的能力素质标准，并建立具有国土资源部门特色的地方党政人才胜任特征模型和胜任特征结构模型。

（三）胜任特征初筛

根据标杆文献梳理的结果，本研究初步建立地方国土资源党政领导人才的胜任特征库，见表 4－8。

表 4－8　地方国土资源党政领导人才的胜任特征库

胜任特征	文献来源
业务操作能力	罗双平，2005；中国人民银行海口中心支行课题组，黄良谋，2007；陈小平，肖鸣政，2011；孙显蔚，2015
计划安排能力	海内外经济技术信息，1997；石金涛，王莉，2004；郑学宝，孙健敏，2004；李天太，2008；谢刚，2012；谷向东，王璞，2015
政治鉴别能力	罗双平，2005；中国人民银行海口中心支行课题组，黄良谋，2007；张广科，陈芳，2010；黄宝凤，等，2010；孙显蔚，2015

续表

胜任特征	文献来源
控制能力	海内外经济技术信息，1997；中国人民银行海口中心支行课题组，黄良谋，2007；谷向东，王璞，2015；石金涛，王莉，2004
授权能力	石金涛，王莉，2004；王登峰，崔红，2006；林忠，王慧，2008
组织能力	方永平，2002；赵国祥，等，2003；郑学宝，孙健敏，2004；罗双平，2005；中国人民银行海口中心支行课题组，黄良谋，2007；肖鸣政，陈小平，2008；黄宝凤，等，2010；谷向东，王璞，2015
领导与激励技能	郑学宝，孙健敏，2004；石金涛，王莉，2004；王登峰，2007；林忠，王慧，2008；中国人民银行海口中心支行课题组，黄良谋，2007；肖鸣政，陈小平，2008
危机管理	肖鸣政，陈小平，2008
应对突发事件能力	国家公务员通用能力标准，2004；罗双平，2005
执行力	中国人民银行海口中心支行课题组，黄良谋，2007；梁建春，等，2007；黄宝凤，等，2010；肖鸣政，陈小平，2011
政策制度建设能力	王登峰，崔红，2006
道德品格	方永平，2002；孙显蔚，2015；肖鸣政，陈小平，2008
能力	所有文献均有此项
知识	方永平，2002；中国人民银行海口中心支行课题组，黄良谋，2007；肖鸣政，陈小平，2008；郑学宝，孙健敏，2004；孙显蔚，2015
工作价值观	方永平，2002；谷向东，王璞，2015；孙显蔚，2015；肖鸣政，陈小平，2008；郑学宝，孙健敏，2004；中国人民银行海口中心支行课题组，黄良谋，2007
个性特征	郑学宝，孙健敏，2004；肖鸣政，陈小平，2008；谷向东，王璞，2015

（四）胜任特征匹配

1. O＊NET 工作分析结果

选取 O＊NET 工作分析系统中的工作风格问卷、工作技术问卷和工作价值观问卷（中文版），并对 O＊NET 问卷进行了修订。问卷的信度和效度已经在前人的研究中通过探索性因素分析和验证性因素分析得到了验证[1]。

运用统计软件 SPSS19.0 对地方国土资源党政领导人才的胜任特征重要性做频数分析、描述统计分析与因子分析，提取工作风格问卷中均值大于 4

[1] 吴红岩，李文东，谢义忠，等．图书编辑胜任特征模型的评价研究［J］．人类工效学，2006，1：17.

分的10项素质、工作技能问卷中均值大于4分的13项素质。由于工作价值观问卷题目有相关性，采用主成分分析法对数据进行Promax斜交旋转，删除所含项目数少于三个的因子及在两个因子上符合接近的项目，最后提取三个因子，命名为："成就认可""职业道德""工作条件"。对三个因子进行绩效优秀组与绩效一般组差异检验，即配对样本T检验，结果发现在"成就认可"上普通组与优秀组的差异显著。对地方国土资源党政领导人才胜任特征库进行初步修订，使其更符合国土资源工作，结果见表4-9。

表4-9　胜任特征工作分析维度及命名表

问卷	胜任特征
工作风格	政治定力、合作、严谨可靠、意志坚定、卓越领导、情绪控制、主动承担责任、严抓细节、承受高压、快速反应
工作技能	政策把握及解读、思想品德建设、应对危机（突发）事件、沟通协调、制度（政策）建设、组织领导、团队建设、国土资源专业技能、科学决策、全局掌控、主动学习、公共服务意识、复杂问题解决
工作价值观	成就认可、职业道德

2. 行为事件访谈编码结果

（1）访谈文本编码。

行为事件访谈的目的是通过对比绩效水平不同的两组任职者表现的行为差异，然后通过统计分析，找出哪些胜任特征能够区分绩效优秀的和绩效一般的党政人才，即为地方国土资源党政领导人才的鉴别性胜任特征。

对每位人员的访谈时间大约在45分钟到1.5小时之间。访谈小组成员对访谈进行了全程记录，整理并打印访谈文本和书面行为事件，共整理出95000字的访谈稿。根据文献梳理结果、O*NET工作分析结果，以及以往国土资源党政人才胜任特征词典研究成果、Spencer（1993）词典，HAY（1996，2009）公司的词典，MAP管理职能评鉴，添加并修订素质词条，形成47项编码词典。

根据整理后的访谈文稿，对BEI访谈文稿进行编码。编码后进行数据整理，例如，根据《BEI胜任特征编码词典》，某一被试在"担当精神"分量表上的具体行为表现为在等级1出现3次，等级2出现4次，等级3出现5次，等级4出现4次，这一胜任特征发生的总频次就为16，平均等级分数为2.63，最高等级分数为16。然后对频次、平均等级分数、最高等级分数三个指标进行验证，对优秀组和普通组的每一胜任特征之间的差异进行比较分析。同时，统计《BEI胜任特征编码词典》中各个胜任特征的频次及所占百分比。数据使用视窗版SPSS 19.0处理。

（2）编码结果分析。

汇总胜任特征编码中出现的频次，更进一步对优秀组和普通组发生的频次进行比较，其频次差异比较分析如图4－2所示。

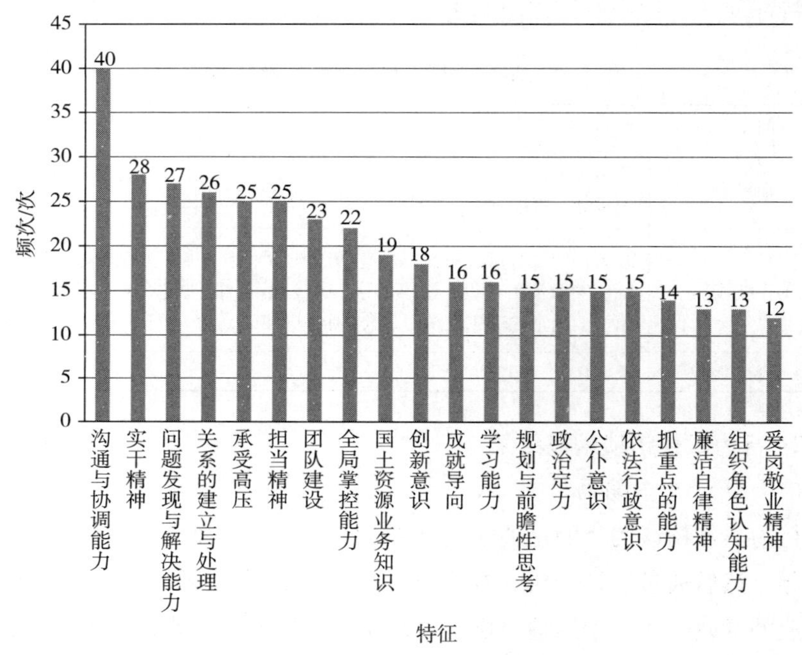

图4－2　编码胜任特征频次及排名

通过胜任特征频次分析，我们发现：

第一，沟通与协调能力频次排名大幅度领先。

由图4－2可知，沟通与协调能力出现频次为40，排名第一，与排名第二的胜任特征拉开了很大的差距。这说明了地方国土资源党政领导人才承担沟通协调中十分重要的作用。一方面，地方党政人才是国土资源部领导干部中非常重要的一个层级。他们不仅要做到上情下达，还要做到下情上达，从而保证信息传递的畅通。而且要注意信息在传达过程中没有失真，使得决策的执行不会走样。另一方面，他们直接对接社会群众，要直面群众问题，需要平等协商，主动协调，共议切实可行的解决办法和途径，尽量减少、避免摩擦，这使得这一能力变得尤为重要。

第二，实践类能力在整体胜任特征中突出。

根据胜任特征出现的频次排名可以看出，排在前五名的胜任特征“沟通与协调能力”“实干精神”“问题发现与解决能力”“关系的建立与处理”“承受高压”均属于实践类能力，表现地方国土资源党政领导人才工作的复杂性较高，实践性非常强。这与访谈时，受访者在描述其工作内容与职责时普遍反映的工作强度大、压力大有很大的联系，从而锻炼此类领导人员能吃苦耐劳的实干精神。地方国土资源党政领导人才在职位上处在组织结构的中间部分，起着承上启下，兵头将尾的作用，担负着上传下达的工作职责。不仅如此，他们还要直接对接社会群众、地方政府与其他机关部门，要求他们具有出色的关系的建立与处理能力与问题发现和解决能力。

第三，体现求真务实的责任担当意识。

由图4－2可看出，担当精神排在第六位，属于十分靠前的位置，这与国土资源部所倡导的地方领导干部要敢于担当相一致。姜大明部长在2016年全国国土资源工作会议上号召全系统各级领导干部都要强化担当意识，敢于担当、善于担当，带动形成积极向上、敬业奉献的浓厚氛围，旗帜鲜明地为勇于干事者撑腰、为敢于担当者担当。这反映了地方国土资源党政领导人才工作的特殊性与重要性。

(3) 通用性胜任特征和鉴别性胜任特征。

为了检验研究所用的胜任特征词典中确定的胜任特征，将能否区分受访样本中的绩效优秀组与绩效一般组作为是否有内容效度的标度，对优秀组与普通组在平均等级分数和最高等级分数上的差异进行了检验。

由于平均等级分数和最高等级分数都是研究验证过的较为稳定的指标，能够将优秀组与普通组的差异程度做出区分。因此，把在这两个指标上差异显著的胜任特征，视为鉴别性胜任特征，即能够区分两组绩效水平不同的国土资源党政领导人才。

其中，优秀组与普通组的实干精神、主动奉献精神、沟通与协调能力、换位思考能力、讲求策略、问题发现与解决能力、抓重点的能力七项胜任特征，在两个指标上同时差异显著，政治定力、公仆意识两项胜任特征仅在平均等级分数上差异显著。其他不存在差异的视为通用性胜任特征，即不能区分两组绩效水平不同的国土资源党政领导人才。

由此可得出地方国土资源党政领导人才的鉴别性胜任特征有九项，其余35项不能区分不同绩效水平任职者的胜任特征，称为通用性胜任特征，见表4－10。

表4－10　地方国土资源党政领导人才胜任特征模型初建

类型	特　征
鉴别型胜任特征	政治定力、实干精神、主动奉献精神、公仆意识、沟通与协调能力、换位思考能力、讲求策略、问题发现与解决能力、抓重点的能力
通用型胜任特征	规划与前瞻性思考、经济管理通用知识、资源整合能力、爱岗敬业精神、公正刚直、廉洁自律精神、立场坚定、合作精神、社会发展导向、成就导向、应对（危机）突发事件、关系的建立与处理、承受高压、卓越领导、培养他人的能力、团队建设、全局掌控能力、人本管理意识、情绪管理能力、组织角色认知能力、公关能力、国土资源业务知识、依法行政意识、岗位履行专业知识、底线意识、学习能力、担当精神、政策制度建设能力、政策把握及解读、调研能力、文字综合能力、自信、坚持、创新意识、党纪意识、逻辑思维、挑战艰难目标、严抓细节、内省能力

（五）胜任特征结构模型构建及验证

1. 问卷编制

结构探索问卷中的胜任特征是通过前期调研汇总得来的。首先，通过梳理标杆文献得出公共部门党政人才胜任特征库。根据O＊NET工作分析问卷的统计结果，得出工作分析胜任特征库。根据O＊NET分析结果，结合文献梳理结果与国土资源部已有的党政人才胜任特征词典，添加并修订素质词条，形成BEI编码词典。最后通过BEI行为事件访谈编码分析，得出通用性胜任特征与鉴别性胜任特征，确定地方国土资源党政领导人才初步胜任特征模型，据此编制最终地方国土资源党政领导人才胜任特征模型维度探索问卷。

2. 胜任特征模型结构划分

在结构探索阶段，运用主成分分析法进行胜任特征模型维度的划分，并通过胜任特征得分与绩效的回归分析验证该模型的有效性。

运用数据分析软件SPSS19.0，采用主成分分析法，并对数据进行Promax斜交旋转，删除所含项目数少于3个的因子及在两个因子上负荷接近的项目：政策制度建设能力、规划与前瞻性思考和严抓细节，最后共提取五个因子。根据主成分旋转结果对五个维度进行命名，从而得出地方国土资源党政领导人才胜任特征模型，见表4－11。

表 4 – 11　胜任特征模型维度划分

维度	胜任特征
政治品行	立场坚定、党纪意识、政治定力、廉洁自律精神、公正刚直、主动奉献精神、底线意识、实干精神、公仆意识、依法行政意识、爱岗敬业精神、政策把握及解读
目标驱动	成就导向、挑战艰难目标、社会发展导向、换位思考能力、组织角色认知能力、讲求策略
综合判断	国土资源业务知识、岗位履行专业知识、文字综合能力、坚持、逻辑思维、调研能力、学习能力、创新意识、内省能力、自信
团队领导	团队建设能力、培养他人的能力、卓越领导、合作精神、全局掌控能力、人本管理意识、承受高压、担当精神
问题导向	问题发现与解决能力、关系的建立与处理、沟通与协调能力、抓重点的能力、公关能力、应对（危机）突发事件、资源整合能力、情绪管理能力

注：下划线内容为鉴别性胜任特征。

3. 地方国土资源党政领导人才的胜任特征独特性

（1）鉴别性胜任特征更具实践性。

将地方国土资源党政领导人才的鉴别性胜任特征与 2015 年国土资源部本级处级党政人才的鉴别性胜任特征进行对比，发现处级党政人才对业务知识及团队建设能力要求颇高，更加注重战略层面和团队层面的对下指导。而地方党政人才更加强调目标驱动与问题导向的结合，注重政治品行，这可能是由地方的工作特性导致的。地方党政人才在国土资源工作中起到承上启下的关键作用，工作中时常对接上级单位与地方群众，因此，地方党政人才的鉴别性胜任特征更加体现了工作内容的实践性要求。见表 4 – 12。

表 4 – 12　鉴别项胜任特征对比

地方国土资源党政领导人才	国土资源部本级处级党政人才
政治定力、主动奉献精神、实干精神、公仆意识； 换位思考能力、讲求策略； 问题发现与解决能力、沟通与协调能力、抓重点的能力	主动奉献精神、立场坚定； 团队领导力、培养他人的能力、规划与前瞻性思考、调研能力、关系的建立与处理； 国土资源业务知识、经济管理通用知识、岗位履行专业知识

（2）地方国土资源党政人才要求具备过硬的政治素养与工作落实能力。

对比地方国土资源党政领导人才与国土资源部本级处级党政人才的重

要且有待提升的胜任特征发现，国土资源部本级处级党政人才应具备的重要且有待提升的胜任特征集中体现在战略指导、对下属的培养、个人工作创新与精神方面。而地方国土资源党政人才排名前五的胜任特征中，有三项来自于政治品行，两项来自于问题导向，反映国土资源工作对地方党政人才政治素养与工作落实能力的严要求。地方国土资源党政人才处于国土资源管理的第一线，他们了解民情，反映民意、集中民智，是最前线的党政干部，担负着具体而繁重的工作任务。因此，地方国土资源党政领导人才的政治素养要经得住考验，对中央精神和政策的学习要掌握全面、理解透彻，从而能够更好地开展工作，并强调提升工作中的问题应对与落实能力。见表4－13。

表4－13　重要且有待提升胜任特征对比

地方国土资源党政领导人才		国土资源部本级处级党政人才	
排名	胜任特征	排名	胜任特征
1	公正刚直	1	创新意识
2	政策把握及解读	2	主动奉献
3	应对（危机）突发事件	3	培养他人能力
4	问题发现与解决能力	4	规划与前瞻性思考
5	公仆意识	5	公正刚直

（3）坚持目标导向与问题导向的统一。

根据行为事件访谈，受访者普遍反映的地方国土资源党政人才的工作复杂压力大、难度系数高，导致工作能力难以发挥。多数受访者提到：在高压的工作环境下，树立目标导向，迎难而上，发挥“钉钉子”精神，提高抓好落实的能力，改进工作方法，是面对高压环境的突破口。通过对胜任特征维度的亟待提升程度的描述分析可以看出，目标驱动与问题导向两个维度的亟待提升程度排名分别为1和2，这一方面呼应了姜大明部长反复提出的“坚持目标导向和问题导向相统一”，另一方面反映国土资源部对地方党政人才贯彻执行人才能力建设的严要求。

（4）更加注重岗位综合能力与判断能力。

通过将地方国土资源党政领导人才的胜任特征模型与其他党政人才的模型相比，地方国土资源党政领导人才在内省能力、国土资源业务知识、岗位履行专业知识等“综合判断”方面比其他党政人才表现更为突出。

（5）与国土资源部本级处级党政人才胜任力模型的区别。

删除的胜任特征有规划与前瞻性思考、应变能力、经济管理通用知识、国际视野、授权能力、政策制度建设能力。

新增的胜任特征及词典定义有挑战艰难目标、问题发现与解决能力、应对（危机）突发事件、卓越领导、团队建设能力、逻辑思维、内省能力。

4. 模型效标效度检验

所谓效标，就是检验测验有效性的一种参照标准，研究采用工作绩效作为效标，在回归分析中，探讨胜任特征与绩效水平的预测关系与作用机制，对模型进行效标效度验证，结果发现：

在胜任特征总体表现水平与绩效水平的回归分析中可以看出，胜任特征总体表现水平与绩效水平正相关，对绩效水平有显著的正向预测作用。验证了本次建立的胜任特征模型的有效性，可以通过提升胜任特征表现水平从而带来工作绩效表现的提升。

在鉴别性胜任特征表现水平与绩效水平的回归分析中，通过对政治定力、实干精神、主动奉献精神、公仆意识、沟通与协调能力、换位思考能力、讲求策略、问题解决能力、抓重点的能力九项鉴别性特征的表现水平加总，将其与绩效水平进行回归分析发现，鉴别性特征表现水平与绩效水平正相关，对绩效水平有显著的正向预测作用。通过数据可以看出，鉴别性特征水平是提升国土资源工作绩效的影响因素之一，同时验证了行为事件访谈中的差异检验部分得出的结论，即鉴别性特征能够区分两组绩效水平不同的地方国土资源党政领导人才。

在维度表现水平与绩效水平的回归分析中，通过对政治品行、目标驱动、问题导向、综合判断能力和团队领导五个维度的表现水平与绩效水平的回归分析，五个维度对绩效水平的正向预测作用显著，验证了本次研究建立的模型的效标效度。其中，胜任特征模型的各个维度中，政治品行、目标驱动和问题导向三个维度在国土资源工作绩效的预测作用最为明显，目标驱动与问题导向都属于工作落实方面的能力，一方面，验证了本研究上文总结的地方国土资源党政领导人才胜任力模型的独特性，即“要求具备过硬的政治素养与工作落实能力”和“坚持目标导向与问题导向的统一”；另一方面，进一步体现这三个维度是地方国土资源党政领导人才最应注重的、代表性较强的能力素质的集合。

三、胜任特征开发与应用体系构建

（一）地方国土资源党政领导人才胜任特征的开发体系总体设计

平衡轮是教练管理的工具之一，它结合了左脑（分解及分析）和右脑（整体图像、感受、直觉）的优势，经常能够让被教练者有比较深的觉察。教练 Paul Jeong 博士依据平衡轮原理研发双轮矩阵，让被教练者在聚焦目标的前提下，通过对上一时间周期行为的反思，制订下一周期的行动计划，是一个动态提升自我的过程。本研究从平衡轮与双轮矩阵找到灵感，开发地方国土资源党政领导人才的胜任力动态发展轮，简称三轮矩阵，见图 4－3。

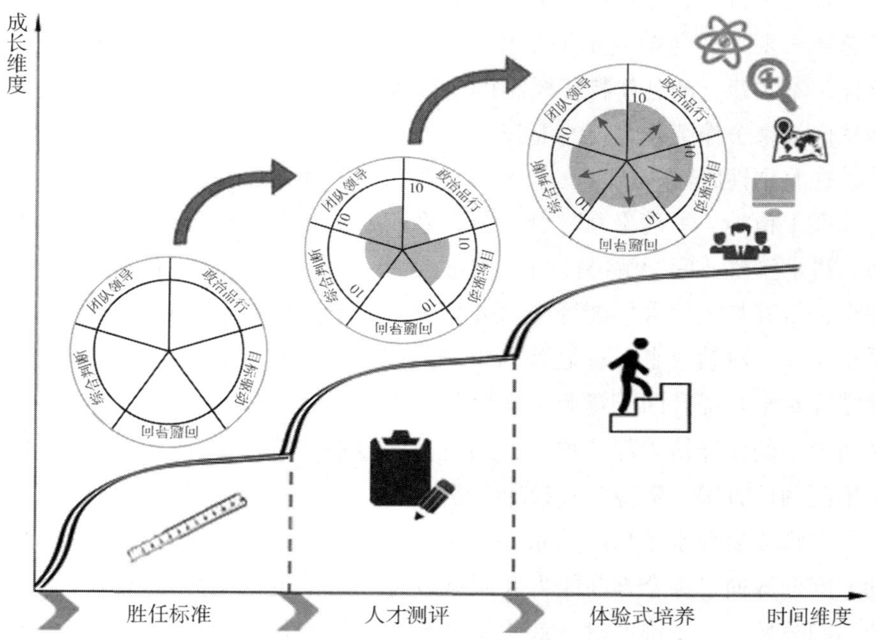

图 4－3　胜任力动态发展轮

胜任力动态发展轮中，横坐标是时间维度，纵坐标是成长维度。它由三个平衡矩阵构成：胜任标准矩阵轮、人才测评矩阵轮与体验式培养矩阵轮。胜任标准矩阵轮是指地方国土资源党政领导人才胜任特征模型，由政治品行、目标驱动、综合判断、团队领导与问题导向共五个维度 44 项素质构成，是地方党政人才的岗位胜任能力素质的标准。人才测评矩阵轮是指对国土资源部内的地方党政人才进行人才测评与盘点，采取问卷调查、行为事件访谈、业绩回顾与回报、情景模拟、画图分析、文件筐测验等方式进行地方党政人才的选拔性测评、配置性测评、开发性测评、诊断性测评、考核性测评，每个胜任维度的满分为10分，通过人才测评，得出每位被试者在各个维度的得分情况，从而分析当下地方党政人才的能力素质现状。体验式培养矩阵轮是依据人才测评结果进行各项能力素质有针对性地开发。在胜任力动态发展轮模型中，由左至右是一个能力素质的动态提升过程。每位党政干部的能力素质得分不同，体验式培养矩阵轮的培养方向与程度也不同，可根据被试者的个人情况构建个人胜任力动态发展轮。

1. 胜任特征标准矩阵轮

胜任标准矩阵轮是指地方国土资源党政领导人才的胜任特征模型，由五个维度44项素质构成。五个维度分别是政治品行、目标驱动、综合判断、团队领导与问题导向。其中，包括9项鉴别性胜任特征，即政治定力、主动奉献精神、实干精神、公仆意识、换位思考能力、讲求策略、问题发现与解决能力、沟通与协调能力、抓重点的能力。具体见图4－4、表4－14。

图4－4　胜任标准矩阵轮

表4－14　地方国土资源党政领导人才的胜任特征模型

维度	胜任特征	
	通用性	鉴别性
政治品行	立场坚定、党纪意识、廉洁自律精神、公正刚直、底线意识、依法行政意识、爱岗敬业精神、政策把握及解读	政治定力、主动奉献精神、实干精神、公仆意识
目标驱动	成就导向、挑战艰难目标、社会发展导向、组织角色认知能力	换位思考能力、讲求策略
问题导向	关系的建立与处理、公关能力、应对（危机）突发事件、资源整合能力、情绪管理能力	问题发现与解决能力、沟通与协调能力、抓重点的能力
综合判断	国土资源业务知识、岗位履行专业知识、文字综合能力、坚持、逻辑思维、调研能力、学习能力、创新意识、内省能力、自信	
团队领导	团队建设能力、培养他人的能力、卓越领导、合作精神、全局掌控能力、人本管理意识、承受高压、担当精神	

2. 人才测评矩阵轮

在人才测评矩阵轮中（图4－5），应把注意力集中于当下，选取人才测评的方法，对地方党政人才当前具备的能力素质水平与潜力进行测评，找出能力素质的“长板”与“短板”，挖掘每个地方的高潜人才。

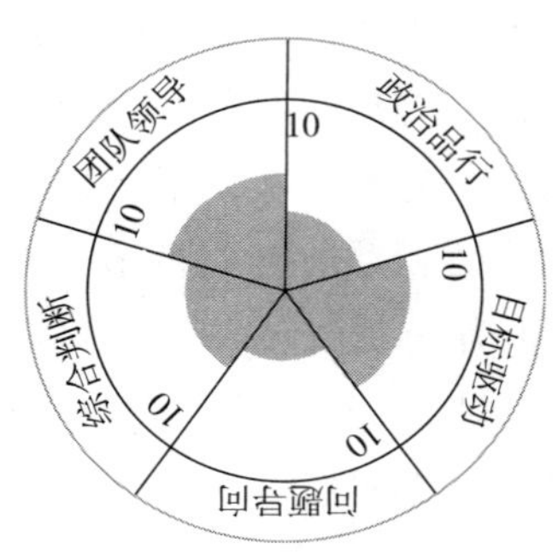

图4－5　人才测评矩阵轮

人才测评的方法种类众多，不同的测评方法侧重点也不同，因此，有很多人才测评工具可以用来进行胜任特征的测评。结合地方国土资源党政领导人才胜任特征模型，可采取以下测评方式，见表4－15。

表4－15　人才测评方法汇总

测评方法	测评工具	应用原理	测评方式	测评时间	测评内容
笔试法	心理测验量表	通过大量的行为取样分析个人的稳定的、一贯的行为表现，来了解其深层次的、潜在的个性与能力特质	纸笔测验/在线网上测评	每人1～3小时 可多人同时填答	政治品行、目标驱动
	360评价问卷	基于胜任特征模型开发的行为化多元反馈评价		每人20～30分钟 可同时多人作答	政治品行、目标驱动、综合判断、团队领导、问题导向
面试法	行为事件访谈法（BEI）	要求被试者描述几个他们如何处理得“特别好”和“特别差”的事件经过，通过对这些“关键事件”的定性与定量分析来确定其是否具有在某一具体职务上所要求的能力素质	多对一的面谈	每人30～60分钟	政治品行、目标驱动、综合判断、团队领导、问题导向
	业绩汇报	要求被试者根据工作内容、成果、个人绩效水平进行个人业绩的回顾	多对一的展示	每人30～60分钟	综合判断、问题导向、团队领导
评价中心技术	文件筐测验	将工作情境中可能遇到的各种典型问题设计成信函、请示、备忘录等书面形式，让受测者在规定时间内写出书面处理意见或决定	纸笔测验	每人1.0～1.5小时	综合判断、问题导向、目标驱动

续表

测评方法	测评工具	应用原理	测评方式	测评时间	测评内容
评价中心技术	无领导小组讨论	安排一组互不相识的被试者（通常为6～8人）组成一个临时任务小组，并不指定任务负责人，请大家就给定的任务进行自由讨论，并拿出小组决策意见	团队活动	每组6～8人 每组90分钟	团队领导、综合判断
	画图分析技术	分为“写实取向”与“投射取向”。“写实取向”主要是采用标准化的描绘指标来分析图画的细节描绘来了解被测者的认知水平、智力及缺陷，而“投射取向”则主要是在分析图画内容的意义表达的基础上，发现或解释被测者的认知过程和状态	纸笔测验	每组3～5人 每组60分钟	政治品行、目标驱动
	情景模拟视频	创设各种与目标岗位工作环境相似的模拟工作情境视频，让被测试对象观看视频填答相应问题，评委通过对被测试对象的观看表现及效果分析他们各项心理素质特征	观看视频＋纸笔测验	可同时多人进行 每组90分钟	政治品行、目标驱动、综合判断、团队领导、问题导向

从目的和用途的角度来看，人才测评可以分为五种类型：选拔性测评、配置性测评、开发性测评、诊断性测评、考核性测评，根据能力素质的测评结果，可对人员进行选任、培训、考核，为建立人才梯队与人才数据库奠定基础。

3. 体验式培养矩阵轮

在胜任力动态发展轮的第三阶段是根据第二阶段的能力素质得分，进行人才梯队的划分，并制定个性化的体验式培养方案，具体见图4－6。

人才一梯队：五个维度的平均得分处于7～10分之间，并且各个维度得分均衡，便可作为一梯队的重点培养对象，培养重点在于开发潜力、提升核心能力与各维度的得分。

人才二梯队：五个维度的平均得分处于4～6分之间，各维度能力发展不均衡，出现能力短板，可作为二梯队的重点培养对象，培养重点在于提升能力短板，平衡各维度得分。

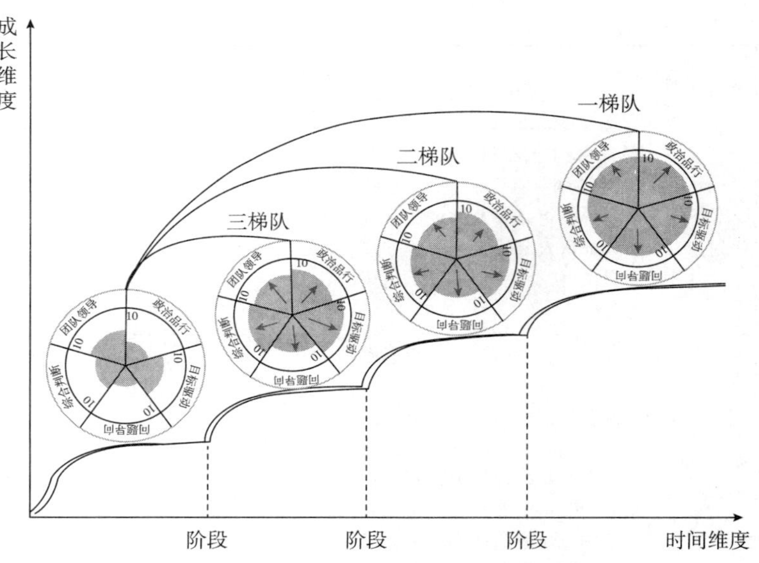

图4－6　基于能力素质的领导梯队建设

人才三梯队：五个维度的平均得分处于1～3分之间，能力较弱，可放入三梯队培养，重点提升岗位基本胜任能力，必要时调整岗位。

体验式培养方案包括：

（1）轮岗交流。长期在一个岗位工作，存在诸多弊端。一是工作环境狭窄，工作技能单一，缺乏创新，全面工作能力、应变能力、统筹能力不强，容易滋生工作惰性。二是满足于现状，不思进取，学习不努力，工作不钻研，得过且过，和尚撞钟。通过轮岗交流可以激发工作的内动力，转换已有的思想观念，增进在新岗位学习新知识的激情，增强干部对各项工作的熟悉了解程度，有利于改变干部的封闭思维模式，增强改革和创新意识，减少工作惰性，切实改进工作作风，提高工作效率。

（2）项目锻炼。实践出真知，实践出人才，这是千古不变的定理。重点项目建设要求党政领导干部具有坚定的政治信念与脚踏实地的务实作风，具备爱岗敬业的责任意识，践行群众路线，把握工作方法，做好群众工作，挑战艰难目标，始终以一种良好的进取状态，朝着既定的目标努力拼搏。可以说，干部在这种要求下参与重点项目建设，就像置身于一个大熔炉中，无论是对自己的思想政治素质还是岗位胜任能力都是极好的锤炼。

（3）实地学习考察。组织干部进行实地学习考察，学习先进单位、先进领导个人的制度建设、领导方式、工作方法等。通过实地学习考察，谈感受、找差距、说想法、提建议，结合自身实际，反思工作方式方法，要学习借鉴先进经验，创新工作思路，提高工作能力，积极转变思想和作风。

（4）个性化培训。结合人才测评结果，实现“用什么学什么，缺什么补什么”。根据能力素质得分，找出个人能力与岗位要求的差距，制定个性化的培训方案。见图4－7。

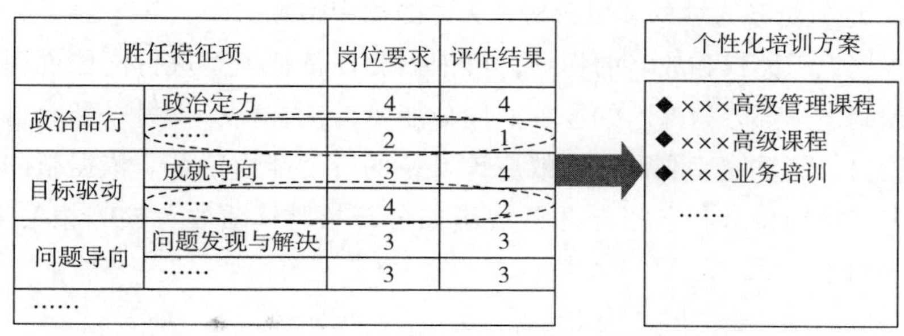

图4－7　个性化培训

（5）上级导师制。建立“上级导师制”，对现任党政干部和人才一梯队后备领导干部，由直接上级进行“一对一”联系培养；对人才二梯队后备干部，由单位一把手、上级部门分管领导进行“二对一”联系培养；对人才三梯队后备干部，由单位分管领导、上级机关单位思想素质好，理论水平高，工作经验丰富的处级领导干部、地区经验丰富的先进个人进行“多对一”联系培养。通过“传帮带”的机制，一方面可以传授优秀的工作经验方法，另一方面可以建立导师工作敦促监督机制，确保工作思路与能力的提升方向朝正确的道路发展。

（二）地方国土资源党政领导人才胜任特征的应用体系构建

战略目标决定了组织的未来发展方向。而决定战略能否实现的关键因素之一，是党政领导人才是否符合战略的要求。这包括上下能否形成合力，党政领导的行为是否与战略方向保持一致，以及员工的工作能力是否达到战略的要求。而在战略实施过程中，胜任力模型也应该作为推动战略实施的重要工具。通过胜任力模型体现组织对个人的行为要求，并通过基于胜任力的招聘、选拔、考核、培训等一系列手段，促使党政领导干部达到战略所要求的行为标准。

然而，基于胜任力的人力资源管理的价值还不限于此。还可以通过胜任力模型检验战略目标的合理性，并做出适当的调整。例如，制订了一个三年期的战略发展计划，从现有的发展状况来看，这一计划似乎是可实现的。然而，通过胜任力模型评估发现，现有人员的素质和战略要求的理想状况有相当大的差距，这一差距很难在两三年里有质的改善。在这种情况下，组织就需要考虑调整战略目标。因此，可以基于胜任力动态发展轮建设国土资源部的人力资源管理信息系统。

1. 地方党政人才的职位分析与人才数据库构建

根据组织愿景和战略的指导，可依据胜任特征模型进行岗位说明书的重新编制，一部分为部门的职能、岗位职责与岗位任务，另一部分为核心胜任能力，侧重描述取得高绩效应该具备的行为能力特征。依据新的岗位说明书进行岗位分析，指导并开展诸如公开招聘、绩效考核等相关工作。见图4－8。

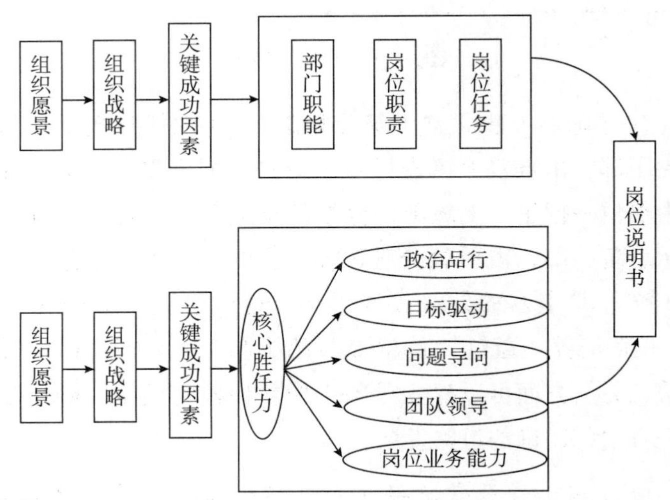

图4－8　基于核心胜任力的职位分析

依据胜任力动态发展轮中人才测评矩阵的岗位诊断性测评结果，建立国土资源人才数据库，将每位党政人才的阶段性能力素质特点及考评结果录入人才数据库中，科学有效地对每位党政干部进行能力素质的提升跟进，为建立人才梯队提供科学准确的数据支撑。

2. 地方国土资源党政人才的选任管理

根据组织战略规划及单位用人需求，可依据胜任特征模型制订岗位胜任能力标准，并运用到干部的选任管理中，采取针对关键能力与关键业绩成果的双选拔模式。对地方党政人才选任除了采用传统干部考察技术、公开选拔技术外，还要运用人才测评矩阵轮中提到的心理测验、情景模拟、专家面谈及360测评技术等人才测评方法，全方位地对后备干部进行科学、公正考量。最后，依据选拔性测评或配置性测评结果，将合适的人放置在适合的岗位上，从而实现人岗匹配。具体见图4－9。

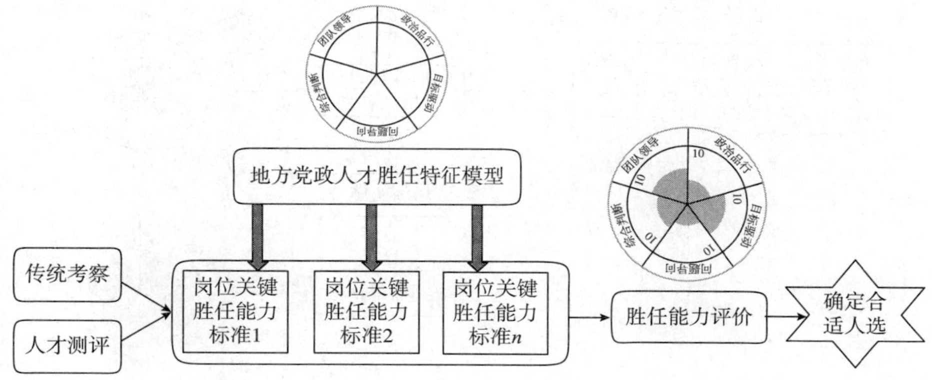

图4－9　基于胜任特征模型的选任

3. 地方国土资源党政人才的培训体系

传统的培训虽然大体能够遵循经典的系统培训模式，但是培训需求调查做得不够详细，不能确保培训的内容所提高的能力是与绩效密切相关；培训方法单一，没有根据培训内容的不同、受训人员特点的不同在培训方法上进行相应的调整，使得培训效果不明显，出现所需非所得的局面。

建立基于胜任特征模型的培训体系可以使培训更具针对性、更有效，具体见图4－10。例如，对基于绩效评估产生的培训，可以对胜任力动态发展轮中人才测评矩阵的考核性测评结果进行实际分析，找出被培训者的个人能力与岗位要求间的差距，从而有针对性地对其进行培训。如图4－7所示。

培训后进行效果评估，重新进行测评，对比培训前后的测评结果，分析哪些能力得到了提升，哪些能力达到岗位要求，还有哪些能力提升不到位，要对没有达到岗位要求和没有实现目标分数的能力进行再次有针对性的二次培训。

4. 地方国土资源党政人才的绩效激励体系

与单纯的业绩结果评价相比，能力测评及知识考核更关注干部的潜在“价值”，能够有效弥补业绩结果可能受到的客观因素干扰。将能力素质与工作业绩结合起来进行考核，一方面考核党政领导干部的业绩目标完成情

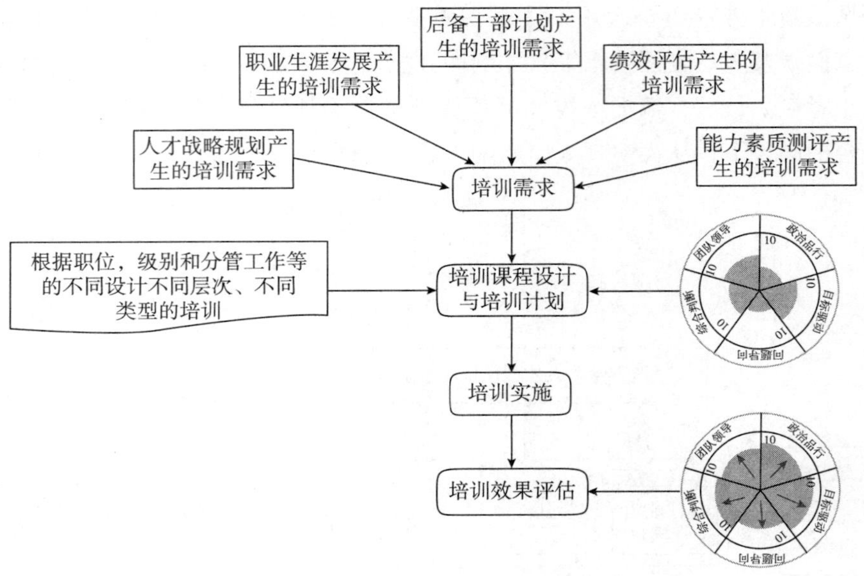

图 4－10　基于胜任特征模型的培训

况，另一方面考核党政人才培训后的能力素质提升水平，有助于识别组织内部人力资源的潜在价值，更全面地评价党政干部的功劳和潜在价值。同时，在薪酬管理中，将按劳付酬和按能力付酬结合，分析当下干部的能力水平与岗位胜任能力标准之间的差距，提高薪酬管理的科学性与激励性。具体见图 4－11。

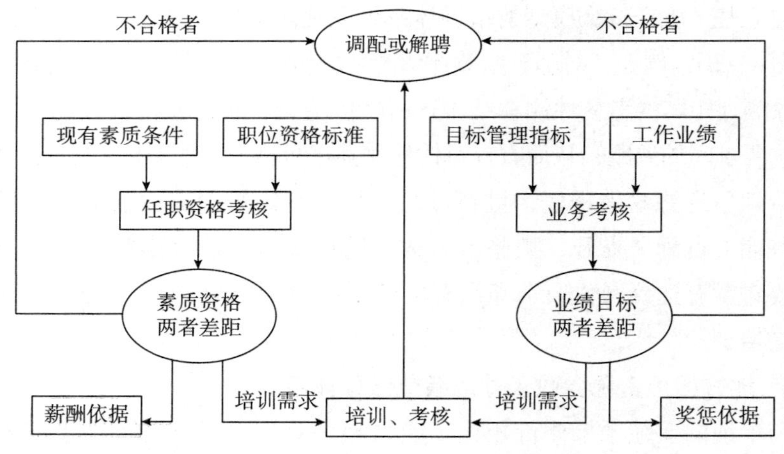

图 4－11　建立能力素质与工作业绩激励双轨制

报告三　国土资源科技人才胜任力模型构建研究

杜新波　范巍　胡利哲　谢晶

摘要：国土资源科技人才胜任力模型构建是建立国土资源科技人才能力素质标准的核心内容，2016年国土资源部人力中心委托中国人事科学研究院开展了“国土资源科技人才胜任力模型构建研究”。该项目重点以部属单位国土资源科技人才为研究对象，采用文献综述、BEI行为事件访谈、问卷调查等研究方法，研究了国土资源科技人才胜任力素质构成、编制了国土资源科技人才胜任力素质词典、构建了国土资源科技人才胜任力模型，并提出了相关应用建议。

《国家中长期人才发展规划纲要（2010—2020年）》指出：“建立以岗位职责要求为基础，以品德、能力和业绩为导向，科学化、社会化的人才评价发现机制。完善人才评价标准，克服唯学历、唯论文倾向，对人才不求全责备，注重靠实践和贡献评价人才。”2016年3月，中共中央印发的《关于深化人才发展体制机制改革的意见》提出“健全人才评价、流动、激励机制，最大限度激发和释放人才创新创造创业活力”，《国土资源中长期人才发展规划（2010—2020年）》中也指出：“建立以岗位职责要求为基础，以品德、能力为核心，以业绩和贡献为导向，科学化的人才评价发现机制，形成不同类型、不同层次、不同岗位的开放性人才考核评价指标体系。”

为有效评价国土资源科技人才能力素质，更好地发挥人才在国土资源事业中的“第一资源”支撑作用，此处引入胜任力模型理论来研究人才素质。胜任力是指能将某一工作中的卓越成就者与普通者区分开来的个人的深层次特征；因为完成一项工作或担任某一特定任务角色所需要的是一系列不同能力和素质要素的组合，所以，研究者将这些不同能力和要素的总和统称为胜任力模型。国土资源科技人才胜任力模型涉及科技人才的思想品德、知识结构、工程实践能力、创新能力、创新精神、业绩成果等多个维度，国土资源科技人才能力素质标准所描述的胜任能力，可以反映不同层次科技人才所具有的特质，也能反映科技人才成长规律。按照此标准结合岗位实际开发培训体系，针对不同层次科技人才的素质状况，量身定做培训计划，帮助科技人才弥补自身“短板”。同时改变人才评价行政主导现象、论资排辈现象，避免人才评价和激励的“马太效应”。

一、国土资源科技人才发展现状

国土资源科技人才是我国国土资源事业创新驱动发展的核心力量，其队伍能力素质的提高对整个国土资源科技人才队伍建设具有重大意义。根据有关统计，国土资源系统共有专业技术人员近 7 万人，地勘行业共有专业技术人才近 17 万人。近年来，国土资源系统和地勘行业各单位紧密结合行业发展实际，积极探索具有行业特色的国土资源科技人才培养模式，加大对国土资源高层次创新科技人才和青年科技人才战略性开发力度，通过人才工程培养、人才培养载体、政产学研协同和国际合作等多种方式为国土资源事业改革和创新发展提供了核心人才资本支撑。但同时，在国际、行业和区域人才竞争态势日益严峻，国土资源工作基础性、重要性和战略性地位越来越高的情况下，国土资源科技人才作为科技进步的重要支撑力量，其发展面临着较大问题。主要表现如下。

1. 国土资源专业技术人才总量不足

据统计，2015 年国土资源系统专业技术人才仅占 16%，且高级职称专业技术人才 65% 集中在部省一级，县级高级职称专业技术人才仅占 13%；2015 年高级专业技术人才的总量没有达到国土资源人才规划中期目标。全国地勘行业专业技术人才占地勘单位职工比例仅为 35%，其中高级专业技术人员仅为 5.30 万人，占专业技术人才的 31%。

2. 国土资源高层次创新型人才规模质量总体偏低

2015 年国土资源系统特殊专业人才仅有 679 人，仅占国土资源系统人才总量的 2‰，占系统人力资源总量的 1.5‰，并且 90% 为省部级优秀科技人才，国家科技奖项负责人、新世纪百千万人才工程国家级人选、有突出贡献的中青年专家、中国科学院和中国工程院院士等国家级人才较少。目前，国土资源系统 14 名院士中 13 名为资深院士，院士将出现“断层”。以国土资源战略和公共政策研究为主的高端智库专家缺乏，在国家层面具有改革话语权的“大家”“大师”寥寥无几。在地勘领域，具有丰富经验、能够胜任大型项目的总工程师、副总工程师等高端人才缺乏。

3. 国土资源人才能力素质与“新常态”下国土资源工作转型发展存在偏差

随着生态文明和美丽中国建设及“一带一路”、京津冀一体化、长江经济带、海洋强国战略等的实施，海洋、农业、城市、旅游、环境等方面对地质服务的需求将明显上升。但目前地勘专业技术人才同质化严重，地勘人才专业领域主要集中在地质、物探、化探、钻探、水文地质等传统领域，在油气、页岩气、天然气水合物、铀等清洁能源及战略性新兴产业所需矿产资源（例如锂、钴、“三稀”）勘查领域，城市、农业、灾害、环境、海洋、军事地质等大地质领域人才极为短缺。同时，土地领域人才能力素质结构相对单一和低端，不适应国土资源保护、规划、用途管制、不动产统一登记对相关人才知识结构、素质能力等质的要求。

二、胜任力模型理论与相关研究

（一）胜任力模型理论

1973 年，美国著名心理学家麦克利兰，发表题为 *Testing Competence rather than Intelligence* 的文章，首次提出胜任力的概念，并且提出了“冰山模型”，将胜任力分为浮于水面之上的表象素质和潜藏于水下的潜在素质。此后，胜任力模型开始被广泛应用于人力资源管理的各个方面。目前最有名的胜任力模型当属“冰山模型”及“洋葱模型”。

1. 冰山模型

“冰山模型”具体见图 4－12。其中的个人特质包括如下方面：①知识，是指某一个人在某一职业领域所拥有的事实型与经验型信息；②技能，

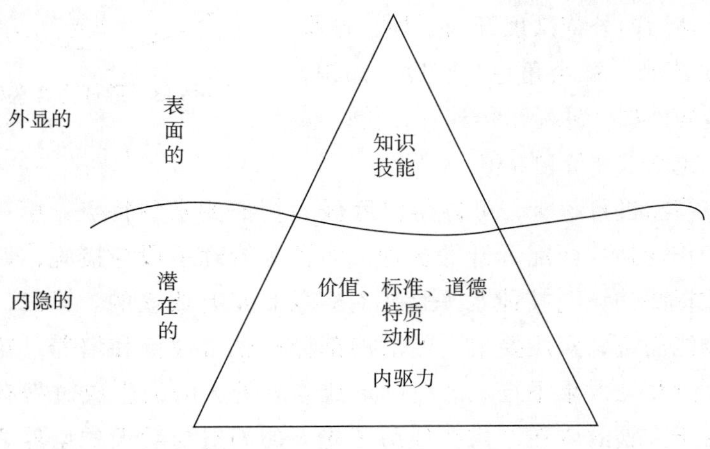

图 4－12　胜任力冰山模型

是指一个人结构化地运用知识完成某项具体工作的能力；③社会角色，是指一个人对其所属的社会群体或组织接受并认为是恰当的一套行为准则的认识；④自我概念，是指对自己身份的认识或知觉；⑤人格特质，是指一个人的身体特征及典型的行为方式；⑥动机需要，是指决定一个人外显行为的自然而稳定的思想。

胜任力的内容除了包括冰山水面下的潜能部分，还包括水面上知识与技能部分。作为冰山水面下的部分，就是通常所指的人的“潜能”，潜在素质要素是指不易直接表现、难以改变和衡量的素质要素，包括人的价值观、态度、动机、自我认知、社会角色、个性及品质等，从上到下的深度不同，则表示被挖掘与感知的难易程度不同，在水下越深，通常越不容易被挖掘与感知。由山顶到山底的胜任力素质要素对人的胜任力水平的决定程度越来越深。而在水面上的表象部分，表象素质要素是指易于表现、易于改变和衡量的素质要素，包括人的知识、技能与行为，则易于被感知。

2. 洋葱模型

洋葱模型是在冰山模型基础上演变而来的。美国学者理查德·博亚特兹对麦克利兰的胜任力理论进行了深入和广泛的研究，提出了“胜任力洋葱模型”，展示了胜任力构成的核心要素，并说明了各构成要素可被观察和衡量的特点。具体见图4－13。洋葱模型，是把胜任素质由内到外概括为层层包裹的结构，最核心的是动机，然后向外依次展开为个性、自我形象与价值观、社会角色、态度、知识、技能。越向外层，越易于培养和评价；越向内层，越难以评价和习得。

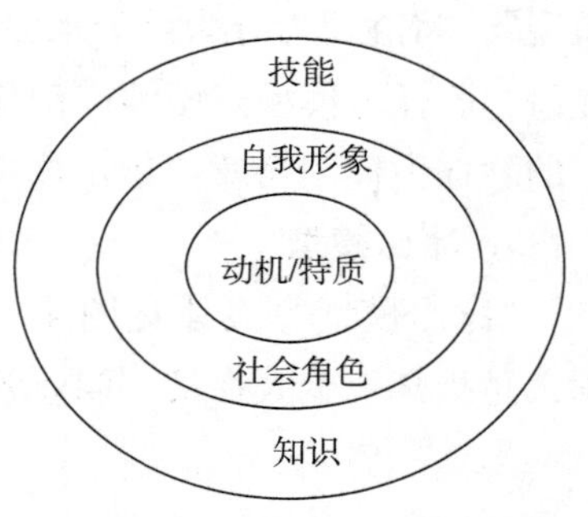

图4－13　胜任力洋葱模型

对该模型进行解析，可以得出胜任力构成要素的特点：第一，通过培训、工作轮换、调配晋升等多种人力资源管理手段与措施，使员工个体具备或提高知识与技能水平是相对容易且富有成效的。第二，相对于知识、技能而言，素质要素中的潜能部分则较难评价和培养，花费的成本较高，且往往效果不佳。潜能的形成与人的大脑的生成过程有密切的关系。由于人脑的内在结构在经历了先天的塑造与后天的培养之后，到了一定年龄将不易改变，所以，这些潜在的动机、内驱力、个性、自我形象、价值观、社会角色等在一定程度上也是持久不变且与众不同的。第三，胜任力各构成要素之间存在非常重要的内在驱动关系。素质中的潜能部分对指导组织能否有效利用员工的知识与技能是非常关键的，有时甚至起着决定性作用。

（二）构建胜任力模型的思路与途径

综观研究者（Tuxworth，1989；Goldstein Ford，2002）对胜任特征模型开发途径的论述，胜任力建模的基本思路和途径有三种。

第一种思路是确定与组织核心观点和价值观相一致的胜任力。这种思路确定的胜任特征更关注塑造与所在组织文化相适应的员工，其前提是组织必须有经过检验的核心价值观并已形成相对稳定且鲜明的组织文化。它最大的优点是揭示了“冰山”模型中的深层胜任特征。它采用的途径是职业分析方法。基于对某一职业或专业及其必需的职责和任务的职能分析，常常会产生一个广泛的胜任特征清单，常常要建立绩效标准。采用这种思路，建立胜任力模型，在国内很多大企业中已有许多商业实践（彭剑峰，2003）。

第二种思路和途径源于 McClelland、McBer 公司、哈佛商学院等的研究（KLemp，1977；Spence，1983）。该思路通常使用关键事件访谈法，选择那些高绩效的岗位角色，从中抽取其特征。该开发途径隐含的前提是已经确定“正确的事”，余下的任务就是“正确做事”，即提高在职员工的绩效，改善其胜任特征。这种思路要求模型开发人员要达到很专业的访谈技能水平，该方法在英美两国管理教育中产生了一些影响。

第三种思路是根据行业关键成功因素（Key Success Factors，KSFs）开发胜任特征模型。Thompson 和 Strickland 指出，该方法的关键之一就是要识别并获取行业关键成功因素。其原理是“人 - 职 - 组织”匹配。在管理实践中，开发组织的核心胜任力时，通常采用 KSFs 方法。国内目前尚无相关研究。

这几种途径各自发展，常常被视为相互独立。目前，在我国，建立胜任特征模型的基本途径有两种：一种是研究途径，另一种是实践途径。许多研究人员主持开发模型的途径沿袭的都是经典的实证研究路线，而在更多的组织胜任力模型开发中应用的是实践途径。

（三）科技人才胜任力特征研究概述

开发和构建科技人才的胜任力模型，最终目的是为科技人才的配置提供基础工具，建立以能力和绩效为导向的培养体系。对科技人才胜任力的探究，国内外学者已经进行了大量的研究，现将以往对科技人才胜任力的研究成果整理、归纳如下。

1. 国外研究综述

对科技人才胜任力的研究，西方发达国家研究成果比较丰富，主要可以分为两大类：

一是权威机构的研究。国外很多权威机构会组织发布科技人才胜任力模型。例如，美国工程和技术鉴定委员会于 1998 年发布的《工程准则 2000》从专业素质和道德人文素质两方面确定了工程师应当具备的 11 项胜任力。美国国家工程院在 2004 年发表的《2020 年的工程师》报告中预测，2020 年或更远的未来，工程师最需要具有分析能力、实践能力、创造能力、交流能力、商业管理能力、职业道德与专业精神、终生学习能力等素质。美国新墨西哥州立大学认为，科技人才应具有职业道德和勤奋坚持，口头交流能力和交际能力、教育和专业知识。澳大利亚认为，科技人才的素质由基本知识和基本技能组成，基本知识包括专业知识、一系列正式、非正式信息源的知识、最新的技术和技巧、工具知识。从这些权威机构发布的胜任力特征不难看出，科技人才的胜任力要求不仅体现在专业知识上，而且需要具有综合能力和职业道德。

二是学者通过理论和实证研究提出科技人才胜任力素质模型。例如，Spencer 等经过研究提出了科技人才的通用胜任力模型。胜任要素包括成就导向、冲击与影响力、概念式思考、分析式思考、主动积极、自信、人际关系、寻求信息、团队合作精神、专业知识、客户服务导向。吉尔福特与其同事霍夫纳，把创新型人才应该具有的素质分为六个主要方面：敏感性、流畅性、灵活性、独创性、再定义性及洞察性。宾州大学教授罗尔菲尔德将创新型人才的特征归纳为八个方面：对问题的敏感性、变通性、流畅性、独创性、再定义与再构成的智力、区别与抽象的能力、综合能力及组织的一贯性。斯坦伯格认为，创造者具有如下共同特点：忍受模糊的能力、克服障碍的意愿、承担风险的愿望和自信心。大前研一（2006）在他的《专业主义》一书中提出了“专业”的概念，指出单位和社会的发展仅仅有专家是不够的，需要有“专业”人士，“专业”人士是指那些拥有比以往更高超的专业知识、技能和道德观念；好奇心和向上心永不匮乏；具有严格的纪律；而且面对环境的变化能同样发挥同等实力的人，也就是具有先见力、构思力、议论力和矛盾适应力的人。

2. 国内研究综述

国内相比而言缺少权威机构研究、发布的胜任力模型，比较多的是学者个人通过研究构建的胜任力模型。大致可以归为以下方面。

一是强调创新素质。例如，周敦文（2002）从系统论的角度出发，将科技创新人才的素质分为创新意识、创新能力和创新品格等三个方面，并认为这三方面构成了一个相互作用的系统。王黎萤等（2008）构建的创新型工程科技人才胜任力结构，是以科学知识和工程技术为知识基础，具备高度的创新精神和创新能力，并通过多元复合的实践技能，获取信息和资源的商务技能，以个性化与创新精神的完美结合实现在工程科技过程中的创新。何健文（2011）将创新人才胜任力归纳为 CSKA 等四个构成要素，分别是创新精神（Innovative Spirit）、创新意识（Innovative Consciousness）、创新技能（Innovative Ability）、创新知识（Innovative Knowledge）四大板块。其中，创新精神可分为创新人格和创新品质，创新意识可分为个人意识和氛围意识，创新技能可分为基本技能和实际操作技能，创新知识可分为知识水平、经验感知与教育背景。

二是强调综合素质。曾任中国科技大学校长朱清时（1999）将创新人才的素质归纳为六点：广博的多学科交叉的知识、浓厚的好奇心和兴趣、敏锐的洞察力、勤奋刻苦和集中注意力及易被社会接受的品质，包括诚实、责任感和自信心。梁兴英（2001）认为，科技创新人才应具备如下素质：广博的知识、丰富的想象力、不懈的创新意识及健全的人格。翁庆余（2002）认为，创新型科技人才的素质特征如下：宽厚的知识基础、突出的创新精神、卓越的实践能力及高度的责任心。王铁臣（2004）认为，创新人才应具备综合素质，包括政治素质、人文素质、心理素质、身体素质、业务素质和创新素质等。对创新人才的素质要求与对传统人才的素质要求相比，有如下新特点：知识结构的综合性、开放性；智能结构的动态性、创新性；个性品质的进取性、竞争性；个人能力的开拓性、创造性。刘亚林（2007）认为，创新型科技人才应具备如下特征：较强的创新能力、良好的知识基础、较强的学习能力与实践能力、强烈的成就欲望、较强的团结协作精神。王广民等（2008）通过对 84 名创新型科技人才的访谈，并结合 50 位学者对科技人才特质的看法，提炼创新型科技人才的 55 种关键特质，其中创新意识与创新能力、科技综合能力、深厚的专业知识、洞察力与观察力、坚强的意志、丰富的想象力、强烈的好奇心、富有创造力、独立性强、科学实践能力强等特质出现的频次最高，从总体上看，创新型科技人才具有创新意识和创新能力、深厚的专业积累与稳定的研究方向、敏锐的观察力、严谨的方法和系统思维能力四个典型特质。

三是胜任素质结构。如果说以上两类研究是自下而上的研究，此类研究就是自上而下的研究。例如，王凤科等（2002）从四个方面对创新人才的素质进行了划分，其将创新型人才素质构成分为四部分：意识、知识、能力、个性四个维度。王文强等（2003）将科技人才的创新素质分为创新思维、竞争意识、探索精神及创新知识等方面。邵铭康等（2003）从思想道德修养、竞争意识、法制观念、创新能力、方法论及团队合作能力等六个方面研究创新型科技人才的胜任素质构成。黄保强（2004）将创新型人才的素质结构分为思想观念、心理素质、身体素质、能力结构和知识结构五部分。邢媛媛（2008）将创新型科技人才的素质分为五个方面：知识结构、思维方法、创新欲望、严谨的态度、团结协作精神。吕钦等（2009）将创新型科技人才的素质分为三个层面，即基础素质、知识技能和创新表现。孙芬等（2010）依据"冰山模型"构建了包括"水面以上"知识、技术、经验素质和"水面以下"创业潜质的高层次科技创业人才素质模型。廖志豪（2010）通过对87名创新型科技人才进行问卷调查发现，创新型科技人才的共性特征主要包括：博、专结合的知识体系；多元的思维结构；积极的个性品质；全面的创新能力。

综上所述，胜任力特征作为一个多维、多层次的集合概念，是在工作情境下，与工作绩效密切相关的知识、技能、价值观、个性，以及态度等的整合体，因此，国土资源科技人才胜任力特征自然跟他们从事的专业工作情景和工作绩效密切相关，与其他科技人才相比较，国土资源科技人才的胜任力结构既包括一般科技人才的通用素质也包括国土资源科技人才的特有素质。

三、国土资源科技人才胜任力模型实证研究

（一）国土资源科技人才胜任力模型构建技术路线

在以往有关科技人才能力素质模型研究的基础上，本研究明确了国

土资源系统不同序列科技人才的能力标准，并根据培养、任用等不同的目的，构建与目的相匹配的、不同的人才测评技术方法，为国土资源系统科技人才选拔、任用和培养、发展提供有效的内部和外部评价手段，同时，能服务于国土资源系统其他类型人才的培养，并为之提供科学的依据。

我们在国土资源科技人才胜任力建模的思路和途径上选择 McClelland 等开创的古典建模法。该方法包括确定绩效标准、选择效标样本、获取效标样本有关的胜任特征的数据资料、分析数据资料并建立胜任特征模型、验证胜任特征模型等具体步骤。这种方法遵循研究型的思路，属于归纳型建模方法，遵循以过去预测未来的模式，所构建的模型通常具有很高的信度和效度。具体见图 4－14。

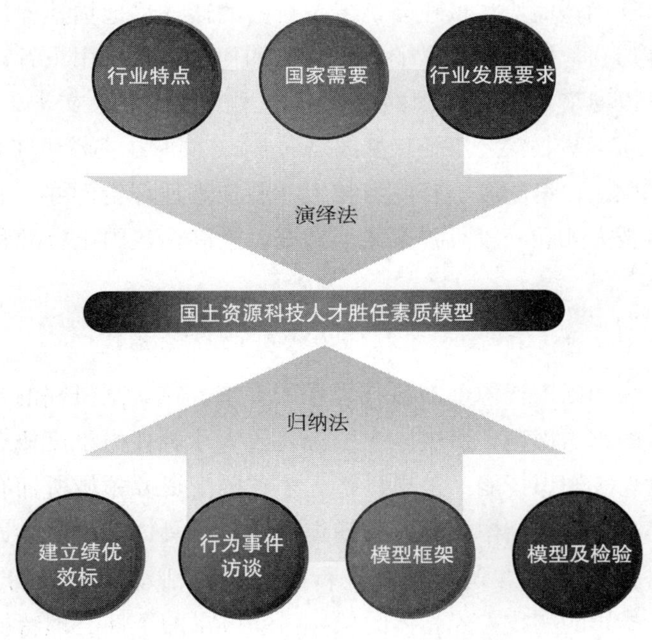

图 4－14　模型构建技术路线

1. 绩效标准的确定

绩效标准一般采用工作分析和专家小组讨论的方法来确定。工作分析是指采用各种工具与方法明确工作的具体要求，提炼鉴别工作优秀的员工与工作一般的员工的标准。专家小组讨论则是由上级主管领导、人力资源管理层和研究人员组成的专家小组，就此岗位的任务、责任和绩效标准及期望优秀领导表现的胜任力行为和特点进行讨论，得出最终的结论。如果客观绩效指标不容易获得或经费不允许，一个简单的方法就是采用“上级提名”，这可以认为是专家小组讨论方法的一种简化形式。“上级提名”往往综合反映了受评价人员在工作任务的表现、上级的期望标准等多方面的因素指标。本研究中，将通过访谈主管领导、人力资源管理层、团队领导等确定国土资源科技人才胜任素质绩效标准。

2. 效标样本有关胜任力的数据资料获取

本研究在效标样本的选取中采用系统分层取样的方式，从不同专业群体中选取一定比例的国土资源优秀科技人才作为样本进行 BEI 访谈。事先准备一份访谈的提纲，以便在访谈中把握面谈的方向与节奏，并且确保访谈者事先不知道访谈对象属于优秀组或一般组，避免造成先入为主的误差。访谈者在 BEI 访谈时应尽量让受访者用自己的话详尽地描述他们成功或失败的工作经历，他们是如何做的、感想又如何等，并采用录音设备把内容记录下来，以便事后整理详尽的有统一格式的访谈记录文本，便于编码。形成《国土资源科技人才胜任特征编码词典》，同时在文献研究和课题组前期研究的基础上，编制国土资源科技人才胜任素质评定问卷，通过对高层次创新型科技人才和一般科技人才的调查，最终构建国土资源科技人才胜任模型。

（二）国土资源科技人才胜任力模型的理论构建

根据中央和国土资源部对科技人才的要求，在文献研究的基础上，按照麦克利兰的冰山模型，形成国土资源科技人才胜任力维度概念模型，包括六大维度：①知识技能：是指科技人才在国土资源领域所拥有的事实型与经验型信息，以及结构化地运用知识完成某项具体工作的能力。②创新特质：指科技人才在意识支配下进行的创造性活动需具备的个人品质。③领导力：指影响科技人才具体的领导活动效果的个性心理特征和行为的总和，是领导者素质的核心。④动机：指决定科技人才外显行为的自然而稳定的内驱力。⑤人际能力：指科技人才的人际感受能力与人际反应能力的综合。前者是科技人才对他人及他人与自身关系的觉察能力，后者则是科技人才对他人及他人对自身影响的行为应对能力。⑥人格特质：科技人才自身的特征及典型的行为方式。具体见图 4－15。

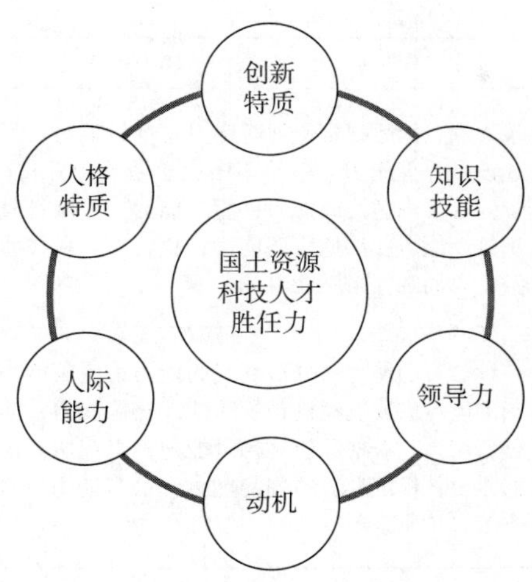

图 4-15 胜任力模型理论构建

（三）国土资源科技人才胜任力模型的实证构建

按照传统的行为事件访谈法（BEI）设计访谈提纲，选择部分优秀的国土资源科技人才进行关键事件访谈，编制胜任素质词典，形成国土资源人才胜任力理论模型。在此基础上编制调查问卷，进行较大范围的调查，分析调查结果，形成最终的国土资源科技人才胜任力模型。

1. BEI 访谈

对部分国土资源创新型科技人才进行 BEI 访谈，访谈对象分为三类人群，第一类是司局级党政领导级别的高层次创新型科技人才，第二类是国土资源领军人才代表，第三类是国土资源杰出青年代表。由于访谈对象的稀缺性和访谈时间的有限性，访谈资料只能满足能力素质要素的识别编码。具体见表 4-16。

表 4-16 BEI 访谈结果

编号	访谈对象身份	胜任素质
1	司局级代表	思维品质；知识结构和知识更新的能力（特别是跨界知识）；沟通能力。学习能力（尤其是跨界学习的能力）；分析判断能力；战略思维能力；百折不挠，执着坚毅；信任构建。责任心；成就动机；坚持不懈；规划能力；科研能力；战略思维；团队合作能力；组织能力；沟通协调能力

续表

编号	访谈对象身份	胜任素质
2	领军人才代表	求知欲；国际视野；创新意识与创新能力；新知识及技术方法；团队建设；管理能力。坚持不懈；学习能力；科研能力；自我分析能力；责任心；沟通协调能力；组织能力。战略性思维；自我分析能力；组织管理能力；沟通协调能力；执行力。科技素养；勤勉务实；坚韧不拔；全局观；组织能力
3	杰出青年代表	持续学习的能力；分析判断的能力；决策能力；把握全局的能力；创新的能力。成就动机；主动性；统筹能力；学习能力；执行力。求实创新能力。人格品质；科研能力；组织协调能力；科研素质；政策把握能力；经济形势预判的能力；语言能力。坚持不懈。正直诚实，能吃苦；科研素养

2. 国土资源科技人才胜任力素质词典

按照胜任力维度概念模型，结合 BEI 访谈结果，编制国土资源科技人才胜任力素质词典，形成国土资源科技人才胜任力理论模型。国土资源科技人才胜任力由知识技能、创新特质、领导力、动机、人际能力、人格特质六个维度构成，共包括 45 个素质要素。其中知识技能包括 8 个素质要素，创新特质包括 3 个素质要素，领导力包括 9 个素质要素，动机包括 6 个素质要素，人际能力包括 5 个素质要素，人格特质包括 14 个素质要素。具体见表 4－17。

表 4－17　胜任力素质词典

维度	素质要素	要素定义
知识技能	（1）知识结构	指知识的广度和深度在具体人身上的构成方式和组合状况。它是知识体系在求知者头脑中的内化反映
	（2）实践能力	指个体进行实践的各种能力和潜力的总和
	（3）趋势把握	指个体对事物发展动向的把握能力
	（4）学习能力	指个体进行学习的各种能力和潜力的总和
	（5）问题解决	泛指由问题引发并指向其解决的思维活动
	（6）分析判断	指个体对事物进行剖析、分辨、单独进行观察和研究的能力
	（7）决策能力	指个体根据既定目标认识现状，预测未来，决定最优行动方案的能力
	（8）应变能力	指个体灵活机动地应付突然发生的情况的能力

续表

维度	素质要素	要素定义
创新特质	(9) 创新思维	指个体以新颖独创的方法解决问题的思维过程，通过这种思维能突破常规思维的界限，以超常规甚至反常规的方法、视角去思考问题，提出与众不同的解决方案，从而产生新颖的、独到的、有社会意义的思维成果
	(10) 创新意识	指个体根据社会和个体生活发展的需要，引起创造前所未有的事物或观念的动机，以及在创造活动中表现的意向、愿望和设想。它是人类意识活动中的一种积极的、富有成果性的表现形式，是人们进行创造活动的出发点和内在动力。是创造性思维和创造力的前提
	(11) 创新能力	指个体产生新思想，发现和创造新事物的能力。它是成功地完成某种创造性活动所必需的心理品质
领导力	(12) 战略思维	指思维主体对关系事物全局的、长远的、根本性的重大问题进行谋划的思维过程
	(13) 全局观念	指个体一切从系统整体及其全过程出发的思想和准则
	(14) 指挥控制	指个体发令调动，实现系统有目的变化的活动的能力
	(15) 领导技能	指把握组织的使命及动员组织成员围绕这个使命奋斗的技能
	(16) 团队建设	指为了实现团队绩效及产出最大化而进行的一系列结构设计及人员激励等团队优化行为
	(17) 组织能力	指根据工作任务，对资源进行分配，同时控制、激励和协调群体活动过程，使之相互融合，从而实现组织目标的能力
	(18) 培养指导	指按照一定的目的对组织成员教育、训练、指点、引导的能力
	(19) 经营意识	指为一定目的而设法使机构或组织运转的意识
	(20) 人文关怀	指个体对人的生命、价值、命运和尊严的关怀，对人的生存状况和生活条件的关切的态度
动机	(21) 成就动机	指一种社会性动机。是个人对自己所认为重要的或是有价值的工作，去从事、去完成、追求成功并欲达到某种理想状态的一种内在推动力
	(22) 探索精神	指个体敢于冲破传统观念的束缚，深入未知领域去探讨人们尚未认识的客观规律的内在动力
	(23) 质疑精神	指个体从现有的某一种课题或现有的种种立论中，发现疑点而提出疑问的精神
	(24) 兴趣	指个体力求接近、探索某种事物和从事某种活动的态度和倾向
	(25) 好奇心	指个体受到未知的、新奇的事物刺激时所产生的注视和探索该事物的愿望或意向
	(26) 求知欲	指个体内在的力求认识事物、汲取知识、扩充经验、探求真理的认知欲求

续表

维度	素质要素	要素定义
人际能力	（27）角色意识	指个体对自身在某方面的身份、地位、作用的认识
	（28）沟通协调	指个体在日常工作中妥善处理好上级、同级、下级等各种关系，使其减少摩擦，能够调动各方面的工作积极性的能力
	（29）团队协作	指建立在团队的基础之上，发挥团队精神、互补互助以达到团队最大工作效率的能力
	（30）信任构建	指在工作中与他人建立信任关系的能力
	（31）同理心	指设身处地地对他人的情绪和情感的认知性的觉知、把握与理解的能力
人格特质	（32）责任心	指个体在一定的社会关系中对自身的地位、任务有正确的认识，从而使个人的社会活动同他所应履行的义务相适应。也指人们在履行自己应尽义务的过程中产生的内心体验和情感
	（33）事业心	指个体从事社会中某项工作的积极愿望和追求其活动成果的一种心理状态
	（34）奉献精神	指为国家和革命利益无私奉献出自己一切的精神
	（35）服务意识	指个体在与他人的交往中所体现的为其提供热情、周到、主动的服务的欲望和意识
	（36）独立自主	指不受外力控制、支配，自己行使主权
	（37）意志力	指个体为达到既定目的而自觉努力的程度
	（38）压力承受	指个体对逆境引起的心理压力和负性情绪的承受与调节的能力
	（39）诚信正直	指个体诚实无欺，信守诺言，敢作敢为，不畏强权，有勇气坚持自己的信念的人格特征
	（40）勤勉务实	指个体努力不懈、讲究实际、实事求是的人格特征
	（41）主动进取	指个体不满足现状，主动坚持不懈地向新的目标追求的蓬勃向上的心理状态
	（42）包容开放	指个体虚怀若谷、兼容并包的胸怀和气度，是团结协作、共存共赢的意识和心态
	（43）品德修养	指个体依据一定的社会道德准则和规范行动时，对社会、对他人、对周围事物所表现的稳定的思想行为倾向和综合素质
	（44）自控能力	指个体对外界诱惑及自身行为习惯的一种控制能力
	（45）执着坚毅	指对个体某一事物或信念坚持不懈，坚毅不挠的心理状态

3. 问卷调查

根据理论构建的胜任力模型编制胜任特征评定问卷，对 596 名国土资源科技人才进行调查，结果如下：

（1）优秀国土资源科技人才必须具备的胜任要素。调查显示，受访者认为排名前十五项的素质要素（按有效百分比递减排序）为责任心、探索精神、知识结构、团队协作、学习能力、团队建设、实践能力、沟通协调、创新能力、问题解决、全局观念、创新思维、战略思维、事业心和组织能力，具体见表 4－18。

表 4－18　优秀国土资源科技人才必须具备的胜任要素

序号	素质要素	有效样本数	有效百分比
1	（32）责任心	463	77.8
2	（22）探索精神	406	68.1
3	（1）知识结构	382	64.3
4	（29）团队协作	369	61.9
5	（4）学习能力	332	55.8
6	（16）团队建设	331	55.5
7	（2）实践能力	322	54.1
8	（28）沟通协调	313	52.5
9	（11）创新能力	308	51.7
10	（5）问题解决	306	51.3
11	（13）全局观念	300	50.3
12	（9）创新思维	298	50.0
13	（12）战略思维	250	42.2
14	（33）事业心	223	37.6
15	（17）组织能力	222	37.2

（2）当前国土资源科技人才在胜任要素上的具体表现水平。调查显示，除了自控能力和执着坚毅两项素质没有评价数据之外，其他 43 项素质受访者普遍认为当前国土资源科技人才表现尚可（平均分在 3.63 ~ 4.62 之间）。受访者认为按照目前国土资源科技人才在胜任要素上的表现，排名前十五项的素质要素（按平均数递减排序）为压力承受、勤勉务实、品德修养、知识结构、学习能力、主动进取、分析判断、责任心、事业心、组织能力、诚信正直、团队协作、问题解决、实践能力和指挥

控制。同时，调查显示，国土资源科技人才对目前的工作都还算满意（平均分为4.28）。具体见表4－19。

表4－19　当前素质要素表现水平

序号	素质要素	平均数
1	（38）压力承受	4.62
2	（40）勤勉务实	4.51
3	（43）品德修养	4.42
4	（1）知识结构	4.37
5	（4）学习能力	4.36
6	（41）主动进取	4.33
7	（6）分析判断	4.28
8	（32）责任心	4.27
9	（33）事业心	4.27
10	（17）组织能力	4.26
11	（39）诚信正直	4.23
12	（29）团队协作	4.22
13	（5）问题解决	4.21
14	（2）实践能力	4.19
15	（14）指挥控制	4.18

（3）国土资源科技人才需要具备的最重要的胜任要素评价。调查显示，45个素质要素中，国土科技人才普遍认为最重要的五项素质要素（按重要性程度递减方式排序）为“知识结构”“责任心”“学习能力”“探索精神”“团队协作”。

4. 国土资源科技人才胜任力模型

根据访谈和调研的结果构建国土资源科技人才胜任力模型，包括6个维度和15个胜任素质，见表4－20。不同维度内容如下：维度1：知识技能，包括4个胜任素质，分别是知识结构、实践能力、学习能力、问题解决；维度2：动机，包括1个胜任素质，即探索精神；维度3：人际能力，包括2个胜任素质，沟通协调和团队协作；维度4：人格特质，包括2个胜任素质，责任心和事业心；维度5：创新特质，包括2个胜任素质，创新思维和创新能力；维度6：领导力，包括4个胜任素质，战略思维、全局观念、团队建设、组织能力。

表4-20 国土资源科技人才胜任力模型

类别	国土资源科技人才胜任力模型［4（9）+2（6）］
基本素养	知识技能（知识结构、实践能力、学习能力、问题解决）、动机（探索精神）、人际能力（沟通协调、团队协作）、人格特质（责任心、事业心）
关键能力	创新特质（创新思维、创新能力）、领导力（战略思维、全局观念、团队建设、组织能力）

根据胜任素质特征必备性评价排序结果（责任心、探索精神、知识结构、团队协作、学习能力、团队建设、实践能力、沟通协调、创新能力、问题解决、全局观念、创新思维、战略思维、事业心和组织能力）对胜任素质特征进行如下描述（胜任力辞典）：

（1）责任心（表4-21，表4-22）。

表4-21 定义及问题

项目	责任心
素质定义	有责任意识，认可自己的工作职责，认真地采取行动去完成这些职责，并自发自觉地承担工作后果
核心问题	责任意识；认可工作；承担后果

表4-22 等级与行为

等级	行为描述
次级	明确自己的工作职责和角色，认识到自己承担工作的重要性
初级	以一种积极主动的姿态处理事情，对职责范围内的工作进展情况及时进行核查，对发现的问题采取必要的行动，以保证工作按要求标准完成
中级	当工作中面临需要同时处理职责内和职责外的任务时，能主动采取应对措施，保证不因为职责以外的任务而影响职责内工作的完成情况
高级	主动公开地承担本职工作中的问题责任，不欺上瞒下，并及时主动地采取补救预防措施，防止类似的问题再次发生
最高级	支持组织战略目标的实现，即使面临巨大压力或个人利益受到损失时，仍能不折不扣完成工作并承担责任

（2）探索精神（表4-23，表4-24）。

表 4－23　定义及问题

项目	探索精神
素质定义	敢于冲破传统观念的束缚，深入未知领域去探讨人们尚未认识的客观规律
核心问题	好奇心；求知欲；开放性；积极关注；不怕困难

表 4－24　等级与行为

等级	行为描述
次级	固守自己已知的领域，不喜欢探索新鲜事物，不愿接受新思想、新观念，不愿改变现状
初级	只接受自己从事的技术领域的新技术、新思想；对其他相关专业或领域的新事物不感兴趣
中级	关注专业或技术领域内外的新观念、新思想和新技术，探究专业或技术领域内外的新事物的规律
高级	乐于接受各方面的新观念、新思想和新技术，喜欢探究专业领域内新鲜事物的发展规律，不怕困难，乐此不疲
最高级	投入资源利用多种途径收集和获取专业领域内的各种新鲜信息，积极探究新鲜事物的内在规律，常从专业或技术领域之外的新观念、新思想获得启发，并成功应用到其他方面

（3）知识结构（表 4－25，表 4－26）。

表 4－25　定义及问题

项目	知识结构
素质定义	知识的广度和深度在科技人才身上的构成方式和组合状况
核心问题	精深的专门知识；广博的知识面；合理的知识体系

表 4－26　等级与行为

等级	行为描述
次级	对专业领域动态漠不关心，基础理论知识不扎实，专业知识不够丰富，领悟力、驾驭能力欠缺；没有持续学习的精神；不懂外语，观念老套
初级	比较关注业界动态，对专业知识有一定的领悟力；拥有一定的专业知识，追踪前沿的技术，能有一些自己的想法与观点，有一定的外语知识，能做好与其他部门的衔接
中级	关注业界动态，对专业知识有较好的领悟力；拥有较丰富的专业知识，经常性追踪前沿的技术，有自己特定的想法与观点，能较好地与其他部门衔接。有一定的外语水平，能够查阅一般的文献
高级	基础理论知识扎实，专业知识丰富，有一定的国际视野，知识面较宽，外语水平较高，能够获取相关专业领域的国内外最新研究信息。愿意了解其他人的工作，思考如何与其配合和衔接
最高级	雄厚的基础理论知识和精深的专业知识，宽广的国际视野，知识面广博，注重在工作中及时更新知识及技术方法，外语水平高，能够引领相关领域的发展

（4）团队协作（表4－27，表4－28）。

表4－27　定义及问题

项目	团队协作
素质定义	作为团队的一员，在团队中主动征求他人意见，与他人互享信息，互相鼓励，为了团队共同的目标与大家通力合作完成任务的能力
核心问题	愿意与他人合作的倾向，而不是独立工作或出现冲突

表4－28　等级与行为

等级	行为描述
次级	愿意与他人合作开展工作，自愿参与和支持团队的决定；能与群体中的其他成员共同交流，分享有用的信息和资源
初级	尊重他人的意见和专业知识，愿意向他人学习；在做决策时，诚恳地征求团队他人的意见、创意和经验
中级	用正面字眼看待和谈论团队的成员，表达对他人才智的尊重，对其他团队成员的能力和贡献给予公开赞赏和鼓励
高级	在团队中建立饱满的士气，统一的行为标准和价值观及健康的合作氛围，提升团队凝聚力
最高级	不会隐藏和回避团队中的冲突，开诚布公地处理团队内部矛盾，并积极寻求有利的冲突解决方案

（5）学习能力（表4－29，表4－30）。

表4－29　定义及问题

项目	学习能力
素质定义	在工作过程中积极地获取与工作有关的信息和知识，并对获取的信息进行加工和理解，从而不断地更新自己的知识结构、提高自己的工作技能的能力
核心问题	学习方法；学习技能

表4－30　等级与行为

等级	行为描述
次级	工作中不学习。在专业上停滞不前，不愿意更新自己的知识结构；在工作中不注意向其他人学习。不参加培训，不交流工作心得，遇到无法解决的问题时搁置不理，不注重工作经验的积累，也不看专业有关的书籍

续表

等级	行为描述
初级	只注重工作经验的积累来达到学习的目的。学习的唯一途径是工作经验的积累，被迫性参加培训
中级	工作中既注重工作经验积累，也愿意并善于向其他同事学习；具有较强烈的好奇心，希望了解工作当中的细节和技术
高级	积极地参与一切与工作有关的学习。从事自己不太熟悉的任务时，能够钻研资料，获得必备的工作知识或技能，从而尽快适应新的工作要求。习惯性地收集专业领域的新信息，追踪最新发展动态，积极了解新理念、新概念、新技术
最高级	主动拓宽知识面，积极钻研新的专业知识和技术。在深入了解当前新的知识和技术的基础上，将最新信息与专业研究领域的工作需要结合起来

（6）团队建设（表4－31，表4－32）。

表4－31　定义及问题

项目	团队建设
素质定义	指个人有意识地组建团队，发挥团队的作用，以弥补自己的不足；正确定位自己的角色，有意识地以任务为中心，凝聚团队、员工，使之愿意在其组织和指挥下配合完成工作
核心问题	清晰了解团队成员或下属的优势与不足，合理分工、授权，取长补短。 关注团队成员或下属的沟通、协调，以干练、果断和坚强的形象扮演“主心骨”角色

表4－32　等级与行为

等级	行为描述
次级	对团队成员或下属办事不放心（担心办不好、办不到位），什么事情都喜欢亲力亲为；缺乏团队分工协作意识，团队成员目标不明确；或者不能认识并定位自己在团队中扮演的领导角色，未能主动调整并承担起相应的角色职责，领导角色旁落
初级	能认识并定位自己在团队中扮演的领导角色，并主动承担领导职责，但未能根据自己和团队成员的优势与不足，构建搭配合理的团队，互补长短，发挥团队作用；鼓励团队协作，但指导、明确团队成员职责分工不足，团队工作效率不高
中级	有意识地构建搭配团队，通过正式及非正式形式与团队成员进行沟通，及时了解他人需要和观点，澄清自己的要求和认识，以便迅速明确问题、达成默契，开展工作；帮助下属找准自己的位置，令他们发挥所长；用人谨慎，一旦任用，放心大胆使用，并给予关注、支持和帮助
高级	根据团队成员的个性、特长，分配工作任务，有针对性地制定配合协助措施；关注团队成员或下属的沟通、协调，主张以“开诚布公”的方式解决冲突与矛盾
最高级	努力营造团队协作的气氛；以干练、果断和坚强的形象扮演“主心骨”角色，凝聚团队；把握适当的时机（例如，危机决策等），展现个人魅力，促使下属或成员迅速获得方向感

（7）实践能力（表4－33，表4－34）。

表4－33　定义及问题

项目	实践能力
素质定义	工作中有效解决实际问题的能力
核心问题	问题意识；实践方法；实践效果

表4－34　等级与行为

等级	行为描述
次级	不能坚持实践第一的观点，对问题迟钝，对未来茫然，不能提出有效解决问题的建议
初级	能够坚持实践第一的观点，及时发现问题，分析问题，探索事物形成规律，提出解决问题的建议并指导、推动工作
中级	能够坚持实践第一的观点，掌握科学的实践方法；发现问题，分析问题，解决问题；能够总结经验，发现典型
高级	能够坚持实践第一的观点，掌握科学的实践方法；善于发现问题，分析问题，准确把握事物发展的历史、现状和产生的影响；积极探索事物发展的规律，预测发展的趋势，提出解决问题的建议；善于总结经验，发现典型，指导、推动工作
最高级	坚持实践第一的观点，掌握科学的调查研究方法；准确把握事物发展，预测发展的趋势，提出行之有效的解决问题的对策建议；善于总结经验，发现典型，指导、推动工作

（8）沟通协调（表4－35，表4－36）。

表4－35　定义及问题

项目	沟通协调
素质定义	妥善处理与上级、平级及下级之间的关系，建立畅通的沟通协调机制，促成组织成员相互理解，获得支持与配合的能力
核心问题	积极沟通；换位思考；机制保障；及时反馈

表4－36　等级与行为

等级	行为描述
次级	平时不注重沟通，遇到冲突与矛盾以强权或回避来解决；习惯自我为中心的思维模式；缺少全方位思考，缺少协调与沟通
初级	了解沟通的作用，与工作中的各方都有比较好的关系；遇到问题与冲突时愿意体谅与理解别人，能及时回复一部分信息；略懂得聆听的艺术，愿意以制度方式明确沟通职责

续表

等级	行为描述
中级	重视沟通的作用，与工作中的各方保持密切联系；能够体谅和理解他人；愿意就对方疑问做出及时的回应，信息基本能够准确表达；懂得倾听的艺术
高级	与工作中的各方保持密切联系与良好关系；能够体谅和理解他人，愿意就具体情况做出调整与妥协；愿意就对方疑问做出及时回应，确保信息的准确表达；倾向于以制度的形式明确沟通职责；懂得倾听的艺术
最高级	有着卓越的协调能力，成为组织内部的桥梁，能与上下级做好沟通，并妥善处理好之间的关系，促进其相互理解，获得他们的支持与配合

（9）创新能力（表4－37，表4－38）。

表4－37　定义及问题

项目	创新能力
素质定义	创造或引进新观念、方式，提高工作绩效的能力
核心问题	提出新思路；敢于尝试、创造新概念；挑战权威

表4－38　等级与行为

等级	行为描述
次级	当面对新挑战时，通常利用以往经验，或者参照系统内部的观点进行推断
初级	主动关注身边产生的新技术和新方法，与现有事物进行比较，发现其中的差异所在。思考新技术或新问题对自己工作可能产生的影响
中级	不断对现有事物提出问题，挑战传统的工作方法和思维方式，对本职工作的改善有自己的见解，不断引入其他领域的观念和方法来指导工作
高级	尝试新的事物，而且通过自己的判断进行合理使用，降低风险；改进现有的方案，找到更好更有效的工作方式或产品
最高级	形成和运用新的概念，创造全新的工作方法；或能够建立获得社会认可的理论体系，可以指导并提高绩效；敢于为制定新政策、采取新措施或尝试新方法承担风险

（10）问题解决（表4－39，表4－40）。

表4－39　定义及问题

项目	问题解决
素质定义	工作中，理论结合实际，解决各种问题的措施具有简洁、高效、快速达到良好结果
核心问题	利用各方资源；执行力；完成工作

表4-40 等级与行为

等级	行为描述
次级	能够根据工作的明确要求，结合本岗位的职责，确定自己工作的短期目标，在他人指导和支持下，在确定政策与资源条件下，能够通过自身独自努力，完成职责范围内的工作任务
初级	根据具体目标，将工作分解为若干的关键可操作性步骤，设立优先次序，形成任务时间进度表，能够克服一定的资源限制，完成既定的工作任务
中级	能够准确评估实现工作目标所需的人、财、物等资源，并做出资源配置的可行性方案，善于获取上级与周围同事支持，整合可利用资源，合理分工、理顺内部关系、建立明确目标，高效地完成工作任务
高级	建立监控和反馈机制，能够从整体上把握计划实施的进程，能够有效协调内外部关系，通过组织设置、资源分配等手段，带领部门或跨部门工作团队完成工作任务
最高级	在工作计划中考虑预留弹性或额外工作时间，以应对意外事件；主动评估工作中可能存在的风险，创造性地利用外部资源，随时准备应对各种障碍和问题，并提前制定应变方案，克服各种困难、障碍，带领全组织以确保工作任务总是按时、保质地完成

（11）全局观念（表4-41，表4-42）。

表4-41 定义及问题

项目	全局观念
素质定义	开展工作或进行决策时，能够考虑他人、其他部门或组织整体的情况，从组织的整体或长远利益出发，顾全大局，为了整体利益能够牺牲局部利益或个人利益
核心问题	无本位主义，考虑和处理问题时兼顾其他部门和组织整体利益

表4-42 等级与行为

等级	行为描述
次级	能够认清局势，明确了解组织中的整体战略目标和本部门目标及个人目标，整体利益与局部利益、个人利益之间的关系
初级	在组织要求局部利益或个人利益做出让步时，能够进行自我调整，以服从大局
中级	遵从组织运作中的各种规则和组织的整体战略方向，从组织的整体和长远利益出发考虑本部门的工作，不会为局部小利而轻易打破规则和已经建立的平衡
高级	积极倡导部门间的协同工作，并身体力行地团结或配合他人共同实现目标
最高级	当局部利益和组织整体利益发生冲突时，能够顶着所在部门或团队内部的压力，做出有利于整个组织的决策

（12）创新思维（表4－43，表4－44）。

表4－43　定义及问题

项目	创新思维
素质定义	以新颖独创的思维方式去思考问题，提出与众不同的解决方案，从而产生新颖的、独到的、有社会意义的思维成果
核心问题	独特性；新颖性；灵敏性；灵活性

表4－44　等级与行为

等级	行为描述
次级	因循守旧，对任何新事物都抱着敌视的态度；对布置的各项工作，教条、死板地执行；遇到各种问题，习惯用经验来解决，反对创新
初级	对新事物抱有无所谓的态度；解决问题时愿意尝试新的方法；对工作，会以自己的角度出发，灵活变通地完成；不反对创新
中级	对新事物具有一定的接受性；遇到新情况能够尝试新的方法；能够提倡创新，鼓励多角度思考，提出各种解决思路；决策时敢于创新
高级	对新事物具有良好的接受性；倡导创新理念和创新精神；创造性地落实各项工作；鼓励多角度思考，提出各种解决思路；决策时，稳健而不保守，敢于创新但不冒失；提倡创新
最高级	积极倡导新思维、创新思维，经常创造性地解决疑难问题；对新事物敏感并有较高的热情，决策时比较大胆激进

（13）战略思维（表4－45，表4－46）。

表4－45　定义及问题

项目	战略思维
素质定义	通过对组织内外环境的分析判断，制定组织的中长期发展目标，并能把具体工作安排和整体发展目标有效结合起来的能力
核心问题	理解战略；考虑长远；长远目标影响

表4－46　等级与行为

等级	行为描述
次级	认识到自己的日常工作与组织战略（由他人制订）的联系，了解短期利益与长远目标间的关系，清楚自己管辖范围内的工作在组织整体发展中的位置和作用
初级	按照外部或组织战略的要求安排工作的轻重缓急和优先次序，在资源分配方面，向战略发展的重点方向倾斜，不因为短期业绩压力，忽略长期发展战略的要求

续表

等级	行为描述
中级	在组织整体战略的大范围内，根据局部区域的特点和条件，设计落实管辖范围内的工作战略
高级	设定自己管辖范围内工作的具体目标并推动相应的落实措施。能够有效抵制与组织战略方向不统一的工作行为
最高级	了解分析经济社会大环境条件的变化和长远发展目标的要求对日常工作可能产生的影响，检讨当前的战略和工作部署。在当前具体工作安排时要分析短期目标是否有助于实现长期规划，从宏观和整体进行考虑，做出有利于组织长远发展的工作决策

（14）事业心（表4－47，表4－48）。

表4－47　定义及问题

项目	事业心
素质定义	指个人有强烈的追求工作成功的愿望，不断设定挑战性的目标挑战自我，关注自身职业生涯的发展，追求事业的成功和卓越
核心问题	有事业心，设定高标准的自我挑战目标，与他人竞争，追求工作精益求精

表4－48　等级与行为

等级	行为描述
次级	表现把工作做好的愿望。对浪费和低效率感到不满和沮丧（例如，抱怨浪费时间、资源等）
初级	工作表现符合单位制定的管理标准
中级	为自己制定衡量进步的具体的客观标准（譬如自己要把工作成绩做到前十名或者像某个榜样那样）
高级	根据所制定的进步标准，对现有的工作方法和内容进行改进，以提高工作绩效
最高级	为自己制订具有挑战性的目标并采取具体行动去实现目标（“挑战性”是指尽了很大的努力后，成功的可能性为80%左右的目标，例如达到同类人员中的优秀标准）

（15）组织能力（表4－49，表4－50）。

表4－49　定义及问题

项目	组织能力
素质定义	能够利用各方人财物等资源完成工作的能力
核心问题	利用各方资源；完成工作

表 4-50 等级与行为

等级	行为描述
次级	在上级的支持与指导下，在确定政策与资源条件下，能够通过自身独自努力，完成职责范围内的工作任务
初级	在上级的支持与指导下，能够克服一定的政策与资源限制，带领一个小组完成既定的工作任务
中级	善于获取上级与周围同事支持，整合可利用资源，合理分工、理顺内部关系、建立明确目标，带领一个团队高效、有效地完成工作任务
高级	能够有效协调内外部关系，通过组织设置、资源分配等手段，带领部门或跨部门工作团队完成工作任务
最高级	创造性地利用外部资源，通过重构组织的团队等措施，克服各种困难、障碍，带领全组织完成目标

四、国土资源科技人才胜任特征维度结果的应用建议

传统的人力资源管理强调的是以工作分析为基础，基于胜任素质的人力资源管理模式强调对员工能力素质的管理，把人力资源管理提高到战略层次，将业务战略转化为人力资源管理的日常工作，从而使人力资源管理表现得更为主动积极、追求持续变革、更人性化。

（一）国土资源科技人才胜任特征维度对科技人才评价的应用

人才评价具有甄别与评定、诊断与反馈、预测与导向、激励与开发、发挥市场配置等多种功能，对人才的培养与发展具有重要意义。人才评价是一个包括评价主体、评价对象、评价内容、评价标准、评价方法等的复杂系统，具体评价措施多种多样，需要“因材施评”，评价对象不同，评价的实施要点亦不相同。因此，应从国土资源科技人才的特征出发，确立合适的评价主体、评价标准、评价方法等。

1. 胜任特征维度是构建评价指标体系的基础

由于科技人才从事的大多是跨领域、跨学科、富有挑战性的工作，具有较强的不确定性和风险性，实践证明，一名合格的科技人才，既需要具备纵横交错的知识体系，也需要具备多维度的工作技能，并能够进行创造性工作。国土资源胜任特征模型中的六大维度是在借助理论文献的基础上，运用定量分析，最终识别的。对其的探讨可以为国土资源科技人才评价指标体系的建设提供理论指导。评价指标一般认为应符合 SMART 原则，即 S

(Specific) 具体、M (Measurable) 可度量、A (Attainable) 可实现、R (Realistic) 现实性、T (Time bound) 有时限，一般是在胜任特征维度的基础上细化到更低层级的、更具有可操作性和可度量性的指标。

2. 胜任特征维度为有针对性的差异化评价提供依据

评价指标体系并不仅仅由指标构成，一般还包括指标的应用方法和评价方法、评价程序等，使得评价指标体系具有可操作性。不同的评价指标体系在设计时都会自觉或非自觉地体现其对目标系统、被评价对象等要素的认定，有比较明确的评价主体和评价客体。根据国土资源科技人才类型的分类，国土资源科技人才分为国土资源软科学研究人才、国土资源工程应用人才、国土资源自然科学研究人才三大类，组织对这三类人才的胜任素质要求是不同的。为实现科学有效的评价，既需要注重不同类型人才在素质、行为、成果层面指标内容选取的差异，又需要注重三者得分占总分比例的差异，在通用指标体系的基础上，针对不同的评价对象和评价目标，参照特征维度分析结果，通过调整其中的构成要素，赋以不同的指标权重，展开差异化评价。

3. 胜任特征维度是认识人才培养与发展规律的重要依据

科技人才有一个成长的过程，有自身的发展与成长规律，涉及政府、社会、企业、科技人才自身等多个主体的协同作用。人才的培养与发展需要从鉴别、引进、任用到教育、评价、激励的一系列科学而有效的手段与措施，特征维度体系反映了国土资源科技人才最典型的特征，有利于对人才，尤其是青年人才的鉴别，有利于避免评价过度量化导致的“短平快”效应。特征维度体系素质、行为、成果之间的关系研究更是有利于认识人才的培养与发展规律，从政策、教育、素质提升等方面有针对性地为人才进行科技创新创造良好的条件、环境与氛围，有效激励其创新行为。

（二）国土资源科技人才胜任特征维度对科技人才配置和培养的应用

基于国土资源科技人才胜任素质方面的基本情况，建议依据胜任力模型对科技人才进行有针对性的配置和培养，使科技人才具备所需要的素质。同时，组织可以依据胜任力模型设置统一、明确的科技人才配置标准，为组织提供全面支持。

1. 注重理论和实践的结合

科技人才胜任力的配置和培养不能脱离科技创新实践，必须与科技创新的真实情境相关联。将科技人才的不同经历体验作为配置和培训起点，与科技人才工作实践紧密交织，促使科技人才主动了解现有的知识结构与工作实践之间的关系，树立适应工作实践发展的理念。

2. 坚持战略性、实用性和个性化的原则

科技人才配置和培训需要从战略人力资源的高度审慎对待，应注重提升青年科技领军人才的创新能力，满足国家和国土资源长远发展的需要；同时围绕其工作中可能遇到的各种问题，不断实践新政策、新理论、新技能及新方法，以便进一步提高其工作能力与工作绩效；在岗位配置和培训中应突出个性化，制定与人才个人能力基础和职业路径相适应的岗位配置计划和培训计划。

3. 岗位配置充分考虑胜任素质特征，同时拓展科技人才培养内容

在岗位配置时，不光考虑教育背景、知识结构等显性胜任特征，也要充分考虑动机、人格特质等隐性胜任特征，后者可能对科技人才的未来发展有更大的影响。在人才培养过程中，需融合组织、岗位及个人需求，不光注重知识技能模块的培训提升，更应增加道德、心理等方面的内容。

4. 应丰富岗位配置和人才培养的手段和方法

在岗位配置过程中，除传统的面试方法外，可以考虑增加无领导小组讨论、文件筐、案例分析等评价中心方法，便于更好地挖掘科技人才胜任特征，以确保适人适岗。人才培养过程中除传统的单向面授方法外，可以引入个性化工具、互动类工具及实践性工具，落实道德、心理、知识及能力培训。

报告四　国土资源系统干部能力建设研究

欧阳勋　张一尔　刘彦琴

摘要：2016年国土资源系统深入开展“能力建设年”活动，以适应“新常态”下的国土资源工作任务和特征对国土资源干部队伍的能力素质提出的新要求。本研究通过问卷调查，对基层国土资源工作人员能力建设年活动总体认知度进行评价，对基层国土资源工作人员对“十三五”时期经济发展“新常态”的认识、能力水平对工作岗位的胜任程度、干部教育培训工作的改进措施等方面进行评价，指出了基层国土资源工作人员在能力建设上存在的知识空白、经验盲区和能力弱项等问题，提出加强国土资源干部能力建设的路径，包括深入开展以能力建设为核心的干部教育培训，以绩效评估为导向开展国土资源干部能力建设，构建完备的国土资源干部能力提升机制等。

我国经济发展进入“新常态”，是中央基于我国当前经济发展阶段的新变化，对我国未来一段时期的宏观经济形势作出的重大战略研判。经济发展“新常态”不可避免地带来国土资源领域的一些重大趋势性变化。党的十八大以来，习近平总书记、李克强总理等中央领导同志多次对国土资源工作作出重大指示批示，从党和国家工作大局和经济社会发展全局出发，对我国资源国情、耕地保护、资源节约、土地制度改革等重大问题作出系统阐述，提出系列新思想、新论断、新要求。“新常态”下的国土资源工作任务和特征对国土资源干部队伍的能力素质提出了新的更高要求。特别是随着不动产统一登记、自然资源制度改革、土地制度改革等工作的进一步深入，国土资源系统各级干部履职担当、善作善为的能力和水平成为推进国土资源工作改革创新的关键因素。

在2016年全国国土资源工作会议上，姜大明部长提出了“在国土资源系统深入开展‘能力建设年’活动，着力提高各级领导干部履职担当、善作善为的能力和水平”的要求。这是基于适应经济发展“新常态”、牢固树立和切实贯彻新发展理念，提高国土资源供给质量和效益的重大举措，是在对系统干部素质能力的正确判断基础上，作出的有针对性的重大部署，是主动引领和适应“新常态”的关键举措。在此背景下，开展国土资源干部能力建设研究，对贯彻落实国土资源部党组的这一重要部署，深入推进国土资源系统“能力建设年”活动，加强“新常态”下国土资源干部队伍建设，具有很强的针对性和现实意义。

一、国土资源系统干部能力建设情况调查

2016 年 4—11 月，课题组在市（地）、县（市）国土资源局长培训班和乡镇国土资源所所长培训班举办期间，召开了 6 次学员座谈会，向学员代表发放《国土资源干部能力建设调查问卷》212 份，其中市（地）、县（市）级共计 160 份，回收有效问卷 141 份，有效回收率 88.1%。乡镇级共计 57 份，回收有效问卷 51 份，有效回收率 89.4%。同时，深入河南、山东等地的省、市、县和乡镇各级国土资源部门进行调研，实地了解基层国土资源部门的工作实际，对国土资源系统干部的能力素质状况和能力建设情况进行了摸底，为研究积累了丰富的第一手资料。

（一）国土资源系统干部能力建设情况调查数据分析

1. 性别分布

市（地）、县（市）局长培训班的受访者中，男性 120 人，占 85%，女性 21 人，占 15%。乡镇国土所所长培训班的受访者中，男性 46 人，占 90.2%，女性 5 人，占 10.8%。

2. 年龄分布

市（地）、县（市）局长培训班的受访者中，1 名受访者年龄在 25 岁以下，4 名受访者年龄在 26～30 岁，占总人数的 2.8%，37 名受访者年龄在 31～40 岁，占总人数的 26.3%，68 名受访者年龄在 41～50 岁，占总人数的 48.2%，31 名受访者年龄在 50 岁以上，占总人数的 22.0%。乡镇国土资源所所长培训班的受访者中，26～30 岁 6 人，占总人数的 11.7%；31～40 岁 11 人，占总人数的 21.6%；41～50 岁 24 人，占总人数的 47.1%，50 岁以上 10 人，占总人数 19.6%。

3. 最终学历分布

市（地）、县（市）局长培训班的受访者中，3.6% 的受访者学历为中专（高中），18.5% 的受访者为大学专科，68.7% 的受访者学历为大学本科，9.2% 的受访者学历为硕士研究生，1 名受访者学历为博士研究生。乡镇国土所所长培训班的受访者中，9.8% 的受访者学历为中专（高中），

35.3%的受访者学历为大学专科，51.0%的受访者学历为大学本科，3.9%的受访者学历为硕士研究生，没有受访者学历为博士研究生。

4. 工作年限分布

市（地）、县（市）局长培训班的受访者中，2.1%是5年及以下，4.3%是5~10年，9.3%是10~15年，22.4%是15~20年，61.9%是21年以上。乡镇国土所所长培训班的受访者中，工作年限5年以下占3.9%，工作年限5~10年占9.8%，17.6%是10~15年，29.4%是15~20年，工作年限21年以上占39.3%。

5. 行政职级分布

市（地）、县（市）局长培训班的受访者中，0人为厅局级副职，8.9%为县处级正职，13.4%为县处级副职，38.1%为乡科级正职，39.6%为乡科级副职。乡镇国土所所长培训班的受访者中，25.5%为乡科级正职，66.7%为乡科级副职，7.8%为股级及其他。

6. 行政职务分布

市（地）、县（市）局长培训班的受访者中，54.3%为国土资源局领导干部（主要负责同志或领导班子成员），27.2%为国土资源局一般管理干部，12.1%为国土资源局业务或技术类干部，6.4%为其他。乡镇国土所所长培训班的受访者中，100%为乡镇国土资源所所长或副所长。

（二）能力建设年活动总体认知度评价

1. 对国土资源部开展“能力建设年”活动的了解程度

市（地）、县（市）局长培训班的受访者中，有28.6%对“能力建设年”活动有深入了解，有60.7%的受访者对“能力建设年”有所了解，有10.7%的受访者对“能力建设年”听说过不是很了解。乡镇国土所所长培训班的受访者中，对“能力建设年”活动有深入了解的占23.5%，58.9%的受访者对“能力建设年”有所了解，17.6%的受访者对“能力建设年”听说过不是很了解。

2. 所在地区开展“能力建设年”活动的情况

全国大部分地区已经开展了“能力建设年”活动，并且深入市县层面。“能力建设年”活动的部署已经开展到市县层面的占70.0%，尚未到市县层面的占24.3%，不了解的占5.7%。开展到乡镇层面的占51.0%，尚未到乡镇层面的占31.4%，不了解的占17.6%。

3. 对加强国土资源干部能力建设必要性的认识

绝大部分受访者认为应当加强国土资源干部能力建设。其中，市（地）、县（市）局长培训班的受访者中认为很有必要加强能力建设的占96.5%，认为一般的占3.5%。乡镇国土所所长培训班的受访者中认为很有必要加强能力建设的占96%，认为一般的占4%。

（三）履职担当、善作善为的能力调查与评价

1. 对“十三五”时期经济发展“新常态”的认识评价

能否适应和引领“新常态”，把“十三五”时期国土资源各项工作落到实处，是对作风和能力的重大考验。市（地）、县（市）层面的受访者中，认为自己属于认识逐步深入，适应更加主动，引领已经开始的占81%；认为自己属于认识还不到位，一知半解，适应不太主动，没有具体行动的占19%。乡镇层面的受访者中，认为自己属于认识逐步深入，适应更加主动的占62.7%；认为自己属于认识还不到位，适应不太主动，没有具体行动的占37.3%。

2. 现阶段的能力水平对目前工作岗位的胜任程度评价

总体上，绝大部分市县层面和乡镇层面的受访者认为自己现阶段的能力水平对目前工作岗位的胜任程度存在提升空间。以市（地）、县（市）层面的受访者为例，认为很好不需要提升的占7.1%；尚可存在提升空间的占70.0%；一般需要改进提升的占22.1%；不太好亟须改进提升的占0.8%。

3. 各级国土资源干部亟须加强的“四项能力”调查

在市县层面上，该调查项四个选项中，总选频次为265人次。受访者认为市县国土资源领导干部，首先要加强抓重点破难题的能力88人次，占总选频次的33.2%；其次要加强懂全局管本行的能力共76人次，占总选频次的28.7%；加强抓落实求实效的能力59次，占总选频次的22.3%；加强崇廉洁拒腐蚀的能力42人次，占总选频次的15.8%。在乡镇层面上，总选频次为117人次。受访者认为作为乡镇国土所长，首先要加强抓落实求实效的能力41人次，占总选频次的35.0%；其次要加强抓重点破难题的能力32人次，占总选频次的27.4%；懂全局管本行的能力共26人次，占总选频次的22.2 %；加强崇廉洁拒腐蚀的能力18人次，占总选频次的15.4%。具体见表4－51。

表 4－51 各级国土资源干部“四项能力”调查

选项	市（地）、县（市）		乡镇国土所	
	频次	比率/%	频次	比率/%
抓重点破难题能力	88	33.2	41	35.0
懂全局管本行能力	76	28.7	32	27.4
抓落实求实效能力	59	22.3	26	22.2
崇廉洁拒腐蚀能力	42	15.8	18	15.4

4. 对标国土资源部领导提出的“四种能力”，各级国土资源干部的知识空白、经验盲区和能力弱项

知识空白方面有四个内容选项，总选频次 213 人次。市（地）、县（市）层面的受访者认为，亟须填补和提高的知识空白，排前两位的是经济“新常态”下国土资源工作的形势与任务和党中央治国理政的新思想、新理念、新战略，分别 62 人次和 61 人次，占 29.1% 和 28.6%，第三位是国家层面的宏观政策、法律法规 56 人次，占 26.3%；第四位互联网应用与信息化 34 人次，占 16.0%。对乡镇层面的受访者，知识空白的重要性排序依次是经济“新常态”下国土资源工作的形势与任务和互联网应用与信息化，分别占 32.3% 和 26.5%，其次是党中央治国理政的新思想、新理念、新战略和国家层面的宏观政策、法律法规，分别占 24.5% 和 16.7%。具体见表 4－52。

表 4－52 各级国土资源干部“知识空白”调查

选项	市（地）、县（市）		乡镇国土所	
	频次	比率/%	频次	比率/%
国土资源工作形势任务	62	29.1	33	32.3
党中央治国理政新思想、新理念、新战略	61	28.6	25	24.5
国家层面宏观政策法律法规	56	26.3	17	16.7
互联网应用与信息化	34	16.0	27	26.5

经验盲区方面有四个内容选项，市（地）、县（市）层面的总选频次 230 人次。受访者认为，亟须填补和提高的经验盲区，第一位是学习和掌握国土资源新业务、新知识 67 人次，占 29.1%；第二位是将工作融入适应和引领经济发展“新常态”的大局中 57 人次，占 24.8%；第三位是面对新情况、新问题，抓工作落实 55 人次，占 23.9%；第四位是结合基层实际，

在工作中探索创新51人次，占22.2%。乡镇层面的总选频次122人次，第一位是学习和掌握国土资源新业务、新知识37人次，占30.3%；第二位是结合基层实际，在工作中探索创新31人次，占25.4%；第三位是面对新情况、新问题，抓工作落实28人次，占23.0%；第四位是将工作融入适应和引领经济发展“新常态”的大局中26人次，占21.3%。具体见表4－53。

表4－53　对标部领导提出的四种能力需要填补和提高的经验盲区

选项	市（地）、县（市）		乡镇国土所	
	频次	比率/%	频次	比率/%
学习和掌握国土资源新业务、新知识	67	29.1	37	30.3
将工作融入适应和引领经济发展“新常态”的大局中	57	24.8	31	25.4
面对新情况新问题抓工作落实	55	23.9	28	23.0
结合基层实际在工作中探索创新	51	22.2	26	21.3

能力弱项方面有九个内容选项，市（地）、县（市）层面的总选频次365人次。受访者认为亟须填补和提高的能力弱项，依法行政能力69人次，占18.9%；政治鉴别能力61人次，占16.7%；创新能力45人次，占12.3%；应对突发事件能力41人次，占11.2%；沟通协调能力38人次，占10.4%；学习能力32人次，占8.8%；公共服务能力28人次，占7.7%；调查研究能力26人次，占7.1%；心理调适能力25人次，占6.9%。排在前五位的能力是，依法行政能力、政治鉴别能力、创新能力、应对突发事件能力和沟通协调能力，五项内容占比总和接近70%；后四位依次是学习能力、公共服务能力、调查研究能力和心理调适能力。乡镇层面的总选频次174人次，排在前五位的能力是，依法行政能力、沟通协调能力、应对突发事件能力、创新能力和心理调适能力，具体数据见表4－16，图4－54。

表4－54　对标部领导提出的四种能力需要填补和提高的能力弱项

选项	市（地）、县（市）		乡镇国土所	
	频次	比率/%	频次	比率/%
依法行政能力	69	18.9	34	19.5
政治鉴别能力	61	16.7	12	6.9
创新能力	45	12.3	21	12.1

续表

选项	市（地）、县（市）		乡镇国土所	
	频次	比率/%	频次	比率/%
应对突发事件能力	41	11.2	25	14.4
沟通协调能力	38	10.4	29	16.7
学习能力	32	8.8	10	5.7
公共服务能力	28	7.7	15	8.6
调查研究能力	26	7.1	9	5.2
心理调适能力	25	6.9	19	10.9

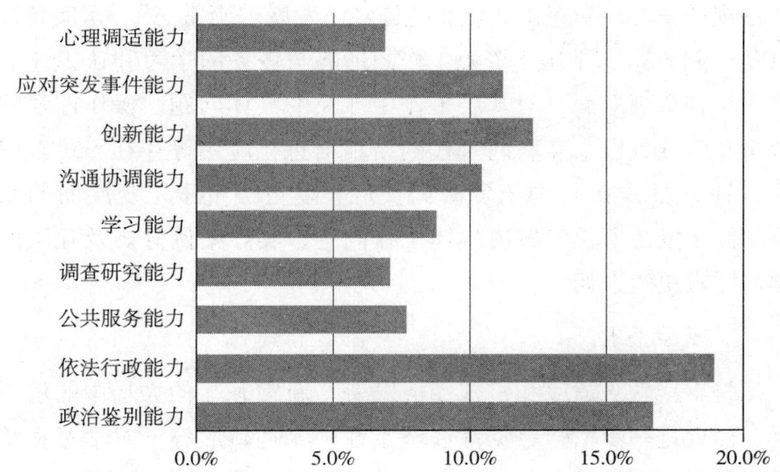

图4－16　对标国家资源部领导提出的四种能力需要填补和提高的能力弱项

5. 干部教育培训工作在加强能力建设方面的不足

该调查项四个选项中，总选频次为196人次。受访者认为调训方式不够合理培训力度不够43人次，占21.9%；培训课程针对性不够强68人次，占34.8%；培训方式还有待改进62人次，占31.6%；缺乏优秀师资23人次，占11.7%。

6. 国土资源干部教育培训工作的改进措施

该调查项四个选项中，总选频次为257人次。受访者认为目前干部教育需要增加培训次数，丰富培训课程57人次，占总选频次的22.2%；改进培训方式，提高培训实效性88人次，占总选频次的34.2%；加大培训力度，增加培训频次53次，占总选频次的20.6%；加强互动研讨，促进经验交流59人次，占总选频次的23.0%。可以看出，受访者对改进培训方式，提高培训实效性的呼声最高。

二、存在的问题与不足

根据调研和问卷调查的结果，对市（地）、县（市）和乡镇国土所所长各级国土资源系统干部能力建设存在的知识空白、经验盲区和能力弱项系统总结如下。

（一）知识空白

在宏观层面，对党中央治国理政的新思想、新理念、新战略及国家政策法律法规的学习；对正确认识和把握经济发展“新常态”，落实新发展理念，以及“新常态”下国土资源工作的形势与任务的学习和认识还需要进一步深入。在微观层面，对基层工作中涉及的具体问题，操作性强的工作案例分析和学习，以及互联网时代网络和信息化应用等存在不足。统计显示：市（地）县（市）国土资源局长班学员更侧重于宏观层面的知识需求，乡镇国土资源所长对解决具体工作问题，实际案例分析及互联网信息化的学习需求更为迫切。

（二）经验盲区

一是将工作融入适应和引领经济发展“新常态”的大局中的信心和经验不足，需要进一步增强自觉性和坚定性；二是新形势下对学习和掌握国土资源新业务、新知识的经验，缺乏主动性；三是面对新情况和新问题，抓工作落实的经验，破解难题和瓶颈，推动工作进展的积极性不足；四是难以结合基层具体工作实际，解决工作中遇到的矛盾和问题，进行探索创新的动力不足；五是自“八项规定”出台，到党中央提出全面从严治党的背景下，国土资源系统干部如何进一步坚定理想信念，更好地保护自己，做到由“不敢腐”到“不想腐”的转变。

（三）能力弱项

对标国土资源部领导提出的“懂全局、管本行，抓重点、破难题，抓落实、求实效，崇廉洁、拒腐蚀”的四种能力，结合公务员通用能力标准框架，包括政治鉴别能力、依法行政能力、公共服务能力、调查研究能力、学习能力、沟通协调能力、创新能力、应对突发事件能力、心理调适能力等九种能力进行调研，国土资源系统干部普遍认为提升依法行政能力、政治鉴别能力、创新能力、应对突发事件能力和沟通协调能力等较为重要，对加强国土资源部领导提出的四种能力建设有积极的促进作用。

（四）评价总结

根据问卷调查和对河南、山东实地调研的数据分析结果，主要总结为以下方面。

1. 对能力建设年活动的认知和所在地区的开展程度

问卷调查显示，市县层面干部对能力建设年活动的认知程度明显高于乡镇层面，88.7%的市（地）、县（市）层面受访者对能力建设年活动有深入了解或有所了解。截至调查结束的9月，全国大部分地区已经开展了“能力建设年”活动，并且深入市县层面，而调查样本中开展到乡镇国土所层面的仅占51%。由此可见，无论是能力建设的认知度还是开展程度，都呈现逐级减弱的趋势，也反映基层乡镇国土所是国土资源系统能力建设中较为薄弱的一环，需要进一步重视和加强。

2. 履职尽责、善作善为的能力评价

根据问卷调查结果，对自身能否在国土资源管理工作中适应和引领“新常态”，无论是市县层面还是乡镇层面，绝大部分受访者表现有信心的正面态度。但同时绝大部分受访者认为，自身的能力对工作的胜任程度还有提升的空间，96%以上的受访者认为有必要加强能力建设。对标国土资源部领导提出的四项能力，深入查找了国土资源干部的知识空白、经验盲区和能力弱项，作为能力建设的重点，提升履职尽责、善作善为的能力。

3. 对加强国土资源干部能力建设的意见和建议

一是要建立健全考核激励机制。将“四种能力”与绩效考核相挂钩，并从职务晋升、职称评定及年度考核等方面建立科学合理的奖励政策，鼓励干部主动提升能力。二是加强对基层国土资源部门的调研。全面了解基层国土资源部门干部职工在提升能力过程中的所需所想，有针对性地加强顶层设计，真正提升基层干部的“四种能力”。三是加强对国土资源系统干部的教育培训，将其作为能力建设的重要抓手。在课程设计、培训方式和培训频次上优化改进，通过提高培训的针对性、实效性促进系统干部能力的提升。

三、加强国土资源干部能力建设路径与方法研究

（一）深入开展以能力建设为核心的干部教育培训

干部教育培训是加强国土资源干部能力建设的重要抓手。确立以干部

能力建设为核心的培训总体目标，进一步加强国土资源系统各级领导干部的教育培训，通过精准化的理论培训、政策培训、科技培训、管理培训、法规培训，促进领导干部深刻认识国土资源工作面临的新形势，切实增强贯彻落实新发展理念的自觉性、坚定性，准确把握国土资源工作新要求，强化担当意识，全面提升各级领导干部懂全局管本行、抓重点破难题、抓落实求实效、崇廉洁拒腐蚀的能力。

1. 以能力建设为核心确立培训目标和原则

一是服务大局，按需施教。紧紧围绕国土资源事业发展需要，结合干部岗位职责和健康成长需求，开展教育培训，全面提高质量和效益。二是以德为先，注重能力。坚持德才兼备、以德为先，将“四种能力”培养贯穿始终，全面提高干部德才素质和履职能力。三是分类分级，重点培训。把教育培训的普遍性要求与不同类别、不同层次、不同岗位干部的特殊需要结合起来，增强针对性，突出“关键少数”。四是联系实际，学以致用。以问题为导向开展教育培训，引导干部运用所学理论和知识指导实践、推动工作。五是与时俱进，改革创新。适应形势任务发展变化，遵循干部成长规律和干部教育培训规律，完善培训内容，改进培训方式，整合培训资源，优化培训队伍，不断推进干部教育培训理论创新、实践创新、制度创新。

2. 科学设计培训内容，有针对性地构建课程体系

把学习培训作为能力建设的重要抓手，结合系统干部的知识空白、经验盲区和能力弱项，调整培训目标，完善教学内容，改进教学方式，把“懂全局、管本行，抓重点、破难题，抓落实、求实效，崇廉洁、拒腐蚀”能力转化为具体的培训课程和培训方式。重点开展理论培训、形势任务教育、政策法规及业务培训、作风建设教育和经验交流。

（1）理论教育专题。结合“两学一做”学习教育，深入学习领会以习近平同志为核心的党中央治国理政的新理念、新思想、新战略和习近平总书记系列重要讲话精神，加强理论武装、坚定信仰信念、树立清风正气、勇于担当作为，不断增强领导干部的思想自觉和行动自觉。

（2）形势任务教育专题。重点解读党的十八届五中、党的十八届六中全会精神，正确认识和把握经济发展“新常态”。深入开展新发展理念的学习，增强贯彻落实新发展理念的自觉性、坚定性。认真学习姜大明部长在全国国土资源工作会议上的讲话，准确把握“新常态”下国土资源工作面临的新形势、新任务，提升领导干部懂全局的能力。

（3）政策法规学习培训。围绕国土资源部党组关于全面推进依法行政，加快法治国土建设的部署和要求，开展国土资源法律法规知识学习培训，提升领导干部的法治意识和依法行政的能力。

（4）业务知识培训。围绕国土资源中心工作和重点业务，开展耕地保护、农村土地制度改革、国土资源空间规划、资源节约集约利用、不动产登记、矿产资源开发、地质灾害防治等专题学习、宣传和解读，提升领导干部管本行的能力。

（5）作风建设教育。开展责任意识、看齐意识和团队建设等方面的培训，提升领导干部抓落实、求实效的能力。

（6）经验交流。围绕基层国土资源主管部门在耕地保护、土地节约集约利用、国土资源领域改革、维护群众权益等方面的成功经验和做法，开展案例教学。

（7）坚持培训与研究相结合。按照国土资源部党组提出的“要将培训和研讨结合起来，部办培训班要围绕重大问题进行研讨”的指示精神，坚持围绕全面落实国土资源“十三五”规划和国土资源领域重点难点问题开展研究，引导学员探索破解问题的途径和方法，提出措施建议，提升领导干部抓重点、破难题的能力。

（二）以绩效评估为导向的国土资源干部能力建设

绩效评估不仅为政府行政力建设提供评估的标准，也为公务员能力的提升和发挥提供衡量的准则。以过程管理、结果导向为原则的绩效评估可以引导和促进国土资源干部不断提高自己的管理能力和管理水平。国土资源部绩效管理试点工作自 2011 年启动以来，经过几年的实践探索，已经建立良好的工作基础，绩效管理在增强工作目标导向性、提升管理流程规范化、推动工作落实、健全评估考核机制等方面取得一定成效，应用到干部能力建设中，可以发挥重要的作用。

绩效评估对公务员能力建设有评定、预测、反馈的作用。国土资源绩效管理的常态化、科学化、规范化，对国土资源系统干部的能力建设可以起到关键的推进作用。一是评定作用。对干部进行科学合理的绩效评估，可以了解各级干部素质结构的健全程度与工作能力水平的高低，可以促进各级干部按照评估标准严格要求自己，产生激励和强化的作用，对工作能力不高的干部也具有鞭策作用。二是预测作用。绩效评估是在对大量行为活动进行分析和归纳的基础上进行的，这些行为活动对绩效的反映具有很大的相关性，评估主体可以据此对评估对象的绩效结果做出某种预测，从而可以进一步对组织或部门的整体绩效进行预测，为今后工作开展提供有价值的依据。三是反馈作用。绩效评估活动建立在对绩效信息的广泛收集与分析判断的基础上。评估主体对评估对象做出客观、全面的评价，从而更加全面把握和理解组织中的问题及其根源所在，评估者将这些信息反馈给决策者，可以更好地发现工作中存在的问题和不足，进而促进组织绩效的提高。

（三）构建完备的国土资源干部能力提升机制

1. 完善国土资源干部能力考核评价机制

一是建立健全干部能力评价机制。制定评价工作的相关制度、评价标准，确保评价工作的规范化和健康有序发展。同时，应健全评价的组织体系，设置的评价机构机制健全、分工明确、活动规范。将能力建设的理论与实践相结合，充分发挥评价在组织决策和干部管理中的作用，使能力评价机制在完善的制度保障下运行。二是科学设置考核评价手段和方法。根据“新常态”下社会经济发展对国土资源干部的新要求，持续开展干部能力评价基础理论、方法、模型和数据库等方面的研究工作，建设评价信息系统和专家数据库，将采用和不断建设科学的评估方法和工具，作为持续加强国土资源干部能力建设的基础。三是建立完善的考核反馈机制。考核结果应及时反馈给个人，并合理充分地运用。贯彻将考核结果与干部的奖励、交流、任用相联系，使之成为具有约束力的指标。

2. 完善国土资源干部交流锻炼机制

完善和加强国土资源系统干部的交流锻炼，加强不同地区（例如经济发达和欠发达地区之间）、不同部门（例如业务部门和综合部门之间）、不同层级（例如基层部门和上级部门之间）的干部交流，对填补国土资源各级干部的知识空白、能力弱项和经验盲区，提升“四项能力”具有明显的促进作用。重点如下：一是交流锻炼要充分匹配干部能力提升的目标要求。建立以需求为导向，以干部实际能力提高为目标的交流锻炼机制，协调组织需求、岗位需求和个人能力之间的关系，形成岗得其人，人尽其用的良性循环，充分发挥其提升干部能力的作用。二是将干部交流与干部使用有机结合。建立干部交流锻炼的激励机制，充分调动交流干部的积极性，提升内生动力，促进其在岗位上更好地提升和发挥能力，形成良好的政策导向，推进国土资源干部能力建设。三是完善干部交流锻炼的配套措施。对干部交流锻炼所涉及的地区差别、生活水平、职称评定等问题，要采取相应的保障措施，才能使这一机制具备活力和可持续性。

3. 构建有效的国土资源干部激励机制

主要途径包括：①加强组织激励。一是根据职务高低、工作难易程度和责任轻重等细化薪资标准，使干部薪资与其职位、实际贡献相结合；二是将工资待遇与能力考核紧密结合，探索实现能级与资级的匹配；三是对标国土资源部领导提出的“四种能力”，将其与干部绩效考核相挂钩，并从职务晋升、职称评定及年度考核等方面建立科学合理的奖励政策，鼓励干部主动提升能力。②强化精神激励，加强国土资源文化和价值观建设。美国人力资源学者曾指出，没有强大的组织文化，没有卓越的组织价值观，再高明的发展战略也无法成功。国土资源文化是在长期的国土资源工作实践中所创造的具有国土资源部门特色的精神文化成果的总和，涵盖价值观念、行业精神、职业道德、先进人物事迹、工作成果等各个方面。强化集体价值观，对国土资源干部树立正确的个人价值观，提升崇廉洁拒腐蚀的能力，具有重要的作用。加强国土资源文化建设，引导国土资源系统干部激发对国土资源事业的自豪感和荣誉感，将其转化为对国土资源工作的热情和动力，从而有效地形成自我激励，实现制度管理和文化管理的有机结合，弥补单纯依靠硬性约束加强干部能力建设的不足，促进国土资源干部能力的全面提升。

报告五　国土资源部职称评审制度改革研究

高　鹏　居新会　李玉胜　胡利哲

摘要：为贯彻落实中共中央办公室、国务院办公室印发的《关于深化职称制度改革的意见》精神，2017年上半年，国土资源部人事司、人力中心联合开展了深化国土资源职称制度改革调研。本研究依托调研成果，介绍了国土资源部职称评审制度及高级职称评审委员会基本情况，为职称评定在提供人才保障、营造良好氛围、发挥“指挥棒”作用方面进行了总体评价，并从职称评审标准、评价机制、评审与人才使用结合、评审工作管理等方面剖析问题，提出了完善职称评审标准、创新职称评价机制、促进职称制度与用人制度的有效衔接、改进职称评审管理服务方式等意见建议。

为贯彻落实中共中央办公室、国务院办公室《关于深化职称制度改革的意见》精神，深化国土资源部职称制度改革，完善专业技术人才科学评价制度，加强专业技术人才队伍建设，需要对国土资源部职称评审制度进行综合评判和深入剖析。2017年3月起，本课题组依托国土资源部职称评审多年数据，深入开展了基础调研工作，广泛征求了不同层级和不同系列专业技术人才，以及科技、人事管理部门同志的意见。调研通过实地走访、座谈交流和问卷调查等方式进行，召开了13次座谈会，共有19个单位186人参加，问卷调查覆盖了中国地质调查局及国土资源部其他直属事业单位共47家单位。

一、总体情况

（一）职称制度基本情况

职称是专业技术人员学术技术水平和工作能力的主要标志，职称制度是专业技术人员评价制度的重要内容，我国现行职称制度基础是1986年起实施的专业技术职务聘任制度，共设置29个职称系列，各系列均分设高级、中级、初级职务。国土资源部现行职称工作沿袭了原地质矿产部职称制度体系。1998年以前，地质矿产部共开展自然科学研究、社会科学研究、地质工程、经济、会计、高等学校、卫生、新闻、档案、出版、图书资料、技工学校、翻译等13个系列职称评审。1998年机构改革后，各省地勘局属地管理、地质院校划归教育部管理、地质相关企业划归国资委管理，新组建的国土资源部专业技术人员规模和结构发生了巨大变化，职称评审工作也随之进行了调整。国土资源部职称评审工作吸收了原国家土地局土地工程专业到工程系列之后，主要开展自然科学研究、社会科学研究、工程（地质工程、土地工程）、经济四个系列的职称评审，其他系列由于人员较少委托相关部门评审。国家海洋局、国家测绘地理信息局的职称评审工作各自独立开展工作。表4－55反映了近几年国土资源部职称评审情况，总体来看评审人数呈增加趋势。

表4－55　2013—2016年国土资源职称评审情况

年份	评审人数/人	正高级			副高级			中级		
		评审人数/人	通过人数/人	通过率/%	评审人数/人	通过人数/人	通过率/%	评审人数/人	通过人数/人	通过率/%
2013	629	183	127	69.3	325	215	66.1	121	115	95.0
2014	713	179	100	55.8	414	281	67.8	120	114	95.0
2015	915	210	121	57.6	553	337	60.9	152	139	91.4
2016	1088	279	172	61.6	675	473	70.1	134	126	94.0

（二）高级职称评审委员会情况

国土资源部职称评审工作和高级职称评审委员会的管理工作由国土资源部人事司统一负责。2011年3月，人力资源和社会保障部专业技术人员管理司《关于高级职称评审委员会备案的函》（人社专技司函〔2011〕37号），批复了国土资源部组建社会科学研究、自然科学研究、工程、经济四个系列高级职称评审委员会。其中，自然科学研究系列（地质科学研究包括基础地质、矿产地质、水工环、技术方法四个专业）的职称评审工作委托中国地质科学院负责；社会科学研究系列（国土资源经济研究）、工程系列（包括地质矿产、探矿工程、物化遥、水工环、测绘、实验测试、地质机械仪器、土地工程、信息技术九个专业）、经济系列（高级经济师）的职称评审工作委托国土资源部人力中心负责。根据人力资源和社会保障部的有关规定，国土资源部高级职称评审委员会主要开展上述四个系列的职称评审工作，每年评审1次。

（三）职称评审方式

根据国家有关政策，国土资源部及各直属事业单位采用了多种职称评审方式。一是对应届毕业生见习（试用）期满，经考核合格，认定或聘用相应职称岗位。二是对已实行国家统一考试的职称系列，一律参加国家统一考试（例如会计师、经济师等），通过考试取得职称资格。三是实行考评结合（例如高级会计师），在参加人社部、财政部组织的专业知识考试合格后，再参加职称评审。四是对其他系列高级职称评审，由人事司委托相关部委评审。五是国土资源部有 27 个直属事业单位自主开展中级职称评审，主要是自然科学研究系列和工程系列。

（四）职称评审管理工作

国土资源部认真执行国家有关评审制度和管理办法，严格评审程序和评审标准。一是各单位在向国土资源部申报前，严格按照《专业技术职务试行条例》所规定的业绩、成果、学历、资历等基本任职条件对申报材料进行审查把关，逐一进行审核确认，并签字盖章。绝大多数单位通过专家评审会、学术委员会或面试答辩等形式，对申报人进行遴选推荐。申报人对申报材料的真实性负责并进行承诺。二是国土资源部高级职称评审会实行业内同行专家评审，评委专家通过阅档、小组讨论、大会讨论、大会无记名表决的形式，对申报人的业绩成果进行评审。三是实行破格答辩制度，对破格申报人员由申报单位组织答辩，并填写破格答辩情况登记表。四是实行“两公示”制度，各单位在向国土资源部申报前，对申报人的业绩成果在本单位进行公示，评审后对评审结果在本单位进行公示。五是紧密跟踪国家相关政策精神，及时调整国土资源部职称评审有关规定。例如，2016 年，国土资源部适时取消了外语和计算机作为职称评审必备条件的要求。

二、对国土资源部职称评审工作的总体评价

在调研中，评委专家和各单位普遍认为职称评审工作对加强国土资源部专业技术人才队伍建设、促进国土资源事业发展、营造尊敬知识、尊敬人才的良好氛围起到了积极作用。

（一）为国土资源事业发展提供了重要人才保障

根据调查问卷统计，截至 2017 年 3 月，47 个直属事业单位实有人员

9846人，其中专业技术人员7529人（占76.47%）。在专业技术人员中，取得正高级职称有1415人（占18.79%），副高级职称有1936人（占25.71%），中级职称有3065人（占40.71%）。副高级职称以上超过60%的有3个单位，分别是发展研究中心（占66.7%）、中国地质科学院矿产资源研究所（占63.5%）、中国地质调查局机关（61.1%）。国土资源部专业技术人才队伍整体层次较高，有力支撑了国土资源事业的发展。

（二）为专业技术人才队伍建设营造了良好的氛围

职称制度为国土资源部专业技术人才队伍建设营造了一个尊敬知识、尊敬人才的良好氛围，提供了一个区别于管理岗位的职业上升通道，激发了广大专业技术人才创新、创业、创造的活力，促进了专业技术人才队伍整体素质的提升和稳定。

（三）为科学客观评价人才发挥了“指挥棒”作用

各系列各级别的评审标准设置了专业技术人才所应达到的最低标准，客观上为专业技术人才明确了成长进步的方向，拓展了职业发展的空间。国土资源部四个高级职称评审系列（自然科学研究、社会科学研究、工程、经济）都研究制定了相应的评审标准。根据不同系列的特点，评审标准均重视应用研究和成果创新，注重为国土资源部提供有效政策研究和政策咨询的政策导向，以更好地发挥人才评价“指挥棒”的作用。

在调研中，绝大多数评委专家和专业技术人才对国土资源部现行的职称评审标准和方式给予了充分肯定，认为现行职称评审标准与中共中央办公室、国务院办公室《关于深化职称制度改革的意见》精神总体相符，对国土资源部组织开展高级职称评审予以认可，对实行评聘分开表示赞同，对职称评审管理服务工作比较满意。

三、当前职称评审存在的问题

（一）在职称评审标准方面

（1）职称评审专业系列类别较多，但评审标准比较单一，不够细化。一是对人才品德的评审标准缺少量化指标，考核评价不易把握好尺度。二是评审标准中对创新能力、工作成效、履职能力、实际贡献的要求不够突出。三是对长期在野外艰苦边远地区和基层一线工作的专业技术人才倾斜力度不够。四是评审标准有重论文数量、轻论文质量的倾向，对论文的引用量和影响因子考虑不够。五是评审标准对项目数量要求较高，由于项目周期较长，按期完成存在困难。六是从事实验测试等基础支撑工作难以获得项目，取得科研成果困难。七是探矿专业没有全国核心期刊，影响论文的发表，难以达到评审标准要求。八是工程系列中没有设置评审海洋地质和石油地质专业。九是评审标准中缺少对地学科普方面的指标。

（2）工程系列与自然科学研究系列评审标准差异较大，出现了因担心在自然科学研究系列评不上而申报工程系列评审的情况。

（二）在职称评价机制方面

1. 委托外部评审难度大

国土资源部专业技术人才涉及专业系列较多，除国土资源部开展的自然科学研究、社会科学研究、工程、经济四个系列职称评审外，另有新闻、翻译、会计、图书资料、政工、卫生等系列职称评审是通过国土资源部委托水利部、文化部、国家档案局等外部评审，共涉及22个直属事业单位。由于不是国土资源部主流专业，与外部相比没有优势，职称评审通过难度大。

2. 部分管理岗位评审难度大

一是从事科技管理工作与从事专业技术工作相比，在承接项目和取得成果上没有优势，职称评审通过难度大。二是从事党务、纪检、人事工作的岗位，没有对应的职称评审系列，有单位提出开展政工系列职称评审的要求。

3. 缺少特殊人才破格评审通道

对获得国家级和省部级奖项、入选国家级或省部级人才计划的优秀人才，没有破格评聘政策，尚未建立特殊人才发展绿色通道。

4. 用人单位申报标准不一致

绝大多数单位向国土资源部申报前，通过专家评审会、学术委员会或面试答辩等形式，对申报人进行遴选推荐，严格把关，择优申报。个别单位向国土资源部申报前只注重审核申报人的必备条件，缺少遴选择优推荐环节，把关不够严格。

（三）在职称评审与人才使用相结合方面

1. 评聘分开与评聘结合的问题

根据47个单位的调查问卷统计，实行评聘分开的有40个单位，实行评聘结合的有7个单位（信息中心、博物馆、油气中心、评审中心、宝石中心、成都综合所和探矿工艺所）。在调研中，赞成实行评聘分开的单位占大多数，认为专业技术人才能力水平得到及时认定，有利于调动积极性，有利于人才交流，有利于单位申报存续各类资质。个别不赞成实行评聘分开的同志认为，如果评上职称却因没有岗位不能及时聘任，出现高职低聘或人才积压，会影响事业发展、人才成长和队伍稳定。

2. 职称评审工作缺乏聘后监管

由于职称评聘后没有完善的管理制度和激励约束机制，存在正高级职称评聘后不再继续努力追求学术提高和业务进步的现象，多年没有取得新业绩、新成果，对工作不利，也影响了其他未聘同志的工作积极性，对职称评审工作产生了负面作用。

（四）在职称评审工作管理服务方面

1. 关于下放职称评审权限

根据47个单位的调查问卷统计，有27个单位自主开展中级职称评审，主要为工程系列和自然科学系列，有20个单位通过国土资源部或中国地质科学研究院开展中级职称评审。有20个单位（含中国地质科学研究院）填报了有意愿和能力开展高级职称评审，认为开展自主评审能够充分发挥用人单位自主权，实现评以适用，以用促评。也有单位认可国土资源部统一开展高级职称评审，认为国土资源部职称评审制度体系相对健全，以业内专家为基础的评审机制和评审结果更权威、更令人信服，自主开展评审容易出现对标准掌握尺度不一，造成单位间不平衡。

2. 在加强和改进服务方面

一是反映职称评审周期过长，希望能当年完成评审工作，不跨年度。二是缺少职称评审信息交流平台，尚未建立评审结果反馈机制。三是仍然采用纸制申报方式，不仅工作效率低且缺乏公开透明，建议加快建立国土资源部职称评审信息化管理系统。

四、对做好国土资源部职称评审工作的意见建议

（一）进一步完善职称评审标准

1. 坚持以德为先，重点考察专业技术人才的职业道德

用人单位负责全面考察专业技术人才的职业操守和从业行为，通过个

人述职、考核测评、民意调查等方式对申报人员的思想品德、职业道德进行严格把关。

2. 进一步完善职称评审体系

以职业分类和岗位设置为基础，重点对社会科学研究、自然科学研究、工程三个系列专业划分进行研究论证，建立能覆盖国土资源专业技术领域、体现国土资源行业特点的职称评审体系。

3. 科学分类评价专业技术人才能力素质

突出评价专业技术人才的业绩水平和实际贡献，组织专家对国土资源部现行社会科学研究、工程、经济三个系列职称评审标准进一步修订完善。一是根据工程系列与自然科学研究系列的不同专业特点，研究制定符合本系列特点的、相对平衡的评审标准。二是研究符合小专业（实验测试、探矿）实际情况的评审标准。三是合理设置职称评审中的论文和科研成果条件，不将论文作为评价应用型人才的限制性条件，探索以专利成果、项目报告、工作总结、工程方案、设计文件等成果形式替代论文要求，淡化论文数量要求。四是探索建立代表作制度。五是注重考核专业技术人才履行岗位职责的工作绩效、创新成果，增加技术创新、专利成果转化、技术推广、标准制定、决策咨询、公共服务等评价指标的权重，将科研成果取得的经济效益和社会效益作为职称评审的重要内容。各系列评审委员会负责修订完善本系列职称评审标准，报国土资源部人事司备案。

（二）创新职称评价机制

1. 建立特殊人才职称评审绿色通道

对获得国家级和省部级奖项、入选国家级或省部级人才计划的优秀人才，不受学历、资历限制，可破格申报评审高级职称。

2. 建立健全职称评审监督机制

一是完善职称评审委员会备案管理制度。国土资源部高级职称评审委员会每两年调整一次，报人力资源和社会保障部备案。中级职称评审委员会每两年调整一次，报国土资源部人事司备案。二是完善职称评审专家遴选机制，加强专家库建设，实行动态管理，专家库每五年重组一次。三是健全职称评审委员会工作程序和评审规则，明确评委责任，严肃评审纪律，强化评审考核。四是实行用人单位申报负责制，用人单位通过组织面试答辩、专家评审会、学术委员会、行政办公会等形式，择优推荐专业技术人才参加评审，并对业绩成果材料的真实性负责。

（三）促进职称制度与用人制度的有效衔接

坚持以用为本、以评促用，用人单位作为人才使用主体，要根据本单位岗位设置和人员状况，合理确定评审与聘用的关系，促进职称制度与用人制度有效衔接。一是及时有效地开展岗位遴选工作，最大限度地释放和激发专业技术人才创新、创造、创业的活力，满足用人单位选才用人的需要。二是健全考核制度，加强聘后管理，在岗位聘用中实现人员能上能下。

（四）改进职称评审管理服务方式

1. 下放部分职称评审权限

发挥用人单位在职称评审中的主导作用，科学界定、合理下放职称评审权限。一是在有能力、有条件的单位组建与本单位主要业务领域相关的中级职称评审委员会，自主开展中级职称评审工作。二是在有意愿、有能力、有条件的单位试点组建与本单位主要业务领域相关的副高级职称评审委员会，自主开展副高级职称评审工作。各单位组建的中级职称评审委员会报国土资源部人事司备案，副高级职称评审委员会报国土资源部人事司批准。各单位要加强对自主评审工作的监管，正确行使评审权，确保评审质量。

2. 改进职称评审管理服务方式

建立国土资源部职称评审信息化管理系统，实现网上申报、审核、评审、公示和信息发布，建立职称评审情况反馈机制，为专业技术人才和用人单位提供便捷高效的服务。

报告六　境外地质调查单位人才国际化培养研究

赵　政　陈　岩　伊　娜　高　鹏　史利平

摘要：本文对境外地质调查单位人才国际化培养现状进行了分析，重点讨论了境外地质调查单位人才国际化培养的成效与经验，深入剖析了当前境外地质调查单位人才国际化培养存在的问题与不足。从总体来看，各地勘单位在搭建国土资源人才国际化培养机制，探索国际化人才选拔任用、开展人才培养开发和激励保障机制等方面进行了有效探索，但国际化人才队伍建设任务依然艰巨，需要从顶层设计、制度优化等方面采取有效措施推进。

当今世界，经济全球化的深入发展，知识经济和信息技术革命的快速发展，使人力资本对经济发展的贡献率不断增加。国家间竞争的内容主要是众多因素结合的综合国力的竞争，是经济实力的竞争，是科学技术的竞争，而这些归根结底是人才资源的竞争，国际化人才的竞争更是如此。国际化人才的培养开发，是经济全球化条件下，各国参与国际合作与竞争的客观要求，是在新形势下坚持科学发展观、实施人才强国战略的必然选择，能够提高应对国际局势和处理国际事务的能力，为我国和平发展创造良好国际环境，是参与国际经济技术合作、促进和谐世界发展的重要举措。加强国际化人才队伍建设，培养一批基本素质好，具有国际化视野，国际化知识，通晓国际惯例与规则，熟练掌握外语，具备丰厚的基础知识和相关领域的专业知识和较强的创新能力及跨文化沟通能力的国际化人才，是参与国际竞争与合作的迫切要求。

当前，我国经济发展进入“新常态”，经济社会发展对国土资源工作提出了新要求。“一带一路”共建倡议给国土资源工作提供了前所未有的发展空间。“一带一路”沿线国家经济社会发展和工业化进展加快对加强国土资源国际合作产生了强劲需求，部分“一带一路”沿线国家矿业政策趋于利好，为国土资源国际合作孕育新机遇，加强国土资源境外地质调查单位国际化人才培养，为国家“一带一路”建设提供服务支撑势在必行。

一、国外人才国际化培养开发借鉴

20世纪90年代以后，经济全球化的趋势越来越成为当今世界发展的潮流，国际竞争国内化，国内市场国际化的趋势更加明显，国际竞争与合作涉及每一个地区和领域。随着经济全球化程度的日益提高，各国对国际化人才的需求逐渐加大、竞争激烈，许多国家和地区先后制定和实施了国际化人才培养的战略措施，加强对国际化人才的培养。通过对发达国家人才国际化培养进行研究，可为我国国土资源人才国际化培养开发提供借鉴。发达国家主要做法包括以下方面。

（一）在学校教育中加强人才国际化培养

1. 美国

《美国2000年教育目标法》提出，要通过国际交流，提高全球意识、国际化观念；鼓励到国外学习；支持各级教师、学者和其他个人的交流活动；扩大和加强外语教学，提高教学质量，加强美国人对外国文化的深刻了解。

美国国家科学基金会在国际化人才培养方面启动“美国人力、研究与教育计划”，其中包括四个子计划，一是全球研究生可申请奖学金进行国际合作研究计划，将国际合作的活力与优点带入高中基础教育的各类教学活动，扩大学生对国际合作的视野，及早培养学生的国际观。二是大学生研究经验培养计划，鼓励建立国际合作机制，为大学生提供参与国际合作研究机会，使其扩大研究国际化的视野。三是整合研究与教育训练国际计划，强调研究水准的提升与教学经验的落实。四是研究中心参与国际合作，鼓励研究中心扩大国际合作范围。

2. 德国

自从2000年以来，德国政府将对人力资本的投资放在重要位置，建立了科学的人才资源培养体系。德国教育科研部于2004年提出建设国家“精英大学”的计划，旨在培养更多高端的国际化人才。德国政府认为，引进掌握高技术和丰富知识的移民入本国对本国经济和社会发展有着重要作用，但同时要注重本国国际化人才的培养开发，推进教育体制改革，不止重视学校教育，而且强调职业教育、继续教育及在职培训等。

3. 韩国

韩国政府深化教育改革，在国际理解教育中培养国际化人才。早在

1995 年，韩国就已经推出旨在“造就能够引导国际化潮流的人才”的教改方案，加强国际理解教育和外语教育，实施世界化教育。韩国政府加大开发力度，在世界氛围中培育国际化人才。韩国政府以经济开放作为对外开放的先导，重视扩大文化艺术的对外开放，鼓励教育的对外开放，鼓励和支持大学的对外开放和交流，以此推进国际化进程，加速国际化人才的锻炼和成长。韩国政府不断推进留学教育，坚持选派留学生，在国际环境中陶冶国际化人才。

4. 日本

近年来，为了应对国际上日趋激烈的“人才争夺战”，日本积极制定人才政策，实施国际化人才培养战略。日本不断吸收和借鉴发达国家在人才政策方面的有力举措，同时结合本国的情况，以大学为基础加强环境建设，以高校和企业的合作为突破口，进行产、学、研结合。鼓励优秀留学生在日本定居、就业等措施聚集了大量的国际优秀人才。不断吸引外国留学生的同时，日本政府将本国的人才送入欧美等发达国家去学习先进的知识和技术，同时，开始积极邀请外国学者来日进行学术交流和合作，以此来拓展本国人才的国际化视野。

（二）调整移民制度，吸引国际化人才

1. 美国

美国政府通过制定移民政策吸引急需的高端人才，例如，针对高端人才的特殊移民政策。1965 年，美国颁布了具有开放性政策精神的“优惠制”新移民法，每年专门留出 2.9 万个移民名额给来自国外的高级专门人才。1990 年 11 月，出台了《家庭团聚与就业机会移民法》，在原有移民法的基础上又做出了两个具有突出贡献的修订：一是拓宽了技术类移民的范畴，设立了“投资移民”条款。二是引入外侨登记卡（绿卡）制度。这实际上是一种长久居留身份的证明，凡绿卡持有者可以方便地进出美国，在美国住上一定时期后可以申请加入美国国籍。三是国会不断修订短期工作签证政策。美国还把杰出人才作为吸引高端人才的一项重要政策，授予非美国籍专业工作人士在美永久居留权，并允许其带入家人一起生活达到留住高端人才的目的。

2. 英国

英国启动杰出人才签证，鼓励在科学、人文、工程及艺术领域的杰出人才前往英国发展。英国从2011年8月9日起启动杰出人才签证，从2011年8月9日至2012年3月31日，有1000个名额分配给杰出人才签证类别。英国皇家学会、英格兰文化艺术委员会、英格兰皇家工程院、英国人文和社会科学院可以向英国边境管理署提名杰出人才申请人，并且保证被提名人是评估机构所在领域的非凡人才。推荐提名杰出人才签证的申请人，可以不需要获得当地雇主担保前往英国。

3. 德国

为落实"高级人才引进战略，实现人才全球化"政策，2011年3月，德国联邦政府通过了《外国人居留法》（草案），根据新草案，德国联邦政府将给予从事科研工作的外国人配偶充分的就业权，以加强对外国科研人员的吸引力。据2012年德国政府移民报告统计数据，2011—2012年的移民数从96万人上升到108万人，成为17年来最大规模的"第三国"技术专家和高质量人才移民数量高速增长的一年。

4. 韩国

韩国不仅重视本国人才的国际化，而且十分重视吸引海外国际化人才为韩国的经济、科技、教育的国际化服务。韩国通过建立基础科学研究院，实行外国人博士后制度，吸引外国的组织和国际组织来韩国设立研究机构，以吸引国际组织的人员与外国的国际化人才到韩国工作和居住。

2014年，韩国未来创造科学部在第30次韩国国家政策调整会议上，正式公布了"吸引和利用海外人才的方案"。该方案主要目的是引进具有创新能力和企业家精神的国际人才、实现创造经济。为此，韩国政府将大幅加强对海外人才的支持，改善其教育、居住、文化等环境，为外国人营造更舒适的居住环境，放宽对海外人才的电子签证签发门槛，力争到2017年引进海外人才3.66万名，比2012年增加50%。

（三）利用学术交流与科技合作吸引、培养国际化人才

一些发达国家不仅直接引进和培养国外人才，还通过国际的学术交流和科技合作加大对国际化人才的吸引力度。日本也非常重视国际的科技交流。在1959年到1975年的17年中，共邀请国外专家和诺贝尔奖得主714人到日本工作或讲学，在日本近年来实施的新的科研计划中，有约1/3的人才是从国外引进来的。俄罗斯政府颁布《关于吸引顶尖科学家到俄罗斯高等院校工作的措施》（2010年）规定，高等院校、科研院所和联邦科研

中心可与所在领域一流国内外科学家共同申报科研项目，该措施吸引大批外国顶尖科学家投入俄罗斯开展科研实践。

发达国家在国际科技合作中经常能够成功吸引和利用外国人才的一方面原因在于它们有雄厚的科研资金投入，另一方面，发达国家凭借自身优越的生活条件和科研条件，还以民间基金会的高额奖学金等方式，在世界范围内招收访问学者，促使其移民该国。在美国，一些科研项目或课题由大学和企业共同提出，共同承担，由企业负责研究资金，吸引优秀学生或社会高层次人才参与研究。

（四）人才国际化培养中强调人才需求分析和评估

各个国家都有评估其国际化人才培养和引进计划是否成功的一系列标准，其中一些已经成为国际化人才培训或引进政策的一部分。加拿大在国际化人才需求评估方面有较为成功的举措，加拿大在试点项目实施的同时，检测改变计划管理和过程的可行性。澳大利亚对主要专业的国际化人才需求进行调查，通过用人单位建议制度不断调整对短缺人才需求的评估。英国的工作许可部门通过咨询来自相关部门的代表，共同确定在哪些产业中存在人才短缺。德国联邦政府、各产业、联盟、联邦就业机构及州政府之间加强合作，定期监控和评估国际化人才的培养和引进工作的发展趋势。美国国际人才引进政策的主要目标是填补人才的供需缺口，因此，其配额机制会根据用人单位需求的变化做出适时调整。

二、我国境外地质调查单位人才国际化培养开发现状

推进丝绸之路经济带和21世纪海上丝绸之路建设，是党中央应对全球形势深刻变化、统筹国内国际两个大局做出的重大战略决策，对开创我国全方位对外开放新格局，推进中华民族伟大复兴进程，具有划时代的意义，同时为国土资源国际合作带来了重要机遇，提供了广阔空间。近年来，国土资源部从事境外地质调查的各单位结合实际搭建人才国际化培养平台，通过开展国际合作境外地质调查项目、组织或参加国际性会议、引进国际化人才、出国开展合作研究或培训等一系列举措，培养了一大批国际化的科研人员和国际合作团队。

2016年，境外地质调查单位出访开展境外合作229批次，1138人次，出访国别达40余个，出访领域涉及地学研究、地质调查、地质找矿技术交

流等，出访类别包括访问及技术交流、培训、国际会议等。出访类别中，访问及技术交流类占比较重，约占出访总团组数及出访总人数的70.74%。培训类包括技术培训及管理培训等（部分技术装备培训包含在访问及技术交流类中），占出访总团组数的5.68%，占出访总人数的3.69%。国际会议及其他出访团组占总出访团组数的23.58%，占出访总人数的25.57%。具体见表4－56。

表4－56　2016年因公出国（境）团组分类统计表（地质调查单位）

类别	团组数/批次	团组数占比/%	人数/人	人数占比/%
访问及技术交流类	162	70.74	805	70.74
培训类	13	5.68	42	3.69
国际会议及其他	54	23.58	291	25.57
合计	229	100.00	1138	100.00

（一）结合实际搭建人才国际化培养平台

国土资源各境外地质调查单位搭建多边地学合作平台。以2016年为例，联合国教科文组织全球尺度地球化学研究中心挂牌运行，建立了中国－东南亚南亚、东北亚、拉丁美洲大洋洲、西非北非地学合作研究中心，与包括“一带一路”沿线主要国家在内的27个国家合作开展了不同比例尺地质地球化学填图，新增或更新了18个国家地质矿产数据，全球矿产资源信息系统数据涉及国家达127个。举办“一带一路”地质调查国际合作研讨会、2016境外地质矿产信息发布会、2016国外矿产资源调查勘查技术培训班等，为400多家企业提供了信息和技术服务。创纪录举办18期针对国外地质官员、技术人员的培训，为50多个国家400多名地矿人员进行了管理和技术培训。

各单位在人才国际化合作方面取得的成果显著，人才国际化培养方面也推出了一系列有效措施，培养了一大批优秀的国际化科研人员、多个国际合作团队，为国家“一带一路”战略服务。

（二）采取多种方式开展国际合作交流与人才培养

1. 开展国际合作境外地质调查项目

2016年，国土资源部系统出访项目中涉及地质调查国际合作出访团组58个，出访人次296次，出访国家32个，其中“一带一路”沿线国家15

个。合作内容主要涉及合作地质填图、地球化学填图、技术培训、方法技术合作研究。通过项目的实施，与埃塞俄比亚、厄立特里亚、摩洛哥等国开展人力资源交流与合作。通过人力资源交流与合作既推广了我国先进的地质技术方法，又提高了中国地质调查单位的国际地位，增进了双方的友谊，为后续更好、更深入开展援外地质调查项目的申请与实施打下良好基础。

在地质调查项目的资助下，先后有多名博士后、博士与硕士研究生参与项目的野外地质填图和室内综合研究工作，多人获得国家自然科学基金面上项目。其中，武汉地质调查中心承担中国地质调查局地质调查专项、商务部项目等多渠道来源国际合作境外地质调查项目 18 项，项目资金达 1 亿元，共出访 10 多个国家，参加合作的国外专家近 50 人。通过国际合作项目的开展积累经验，开拓了地质调查单位科研人员的国际化视野。

2. 积极引进国际人才带动青年科技人员

2016 年中国地质调查局邀请来访团组 64 批次，222 人次。来访类别涉及学术交流、培训、国际会议、合作研究等。地质调查单位借助各类合作项目的实施、国际会议的举办等加强科研人员的国际化意识，提升外语沟通能力，提高基础知识和相关领域的专业知识。并积极引进国外顶尖的科技人员到调研单位做访问学者，指导青年科技人员进行项目实施、论文写作等，使青年人员的科研水平更具国际化的标准。以武汉地质调查中心为例，该中心近年来先后邀请了来自美国、芬兰、德国、英国、意大利、日本等国 14 批 60 多名外国专家到中心访问，主要开展野外联合考察、学术交流、项目合作商谈等。通过与外国专家的交流和学习，使地质调查科研人员开展了国际视野，科研水平更加国际化。

3. 组织或参加国际性会议，提升影响力

国土资源领域各地质调查单位借助国际会议平台，优选科技人员积极开展学术交流活动，提供与世界同行开展面对面交流的机会。一是组织国际合作科技人员参加了每年一届的中国国际矿业大会、中国 - 东盟矿业合作论坛。二是举办在中国的国际学术会议。例如，2015 年，武汉地质调查中心在武汉市承办了“花岗岩及其有关的成矿系统”国际学术研讨会，来自十多个国家的 140 多名花岗岩研究专家、学者参加了会议。2015 年，承办了“中国 - 东盟地学研究合作论坛”，来自东盟国家、中国国土资源部，中国有色、冶金、核工业等部门的三百余位代表参加了此次论坛。三是积极参加境外具有重要影响力的国际会议，例如，参加2016年在南非举办的第35届世界地质大会、加拿大勘探与开发者协会年会、南非矿业大会等。通过参加各种形式的国际会议，极大地促进了国土资源部科研人员参与国际合作的积极性，拓宽了科研人员国际化视野，提升了我国国土资源工作在国外的影响力，为国土资源人才与国际接轨起到了有效的推动作用。

4. 出国开展合作研究或培训

合作研究的目的主要是促进学科发展和团队建设，人员互访与参加国际会议主要为了促进人才扩大与培养。通过国际合作不仅使地质科技人员了解了相关领域的前缘动态，扩大了人才的国际视野，同时建立了良好合作关系。为进一步推进国际化人才培养，各地质调查单位近年来选派优秀科研人员参加各类国内外语言或技术培训。以武汉和西安地调中心为例，2016年，武汉中心选派了3名国际合作境外地质调查人员参加武汉大学法语培训班，选派1人在美国得克萨斯州大学奥斯汀分校为期1年访问研究，另有15人参加了欧美国家的仪器设备新技术短期交流与培训。西安中心先后送职工赴加拿大参加矿政管理中长期培训、赴美国进行设备培训、赴日本进行扫描电镜培训等，对业务人员的技术水平有很大的提升。2016年西安中心加大人才培养的力度，组织9个批次，共计33人赴国外开展合作研究及学术交流，提高国土资源科研人才的国际影响力。此外，其他单位例如青岛海洋所等单位选派多人赴荷兰、英国等国家进行设备培训。

5. 举办外语培训班

各单位积极邀请俄语、英语教师为即将出访的科研人员做语言培训，培训课程基本分为语音导论课，基础阶段授课，语音和基础语法、听力、会话等。通过语言培训班的学习，科研人员的外语水平得到有效提升。

6. 建立国际性文章发表奖励机制（SCI、EI文章奖励）

中国地质调查局各地调单位相继出台了一些奖励办法，鼓励干部积极参与人才国际化培养计划。例如，西安地质调查中心于2007年出台《关于印发中国地质调查局西安地调中心科技论文奖励暂行办法的通知》，通知详细规定了发表国际文章的奖励办法。奖励办法明确科技论文发表将作为重要因素影响处室的年终绩效考核，并根据所发表期刊的不同对发表科技论文的个人进行奖励。

三、国际合作与人才国际化培养主要成效

2016年，地质调查国际合作成果丰硕，通过项目合作、国际会议、培

训等方式培养了一大批国际化人才。结合项目工作，多次对项目组成员进行专业理论知识等方面的培训，组织骨干成员参加培训班，大大提高了工作能力。通过国际合作项目的实施，造就了一支熟悉国家地质条件、掌握当地地质工作规范、熟悉当地人文、地理、政治环境的专业国际化人才队伍，培养了多个国际合作团队，与多个国家的政府机构或科研院所建立了稳定的合作关系，人才团队素质能力有较大提升，多人在国际核心期刊发表各类学术论文，并获国家基金、省基金、亚专项等奖项。

（一）培养多个国际合作团队

一些地勘单位的国际合作已从单一的地质调查合作扩展到基础地质、矿产、古生物、水工环、仪器分析多个专业方向，已形成东南亚、东北非及西非国际合作境外地质调查和研究团队等多个国际合作研究团队。西安中心经过50多年的西北地质工作和近10年的境外地质调查研究，形成了一批长期从事西北及中亚地区地质矿产调查研究的专家团队，并在西北地区、中亚、南亚取得了一系列重要进展和重大找矿突破，先后获得多项国家级、省部级奖项。通过与丝绸之路沿线国家间地质矿产领域国际合作，形成了涵盖中亚、南亚全域、中国西部－中亚－南亚邻区所有跨境成矿带、部分重点成矿区等多层次系列成果，取得了显著的社会经济效益。

（二）人才团队素质能力有较大提升

近三年来，地质调查单位与国际合作种类增多，领域进一步扩大，通过项目实施，已形成了“一带一路”矿产资源信息采集集成与综合研究的稳定团队。团队一般具备合理的年龄梯度，由地质矿产专业、地学信息化等专业技术骨干组成，业务水平高，凝聚力强。例如，西安中心近年来共有18人获得了国家或省部级、地调局级人才称号，其中14人因公出访国外，占总人数的78%。与数十个国家的科研院所、科研人员建立了长久的合作关系，联合开展野外调查、编写科技报告，共同发表研究成果，促进了地质科研人员在国际上的知名度和认可度。

（三）与多个国家政府机构或科研院所建立了稳定的合作关系

国土资源部各地质调查单位通过与境外政府机构或科研院所共同开展项目合作、签署谅解备忘录等方式建立了稳定、长期的合作关系。仅2016年各地调中心与境外合作执行的项目就多达40余项。武汉地质调查中心与东南、赤道以北非洲地区近10个国家政府机构建立了友好的境外地质调查国际合作关系，通过双边互访、学术交流、联合地质调查、培训学习等方式，开展了深入的国际地学合作，得到了合作国的高度认可，并为两国间的部局地学合作协议签订起到了积极推动作用。西安地质调查中心依托中心的业务发展规划，一直坚持“走出去，请进来”的外事原则，围绕中心国际合作发展目标，以中亚地质研究中心为依托，围绕“两个市场、两种资源”，引领国内矿产企业走出去，提高对中亚地区资源环境调查的把握程度，通过合作，引进、消化和吸收了国外先进方法和技术，提高研究水平，扩大国际影响力。

四、国土资源人才国际化培养面临的问题和困难

长期以来，国土资源领域在国际化人才培养方面做了一些较有成效的工作，为我国国土资源工作扩大国际影响力发挥了重要作用。但人才国际化培养现状仍存在一定的问题与困难，具体表现如下。

（一）国土资源人才国际化培养的组织实施需要进一步落实

《国土资源中长期人才发展规划（2010—2020年）》作为国土资源人才工作的顶层设计，提出面向国土资源系统和地勘行业，在具有地质或土地类专业人才中，培养一批既具有土地资源管理、矿产资源管理、国土资源规划等专业知识，又具有管理、经济、金融、法律、外语等综合知识的复合型人才。目前，国际化人才培养的组织实施还面临一些困难：一是由于人才国际化培养的多方协作性质，覆盖面极广，涉及整个国土资源和地勘行业方方面面；二是由于人才培养存在一定的延后性，培育优秀的国际化人才需要较长的周期，人才培养成效短期并不明显；三是部门人才培养的持续性不够，容易受到政策和环境影响，造成了部门选人的随意性与随机性，国土资源人才培养机制的具体措施落实到一线单位还有难度。

（二）我国国土资源国际化人才培养还需要更积极地适应国土资源管理和改革形式

我国国土资源国际化人才培养还需要更积极地适应国土资源管理和改革形式，但目前国土资源人才国际化培养机制在服务国土资源和地勘行业事业发展上，还缺乏系统谋划、主动性、前瞻性。主要表现为：一是目前国土资源人才国际化培养目标有待进一步清晰，培养内容的针对性有待进一步增强。部分科研人员外语水平有限，但具备丰富的专业知识，需要加

强语言加专业的联合培养，增强国际化人才国际视野和国际意识的训练。二是青年人才培养力度有待加大。由于近年来各单位承担项目性质发生变化，青年业务人员从事事务性工作占用了大量时间与精力，对人才的培养项目缺乏积极性。三是缺乏相应的国际化人才培养的效果评估机制。国际化人才培养评估能够有效评估国际化人才培养政策与国际化人才工作的及时性与有效性，使人才培养资源能够有效得到利用。四是国土资源人才国际化培养缺乏稳定的经费支撑，需要多渠道争取经费。

五、推进国土资源人才国际化培养的建议

（一）建立有利于国土资源人才国际化培养的制度环境

一是制定相关政策并监督实施。根据人才国际化培养的需要，制定一系列人才培养政策，例如，国际化人才培养的选拔政策、评价政策和保障政策等。二是制定有效的激励、监督和评估机制，从项目的设定、人员的选拔、培训、学业结业到培训后工作效果评估，形成有效的激励、监督和评估机制。三是针对不同的人才，制定不同的国际化培养方案。例如，年青技术骨干以技术技能培训为主，领军人才以扩展国际视野为主，注重培养实效。

（二）积极探索多种形式人才国际化培养机制，不断创新人才国际化培养方式

一是注重国内国外培训相结合。根据每个培养人员的职位、个人的专业技能水平、语言水平等进行分级分类培训。例如，青年骨干一般具备较高的英语交流能力，可以通过国外培训及实践活动加强专业知识的学习。二是增加中长期国际化人才境外培训。以往的境外培训大多属于短时间、开眼界式的境外培训方法，可选拔一批具有较高素质、较高专业知识和较高外语水平的人员到国外进行中长期系统培训。三是适当增加国外工作和实习机会。目前，境外培训大多是进修、学习型的培训，缺少实践性；应加大与境外机构的合作力度，为培训人员提供更多接触实际、了解实际的工作机会，有效提高培训人员的业务水平和语言沟通能力。

（三）加强国际合作交流，扩展人才培养渠道

加强国际合作交流，扩展人才培养渠道，紧盯“一带一路”需求，紧跟国际地学理论和方法技术前沿，提高科研人员的科研水平和国际知名度，

提升在国际地学届的影响力和话语权。一是将优秀人才送出去、请进来。通过各种渠道优选科技人员以学术会议、访问学者、学位学习等方式到欧美国家学习。二是引进国际知名专家、学者，通过项目合作、学术交流、客座教授、任职等多种方式促进国土资源领域国际合作深度和广度，提高科研水平，打造国际性合作团队。三是加强学术前沿引导，鼓励科研人员参与国际合作项目、开展国际性学术交流。

报告七　公益二类地勘事业单位改革体制机制研究

四川省冶金地质勘查局课题组*

摘要：本文系统介绍了地质勘查事业单位改革自1985年以来的三个重要阶段，明确了公益二类地勘事业单位改革的定位是在承担战略性、基础性地质勘查和灾害治理等公益性职能的同时，开展与主业相关的经营活动，满足社会发展的多样化需求；对公益二类事业单位的市场化、企业化、集团化改革路径做出了判断；从投入、市场环境、事企双规、改革配套、产业支撑、历史问题等六方面提出了公益二类事业单位体制机制改革的难点；提出了八个方面的创新探索改革建议，为正确处理改革、发展和稳定三者之间的关系，积极稳妥、分类指导、逐步推进公益二类地勘事业单位改革提供了重要参考。

事业单位改革是继国有企业改革和政府机构改革之后的又一项重大改革，此项改革涉及面大，情况复杂，是块改革的“硬骨头”。

一、地勘事业单位改革的历史进程

地质勘查事业单位主要从事基础地质普查、勘探及调查研究等方面工作，具有基础性、战略性、公益性，艰苦性、探索性、连续性等基本特性，且流动性大、作业环境艰苦、技术含量高、业务来源不稳定。

地勘事业单位改革，大体从1985年开始，经历了三个发展阶段。

（一）探索阶段（1985—1999年）

1985年，代表全国地质勘查行业管理部门的地矿部针对过去地勘单位管得太多、统得过死的弊端，陆续出台“简政放权”相关政策，以培育“地质市场”为突破口，对公益性地质工作和商业性地质工作进行分离，并逐步推行“地质成果商品化、地勘单位企业化、地勘队伍社会化”的三化改革，既包含企业化取向的改革，又有生产经营结构调整的内涵。

---

* 课题组成员：夏廷高、郭伟、晏敏、丁祥玉、李加海。

该阶段改革的特点是“摸着石头过河”“八仙过海，各显神通”，改革的最终目标没有明确，基本上属于地勘队伍内部的机制改革，未涉及地质工作体制改革。只是在事业体制下，探索企业化管理（机制层面）的途径，改革的开放程度较低，收效不大。但地勘单位通过开拓地质市场，逐步进入工程勘察、工程施工、小矿山、建筑施工等相关产业，用多种经营收入弥补了地勘经费的不足，大大缓解了地勘单位的暂时困难，也为地勘单位搞活内部机制打下了基础。

（二）属地化阶段（2000—2010 年）

国务院《关于加强地质工作的决定》（国发〔2006〕4 号）和国务院办公厅《地质勘查队伍管理体制改革方案》（国办发〔1999〕37 号）、《关于转发国家经贸委管理的国家局所属地质勘查单位管理体制改革实施方案的通知》（国办发〔2001〕2 号）等政策的出台，明确了国有地质勘查单位的事业属性和企业化改革方向。

在此过程中，公益性和商业性的地质勘查工作逐步分离。中央成立中国地质调查局，各省组建地质调查院，作为承担国家地质勘查任务的公益性队伍；原各工业部门所属的少部分地质勘查队伍改组成为企业或企业集团，大部分属地化到各省管理，通过面向市场，承担本省公益性地勘工作，并通过商业性地质勘查工作弥补任务的不饱和与经费供给的不足。

属地化的地勘单位基本上实行“戴事业的帽子，走企业的路子”发展方式，依托自身专业优势，开展生产经营，成立了各种类型的地质勘查、基础施工、工程勘探，以及矿山开采、机械加工、印刷、化工等产业关联型公司。但是，事业单位和企业单位在单位属性、制度设计，以及监管体系等方面都有着本质的区别。随着法制化、市场化程度的提高，这种事企不分带来的矛盾越来越突出，也越来越阻碍地勘单位的发展。

（三）分类改革阶段（2011 年至今）

2011 年，中共中央国务院《关于分类推进事业单位改革的指导意见》（中发〔2011〕5 号）的出台，有力推动了地勘事业单位的分类改革。

据目前统计，24 个省份基本完成了国有地勘单位的分类工作，7 个省（自治区）和中央管理国有地勘单位尚未完成分类工作，完成分类的地勘单位有 407 家，其中，公益一类 124 家，占总量的 30. 4%；公益二类 257 家，占总量的 63. 2%；生产经营类 13 家，占总量的 3. 2%；暂不分类 13 家，占总量的3.2%。从地勘单位分类的总体情况看，整体转公益一类或公益二类的单位比较少，整体进入公益一类的只有河北省地矿局（两所学校后期划归地方），整体进入公益二类的只有四川省冶金地质勘查局和四川省煤田地质局，整体转企的只有陕西省和辽宁省的地勘单位，其余省份的大部分地勘单位（包括四川省的地矿局和核工业地质局）的局机关及一部分非经营性单位进入公益一类，综合地勘单位大多进入公益二类。

二、公益二类地勘事业单位改革的定位及路径判断

（一）公益二类地勘事业单位改革的定位

根据事业单位改革的总体部署，公益性事业单位分两类：公益一类单位承担义务教育、基础性科研、公共文化、公共卫生及基层基本医疗服务等基本公益服务，是不能或不宜由市场配置资源的单位。此类单位不得从事经营活动，其宗旨、业务范围和服务规范由国家规定，财政根据正常业务需要，给予经费保障。公益二类单位承担高等教育、非营利医疗等公益服务，可部分采取市场配置资源的方式。此类单位按照国家确定的公益目标和相关标准开展活动，在确保公益目标的前提下，可根据相关法律法规提供与主业相关的服务，收益使用按国家有关规定执行。

由此得出，公益二类地勘事业单位改革的定位是按照高等院校和公立医院的特点来设计的，在承担战略性、基础性地质勘查和灾害治理等公益性职能的同时，需要开展与主业相关的经营活动，满足社会发展的多样化需求，财政根据单位的收支情况，给予一定的经费补贴，并通过政府购买服务等方式给予支持。

（二）公益二类地勘事业单位改革的路径判断——企业化、集团化

地勘事业单位经历多年的改革发展，在完成国家下达的公益性目标的同时，积极探索企业化，形成了地质勘查为主，相关产业为辅的格局。从2015年全国地勘单位收入构成的情况看，地勘单位地质勘查业收入占42.37%，工程勘察与施工收入占27.12%，矿业开发收入占13.84%，矿业权转让收入占0.59%，其他收入占16.08%。

地勘事业单位划入公益二类事业单位符合当前发展阶段的特点，但仍属于过渡性质。随着国家供给侧结构性改革的不断深入，国家将会保留一支结构合理、规模适度的公益性地勘队伍，为了提高公益服务水平，在条

件成熟之后，绝大部分公益二类地勘事业单位将逐步推向市场化、企业化。

就现阶段而言，由于人均资产和转企资本金严重不足、历史包袱沉重、扶持政策不到位、地矿市场及发展环境不规范等问题还没有得到有效解决，地勘单位“事改企”的条件还不成熟，需要较长时期的内生能力提升和外部市场环境的培育。

三、公益二类地勘事业单位体制机制改革的难点

由于资源条件、政策环境、市场环境等方面的不同，各地勘单位结合自身实际情况进行了各具特色的改革，在改革探索中艰难前行，取得了宝贵的经验。但总体上看，还面临许多困难和问题，特别是2013年以来，受宏观经济形势特别是矿业投资大幅减少影响，地勘单位发展非常艰难，改革任务十分艰巨。

（一）地勘行业的高风险、高投入、长周期性特征与其他行业有着较大的区别

公益二类事业单位改革的顶层设计主要参照的是高等院校和公立医院，这两类事业单位具有较为稳定的收入来源和客户群体，能够满足改革发展的需要；而地勘事业单位以承揽项目为主，同质化竞争严重，缺少持续稳定的市场基础和项目来源，从勘查投入到发现并成为具有工业价值的矿产地少则三五年多则七八年，且成功率仅为2%~5%，所以，短期内参与勘查项目收益分配的难度很大。一旦国家和社会的地质勘查投入减少、矿产品价格低迷，就会对地勘单位的发展造成严重的影响，抗风险能力非常弱，可持续发展动力不足。

（二）矿业市场环境不成熟

自《中华人民共和国矿产资源法》实施以来，矿业权有偿取得使资金紧缺的国有地勘单位获取矿业权（探矿权、采矿权）越来越困难，大量优质矿业权被民营经济控制，让有技术、有资料、有人才的国有地勘单位沦为社会的“打工仔”，甚至“打不上工”！让装备先进的国有地勘单位“英雄无用武之地”。而国家急需紧缺的战略资源储备严重不足，不得不大量使用外汇进口，矿业权市场亟待完善。

（三）事企双轨制运行制约改革发展

由于历史的原因，全国绝大部分地勘单位为弥补财政保障的不足，纷

纷进入商业地勘市场，兴办企业。“戴事业单位帽子，走企业化路子”，造成事企产权不明、市场主体缺位、各类人员（编内编外）交叉混杂、地勘企业发展空间受限等问题，给事业单位分类改革增大了难度。在当前规范管理过程中，这种运行机制已经面临事业体制和市场机制的双重掣肘，事企混合不可持续，但现阶段公益二类地勘事业单位兼具公益性和商业性职能，需要通过市场经营活动弥补财政供给的不足。如何实现公益性和商业性职能互为补充、互相促进，同时解决“事企不分”的问题，成为公益二类地勘单位改革和发展的困局。

（四）改革配套政策滞后

虽然地勘事业单位的分类基本确定，大部分地勘单位划入公益二类事业单位行列，但区别于公益一类地勘单位和其他事业单位的政策衔接不够，职能定位、人事管理、财政保障、投资决策等政策还没有明确，仍然按照原有体制机制运行，导致绩效工资、预算资金使用、对外投融资和矿业权经营等各方面的矛盾和冲突愈演愈烈。

（五）产业支撑不足

属地化以来，各地勘单位虽然得到了快速发展，经济实力显著提高，但目前还没有建立起具有核心竞争力的支柱产业，自我造血功能先天不足。由于地勘单位长期以来主要承担国家地质勘查任务，普遍缺乏市场经营与企业管理的实践、经验和人才，加之资金注入不够、经济基础脆弱、政策支持不到位，地勘单位转型发展十分困难，企业化的基础和动力明显不足。

（六）历史遗留问题未完全解决

绝大部分地勘单位离退休人员与在职人员基本上比例在1：1左右，远远高于一般企事业单位比例，且绝大部分职工未加入地方养老保险社会统筹。事业费拨款长期严重不足，财政拨款仅能解决离退休人员经费，在职职工的薪酬、死亡职工遗孀和工伤人员补助等绝大部分需要在市场经营中获取，地勘单位的经营压力和资金压力非常大，单位财政负担非常重。属地化以后，地方财政基本上未安排设备购置专用资金，对地质勘查设备等固定资产投资缺口大，地勘单位的设备严重老化，难以支撑产业的转型升级。

四、公益二类地勘事业单位体制机制改革的建议

（一）指导思想

深入学习贯彻党的十八届三中、党的十八届四中、党的十八届五中、党的十八届六中全会精神及“五大发展理念”，按照中央和四川省推进事业单位分类改革的总体部署和四川省全面创新改革的要求，结合国有地勘单位的特点，打破体制机制障碍，积极稳妥推进改革，促进地勘单位事业可持续发展。

（二）改革目标

第一阶段：机制改革为主。过渡期暂时保留事业单位性质，强化公益职能，加大产业和政策扶持力度，通过政府购买服务、商业项目等方式培育市场竞争能力，为推进企业化、市场化积蓄资本、技术、人才等要素资源。

第二阶段：体制改革为主。在条件成熟的情况下，从公益二类事业单位转制为企业集团，建立健全法人治理结构，进一步理顺体制机制问题。

（三）改革建议

鉴于公益二类地勘事业单位的重要性、复杂性，建议将其纳入“四川省全面创新改革试点”行业，全面推进体制机制改革，系统设计改革路径，探索一条可复制、可推广的公益二类地勘事业单位创新改革之路。重点创新探索以下方面。

1. 着力推进事企分开、管办分离的管理体制改革

逐步减少行政主管部门对公益二类地勘事业单位的微观管理和直接管理，强化行业监督指导职责，进一步落实事业单位法人自主权，积极探索建立党委会、理事会、董事会、管委会等多种形式的治理结构，健全决策、执行和监督机制，提高运行效率。

2. 明确界定管理定位，激发创新创业活力

中央对此次事业单位分类改革的目标和定位已经明确，大部分地勘事业单位被划入公益类，随着改革的深入推进，公益一类和公益二类的发展方向有明显区别，应根据侧重点的不同给予倾斜性的产业扶持。

3. 探索矿业权授予国有地勘单位的创新试点

扶贫攻坚是当前的重大政治任务，贫困地区都处于四川省重要的成矿

富积带，积极探索以初始矿业权集体入股的模式，努力形成“以矿致富、以矿创业”的格局，让贫困区群众能依矿脱贫、依山脱贫，走出一条四川矿业带动脱贫攻坚的新路子。

4. 探索集团化管理，夯实市场竞争主体

大力支持公益二类事业单位继续推进“事企分开”运行的经营管理体制机制，明确经营主体地位，成立企业集团，建立以资本为纽带的内部产权关系和法人治理结构，积极发展混合所有制经济，允许地勘单位干部职工持有内部企业股份，对地勘单位发展矿业开发、城市地质、农业地质等地质延伸产业给予财政、税收、土地等方面的优惠政策，激发创新创业热情，扩展产业空间，增强经济实力。

5. 构建财政支持地勘事业发展的长效机制

以搞活内部机制为出发点，从“给钱向给政策”转移是从“事业向企业”过渡的必由之路，在前期适当给予必要的政策扶持，例如，财政上在银行贴息、政府债券、产业基金、地勘成果确权等方面给予支持；对发展能力提升、资产更新处置、公司设立及对外投资给予一定政策扶持。

6. 赋予公益二类地勘单位相对灵活的人事管理权限

以转换用人机制和搞活用人制度为核心，以健全聘用制度和岗位管理制度为重点，建立权责清晰、分类科学、机制灵活、监管有力的二类地勘事业单位人事管理制度。落实公益二类事业单位工作人员备案制管理，允许在编制范围内按需设岗、竞聘上岗、按岗聘用、统筹调控、合同管理；完善事业单位岗位管理模式，构建职务与职级并行和离岗待退制度，开展事业单位管理岗位晋升工作，畅通人才出口管理，激发体制机制改革活力；进一步规范职业资格证、行业准入证管理，合理设置和调整资质申报、变更、维护门槛和条件，破除二类事业单位进入市场的障碍，为公益二类地勘单位从事经营活动提供便利。

7. 健全与公益二类地勘单位特殊性相适应的分配制度

在现有绩效工资政策的基础上，实行差别化管理，针对地勘单位工作特点，绩效工资向从事艰苦工作、完成急难险重任务、作出特别贡献的群体倾斜，建立地勘单位绩效工资总量的动态浮动调整机制；按照“效益优先、兼顾公平”的原则，推行弹性绩效工资制，实行以绩效工资为主，年薪制、计件工资制、承包工资制等多种分配方式并存的分配方式，调动职工积极性，提高劳动生产率；鼓励技术创新、管理创新，实施成果奖励，适度拉开专业技术人员与普通工人之间、管理人员与辅助人员之间、干多干好人员与干少人员之间的收入差距。

8. 统一思想，提高认识，加强领导

矿产资源是工业的“粮食”，是国民经济发展的基础，地质勘查是为国民经济发展寻找战略资源储备的基础行业，需要引起高度重视。由于地质科学的复杂性，地质勘查具有高风险、高投入、长周期的特殊性，地勘事业单位的发展需要用战略的眼光长期给予政策扶持。地质勘查法制环境、市场环境不成熟，地勘事业单位市场化、企业化需要长期不懈努力的韧性和耐力，以“功成不必在我”的胸怀持续推进。

总之，地勘单位的改革，应该积极稳妥、分类指导、逐步推进，要正确处理改革、发展和稳定三者之间的关系，既要积极推进改革，又不能急于求成。

报告八　国土资源绩效管理指标体系建构路径与优化研究

白皓　钟远　易荪欣怡

摘要：国土资源部作为我国第一批全国政府绩效管理工作试点单位，自 2011 年以来，在绩效管理方面进行了很多卓有成效的探索，建立了一套绩效管理制度，搭建了绩效管理指标体系，并在实践中不断探索完善。为了更好地服务支撑管理工作大局，推动行政管理体制改革，提升绩效管理工作的质量和效率，基于近几年的绩效管理工作，本文对绩效管理指标体系进行了系统梳理，研究分析了不同发展阶段的绩效管理指标体系特点，提出国土资源绩效管理指标体系的建构路径。结合当前国土资源事业的改革与创新，从推动管理工作实践的角度，提出了具体的建议。

一、绩效指标的基本概念和设计原则

"指标"一词来源于统计学，本意是指总体综合数量特征和数量关系的数字资料。从统计学的角度看，指标由六个要素构成：时间限制、空间范围、指标名称、计算方法、计量单位和具体数值。在管理学中，指标是指衡量目标的单位或方法，是指目标预期达到的指数、规格、标准，具有普遍性、预测性、量化性、实时性和推论性的特点。

绩效指标是用来衡量绩效目标达成的标尺，即通过对绩效指标的具体评价来衡量绩效目标的实现程度。在绩效管理过程中，绩效指标扮演着双重角色，既是"晴雨表"，又是"指挥棒"；既用于衡量实际绩效状况，又对管理决策和组织人员行为产生指引作用。有效的绩效指标有助于战略的落实和达成，有助于改善组织内部的管理，有助于引导公务员的行为与部门整体目标保持一致。想要完成上述作用，绩效指标应满足一定的标准。一般包括：①指标应来自现成数据，或是可用较简易及低成本方式来收集；②指标应容易理解，一些用复杂数学函数表示的指标，不实际也不易理解；③指标应有共通的操作性定义，是一种可测量的工具；④指标应是测量重要与有意义之事物；⑤指标在测量提出时，和真实事物本身的时间差距应力求最少，才能展现真实的情况；⑥指标应能提供进行区域、社会团体或机关之间比较的信息；⑦虽然具有环境与社会背景之差异，但指标仍应具备国际比较之功能。

具体到政府绩效指标而言，要使绩效指标有效而可信，评价结果能够全面、客观、准确地反映政府绩效的实际水平和发展趋势，其设计或选择遴选应该遵循以下基本原则：

（1）系统性原则。政府绩效系统是由公共管理、经济发展、社会稳定、教育科技、生活质量、生态环境等方面综合集成的，各个模块必须通过一些相应指标才能反映，这就要求所建立起来的绩效评价体系有足够的涵盖面，能够充分反映政府绩效的系统性特征。同时，政府绩效评价体系并不是各个评价指标的简单堆积，而应该是根据某些逻辑关系合理地将各个政府绩效评价指标有效地链接起来。

（2）目标一致性原则。政府绩效评价指标体系是一组既相互独立又相互关联的，能够完整反映政府绩效管理系统战略和导向的评价要素，它需要与政府组织的战略目标和绩效管理的最终目的保持一致。具体而言，一方面，政府绩效评价指标体系要充分体现不同的政府绩效管理导向对政府绩效评价指标体系的要求。另一方面，政府绩效评价指标体系应充分体现评价对象的绩效输出，并能够有效引导评价对象产生符合政府组织总体发展目标的行为和产出。

（3）可操作性原则。政府绩效评价指标体系设计的首要目的是确保其在政府绩效评价中能够得到有效运用，这就要求建立的绩效评价指标体系具有可行性和可操作性。具体而言包括四个方面的内容。一是数据信息的可获得性，数据资料尽可能通过查阅统计年鉴和专业年鉴，或在现有资料基础上简单加工获得，或通过问卷调查和现场访谈获得；二是数据资料可量化，定量的政府绩效评价指标体系要保证其真实、可靠和有效，并尽可能少采用定性指标；三是政府绩效评价指标体系的设置应该尽量避免数量庞大和复杂，绩效评价指标尽可能少而精；四是选入政府绩效评价体系的指标应该具有不可替代性，能恰当反映目标工作特点和完成程度。

（4）突出重点和全面系统相结合原则。一方面，政府绩效评价指标体系要突出一些重点领域和关键性工作，设计一些关键性指标来反映政府组织的绩效水平。另一方面，政府绩效评价体系也是一项涉及面广的工作，必须对其工作作出恰如其分的全面评价，使得政府绩效评价工作真正达到总结经验、肯定成绩、找出差距、不断提高绩效水平的目的。因此，在确定政府绩效评价指标体系时，既要做到全面概括又要突出重点，系统地反映政府绩效的实际内容。

二、国土资源部绩效管理指标体系的比较分析

自2011年6月被国务院确定为开展政府绩效管理试点单位以来，国土资源部积极筹备、着力探索政府工作绩效管理的方式方法，根据实践要求，制度体系不断修订调整，绩效管理工作不断优化：2011年底，出台制定《绩效管理试点办法》及其细则；2012年改进制度建设，印发《2012年深化试点工作方案》；2013年，完善制度设计，出台《绩效管理暂行办法》；2015年出台《国土资源部绩效管理办法（试行）》；2016年、2017年根据年度评估的要求，又制订了针对性的方案。适应管理工作实践，绩效管理指标体系发展历经较大程度的变革，可以概括为以下阶段。

（一）2011—2012年的指标体系

2011年12月，国土资源部印发《国土资源部绩效管理试点办法》《国土资源部绩效管理试点实施细则》。在设计思路上，按照绩效管理试点工作“紧密结合部门职责和承担的工作任务，重点考核职责履行、依法行政、公共服务、机关管理、改革创新等方面的内容，与领导班子建设特别是作风建设、反腐倡廉建设及创先争优活动有机结合，促进政府职能转变和管理创新”的要求，明确了绩效管理指标涵盖的四方面主要内容：职责履行、依法行政（依法办事）、领导班子建设、创新创优和违规失职，其中前三项构成基础分，创新创优项目由单位申请加分，违规失职依照相关规定扣分。指标体系的一级指标由国土资源部统一制定，二级指标由各单位根据具体工作部署及要求制定的年度绩效目标构成（表4－57）。

表4－57　2011年国土资源部门绩效管理指标体系

评估维度	一级指标
职责履行	重点工作任务
	其他法定职责
依法行政（依法办事）	提高制度建设质量
	规范行政行为、规范办事行为
	提升监督水平

续表

评估维度	一级指标
领导班子建设	思想政治建设
	能力建设
	科学民主决策
	干部队伍建设
	作风建设
	党风廉政建设
附加分	创新创优加分
	违规与失职减分

2012年3月，结合工作实际，制定出台《2012年度深化绩效管理试点工作方案》，以及五个绩效管理配套制度，明确指出以“简便易行、全员参与、信息化管理”为目标，按照“突出关键指标，简化评估程序，推动全员绩效管理，构建信息化平台”的工作思路，进一步深化试点工作。在指标体系建设方面，指标框架保持稳定，进一步突出关键指标，强化一级指标的分类，对二级指标进行合理归并。突出职责履行作为衡量各单位执行力、凝聚力和创新力在综合性指标中的作用，将“重点工作任务这项指标调整为“部确定的重点工作任务”，将“其他法定职责”这项指标调整为“单位确定的重点工作任务”，调整引导各单位将更多时间和更多精力聚焦在职责履行上。二级指标上，在“领导班子建设”维度上，将“能力建设”和“科学民主决策”这两项指标归并为“领导能力建设”指标（表4－58）。

表4－58　2012年国土资源部绩效管理指标

评估维度	一级指标
职责履行	部重点工作任务
	单位重点工作
依法行政（办事）	提高制度建设质量
	规范行政（办事）行为
	提升监督水平
领导班子建设	思想政治建设
	领导能力建设
	科学民主决策
	干部队伍建设
	作风建设
	党风廉政建设
附加分	创新创优加分
	违规与失职减分

（二）2013—2014 年的指标体系

2013 年，针对试点中出现的突出问题对制度再次进行优化调整，修订出台了《绩效管理暂行办法》和《绩效评估细则》，初步构建起以一个办法、一个细则为核心的制度体系，为绩效管理常态化发展奠定了制度基础。按照“围绕中心、服务大局”的原则，把绩效管理与业务、队伍和党务深度融合，把党中央、国务院各项重大决策部署及党风廉政建设和领导班子建设等内容转化为绩效管理指标体系。按照突出共性、体现个性的原则，根据机关司局、督察局和直属事业单位的不同性质和工作特点，设计差别化的考评指标体系。

2013 年，国土资源部门绩效管理指标体系主要涉及“职责履行”“基础建设”“创新创优与违规违纪”三个维度，其中，职责履行和基础建设构成绩效评估的基础，创新创优与违规违纪作为附加分。“职责履行”是指各单位完成重点工作任务和履行其他法定职责等方面的情况，一级指标由“部重点工作任务”和“单位重点工作任务”两项构成。“部重点工作任务”二级指标由各单位根据《绩效管理暂行办法》规定对国土资源部年度重点工作布局安排进行分解细化形成，“单位重点工作任务”二级指标由各单位根据本单位职能职责确定。“基础建设”主要指各单位自身建设等方面的情况，在 2011—2012 年的“依法行政”“领导班子建设”基础上，经过修订完善，构建了明确可考的一级、二级指标。一级指标主要包括履职效能（内部管理）、依法行政（办事）、队伍建设和党的建设四项主要内容。“履职效能”（内部管理）主要包括各单位绩效目标任务实施过程的效率效能、财务管理等方面的情况；“依法行政”（办事）主要包括各单位决策水平、行政（管理）行为、督察效能等方面的情况；“队伍建设”主要包括各单位干部选拔任用、考核评价、管理监督、激励保障等方面的情况；“党的建设”主要包括各单位思想政治建设、基层组织建设、党风廉政建设、群团组织建设、精神文明建设等方面的情况。

2013 年，国土资源部门绩效管理指标设置的主要特点是分类管理、差别化设计，个性与共性相结合。将国土资源部年度重点工作全部量化为绩效管理指标，作为各单位职责履行的个性指标。由绩效管理各成员单位统一制定依法行政、履职效能、党的建设、队伍建设等量化指标，作为各单位基础建设的共性指标。将“创新创优与违规违纪”维度下的指标列为附加指标，其中“创新创优”属于正向激励的加分指标，“违法违纪”属于负向约束的扣分指标。在二级指标设置上，2013 年国土资源部门绩效管理指标体系充分考虑机关司局、督察局和事业单位三支队伍在主要职能和工作特点的差异性（表 4－59）。

表 4－59　2013—2014 年国土资源部绩效管理指标体系

评估维度	机关司局		督察局		事业单位	
	一级指标	二级指标	一级指标	二级指标	一级指标	二级指标
职责履行	部重点工作	单位申报	部重点工作	单位申报	部重点工作	单位申报
	单位重点工作	单位申报	单位重点工作	单位申报	单位重点工作	单位申报
基础建设	履职效能	政务督察	内部管理	信息和宣传	内部管理	信息和宣传
		公文办理		档案管理		档案管理
		宣传信息		保密工作		保密、安全生产、综合治理、节能减排
		会议培训		安全生产、综合治理、节能减排		
		调研检查		财务管理		财务管理
	依法行政	决策水平	依法行政	决策水平	依法办事	决策水平
		行政行为		行政行为		管理行为
				督察效能		
	队伍建设	选拔任用	队伍建设	选拔任用	队伍建设	选拔任用
		考核评价		考核评价		考核评价
		管理监督		管理监督		管理监督
		激励保障		激励保障		激励保障
	党的建设	思想政治建设	党的建设	思想建设	党的建设	思想政治建设
		基层组织建设		作风建设		基层组织建设
		党风廉政建设		组织建设		党风廉政建设
		群团组织建设		党风廉政建设		群团组织建设
						精神文明建设
附加分	创新创优加分					
	违规违纪减分					

（三）2015—2016 年的绩效指标体系

2015 年，为适应国土资源系统工作新局面，国土资源部党组提出“与督察工作紧密结合，突出考评重点工作和重要事项的落实，突出调动上下两个积极性，创造性地落实各项重点工作任务”的明确要求，绩效管理制度相应作出调整：调整和强化了绩效管理工作机制，精简和完善了绩效目标和指标，梳理和优化了绩效管理流程。2015 年修订出台《国土资源部绩效管理办法（试行）》，绩效评价内容分为“职责履行”和“创优创新”两个维度。其中，“职责履行”主要根据国土资源部“三定方案”确定的各单位基本职责来确定一级指标，将党中央、国务院确定的国土资源部中心工作、重点任务和重要部署作为二级指标。“职责履行”为开放性指标，由国土资源部绩效办根据实际情况，将那些纳入督察中的属于部门职责履行范围内的重要事项，列入该部门年度绩效考核指标体系之中（表 4－60）。

表 4－60　2015 年国土资源部绩效管理指标体系

评估维度	一级指标	二级指标
职责履行	主要职责	部和单位重点工作
创优创新	重大创优创新	自行申报
	较大创优创新	自行申报
	一般创优创新	自行申报

2016 年是国土资源系统落实“十三五”规划的开局之年。值此重要时机，继续完善和创新绩效管理制度，使之与“十三五”规划更好地结合，充分发挥其执行利器的作用，具有重要的意义。按照推进管理规范化、法治化的要求，增加了国土资源“法治国土”内容，增设了“法治国土建设情况”的评估维度，由各单位根据评估要求申报工作总结（表 4－61）。

表 4－61　2016 年国土资源部绩效管理指标体系

评估维度	一级指标	二级指标
职责履行	主要职责	部和单位重点工作
创优创新	重大创优创新	自行申报
	较大创优创新	自行申报
	一般创优创新	自行申报
法治国土建设	根据要求申报报告	

（四）2017 年的绩效管理指标体系

2017 年，结合国土资源部“责任落实年”活动的开展，要求各单位制定责任清单，统一纳入国土资源部绩效管理信息系统，实行台账管理、动态更新。职责履行指标内容扩充为政治责任、岗位责任、改革责任三部分。政治责任的落实情况，作为年度党建考核的重要内容；岗位责任、改革责任的落实情况，作为年度绩效考核的重要内容。即年度绩效考核，主要是考核岗位责任、改革责任的落实情况，不再需要单独设立2017年度绩效指标。责任清单分为工作职责、主要任务、具体措施三块：工作职责（原“一级指标”）内容为本单位依据“三定方案”确定的各项主要职责。结合“责任落实年”要求，分为政治责任、岗位责任、改革责任三方面。要根据国土资源部年度党建工作要点制定政治责任清单；根据党中央、国务院确定的重点工作任务、国土资源工作要点及本单位确定的其他重点工作任务，制定岗位责任清单；根据改革工作要点，制定改革责任清单。主要任务（原“二级指标”）内容综合以往填报的国土资源部重点工作和单位重点工作，落实国土资源部年度党建工作要点，党中央、国务院重要工作部署制定的工作分工方案，《2017年部重点工作任务分工》中确定的重要工作事项，以及中央领导同志、部领导批示交办事项和部会议议定的重要事项、改革工作要点等。具体措施（原“三级指标”）为落实二级指标的具体工作措施（表4-62）。

表4-62　2017年国土资源部绩效管理指标体系

评估维度	一级指标	二级指标
职责履行	岗位责任	部和单位重点工作
	改革责任	部和单位重点工作
法治国土建设	根据要求申报材料	

三、国土资源绩效管理指标体系的建构路径

总体来看，国土资源部在对绩效管理制度进行改革和完善的同时，注重指标体系的科学化、实用性和动态性，不断地通过指标体系的调整和优化来提升绩效管理工作的自身绩效。从2011年开展试点工作至今，从脉络上，国土资源部绩效管理指标体系的发展主要体现为四个阶段，呈现不同的特点（表4-63）。

表4-63　国土资源部绩效管理指标体系的发展路径

阶段	基本理念	指标体系特点	指标项
2011—2012年初步构建	覆盖全面、框架完整，体现党务、队伍、业务融合	绩效管理试点工作阶段，初步搭建指标体系框架，指标体系具有大而全的特点，把履职尽责的要求与依法行政、党建工作紧密结合，融入绩效管理的平台	4个维度、13项一级指标

续表

阶段	基本理念	指标体系特点	指标项
2013—2014 年持续推进	分类管理，差别化设计，突出共性、体现个性	基于试点实践的指标体系框架，突出分类考核、差别化的指标体系，在共同的指标维度下，为不同类别的单位设计了更为细致的指标项	4 个维度，8 项一级指标
2015—2016 年精简提升	围绕中心、服务大局，精简指标体系，聚焦职责履行	按照国土资源部党组的最新要求，重点考核国土资源部重点工作任务，评估维度有较大调整，指标体系体现精简、务实、管用的特点，进一步注重工作成效，突出创优创新，进一步注重法治建设，增加法治国土建设维度	从 2 个维度，4 项一级指标，过渡到 3 个维度，4 个一级指标
2017 年至今优化深化	简化评估内容、优化评估标准、突出责任落实	结合国土资源部“责任落实年”的部署要求，把职责履行转化为岗位责任和改革责任，法治国土进一步明确要求，在指标框架结构上与责任落实年的要求进一步结合	2 个评估维度，2 个一级指标

总结近几年国土资源部绩效管理工作，着眼于进一步简化评估程序、优化评估标准、提高评估效率、保证评估质量，指标体系不断调整改进，其发展路径表现为四个方面。

一是进一步突出评估重点，逐步聚焦履职尽责。职责履行所占比例越来越大，逐步明确的各项工作任务作为绩效管理“职责履行”考核的内容，进一步聚焦重点工作，重点考核党中央、国务院确定由国土资源部落实的工作事项、国土资源部党组部署的重点工作任务，以及在年度工作推进过程中党中央、国务院和国土资源部党组临时布置重要工作的完成情况，也就是考察国土资源部和单位重点工作完成情况。

二是进一步凸显对工作成效的考核，由考“量”逐渐向“质”“量”并重转变。从最初创新创优的加分项，2015 年转变到创新创优出台专门细则，鼓励各单位积极申报创优创新事项，引导各单位把精力聚焦到优质高效地完成重点工作上来，突出工作质量和效益，创造性地实现绩效目标，2016—2017 年开始注重把创新创优的要求融入职责履行评估中，发挥目标激励作用，引导各单位优质高效地完成重点工作任务。

三是进一步突出简便易行、实在管用，把务实高效作为改进方向。指标体系由大而全转变为小而精，评估维度由 4 个缩减为 2 个，指标项由十余项精简为几项，减少各单位填报工作量，增强各单位主动参与绩效管理的意识，真正把绩效管理作为推动工作落实的抓手。

四是进一步优化评估指标，切实做到量化可考。为加强对日常工作规范化的监督和约束，进一步细化了职责履行、公文办理、政务公开、法治国土建设等方面的扣分标准，增强了评估的可操作性和量化水平，努力克服评估主观笼统、缺乏客观标准的问题。

四、国土资源部绩效管理指标体系的现实困境

绩效管理工作服务于实践，需要紧密结合管理工作的需要不断优化改进。从近几年国土资源部绩效管理指标体系的现状可知，虽然科学性、系统性、操作性和前瞻性等不断增强，仍存在以下问题：

一是绩效指标体系的战略导向不足。在进行绩效指标设计时，应该坚持“少而精”的原则。绩效指标需要反映绩效管理的根本目的，但不需要面面俱到，应该避免一切不必要的复杂化。结构简单的绩效指标体系便于对关键绩效指标进行监控，也能有效地缩短绩效指标的收集、处理过程乃至整个评价过程，提高绩效评价的工作效率，从而有利于绩效目标的达成。同时，绩效指标简单明了，重点突出，有利于大家掌握绩效管理系统的精髓，提高绩效管理质量和绩效管理的可接受性。所以，在制定绩效指标或者从绩效指标库中选择绩效指标时，需要确定和选择最具有代表性的指标，从而简化绩效评价的过程。近几年来，在国土资源部党组的领导下，国土资源部绩效领导小组及其办公室、各绩效管理实施单位经过不懈努力，在精简、提炼国土资源部绩效指标方面取得了明显成效，各部门、单位的绩效指标在整体规模、设计依据和操作标准方面，都有了较大程度的精简。但相对于绩效管理的科学性要求，相对于国土资源部党组和各部门的热切期望，还需要注重以下方面：①总量还是过多，指标的标准划分还是过细，指标的评估方法还是过于复杂，不仅增加了评估信息采集难度和评估工作量，同时降低了评估效率和评估精度，影响了绩效评估的科学性和公正性。②由于指标之间划分过细，部分指标之间存在相互交叉重叠和较强关联性，导致了重复评估和评估信息的重复使用，进而影响评估结果的科学性和可靠性。③指标相对琐碎，针对的各司局、土地督察局和国土资源部直属事业单位等局部工作的多，体现整个国土资源部工作绩效的测量性指标较缺乏；反映各司局、土地督察局和事业单位单项工作的绩效指标较多，体现各单位整体工作、体现跨部门的整合性工作绩效面貌的指标较少。体现事

务性工作的绩效指标较多，体现基础性、长期性和隐性的工作内容的指标较少；体现业务工作的指标较多，体现领导和管理工作的绩效指标较少。④指标缺乏长期性。尤其是2015年之后，国土资源部实施了开放性指标体系。几乎所有列入督察督办的机动性工作任务，都被动态列入了绩效指标体系。这会导致绩效管理实施单位对于来年的工作，更加缺乏系统的规划，更多限于对上级交办临时任务的被动应对。

二是指标体系内部逻辑还需进一步理顺。在理论上，绩效指标是一个复合概念，包括了“目标”“指标”（狭义）和“标准”（目标值）等多重概念。其中，目标是一定时期内，组织在特定领域所希望取得的理想成果。目标指出了有效实施战略所必须做好的事情，是对组织使命、愿景和战略的进一步展开和细化。它可以根据管理层次而划分为组织目标、部门目标和个人目标。指标（狭义）是指用以衡量目标实现程度的标尺。通常对单个指标进行评价所形成的结果只能反映绩效目标的某一个方面，只有根据工作的数量、质量、时间、成本等不同的维度进行指标设计和组合，才能得到一个综合的评价结果。从而真实地反映预期绩效和实际绩效的吻合程度。标准有时又被称为“目标值”，是指既定目标在相应指标上所期望达到的绩效标准。如果说目标描述了实现战略所需做好的事项，指标显示了如何追踪和评价目标的实现程度，那么目标值则说明了这些关乎战略成败的事项应该做到何种程度。通过时间限制和具体量化的目标值，可以将笼统的描述性目标转化为明确细化的绩效任务。目标值也指明了需要投入的资源规模和应该付出努力的程度，对组织内部的人员易产生激励作用。目标值的设定既应该有一定的挑战性，需要通过一定的努力达成，也不应该太高，以免使人望而生畏，影响战略目标的实现。在政府绩效管理制度中，一个目标往往可以通过不同的指标来体现；反之，多个指标往往可以从各个方面同时反映一个目标。一个指标，可以根据不同标准或对不同对象来设置不同的目标值。以平衡记分卡为例，目标、指标和目标值之间的逻辑关系如图4－17所示。

在国土资源部现有的绩效指标体系中，出现了指标级别的概念，并根据级别将不同的指标划分为一级、二级或三级指标，而且在上一级指标和下一级指标之间，存在着抽象和具象、包含和从属、包容和被包容的关系，即一级指标包含二级指标，二级指标包含三级指标。例如，国土资源部的绩效管理制度中，曾明确“一级指标”为各单位“三定方案”中明确的主

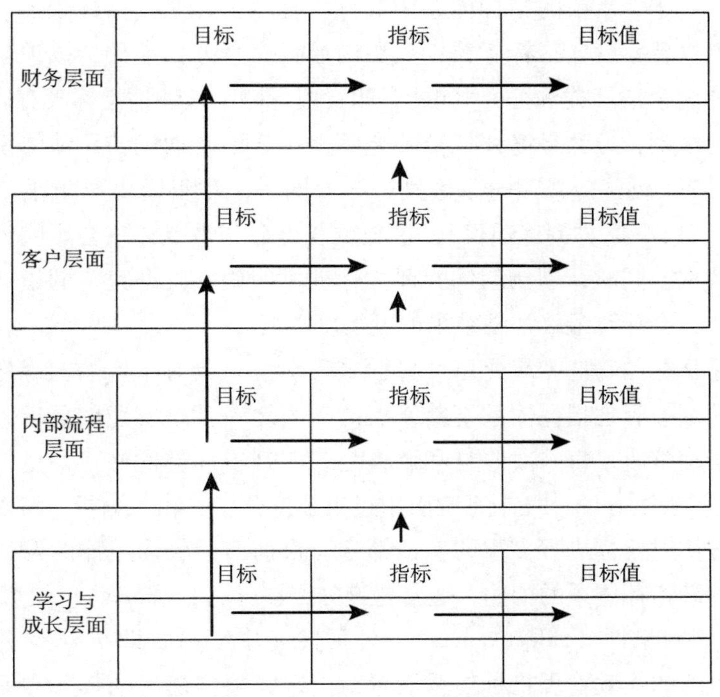

图4－17　目标、指标和目标值的逻辑关系

要职责，“二级指标”为各单位对应的主要职责，承担的部重点工作和本单位重点工作，“三级指标”是对“二级指标”细化分解的具体工作任务和措施。在这个指标体系中，二级指标是对一级指标的细化和分解，三级指标是对二级指标的细化和分解，下一级指标内容包含于上一级指标内容中，上下级指标之间是包含和被包含的关系。需要指出的是，国土资源部的指标体系是采用了对目标的层层分解而形成的，这也是具有我国政府管理特色的一种指标设置体系。在运用中会带来一些问题：①它会造成某些关键指标的遗漏。目标的层层分解，其逻辑基础在于组织的机械式结构，即每个部门、每个层级分别负责不同的工作任务和内容，整个组织的目标就由每个层级和部门的目标加总而成。但由于组织的许多目标往往是单一、难以分解的，容易形成某些“目标的碎屑”并遗漏它们。例如，那些难以分解的、长远性和基础性的目标和任务，反倒成为绩效指标设置的盲区，长期以来，造成指标的偏差。②绩效指标缺乏必要的区分度。从评价结果来看，各司局的职责履行得分几乎是满分，创新创优的得分差距也不是很大。

主要原因在于，目前的指标体系中共性指标太少，个性指标较多，大多数指标是根据督察列入指标考核；只要满足督察督办标准的，该项职责履行的指标即为合格（或满分）。如此，职责履行的绩效评估指标没有体现各司局职责的区别，导致最终评估结果差距微小。创新创优的评估体系没有将“创新”和“创优”项目进行区别，导致同一个项目既可以申报“创新项目”，也可以申报“创优项目”，这种重复得分和重复评估会影响评估的公正性和效率。同时，创新创优的评估标准不明确，没有完整的指标体系和赋分方式，会导致最终评估结果的可信度不高。

三是指标的筛选和优化以“经验式”为主，具有一定的主观性和局限性。推动绩效管理指标体系不断发展的动力之一就是实践的需求，目前是以问题带动整改，每一次修订和调整是基于现有问题的修正，是以人为的“经验式”来主导的，还未系统引用过隶属度分析、相关分析、辨别力分析等实证方法对指标进行多重的实证筛选。目前已经较为成熟的发达国家政府绩效管理指标体系的构建，通常是遵守经济性（Economy）、效率性（Efficiency）、效果性（Effectiveness）、公平性（Equity），即“4E”的基本原则。而目前的绩效管理指标体系设置，尚未完整体现“绩效”内涵，对效率和效果有一定的涵盖，但过程性指标过多，结果性、效果性指标数量及鉴别力不足。而对经济性、公平性等层面的指标，囿于主客观条件，考虑不足，还未设置相应的指标。

五、国土资源绩效管理指标体系的优化策略

政府绩效管理是现代政府管理理论和实践的最新发展成果，也是我国政府改革和创新的重要内容。党的十七大、党的十八大、党的十八届三中全会均对推进政府绩效管理工作提出了明确要求。作为全国政府绩效管理工作第一批试点单位，国土资源部进行了艰苦卓绝的探索，在绩效管理制度的科学化、规范化和体系化方面取得了丰硕成果。

当前，我国进入新的历史发展时期。与全国其他各项事业一样，国土资源事业发展也面临新的形势、目标和挑战，国土资源部门的改革和创新必将迈出新的更大的步伐。如何加强和改进绩效管理工作，充分发挥绩效管理的抓手作用，以进一步提升国土资源工作成效，不断巩固国土资源事业发展成果，是新时期国土资源部门自身改革和创新的重要议题。综合国土资源绩效管理实际情况与发展要求，提出以下建议。

一是坚持绩效管理的战略性。国土资源工作涉及国家经济增长和宏观调控、生态文明和自然资源保护、海洋资源管理和开发、工业化和城镇化建设、农业农村发展和扶贫开发等多个方面，任务艰巨，因素繁多。应坚持以战略性绩效管理为基本模型，以国土资源部的使命和战略规划为出发点，以党中央、国务院和国土资源部党组的主要部署为重点，短长结合，点面结合，突出重点，统筹兼顾，建立一个国土资源部绩效管理的战略体系，让绩效管理成为国土资源系统落实国家战略、推进国土资源事业全面发展的重要管理工具。

二是理顺指标体系的逻辑架构，增强目标设定指标的战略匹配性。要实现绩效指标的"少而精"，就必须将指标设计和确定建立在国土资源部发展战略的基础之上。战略涉及一个组织、部门的使命和远景，战略性工作指的是涉及组织、部门的基本职责和长远目标的工作。按照发展战略来确定的绩效指标，即从大处着眼，立足于国土资源部的核心职能、工作大局和长远目标，从根本、主流和趋势三个方面来明确、引导国土资源部各部门、各单位的工作，确保国土资源工作方向坚定、中心明确、整体有效。为了增强整个指标体系的战略匹配性，应该重视指标的逻辑关系，以重要性和涵盖部门的广泛性为标准，重新梳理指标的级别，以国土资源部的长期战略为基础，将各项战略目标和重要任务分段化、分层化，落实到各单位、各领域的绩效管理目标和指标体系之中，形成各级指标紧密联系、逻辑层次清晰、战略匹配性强的指标体系，从整体到部分全面覆盖，没有遗漏。并充分体现公平的要求，兼顾各司局单位职责的差距，避免以往绩效指标重业务部门而轻服务部门的问题。

三是健全指标体系的筛选机制，增强指标鉴别力。科学的指标体系是科学评价的重要前提，只有科学的指标体系，才有可能得出较为科学的评价结果。因此，在指标优化时，要充分考虑各方面对指标的意见和建议，同时考虑指标的全面性、科学性、层次性、可做性、目的性等，选择正确的、多样的方法来筛选指标，例如，在政府管理领域运用较多的德尔菲法，在系统内外选择充分了解国土资源管理工作的、具有丰富管理工作经验的"专家"参与，最大限度集中体现对绩效管理指标体系的需求和期待。同时，可以依据近几年的绩效管理指标体系运行情况，建立在大数据的基础上，科学分析运行轨迹和发展趋势，为绩效管理指标体系的优化提供研判依据，改善指标质量，增强指标的科学性和可靠性。

四是推动指标体系稳定性和动态性的综合发展。目前，国土资源部开展绩效管理实践已有 7 年，建立了具有部门特色的制度框架和指标体系框架，鉴于此，首先是在总体上确保绩效管理指标体系结构和评估维度的稳定性，推动绩效管理的常态化和可持续化发展。在此基础上，适当增加有关行政成本、行政公平等绩效指标，以管理理念和方式的转变带动职能转变。建议在指标体系中纳入行政成本的考量，从投入 - 管理 - 产出的角度，适当结合目前已在政府部门广泛开展的预算绩效，进一步健全指标体系，推动管理行为的经济性、高效性。着眼绩效管理的长远发展，可以进一步把社会效益、政治效益等作为下一步优化的方向，以服务型政府为导向，增强绩效管理指标体系的回应性。

报告九　国土资源人才数据库信息系统设计与实现研究

杜新波　宋毅　胡利哲　宋家宁

摘要：为加快实现国土资源领域人才治理工作科学化和人才集聚能力现代化目标，切实为各级国土资源人才形势分析、人才发展战略制订和各类人才培养开发、评价发现、吸引引进、选拔任用和激励保障提供信息化辅助决策支撑，根据《国土资源中长期人才发展规划（2010—2020 年）》关于“加快推进国土资源人才工作信息化建设，建立国土资源人才信息网络和人才数据库”任务要求。由国土资源部人事司、人力中心和信息中心 2016 年共同启动了国土资源人才数据库信息系统开发工作。本文结合国土资源人才信息化建设需求和现代信息技术发展趋势，依托“国土资源云”框架，系统提出了国土资源人才数据库信息系统建设目标、建设原则、总体框架、功能模块、部署开发等技术支撑，为统筹开发国土资源人才数据库信息系统、全面推进国土资源人才信息化提供了科学支撑。

一、国土资源人才数据库信息系统建设的必要性

当今世界，科技进步日新月异，互联网、云计算、大数据等现代信息技术深刻改变着人类的思维、生产、生活、学习方式，深刻展示了世界发展的前景。在这样的形势下，必须善于抓住科技革命的重大历史机遇，乘势而上。习近平总书记在 2010 年就曾说过“要积极探索运用现代科技手段特别是网络信息技术开展人才工作”（《在全国第二次人才工作会议上的讲话》）。可以说推进人才工作信息化，是习近平人才工作思想的重大特征。特别是 2013 年我国大数据时代来临，习近平总书记在第二届世界互联网大会开幕式发表主旨演讲时，强调“十三五”时期，我国将大力实施网络强国战略、国家大数据战略。国务院颁布的《关于印发促进大数据发展行动纲要的通知》指出，当前大数据已经成为推动经济发展转型发展的新动力，成为重塑国家竞争优势的新机遇、提升政府治理能力的新途径，要求我们必须建立起用数据说话、用数据决策、用数据管理、用数据创新的新的管

理机制。因此，国土资源人才工作必须抓住人才工作与信息技术融合发展新机遇，大力推进抓住“互联网+”国土资源人才工作新格局，促使国土资源人才工作走向智能化、在线化、个性化，才能全面提升人才工作的科学水平和配置能力，才能实现国土资源人才治理体系和治理能力现代化目标。必要性主要体现在四个方面。

（一）适应国土资源工作发展新形势，为生态文明建设、找矿突破和国土资源领域深化改革提供人才保障和智力支持

当前，中央对人才工作高度重视，党的十八大以来，习近平总书记先后100多次对人才工作重要性作了深刻阐述，特别强调：“择天下英才而用之，关键是要坚持党管人才原则，遵循社会主义市场经济规律和人才成长规律，着力破解束缚人才发展的思想观念，推进体制机制改革和政策创新，充分激发各类人才的创造活力，在全社会大兴识才、爱才、敬才、用才之风，开创人人皆可成才、人人尽展其才的生动局面。”2016年3月，中共中央印发了《关于深化人才发展体制机制改革的意见》，从推进人才管理体制改革、改进人才培养支持机制、创新人才评价机制、强化人才创新创业激励机制、构建具有国际竞争力的引才用才机制、建立人才优先发展保障机制、加强人才工作的领导等方面提出了系统性改革举措。在新形势下充分调动和发挥国土资源领域各类人才的积极性、创造性，做好新时期国土资源工作和各项改革工作，在国土资源领域深化改革、推动生态文明体制建设过程中集聚和培养大批优秀党政人才、科技人才和复合型人才，加快确立人才优先发展战略布局，已经成为当前国土资源人才工作必须面对的重大而紧迫的任务。从目前来看，我国国土资源人才不仅分布在国土资源系统和地勘行业各主管部门和相关事业单位，还有大量的人才分布在非公有制企业、高校及职业院校和其他行业当中。例如，全国共有26000余名具有资格的土地估价师，其中执业注册的土地估价师有8000人，执业土地估价机构1700多家；中国矿业权评估师协会执业单位会员不少于134家，这些机构大多为公司；全国土地规划甲级机构已经达到229家，其中非国土资源系统和地勘行业将近180家；在地勘方面，2016年全国具有地质勘查资质证书的单位共计2691家，非公有单位（含联营、有限责任、股份有限、私营、合资经营、中外合资经营、中外合作经营、外商投资股份有限等）将近占50%，目前对体制外企业和其他行业人才状况还掌握不清。国

土资源人才作为一种能动性、时效性和增值性特征很强的资源，同时具有强烈专业性特征，要发挥“人才资源作为第一资源作用”，首先要摸清现有国土资源人才的数量、质量和分布情况，了解国土资源人才供需形势，强化国土资源中心工作与国土资源人才资源匹配，这就需要依靠国土资源人才数据库和信息化辅助决策系统来实现国土资源人才工作目标，依靠现代信息技术手段聚集国土资源人才。

（二）实现国土资源人才管理现代化，提高公共服务水平的必然选择

现代化的国土资源人才资源管理不仅要对人才资源进行统计分析，还要做到对人才资源要素特征、培养开发和流动配置做到即时把握，更要做到“人适其事、事适其人、人尽其才、才尽其用”。目前，国土资源人才信息分散在组织人事、科技及有关行业协会等当中，国土资源人才信息数据应用分散、重复建设、重复上报、共享困难、信息化水平低等问题突出，人才资源管理处于初级水平，无法满足现代化人才治理工作的需要。要实现国土资源人才治理工作科学化和现代化建设，实现对人才资源进行有效开发、合理配置、流动监控，必须顺应信息化发展潮流，特别是借助云计算、大数据等新一代信息技术，系统整合各个层级、各个单位的人才数据资源、应用与服务，建立起“统一领导、分级实施、统一建设、资源共享、统一管理”的国土资源人才公共信息平台和服务平台，形成功能强大、互联高效、安全便捷的国土资源人才数据库和评价系统，必将强化国土资源人才信息在部门内部、部门之间共享、交换，使各单位人才管理从以前的相对封闭变得开放，滞后管理变成超前管理，从提供简单的人才信息转变为提供人才支持解决方案，形成促进国土资源治理体系和治理能力现代化的重要组成部分。

（三）构筑国土资源人才安全战略支撑，降低国土资源人才信息安全风险的需要

当今世界对人才争夺不仅限于国与国之间，各区域之间、行业之间的人才争夺日益激烈，人才安全已经成为各国、各行业发展战略的重点。从构筑国土资源人才安全战略、提高国土资源行业竞争力角度考虑，可充分依托国土资源人才数据库信息系统，建立国土资源人才研究智库，定期发布国土资源人才发展形势分析报告等国土资源人才信息，为国土资源人才

培养开发提供权威咨询；同时，建立国土资源高端人才库和联络站，对国内外国土资源领域高端人才开展搜罗、追踪和评估，适时根据国土资源工作需要加以引进和利用，为国土资源事业延揽高端人才。在构筑国土资源人才安全战略的同时，国土资源人才信息安全也成为必须考虑的问题，特别是在大数据技术条件下，许多不涉密、不敏感甚至是公开的信息，汇聚成海量数据时，就有了通过大数据分析、数据挖掘而成为影响国土资源管理或国家安全及个人隐私的涉密或敏感信息。习近平总书记强调“国家网络安全与信息化，是事关国家安全、政权安全和国家发展的重大战略问题。”“没有网络安全，就没有国家安全；没有信息化，就没有现代化。”因此，建设国土资源人才数据库信息系统必须重视网络安全问题，特别是国土资源人才信息系统需要与组织系统、人事系统、科技系统进行信息交换，与国土资源其他信息系统共享数据信息，随着覆盖面的不断扩大，国土资源信息与人才业务系统应用安全问题越显突出，同时，国土资源行业各单位依照标准建设安全防护成本很高，资金、技术、人员都面临着问题。因此，由国土资源部统一开发国土资源人才数据库信息系统，集中人力、财力、技术优势，实现国家、省级两级部署的国土资源人才数据信息系统，既可以实现全国国土资源人才信息监测调控，又可以降低国土资源各单位信息化建设和安全防护成本，最大限度地发挥国土资源领域人才资源的整体作用。

（四）传递党和国家人才工作最新精神，科学监测国土资源人才规划实施的迫切需要

近年来，以习近平同志为核心的中央领导对人才工作作出了一系列重要批示、要求，中组部、人社部、科技部等相关部委也出台了一系列人才政策制度，相关省市也推出了许多好经验、好模式，为国土资源人才工作提供了指导和借鉴，这需要依托信息化平台进行传递。同时，国土资源人才规划作为国家18个经济社会重点领域人才规划之一，提出了4项重点人才工程和7项重点人才计划，以及28项重点人才工作、97项具体任务和80多项主要成果和推进计划，国土资源人才规划实施推进和效果如何，需要依托国土资源人才数据库信息系统提供可靠的数据信息进行支撑分析；此外，国土资源系统和地勘行业各单位在人才工作实践当中，也在评价发现、吸引引进、激励保障、选拔任用等方面形成了一批好经验、好模式，

也需要依托信息化平台互相借鉴。因此，依托国土资源人才数据库信息系统，创建国土资源人才门户网站将成为推进国土资源人才规划实施和人才工作重要手段。

二、国土资源人才数据库信息系统建设目标与原则

国土资源人才数据库信息系统建设是一项系统工程，必须将国土资源人才业务工作与信息化技术相互融合、相互促进，一方面，要利用信息化技术实现对国土资源人才数据的存储和管理，推进现行国土资源现有人才业务由传统方式转向信息化方式；另一方面，要利用互联网思维、大数据技术对整个国土资源人才工作业务流程、组织模式和功能价值实现优化、提升和再造，促使国土资源人才数据库信息系统由数据管理初级功能最终走向决策服务支撑功能。具体建设目标和建设原则如下。

（一）建设目标

按照“国土资源云”建设总体架构设计，根据国土资源人才工作实际需求和长远发展，国土资源人才数据库信息系统总体按照“一库四功能一辅助系统”为架构建设，“一库”即建立国土资源人才基础信息库，“四功能”即构建国土资源人才管理服务、国土资源人才评价辅助决策、国土资源人才规划监测、国土资源人才在线培训四个功能模块，“一辅助”主要是“国土资源人事辅助服务系统”，形成支持全国不同层级、不同服务对象的综合性国土资源人才数据库信息系统。

重点是利用国土资源云计算节点无缝扩展，实现国土资源人才信息系统在应用服务、应用性能、大数据存储方面的无限扩展。依托“国土资源云”建设的网络设备和硬件设施，建设国家级和省级国土资源人才数据中心，实现数据、服务、业务应用国家级集中部署或部省两级集中部署；全面推进国土资源人才业务应用与服务的统一部署与开发，实现国土资源系统与地勘行业及共建高校、相关职业院校等各单位国土资源人才数据纵向互联互通，实现国土资源人才数据与国土资源业务数据业务协同，实现国土资源人才数据与组织、人社、科技等党政部门数据共享交换，最终实现国土资源人才数据库的动态管理和开发运用，构建形成国土资源人才资源信息的实时跟踪、预测预警机制，形成高效便捷的国土资源人才信息网络和功能强大、安全可靠的国土资源人才信息管理系统和辅助决策支持系统，

建成全国唯一权威的国土资源人才网和国土资源人才云中心，并以此为基础建成国土资源人才社会公共服务体系。

（二）建设原则

1. 标准化和开放性

系统的标准化和规范化是信息系统建设基本而又关键的一步，要实现信息通信与共享，必须规范信息技术标准。在业务方面，必须符合相应的政策、国家标准、行业标准；在技术方面，必须采用IT行业标准的技术体系和设计方法，使系统最大限度地实现平台无关性和兼容性。

2. 先进性和超前性

应依托“国土资源云”技术框架，融合大数据、云计算等先进的、成熟的计算机软硬件技术、信息技术及网络通信技术，使系统具有较高的性能价格比；坚持技术选用开放性系统，使系统和将来的新技术能平滑过渡。

3. 实用性和方便性

系统建设要以满足业务需求为首要目标，采用稳定可靠的成熟技术，保证系统长期安全运行；同时，为各级业务和管理节点提供智能化的网络信息环境，以提高管理水平和工作效率。

4. 安全性和保密性

系统建设应遵循有关信息安全标准，确保数据永久安全；同时，系统应提供多方式、多层次、多渠道的安全保密措施，防止各种形式与途径的非法侵入和机密信息的泄露，保证系统中数据的安全。

5. 稳定性和可靠性

系统作为支撑国土资源人才信息系统平稳运转的运行平台和开发新业务系统的搭建平台，必须在成本可以接受的条件下，从系统结构、设计方案、设备选型、厂商的技术服务与维护响应能力、备件供应能力等方面考虑，使得系统故障发生的可能性尽可能少，影响尽可能小，同时对各种可能出现的紧急情况有应急工作方案和对策。

6. 灵活性和可扩充性

系统要充分考虑联网用户增加和业务扩展，具备良好的系统扩充及接口扩展能力，对不同业务流程和管理方式的适应能力要强，软件维护方便；特别是要贯彻面向最终用户的原则，建立友好的用户界面，使操作简单、直观、灵活，易于学习掌握。

7. 跨平台性和可移植性

由于电子政务建设的复杂性要求，系统在设计时，应充分考虑系统的跨平台、跨系统、跨应用、跨地区性应用，确保在各种操作系统、不同的中间件平台上可移植。

8. 可维护性和可扩展性

系统应用软件在开发过程应严格按照软件工程规范进行，应用系统设计做到信息内容统一、数据结构统一、编码规则统一、处理方式统一、界面风格统一、操作方法统一，以便日后的系统维护；应用业务规则技术，在业务变化时，确保只修改规则配置，不用改动程序；同时，在架构上采用基于组件的设计开发思想，保证系统可以根据国土资源人才业务发展的需要，及时、方便地升级和扩展系统功能。

三、国土资源人才数据库信息系统建设基本思路和功能框架内容设计

（一）国土资源人才数据库信息系统基本思路

按照“国土云”总体架构和现实需求，国土资源人才数据库信息系统建设以现有成果为基础，按照统一数据中心、统一后台管理、统一对外门户、统一服务提供的四统一原则进行建设，基本建立以“一库四功能一辅助系统”为架构的国土资源人才数据库信息系统，基本建设框架如图 4－18 所示。

1. “一库四功能”系统设计

（1）国土资源人才基础数据库（一库）。由于国土资源人才数据库信息系统存在典型的业务应用，例如职称评审、人才评价遴选、人才交流，所以，国土资源人才相关数据是不断变化与堆积的，传统的关系型数据库适于对动态变化的数据持续存储，而目前主流的大数据存储应用更适合一次存储，多次查询的场景。国土资源人才基础数据库建设采取两者结合方式建设，总体以传统关系型数据库实现业务数据存储，而对大量积累的人才数据外部检索服务的需求，则采用大数据存储方式，充分利用国土资源云平台提供快速的大数据查询、统计、检索服务。

（2）实现国土资源人才管理服务、评价、监测功能、在线培训（四功能），建设思路重点是基于人才基础数据库，采用开放技术平台 J2EE 技术

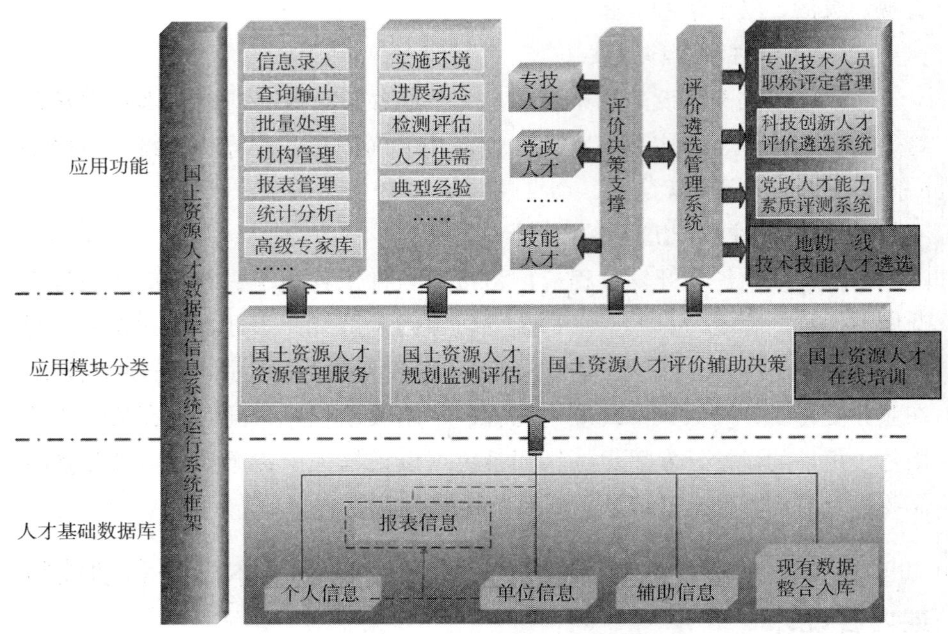

图 4－18　国土资源人才数据库信息系统基本框架

体系实现具体功能的业务实现。具体服务内容包括：提供多种数据采集方式进行数据的采集；提供数据校验工具，保障数据的有效性；提供开放数据接口，灵活实现人才数据的共享服务；支持人才库的动态扩展，支持人才信息的持续维护；支持人才评价方案的灵活扩展，支持人才规划和人才监测跟踪的灵活调整。

2. 服务对象设计

国土资源人才数据库信息系统的服务对象主要包括国土资源系统各单位、国土资源系统各单位人才管理部门业务人员、相关政府机关、地勘单位、国土资源类高校和职业院校、国土资源行业独立法人等及个人用户、系统管理员，基本涵盖国土资源行业人才范围，如图 4－19 所示。主要服务对象如下：

（1）国土资源系统各级主管部门领导。国土资源系统各级主管部门领导通过系统了解国土资源人才规划、人才评价、人才数据库建设运行状况，依托信息系统部署和推动国土资源人才发展工作，从而达成国土资源人才队伍建设目标。

（2）国土资源人才管理部门业务人员。这是国土资源人才数据库信息

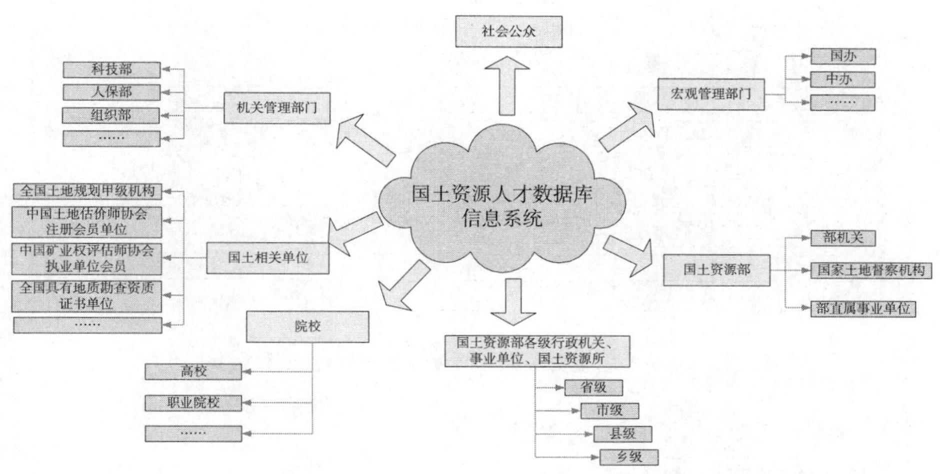

图 4－19　国土资源人才数据库信息系统服务对象

系统的主要管理和使用者，通过系统参与人才数据维护、人才评价与分析、人才规划与监控。

（3）各级国土资源主管部门、企事业单位、有关涉及国土资源高等院校和职业院校及个人用户。这部分用户主要根据系统开具的账号及权限进行本单位、本人的信息维护、人才评价分析工作，并获取人才政策法规等信息。有关国土资源高等院校和职业院校形成国土资源后备人才数据库，实现后备人才数据的采集与共享。

（4）系统管理员。系统管理员是国土资源人才数据库信息系统的运维人员，为系统正常运行提供保障服务。对系统登录账号进行认证与授权，保障系统使用者的合法性。对数据进行日常备份恢复、监控系统性能，及时处理系统运行故障。

3. 人才管理划分设计

国土资源人才数据总体应分为两类库进行管理：

（1）国土资源人才基础信息库。可以包括现有国土资源人才基础信息，主要包括党政人才、专业技术人才和技能人才三种类型。同时，根据国土资源人才规划组织实施需要，按照国土资源人才规划确定的人才队伍进行类型标志，具体见图 4－20；建立高级专家库，包括高端智库人才、地勘一线高端人才、高层次创新型科技人才、国土资源高端法治人才等。

（2）国土资源后备人才库。主要涉及国土资源高等院校和职业院校的

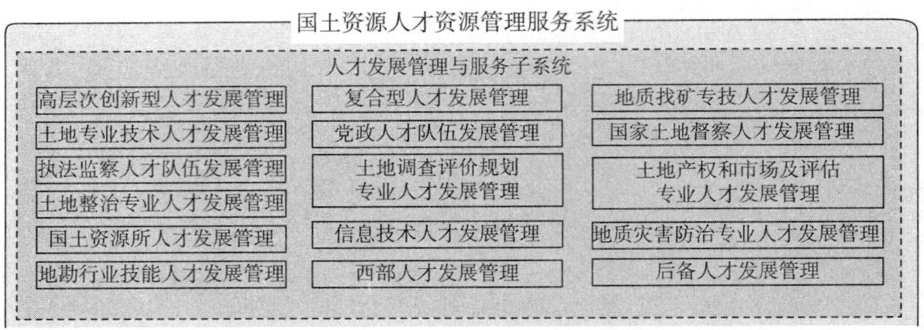

图4－20　国土资源人才数据库信息系统人才类型

学生，这部分人才属于国土资源潜在人才。

4. 数据共享服务设计

国土资源人才数据库信息系统可以提供多种数据服务技术，能够方便地导入、导出数据，提供数据共享服务。既能保证与其他政府职能部门的数据交换和共享，例如与组织部、人社部、科技部等人才信息交换，也能保障与国土资源部内部其他相关系统的人才进行数据交换。

（二）国土资源人才数据库信息系统功能实现框架设计

基于国土资源人才数据库信息系统基本设计思路，可设计为七个层面的功能设计框架，如图4－21所示。

1. 基础设施服务层

基础设施服务平台是支撑应用系统运行的基础平台，利用国土资源云管理平台已有网络、扩展计算、大数据存储及虚拟化管理与服务，构建可动态扩展、灵活配置的基础支撑平台。

2. 信息资源层

整合国土资源主管部门、所属单位及各相关人才数据，利用各种技术手段实现信息资源共享，例如，可以导出相关部委办厅局需要的人才汇总统计数据文件（excel、xml、txt等），可以利用webservice技术或数据库视图技术与国土资源部门其他应用系统交互人才数据。在人才基础数据库基础上建立业务应用数据库，例如，人才评价数据库、人才规划数据库、系统管理数据库、后备人才数据库、审核数据库等。

3. 平台服务层

为应用系统开发提供所需的各类构件化服务，为各类用户提供通用的

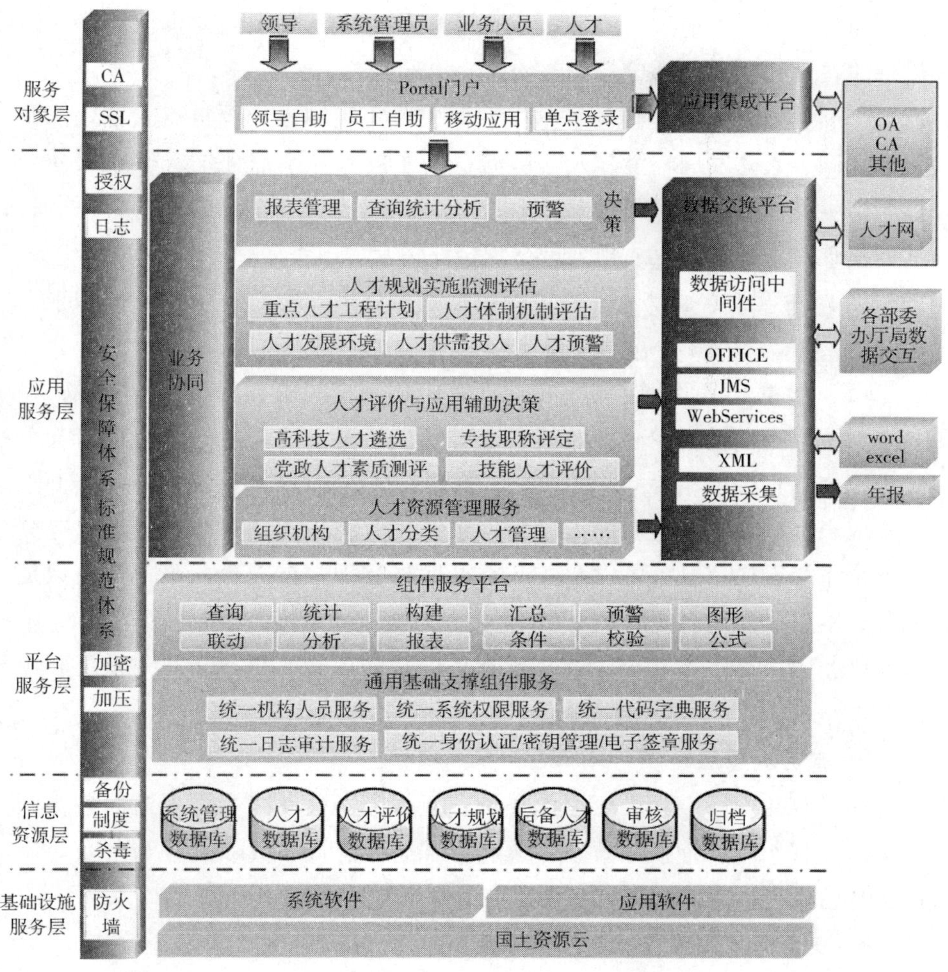

图 4－21　国土资源人才数据库信息系统功能实现设计框架

基础性服务。例如，提供统一的机构人员编码服务、统一的身份认证服务、预警服务、统计分析服务等。

4. 应用服务层

通过政务内网、国土资源业务网、互联网向国土资源各级主管部门、企事业单位、政府相关部委办厅局、涉及国土资源高等院校和职业院校与公众等不同对象提供不同密级与敏感程度的人才数据库信息服务。

（1）国土资源人才资源管理服务平台。主要实现国土资源人才信息的基础性管理。

（2）国土资源人才评价与应用辅助决策平台。主要实现国土资源高层次创新型科技人才遴选、专业技术人才职称评定、党政人才素质测评、地勘一线技术技能人才评价等业务功能。

（3）人才规划实施监测评估平台。主要实现国土资源重点人才跟踪及人才体制、人才发展环境、人才供需、人才投入等跟踪评估，形成人才个体职业生涯周期监测轨迹，生成国土资源人才信息总账和人才资本总账，从而实现对国土资源人才规划进行预警评估。

（4）决策业务平台。主要实现数据挖掘钻取、汇总、统计分析和报表功能。

（5）数据交换平台。主要实现现有应用系统间的数据及应用集成，是各个系统数据交互的中心；外部系统主要包括国土资源主管部门现有与人才数据库信息系统相关的业务系统，例如 OA 系统、CA 系统及国土资源部科技成果登记系统、地调局人事管理系统现有应用业务系统等；可以充分与各个系统交换信息，可以和各部委办厅局实现数据充分共享，解决数据孤岛、信息重复建设等问题。

（6）业务协同平台。主要实现业务的功能流转，贯穿于业务系统和组件开发平台中。

5. 服务对象层

通过政务内网、国土资源业务网、互联网、移动终端等渠道向各级国土资源主管部门、企事业单位、政府各部委办厅局、大专院校与公众等不同服务对象提供限定服务，实现与各类第三方系统的应用集成。

6. 安全保障体系及标准规范体系

信息安全体系及标准规范体系是国土资源人才数据库信息系统的重要组成部分，贯穿项目建设始终，包括网络安全互联、系统安全、应用安全、业务系统整合集成、服务与接口、应用部署、数据共享方面的标准规范，部门协同、安全运维的管理标准规范等。

7. 人才网

人才网主要基于人才数据库提供公共信息发布、政策法规、人才动态、人才评价等公共服务；基于互联网，与涉密网或业务网通过网闸或报盘进行数据同步，在网络不通畅的情况下，应提供数据导出功能，以平面文件形式交换数据；人才敏感数据应该根据安全要求由系统管理员对外发布。人才网功能框架如图 4 – 22 所示。

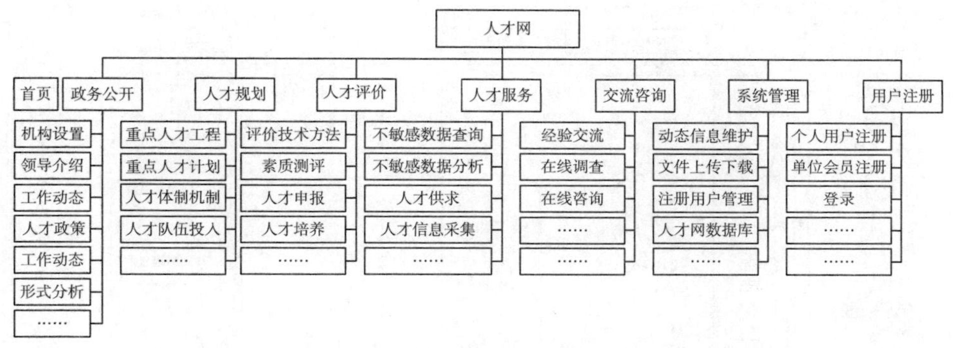

图 4－22　国土资源人才网功能设计框架

四、国土资源人才数据库信息系统功能模块设计

（一）人才基础数据库设计

1. 数据库架构设计

国土资源人才数据库建设依托国土资源云分为两层，国家级（部级）数据库和省级数据库，在整体架构下，利用数据挖掘、数据交换等技术，为国土资源系统和地勘行业相关单位、有关国土资源院校及个人用户建立起统一数据存取、综合查询统计分析、决策支持的数据中心。数据中心系统架构如图 4－23 所示。

从国土云平台中的统一机构数据服务、各级国土资源管理部门人力资源系统、人才系统数据、平面文件（excel、word、xml、txt）数据等数据源进行数据的采集，构成审核数据库和业务数据库。建立满足特定分析目的的数据仓库（集市），面向专项业务主题或单位、部门、时间进行数据的 ETL 加工汇总及存储。在此基础上可以便捷地进行汇总数据的查询、主体分析、趋势分析、模型预测、报表等输出。通过数据管理中心实现数据备份、恢复、归档、管理与控制、系统监控与审计等功能。使用 ETL 把分布的、异构数据源中的数据，例如关系数据、平面数据文件等抽取到临时中间层后进行清洗、转换、集成，最后加载到数据仓库或数据集市中，成为联机分析处理、数据挖掘的基础，从而提供全面的数据共享。

2. 数据采集、交换与更新

在人才数据采集方式上，可采取强制性数据采集和自愿性数据采集两种方式。强制性数据采集方式，主要针对参加人才评价、遴选、评选和参

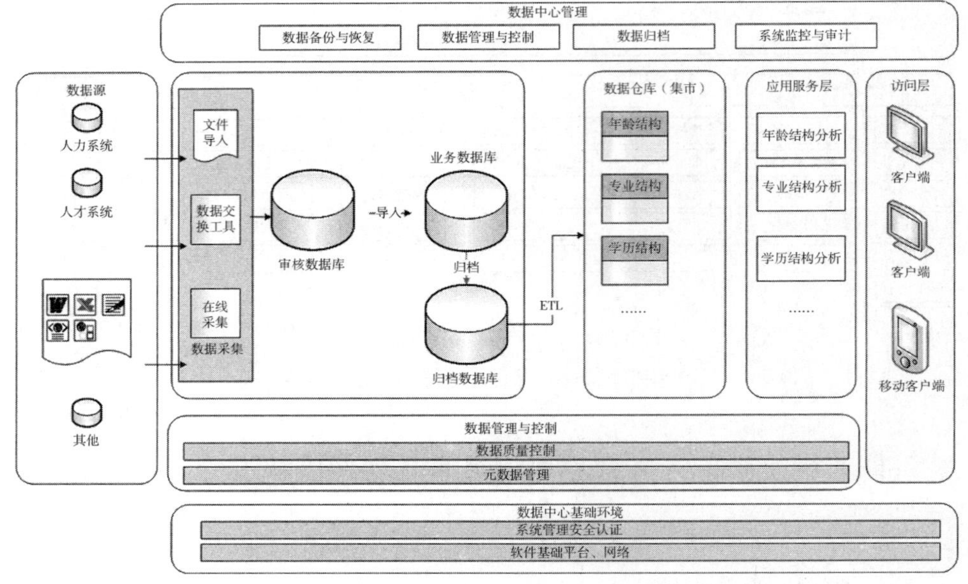

图 4－23　国土资源人才数据库数据中心架构

与国土资源部项目申报、论证、咨询的人才，必须按照要求向国土资源人才数据库信息系统录入个人信息并定期更新。同时，鼓励社会各类人才自愿加入国土资源人才数据库信息系统。系统支持 excel 数据导入、特定转换工作、在线和离线数据采集、平台数据导入等多种方式。考虑到部分省级已经建成的人力资源系统、人才系统的数据交换，部分省份可能建立省级独立数据库。一般情况下省级国土资源数据库同步数据到部级数据库，数据交换可使用数据文件交换、webservice 数据接口、数据库同步、数据库直接访问、国土云框架数据交换技术等方式。

3. 人才数据建立和规范

建设信息标准规范体系是实现数据共享、系统互联互通的基础。主要包括指标分类标准、数据字典（主要是代码）标准。这些标准内容基于国标、部标内容，确定国土资源人才数据库试用的指标代码体系。根据数据容量（TB 级），建议利用现有资源，例如，利用 oracle 云部署解决方案相关产品，如 oracle12c 等产品，或者是 NoSQL 数据库 HBase。提供人才数据库建设工具，实现人才数据库的自定义和自主扩展。实现类别管理、指标管理、代码管理、系统构建等主要功能。

（二）国土资源人才资源管理服务系统设计

基于国土资源人才基础数据库和现代化的人才管理服务需求，建设国土资源人才数据管理、文档管理、日志管理、应用管理、服务管理等系统，提供功能强大的数据转化接口和无缝数据通道，提供各种查询统计功能，实现各类外部数据的导入和国土资源人才数据库信息跨库管理，实现国土资源人才数据与国土资源业务数据业务协同，实现国土资源人才数据与组织、人社、科技等党政部门数据共享交换，实现国土资源人才信息的动态管理和统计分析，并提供报表分析功能和汇总功能；建立国土资源高级人才专家库。充分依托国土资源部门户网站集成建设国土资源人才网，建设国土资源人才公共服务唯一应用入口并设计移动应用客户端，提供不敏感的数据查询、搜索、分析等服务，以及人才政策成果、形势分析报告等资料，并根据工作情况发布国土资源人才供求等公共服务信息。国土资源人才资源管理服务系统总体功能框架如图 4－24 所示。

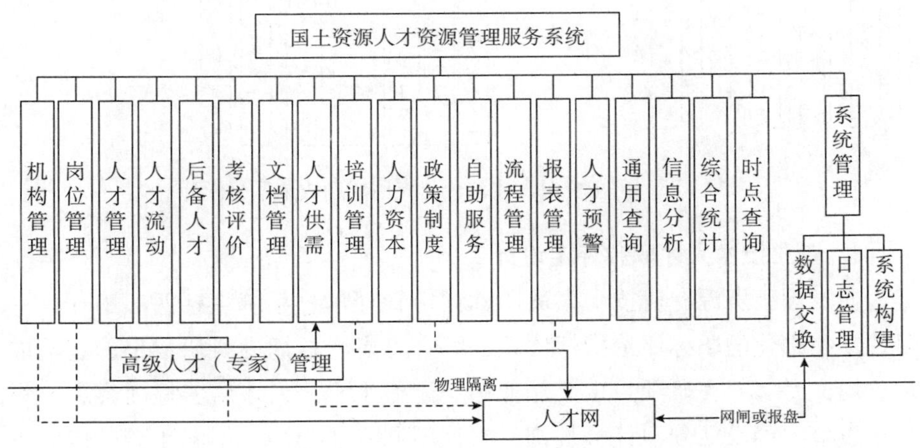

图 4－24　国土资源人才资源管理服务系统设计

（三）国土资源人才评价与应用辅助决策系统设计

基于国土资源“三类人才”（专业技术人才、党政人才和技能人才）的知识、能力和业绩的综合评价标准，充分利用现代化人才测评技术和信息化技术，构建分类型的国土资源人才评价辅助决策支持系统，实现对各类人才素质能力和业绩的基本评价；同时满足国土资源人才遴选评价的现代化管理需要，进一步优化管理流程，研制专门的人才评价与管理信息系统，即国土资源专业技术人才职称评定管理信息系统、国土资源高层次创新型科技人才遴选管理系统、国土资源党政人才素质测评系统、地勘行业技术技能人才评价系统等，实现专项人才遴选评价业务管理和现代人才评价技术相互支撑、相互融合，为人才评价管理提供信息化服务。整体框架如图 4 －25 所示。

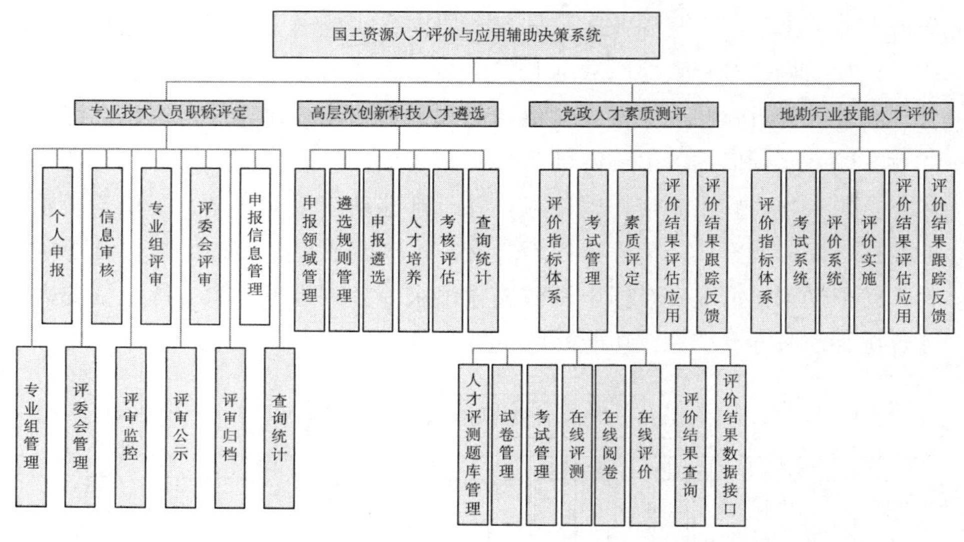

图 4 －25　国土资源人才评价与应用辅助决策系统设计

1. 专业技术人才职称评定设计

研发国土资源专业技术人员职称评定管理信息系统包括两项工作：一是建立精细化的职称评价指标体系，综合考虑考核期内科研成果、获奖成果、论文专著、在研项目、工作业绩、能力水平、人才培养等内容，对每一项考核内容设立分项计分规则，根据不同专业类型、不同年龄阶段、不同层级合理划分不同评价内容权重，形成国土资源专业技术人员职称评定指标体系。二是根据职称评审流程，开发个人申报、资格审核、系统自评、专业组评审、评委会投票等功能模块，实现职称评审全程信息化管理。基于国土资源人才数据库建设标准规范，以国土资源人才数据库建设为依托建立 B/S 架构职称评审系统。实现职称评审的网上办公、网上服务、网上申报、网上监管，促进职称工作管理方式的根本转变，提高工作效率，增强全程监控能力，提高管理决策科学化水平。

2. 高层次创新科技人才遴选系统设计

围绕国家创新驱动发展战略实施和突出培养造就创新型科技人才队伍部署，结合万人计划、创新人才推进计划、政府特殊津贴等国家人才遴选和国土资源高层次创新型科技人才遴选工作需要，开发相应的科技人才遴选与监测评估信息系统，实现国土资源科技人才申报信息化、遴选科学化和评估动态化，切实为实施“三深一土”国土资源科技创新发展战略实施提供信息化辅助决策支撑。高层次创新科技人才包括国土资源系统内的两院院士、知名专家（例如长江学者、国家级重点学科、重点实验室、工程技术研究中心学术与技术带头人，国家“百千万人才工程”入选人员）、国家或省属重点学科负责人、学术和技术带头人、具有较深学术造诣和技术功底的专业技术拔尖人才、部分海外留学人才、重大发明人、高技术领域创业人才等。高层次科技人才遴选系统实现申报管理、遴选规则管理、申报遴选过程、人才培养、考核评估等功能。主要开发功能包括：①分类建立申报与自评功能。根据各类高端科技人才遴选规则和流程，建立申报管理和申报自评功能模块，包括申报通知及相关信息发布，申报材料网上填报、审核、流转，申报材料打印输出，申报单位候选人自评辅助决策等功能；②建立高端科技人才遴选与评价决策辅助功能，包括候选人才及团队业绩公示、意见反馈、专家选择、专家评测、辅助评价、结果公示等应用功能；③建立高端科技人才跟踪评估功能。建立对入选专家和团队全方位跟踪评估服务支撑，整体评估知识、技能、贡献、业绩等情况，形成对专家团队360°跟踪评估，形成人才发展轨迹分析决策支撑。

3. 党政人才素质测评系统

国土资源党政人才测评是指通过一系列科学的手段和方法对党政人才的综合素质进行测量和评定的活动，对领导素质的各个组成要素进行分析和评价，从而为领导人才的选拔、培养、考核提供可靠的、客观的依据。素质测评具有鉴定、预测、诊断、导向、激励等功能。现代人才测评涉及范围广泛、内容复杂，采用的方法很多，归纳起来可以分为笔试、面试、心理测验、情景模拟、评定、仪器测量、胜任力模型等，在实际测评中往往是以某种方法为主或多种方法的综合运用。党政人才素质测评的内容，主要包括政治素质、知识技能、能力素质、工作态度、工作意识、心理素质、道德修养、工作经历等基本内容。在现实工作中，对一些职务（岗位）所要求的能力素质的测评往往不依赖于一种单纯性的素质评价，而是依赖于多种素质评价的综合结果。国土资源党政人才测评体系主要方法有政治理论考试、能力结构测试、领导风格测试、职业倾向测试、胜任力要素评价等。针对以上的测评技术、方法及评价指标体系，充分利用计算机系统的信息化技术，从而形成在线考试和在线素质评价工具两种主流的评价方式或工具。通过测评结果跟踪检验和反馈进一步校正，以达到评价结果的更高精确度。

4. 地勘行业技术技能人才遴选评价系统

地勘行业技术技能人才包括地质勘查一线紧缺专业技术人才和地勘行业技能人才两个类型。建立地勘行业技术技能人才遴选评价系统，主要是结合地质勘查一线紧缺专业技术人才遴选和地勘行业技能人才遴选工作需要，主要开发以下功能模块：①分类建立地勘行业技术技能人才申报系统功能，包括通知及相关信息发布，申报材料网上填报、审核、流转，申报材料打印输出等功能；②建立地勘一线人才和地勘技能人才资源中心，实现对地勘技术技能人才资源信息管理、统计分析等；③建立地勘行业技术技能人才遴选与评价决策辅助系统，主要通过为入库专家提供辅助评价和专家评价支持模式，遴选出地勘一线领军人才、杰出青年人才、杰出团队和地勘行业高技能人才；④建立地勘行业高端技术技能人才跟踪评估系统。建立对遴选出地勘行业高端专家和团队进行跟踪评估，形成对地勘行业高端人才生命周期管理服务支持。

（四）国土资源人才规划实施监测评估系统设计

基于国土资源人才规划实施监测评估、预警指标体系和国土资源人才基础数据库，建立国土资源人才规划实施绩效评估系统，重点监测国土资源重点人才工程计划、国土资源人才体制机制、人才发展环境、人才投入等情况，动态评价国土资源人才规模、人才结构、素质水平和人才效能情况，科学识别、诊断和控制国土资源人才战略及规划推进的风险，为国土资源人才战略规划实施提供预警和报告，支持国土资源人才战略规划目标的实现，并为国土资源人才战略推进策略的改进提供行政计划和实证依据。实现对国土资源高级人才的追踪管理。功能框架如图 4－26 所示。

（五）国土资源人才在线教育培训系统设计

为贯彻落实《国务院关于积极推进“互联网＋”行动的指导意见》（国发〔2015〕40 号）精神，充分利用云服务、大数据、移动互联网等

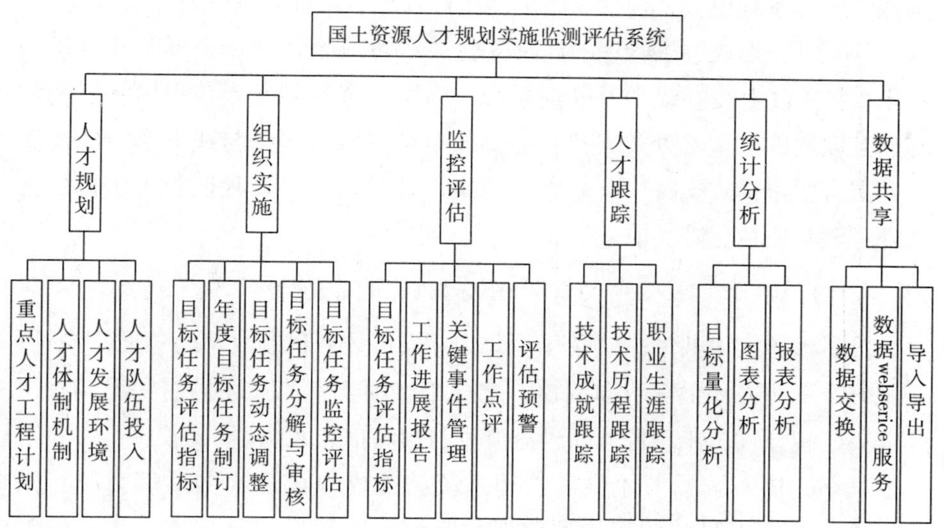

图4-26　国土资源人才规划实施监测评估系统设计

新兴技术，聚集国土资源系统和地勘行业有关科研院所、实验室、工程技术中心、实践基地和高校等教育培训技术资源、专家资源，满足国土资源系统和地勘行业各类国土资源人才随时、随地、自由的混合式学习需求，切实为国土资源各类在职人才、在校生及其他有关人员提供职业教育（职业技能、职工知识更新、职工能力提升）、创业创新教育、新技术、新技能的“线上与线下、课堂与实训、院校教师与行业专家相结合”的混合教育培训服务，推进移动学习、协同学习、智慧学习等互联网学习新模式推广，以达到提升国土资源部对行业发展的引领性、政策技术标准传递的一致性、教育培训业务内容的统筹性、具体培训方式模式灵活性、无边界分享交流知识的便捷性、碎片化学习的持续性等，并达到降低国土资源人才教育培训成本、缩减“学习—转化—能力”培训周期效果，在国土资源行业领域推动建设“人人皆学、处处能学、时时可学”的学习型社会，开发国土资源人才教育培训在线服务支持系统。

该系统主要的实现功能目标包括：①开发信息门户功能模块，包括用户认证、信息展示、信息管理的服务支持功能，为国土资源行业领域机构和个人提供培训信息、政策、项目和注册管理服务；②建立国土资源教育培训课件和培训资源服务中心支持功能模块，支撑运行行业慕课（MOOC）、微课等课件资源，形成培训服务技术支撑系统；③开发培训实施业务管理系统模块，包括具体培训项目管理、培训实施管理、课程中心、评价管理等，形成实施管理、课程互选、学习成果认证、积累和转换机制技术支持；④开发在线学习管理系统，为国土资源各类人才提供互联网和移动互联网的多学习方式支持，提供线上学习线上服务与线下学习线上服务的混合学习模式支持，建立学习档案，强化以学习过程监管为主体的在线课程教育质量保障功能。

（六）国土资源人才供需管理与招聘系统设计

为贯彻落实中共中央《关于深化人才发展体制机制改革的意见》精神，加强国土资源人才供需双向调控，配合年度国土资源人才供需状况调查工作需要，拟开发国土资源人才供需调查与招聘信息系统。

其中，国土资源人才供需管理系统功能模块设计，主要是为履行国土资源人才供需宏观调控管理职能，通过借助现代信息技术，动态反映当前有关高校和职业院校各类国土资源专业人才的潜在供给规模、结构和分布及有效供给情况，反映行业部门和单位人才需求的现状与趋势，及时为国土资源人才供需双方提供决策机制，实现国土资源人才供需动态平衡。具体功能模块设计包括开发国土资源人才供需调查在线填报与分析功能，单位注册认证、调查数据在线填报、数据表格打印、历史数据查询、统计分析功能等功能，反映高校和职业院校历年国土资源类专业招生和毕业情况，反映国土资源行业领域用人单位用人需求情况。

国土资源招聘信息功能，主要是进一步为国土资源类专业大中专毕业生、中高端国土资源专业技术人才和国土资源行业领域用人单位提供线上招聘服务，为国土资源人才供需平衡提供具体路径。主要功能模块包括：①开发国土资源人才供需信息管理服务功能，包括个人或单位注册、信息发布、信息搜索、信息分类管理等，为国土资源类院校提供单位和毕业生信息发布服务，为国土资源领域行业用人单位发布招聘岗位、职责、能力要求等信息。②开发国土资源人才招聘直报功能。综合考虑国土资源领域行业应届生公开招聘和社会招聘应用场景，直接为用人单位开发招聘直报系统，形成直投模式服务，包括招聘信息发布、招聘职位申报、材料审核、准考证发放、笔试和面试安排、成绩公布、信息公示等应用功能，提高招聘有效性和针对性。③创建国土资源人才社区，为国土资源人才提供开放的、双向的沟通和交流，提供生态式招聘服务。

（七）国土资源人事辅助系统设计

主要是基于国土资源系统和地勘行业人事管理信息化程度较低的现实情况，充分利用国土资源人才数据信息系统开发契机，增设开发有关国土资源人事管理系统功能模块，积极为各单位人员信息管理、岗位管理、聘用管理、工资管理、考核管理等提供信息化服务。

五、国土资源人才数据库信息系统部署建设规划

依托国土资源云的可扩展计算节点，根据国土资源人才工作服务对象，国土资源人才数据库信息系统采取国家级、省级（单独建设）两级部署相结合的方式进行，形成国家级、省级、市级、县级四级管理端和应用端，即形成两级部署，四级应用模式。

单独建设的省级国土资源人才数据库管理权限在省级、市级、县级，实施分级管理；同时为省、市、县各级提供数据交换接口，便于各级单位及时共享使用权限范围内的数据。省级数据库开发部署形式参照国家级执行，总体数据建设框架如图 4－27 所示。

国家级和省两级用户根据不同目标需求可实现相对独立应用。各省可在国家级数据库平台上实现人才数据管理，或在省（区域）级单独建设部署，进行个性化开发，进行独立管理，并定时与国家级数据同步。

国土资源部机关、国家土地督察机构、部属事业单位，可依托国家级数据中心的网络、计算和存储资源，利用国家级数据库提供的管理端和客户端，实现对本部门、本单位人才数据资源的集中管理；同时，经授权可以实现个性化开发，实现对本单位、本部门人才个性化管理的服务支持。

各共建高校、国土资源类职业院校等独立用户，可利用国家级数据库提供的管理端和客户端，进行国土资源后备人才、专家和团队信息录入、维护等操作，拥有数据库使用和查询的相应权限，并按照权限共享相应的数据资源。为集聚非公有制企业国土资源人才资源，可在国家级数据总库和建立数据节点的省级数据库开放一定数量的客户端，通过账户录入相关专家和团队信息。

根据并发访问用户的多少，评估国土资源云中每个计算节点支撑的并发数，并根据评估结果进行计算节点的扩展，即可以在多个计算节点上部署应用及访问端口，实现多实例部署，使性能压力均摊到每个计算节点上。

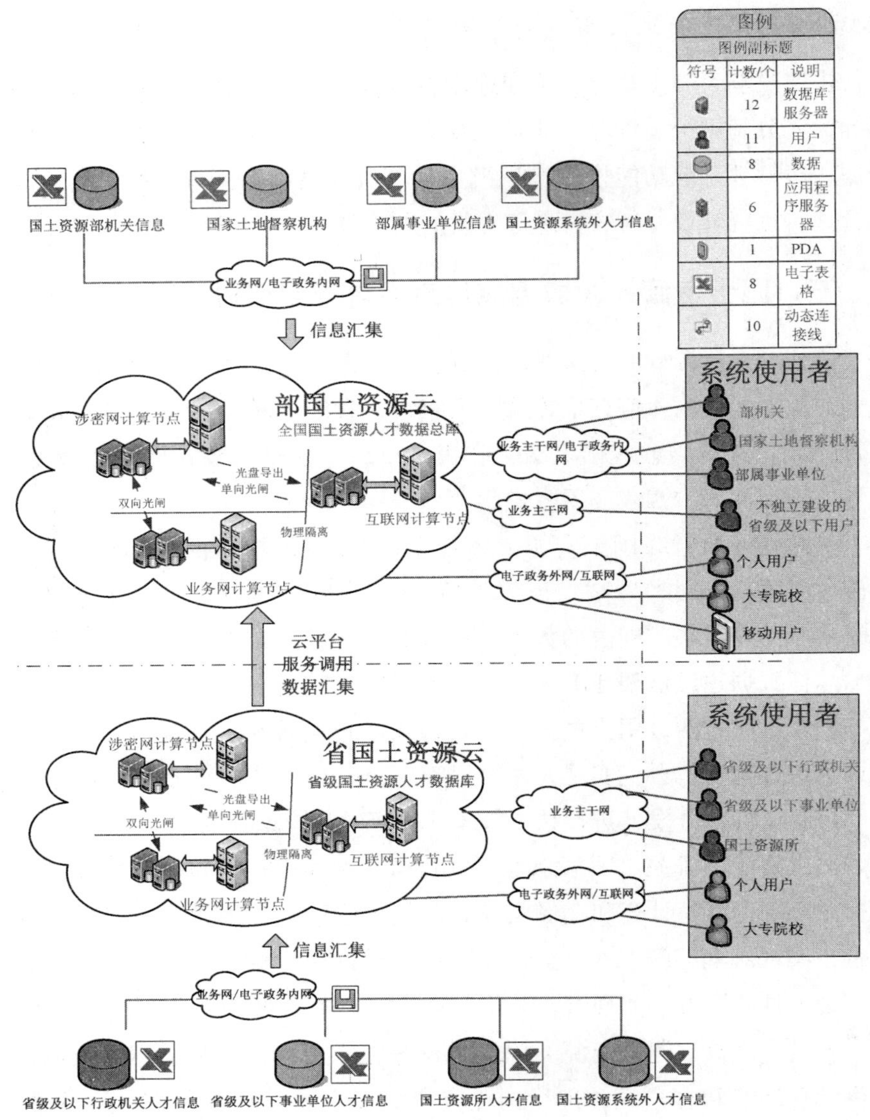

图 4－27　国土资源人才数据库信息系统数据建设总体框架

由于计算节点众多，所以对计算节点的硬件性能要求就不会高于专用服务器。从而在提高性能的同时节省经费，避免各级单位对硬件的持续投入。

同时要注意到，国土资源人才业务应用存在独立应用场景（例如人才评价在独立地点空间进行），因此，国土资源人才数据库信息系统应能够方便地进行独立应用部署，并拥有强大的数据共享工具，在网络无法连接的情况下，能够以各种平面文件报盘方式实现数据同步。

六、国土资源人才数据库信息系统建设安全设计

（一）安全框架

在进行国土资源人才数据库信息系统安全方案设计时，应遵循需求、风险与代价平衡的原则，可从物理层、网络层、系统层、应用层、安全管理五个方面，选择科学合理的安全解决方案，从不同层面保证应用系统、网络传输及数据库访问的安全（图4－28）。

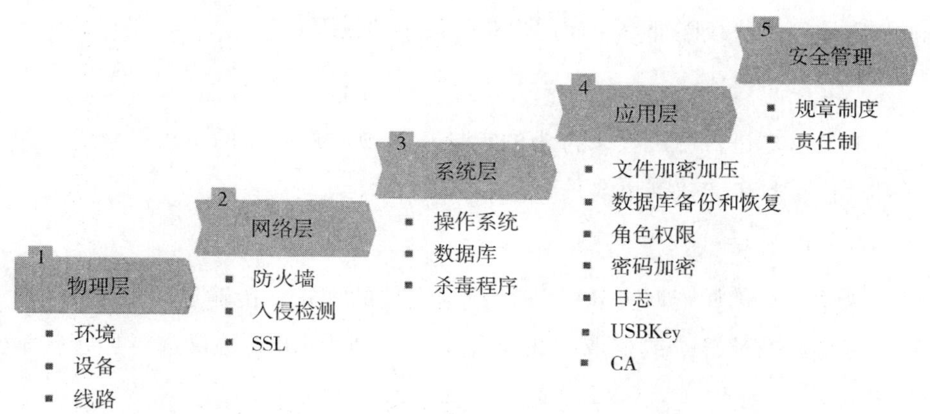

图4－28　国土资源人才数据库信息系统安全框架

（二）基于角色访问的控制模型

基于角色的访问控制了大量的用户和权限之间的匹配工作。用户获得不同的角色，就具有角色拥有的访问权限。

（三）用户认证

认证是系统确定用户身份有效性的过程。一般采用用户ID加密码方式。用户密码采用不可逆的HASH加密算法，避免密码泄露；同时采用三次以上登录失败就锁定用户的策略。

国土资源系统内部人员需要由各级系统管理员开户、授权实现实名制访问系统，避免非法登录。主要是访问公共服务、个人信息维护、参与职称评定、参与人才评价及单位进行人力资源自我管理等业务操作。

国土资源系统外部人员（分为个人注册用户和单位注册用户）必须进

行注册后才能实现对系统的访问。

个人注册用户具有默认访问权限（只能访问公共服务）。通过注册信息可以检索到相关人才信息，并进行维护。

单位注册用户需要系统管理员审核并赋予相关权限后，才能访问系统。除具有默认访问权限外，还具有本单位组织、人员数据访问权限，例如，可以录入本单位人才数据等。

（四）角色权限

最小权限用户通过角色获得功能权限、指标权限和条件权限，利用最小权限原则解决权限冲突，使用户获得最小的权限。

（五）审计

利用日志进行用户登录行为的审核，实现用户操作的不可抵赖性，包括功能操作日志、数据更改日志及系统运行日志。

（六）机密

采用非对称加密算法 RAS 进行数据文件的加密，传输过程中采用 SSL 协议避免数据被篡改或盗取；在 web 访问中利用 Https 协议进行加密传输访问。

（七）数据安全

系统提供数据库备份功能，可结合国土资源云平台存储和备份服务，进行本地或异地数据备份。

（八）用户管理

能够灵活设置整个应用系统的用户权限及用户状态。权限可分为：①组织机构权限，用户可以根据组织权限浏览或维护组织相关数据。②指标权限，用户可以根据指标权限浏览或维护具体信息项。③功能权限，用户可以根据功能权限使用相应的功能。④条件权限，用户可以根据条件进行相关数据的维护，例如，只管理副高或处级以上人才信息。

可以按照管理权限进行分组、分级授权。系统提供唯一的超级管理员账号，超级管理员可建立各级管理员。管理员在自己的权限范围内建立各级普通用户和领导查询用户账号，新建的账号权限不能超越管理员权限。账号密码均以加密方式存储，保证了密码的安全性。

(九) 三员管理

将管理员设置为三个，分别是系统管理员、安全管理员和日志审计员。三员身份鉴别策略为：①系统管理员权限不可更改删除。负责对用户、下级管理员开户、修改基本信息和销户。②安全管理员权限不可更改删除。负责对用户、下级管理员赋权，对已禁用的用户进行解锁。③日志审计员权限不可更改删除。负责查询审计系统管理员、安全管理员及用户对系统进行的各种操作。

七、国土资源人才数据库信息系统集成设计

(一) 集成框架设计

国土资源人才数据库信息系统不是孤立系统，人才数据既是其他相关系统关于人才的数据源，同时需要在其他系统提取人才数据源。因此，国土资源人才信息系统不但能支持与第三方系统例如与 OA 系统、移动办公、门户网站等的集成，而且支持与各相关部委司局等单位人才相关数据的共享与交换。根据集成对象的不同，可以采用不同技术手段进行整合，集成框架如图 4 - 29 所示。

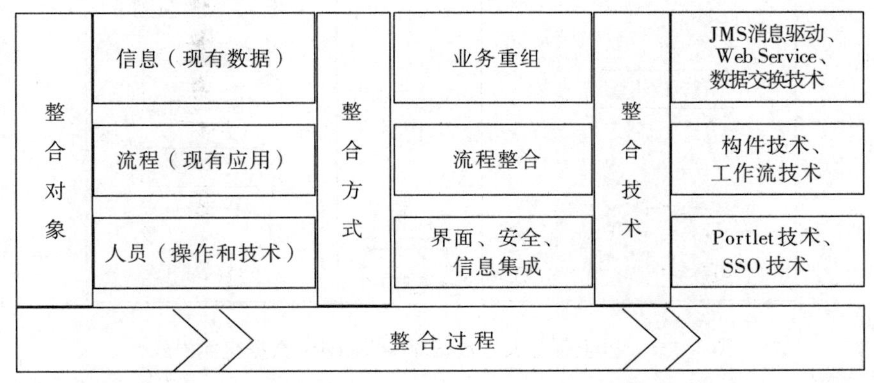

图 4 - 29　国土资源人才数据库信息系统集成框架设计

(二) 数据共享

数据共享实现国土资源人才数据库信息系统与国土资源部内部其他相关系统、国土资源外部其他相关系统的人才数据共享。由于各种系统的异构性，系统应支持多种数据交换方式。主要数据交换方式如下。

1. 文件导入、导出

提供 excel、txt、xml 格式的数据导入导出接口，适用于不开放接口的系统交互，如图 4－30 所示。

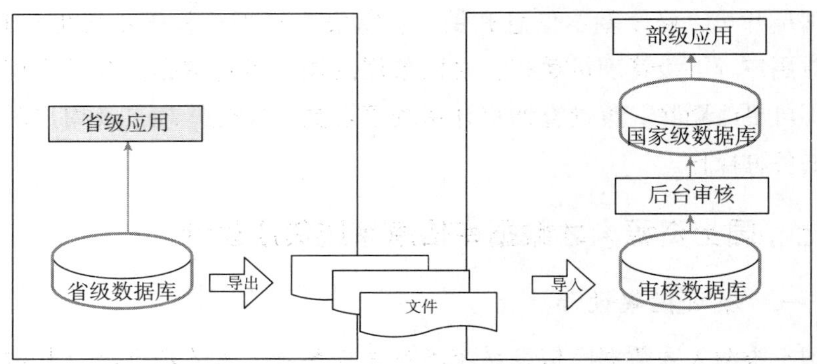

图 4－30　国土资源人才数据库文件导入、导出模式

2. webservice 数据交换

可以随时访问数据，数据交换格式采用 xml 格式。适合异构系统的数据交换，如图 4－31 所示。

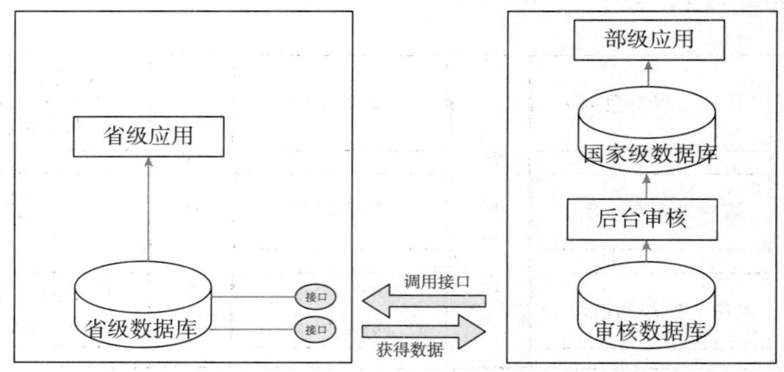

图 4－31　国土资源人才数据库 webservice 数据交换模式

（三）界面集成

界面集成包括单点登录、界面集成、OA 接口、CA 接口，具体为：①单点登录，利用国土资源云平台中的统一身份认证等技术实现与其他应用系统的单点登录，实现一次登录，处处运行。②界面集成，以 URL 形式调用 web 界面，进行功能的界面集成，直接进入相关业务功能进行业务处理。③OA 接口，利用界面集成方式在 OA 中嵌入需要办公系统处理的页

面，进行相关数据的审批、浏览等工作。④CA 接口，利用单点登录技术实现 CA 认证，确保访问人才业务系统用户身份的合法性。

八、国土资源人才数据库信息系统建设部署安排

国土资源人才数据库信息系统按照“实用为主，急用先行，以应用促发展；分层部署、分类推进、分步实施”的开发原则，采取“研发、应用、测试、完善协同推进；先开发数据库总体架构，后开发具体功能模块；先开发现有人才评价遴选工作急需功能模块，后开发功能齐全支撑模块；先部署服务部属各单位人才和省级特殊人才的应用系统，后部署服务整个国土资源系统、地勘行业和社会人才的应用系统”的动态研发思路，并充分考虑财力支持、人才评价技术创新支撑等条件，在开发阶段上可作如下安排。

（一）国土资源人才数据库信息系统基础开发和试运行阶段

重点是结合“国土云”建设框架，选择有实力的软件开发公司，按照“一库四功能”的开发设计架构，重点研发国土资源国家级人才数据库管理服务系统、职称评定管理信息系统和国土资源人事辅助系统。国土资源国家级人才数据库的建设重点包括两个方面建设内容：一是制定国土资源人才数据库建设标准规范，以对在下一步省级数据库构建中发挥规范指导作用。二是推进国土资源部机关、国家土地督察机构及部直属事业单位数据库的建设。建立国土资源国家级人才数据库，要考虑到未来数据库的可扩充性。对国土资源部机关、国家土地督察机构及部直属事业单位的人才数据进行采集，通过国土资源系统涉密网或业务主干网进行数据传输。

（二）国土资源人才数据库信息系统Ⅱ期开发阶段

重点是在国土资源人才数据库信息系统Ⅰ期开发的基础上，根据国土资源人才业务统筹和关键技术研发，推进“国土资源高层次创新型科技人才评价管理系统”“国土资源党政人才素质测评系统”“地勘行业技术技能人才评价系统”“国土资源人才规划实施监测系统”“国土资源人才在线培训系统”“国土资源人才供需管理与招聘系统”等功能模块开发。同时，对国土资源人才数据库高级专家库进行优化，并按照规范标准推进国土资源系统省级及以下行政机关及所属单位的数据采集或数据库建设。针对独

立建设的省级数据库，省级以下行政机关、事业单位、国土资源所通过国土资源系统业务主干网或者磁盘传输等方式将信息上传至省级数据库，再由省级人才数据库同步更新到部级人才数据库。各省地勘局、共建高校等主要通过授权应用端认证使用国土资源国家级人才数据库信息系统，有条件的地勘单位、共建高校也可授权进行数据库建设，独立部署运行国土资源人才数据库信息系统。

（三）国土资源人才数据库信息系统全面运行和智能开发常态化阶段

在国土资源人才数据库信息系统Ⅰ、Ⅱ期开发基础上，在国土资源系统和地勘行业实现全面部署运行，国土资源人才数据采集、运行实现常态化，国土资源人才数据规范化和人才业务信息化支撑基本形成，国土资源人才网基本运行。同时，通过引入云计算、大数据分析技术，加强国土资源人才数据与相关数据共享开发，着眼于整个国土资源人才规划、招聘、选拔、配置、测评、使用、考核、薪酬、培训、评价等各个功能和流程优化，研发国土资源人才大数据分析关键技术和模型，不断实现国土资源人才数据库信息系统智能开发，切实为国土资源人才实践管理提供科学、可靠、及时的大数据解决方案，实现国土资源人才管理跨越发展、支撑发展和引领发展。

附　录

本部分主要收录2016—2017年国家和国土资源部重要人才政策文件。

附录一　2016—2017年国家重要人才政策选编

《关于深化人才发展体制机制改革的意见》

《关于实行以增加知识价值为导向分配政策的若干意见》

《关于深化职称制度改革的意见》

附录二　2016—2017年国土资源部人才政策选编

《推进领导干部能上能下实施细则（试行）》

《国土资源部干部教育培训管理办法》

《国土资源部在京事业单位公开招考接收高等院校毕业生工作管理办法》

《关于加强和改进科研人员因公临时出国管理工作的实施细则》

《关于防止干部“带病提拔”的实施意见》

《国土资源部干部因私出国（境）管理暂行办法》

《国土资源部关于印发促进科技成果转化暂行办法的通知》

《国土资源部关于加快推进科技创新的若干意见》

附录一　2016—2017 年国家重要人才政策选编

关于深化人才发展体制机制改革的意见

人才是经济社会发展的第一资源。人才发展体制机制改革是全面深化改革的重要组成部分，是党的建设制度改革的重要内容。协调推进“四个全面”战略布局，贯彻落实创新、协调、绿色、开放、共享的发展理念，实现“两个一百年”奋斗目标，必须深化人才发展体制机制改革，加快建设人才强国，最大限度激发人才创新创造创业活力，把各方面优秀人才集聚到党和国家事业中来。现就深化人才发展体制机制改革提出如下意见。

一、指导思想、基本原则和主要目标

（一）指导思想

高举中国特色社会主义伟大旗帜，全面贯彻党的十八大和十八届三中、四中、五中全会精神，以邓小平理论、“三个代表”重要思想、科学发展观为指导，深入贯彻习近平总书记系列重要讲话精神，坚持聚天下英才而用之，牢固树立科学人才观，深入实施人才优先发展战略，遵循社会主义市场经济规律和人才成长规律，破除束缚人才发展的思想观念和体制机制障碍，解放和增强人才活力，构建科学规范、开放包容、运行高效的人才发展治理体系，形成具有国际竞争力的人才制度优势。

（二）基本原则

——坚持党管人才。充分发挥党的思想政治优势、组织优势和密切联系群众优势，进一步加强和改进党对人才工作的领导，健全党管人才领导体制和工作格局，创新党管人才方式方法，为深化人才发展体制机制改革提供坚强的政治和组织保证。

——服务发展大局。围绕经济社会发展需求，聚焦国家重大战略，科学谋划改革思路和政策措施，促进人才规模、质量和结构与经济社会发展相适应、相协调，实现人才发展与经济建设、政治建设、文化建设、社会

建设、生态文明建设深度融合。

——突出市场导向。充分发挥市场在人才资源配置中的决定性作用和更好发挥政府作用，加快转变政府人才管理职能，保障和落实用人主体自主权，提高人才横向和纵向流动性，健全人才评价、流动、激励机制，最大限度激发和释放人才创新创造创业活力，使人才各尽其能、各展其长、各得其所，让人才价值得到充分尊重和实现。

——体现分类施策。根据不同领域、行业特点，坚持从实际出发，具体问题具体分析，增强改革针对性、精准性。纠正人才管理中存在的行政化、“官本位”倾向，防止简单套用党政领导干部管理办法管理科研教学机构学术领导人员和专业人才。

——扩大人才开放。树立全球视野和战略眼光，充分开发利用国内国际人才资源，主动参与国际人才竞争，完善更加开放、更加灵活的人才培养、吸引和使用机制，不唯地域引进人才，不求所有开发人才，不拘一格用好人才，确保人才引得进、留得住、流得动、用得好。

（三）主要目标

通过深化改革，到2020年，在人才发展体制机制的重要领域和关键环节上取得突破性进展，人才管理体制更加科学高效，人才评价、流动、激励机制更加完善，全社会识才爱才敬才用才氛围更加浓厚，形成与社会主义市场经济体制相适应、人人皆可成才、人人尽展其才的政策法律体系和社会环境。

二、推进人才管理体制改革

（四）转变政府人才管理职能

根据政社分开、政事分开和管办分离要求，强化政府人才宏观管理、政策法规制定、公共服务、监督保障等职能。推动人才管理部门简政放权，消除对用人主体的过度干预，建立政府人才管理服务权力清单和责任清单，清理和规范人才招聘、评价、流动等环节中的行政审批和收费事项。

（五）保障和落实用人主体自主权

充分发挥用人主体在人才培养、吸引和使用中的主导作用，全面落实国有企业、高校、科研院所等企事业单位和社会组织的用人自主权。创新事业单位编制管理方式，对符合条件的公益二类事业单位逐步实行备案制管理。改进事业单位岗位管理模式，建立动态调整机制。探索高层次人才协议工资制等分配办法。

（六）健全市场化、社会化的人才管理服务体系

构建统一、开放的人才市场体系，完善人才供求、价格和竞争机制。深化人才公共服务机构改革。大力发展专业性、行业性人才市场，鼓励发展高端人才猎头等专业化服务机构，放宽人才服务业准入限制。积极培育各类专业社会组织和人才中介服务机构，有序承接政府转移的人才培养、评价、流动、激励等职能。充分运用云计算和大数据等技术，为用人主体和人才提供高效便捷服务。扩大社会组织人才公共服务覆盖面。完善人才诚信体系，建立失信惩戒机制。

（七）加强人才管理法制建设

研究制定促进人才开发及人力资源市场、人才评价、人才安全等方面的法律法规。完善外国人才来华工作、签证、居留和永久居留管理的法律法规。制定人才工作条例。清理不合时宜的人才管理法律法规和政策性文件。

三、改进人才培养支持机制

（八）创新人才教育培养模式

突出经济社会发展需求导向，建立高校学科专业、类型、层次和区域布局动态调整机制。统筹产业发展和人才培养开发规划，加强产业人才需求预测，加快培育重点行业、重要领域、战略性新兴产业人才。注重人才创新意识和创新能力培养，探索建立以创新创业为导向的人才培养机制，完善产学研用结合的协同育人模式。

（九）改进战略科学家和创新型科技人才培养支持方式

更大力度实施国家高层次人才特殊支持计划（国家“万人计划”），完善支持政策，创新支持方式。构建科学、技术、工程专家协同创新机制。建立统一的人才工程项目信息管理平台，推动人才工程项目与各类科研、基地计划相衔接。按照精简、合并、取消、下放要求，深入推进项目评审、人才评价、机构评估改革。

建立基础研究人才培养长期稳定支持机制。加大对新兴产业以及重点

领域、企业急需紧缺人才支持力度。支持新型研发机构建设，鼓励人才自主选择科研方向、组建科研团队，开展原创性基础研究和面向需求的应用研发。

（十）完善符合人才创新规律的科研经费管理办法

改革完善科研项目招投标制度，健全竞争性经费和稳定支持经费相协调的投入机制，提高科研项目立项、评审、验收科学化水平。进一步改革科研经费管理制度，探索实行充分体现人才创新价值和特点的经费使用管理办法。下放科研项目部分经费预算调整审批权，推行有利于人才创新的经费审计方式。完善企业研发费用加计扣除政策。探索实行哲学社会科学研究成果后期资助和事后奖励制。

（十一）优化企业家成长环境

遵循企业家成长规律，拓宽培养渠道。建立有利于企业家参与创新决策、凝聚创新人才、整合创新资源的新机制。依法保护企业家财产权和创新收益，进一步营造尊重、关怀、宽容、支持企业家的社会文化环境。合理提高国有企业经营管理人才市场化选聘比例，畅通各类企业人才流动渠道。研究制定在国有企业建立职业经理人制度的指导意见。完善国有企业经营管理人才中长期激励措施。

（十二）建立产教融合、校企合作的技术技能人才培养模式

大力培养支撑中国制造、中国创造的技术技能人才队伍，加快构建现代职业教育体系，深化技术技能人才培养体制改革，加强统筹协调，形成工作合力。创新技术技能人才教育培训模式，促进企业和职业院校成为技术技能人才培养的“双主体”，开展校企联合培养试点。研究制定技术技能人才激励办法，探索建立企业首席技师制度，试行年薪制和股权制、期权制。健全以职业农民为主体的农村实用人才培养机制。弘扬劳动光荣、技能宝贵、创造伟大的时代风尚，不断提高技术技能人才经济待遇和社会地位。

（十三）促进青年优秀人才脱颖而出

破除论资排辈、求全责备等陈旧观念，抓紧培养造就青年英才。建立健全对青年人才普惠性支持措施。加大教育、科技和其他各类人才工程项目对青年人才培养支持力度，在国家重大人才工程项目中设立青年专项。

改革博士后制度，发挥高校、科研院所、企业在博士后研究人员招收培养中的主体作用，有条件的博士后科研工作站可独立招收博士后研究人员。拓宽国际视野，吸引国外优秀青年人才来华从事博士后研究。

四、创新人才评价机制

（十四）突出品德、能力和业绩评价

制定分类推进人才评价机制改革的指导意见。坚持德才兼备，注重凭能力、实绩和贡献评价人才，克服唯学历、唯职称、唯论文等倾向。不将论文等作为评价应用型人才的限制性条件。建立符合中小学教师、全科医生等岗位特点的人才评价机制。

（十五）改进人才评价考核方式

发挥政府、市场、专业组织、用人单位等多元评价主体作用，加快建立科学化、社会化、市场化的人才评价制度。基础研究人才以同行学术评价为主，应用研究和技术开发人才突出市场评价，哲学社会科学人才强调社会评价。注重引入国际同行评价。应用型人才评价应根据职业特点突出能力和业绩导向。加强评审专家数据库建设，建立评价责任和信誉制度。适当延长基础研究人才评价考核周期。

（十六）改革职称制度和职业资格制度

深化职称制度改革，提高评审科学化水平。研究制定深化职称制度改革的意见。突出用人主体在职称评审中的主导作用，合理界定和下放职称评审权限，推动高校、科研院所和国有企业自主评审。对职称外语和计算机应用能力考试不作统一要求。探索高层次人才、急需紧缺人才职称直聘办法。畅通非公有制经济组织和社会组织人才申报参加职称评审渠道。清理减少准入类职业资格并严格管理，推进水平类职业资格评价市场化、社会化。放宽急需紧缺人才职业资格准入。

五、健全人才顺畅流动机制

（十七）破除人才流动障碍

打破户籍、地域、身份、学历、人事关系等制约，促进人才资源合理流动、有效配置。建立高层次人才、急需紧缺人才优先落户制度。加快人事档案管理服务信息化建设，完善社会保险关系转移接续办法，为人才跨地区、跨行业、跨体制流动提供便利条件。

（十八）畅通党政机关、企事业单位、社会各方面人才流动渠道

研究制定吸引非公有制经济组织和社会组织优秀人才进入党政机关、国有企事业单位的政策措施，注重人选思想品德、职业素养、从业经验和专业技能综合考核。

（十九）促进人才向艰苦边远地区和基层一线流动

研究制定鼓励和引导人才向艰苦边远地区和基层一线流动的意见，提高艰苦边远地区和基层一线人才保障水平，使他们在政治上受重视、社会上受尊重、经济上得实惠。重大人才工程项目适当向艰苦边远地区倾斜。边远贫困和民族地区县以下单位招录人才，可适当放宽条件、降低门槛。鼓励西部地区、东北地区、边远地区、民族地区、革命老区设立人才开发基金。完善东、中部地区对口支持西部地区人才开发机制。

六、强化人才创新创业激励机制

（二十）加强创新成果知识产权保护

完善知识产权保护制度，加快出台职务发明条例。研究制定商业模式、文化创意等创新成果保护办法。建立创新人才维权援助机制。建立人才引进使用中的知识产权鉴定机制，防控知识产权风险。完善知识产权质押融资等金融服务机制，为人才创新创业提供支持。

（二十一）加大对创新人才激励力度

赋予高校、科研院所科技成果使用、处置和收益管理自主权，除事关国防、国家安全、国家利益、重大社会公共利益外，行政主管部门不再审批或备案。允许科技成果通过协议定价、在技术市场挂牌交易、拍卖等方式转让转化。完善科研人员收入分配政策，依法赋予创新领军人才更大人财物支配权、技术路线决定权，实行以增加知识价值为导向的激励机制。完善市场评价要素贡献并按贡献分配的机制。研究制定国有企事业单位人才股权期权激励政策，对不适宜实行股权期权激励的采取其他激励措施。探索高校、科研院所担任领导职务科技人才获得现金与股权激励管理办法。完善人才奖励制度。

（二十二）鼓励和支持人才创新创业

研究制定高校、科研院所等事业单位科研人员离岗创业的政策措施。

高校、科研院所科研人员经所在单位同意，可在科技型企业兼职并按规定获得报酬。允许高校、科研院所设立一定比例的流动岗位，吸引具有创新实践经验的企业家、科技人才兼职。鼓励和引导优秀人才向企业集聚。重视吸收民营企业育才引才用才经验做法。总结推广各类创新创业孵化模式，打造一批低成本、便利化、开放式的众创空间。

七、构建具有国际竞争力的引才用才机制

（二十三）完善海外人才引进方式

实行更积极、更开放、更有效的人才引进政策，更大力度实施海外高层次人才引进计划（国家“千人计划”），敞开大门，不拘一格，柔性汇聚全球人才资源。对国家急需紧缺的特殊人才，开辟专门渠道，实行特殊政策，实现精准引进。支持地方、部门和用人单位设立引才项目，加强动态管理。鼓励社会力量参与人才引进。扩大来华留学规模，优化外国留学生结构，提高政府奖学金资助标准，出台学位研究生毕业后在华工作的相关政策。

（二十四）健全工作和服务平台

对引进人才充分信任、放手使用，支持他们深度参与国家计划项目、开展科研攻关。研究制定外籍科学家领衔国家科技项目办法。完善引才配套政策，解决引进人才任职、社会保障、户籍、子女教育等问题。对外国人才来华签证、居留，放宽条件、简化程序、落实相关待遇。整合人才引进管理服务资源，优化机构与职能配置。

（二十五）扩大人才对外交流

鼓励支持人才更广泛地参加国际学术交流与合作，完善相关管理办法。支持有条件的高校、科研院所、企业在海外建立办学机构、研发机构，吸引使用当地优秀人才。完善国际组织人才培养推送机制。创立国际人才合作组织，促进人才国际交流与合作。研究制定维护国家人才安全的政策措施。

八、建立人才优先发展保障机制

（二十六）促进人才发展与经济社会发展深度融合

坚持人才引领创新发展，将人才发展列为经济社会发展综合评价指标。

综合运用区域、产业政策和财政、税收杠杆，加大人才资源开发力度。坚持人才发展与实施重大国家战略、调整产业布局同步谋划、同步推进。研究制定“一带一路”建设、京津冀协同发展、长江经济带建设、“中国制造2025”、自贸区建设以及国家重大项目和重大科技工程等人才支持措施。创新人才工作服务发展政策，鼓励和支持地方开展人才管理改革试验探索。围绕实施国家“十三五”规划，编制地区、行业系统以及重点领域人才发展规划。鼓励各类优秀人才投身国防事业，促进军民深度融合发展，建立军地人才、技术、成果转化对接机制。

（二十七）建立多元投入机制

优化财政支出结构，完善人才发展投入机制，加大人才开发投入力度。实施重大建设工程和项目时，统筹安排人才开发培养经费。调整和规范人才工程项目财政性支出，提高资金使用效益。发挥人才发展专项资金、中小企业发展基金、产业投资基金等政府投入的引导和撬动作用，建立政府、企业、社会多元投入机制。创新人才与资本、技术对接合作模式。研究制定鼓励企业、社会组织加大人才投入的政策措施。发展天使投资和创业投资引导基金，鼓励金融机构创新产品和服务，加大对人才创新创业资金扶持力度。落实有利于人才发展的税收支持政策，完善国家有关鼓励和吸引高层次人才的税收优惠政策。

九、加强对人才工作的领导

（二十八）完善党管人才工作格局

发挥党委（党组）总揽全局、协调各方的领导核心作用，加强党对人才工作统一领导，切实履行管宏观、管政策、管协调、管服务职责。改进党管人才方式方法，完善党委统一领导，组织部门牵头抓总，有关部门各司其职、密切配合，社会力量发挥重要作用的人才工作新格局。进一步明确人才工作领导小组职责任务和工作规则，健全领导机构，配强工作力量，完善宏观指导、科学决策、统筹协调、督促落实机制。理顺党委和政府人才工作职能部门职责，将行业、领域人才队伍建设列入相关职能部门“三定”方案。

（二十九）实行人才工作目标责任考核

建立各级党政领导班子和领导干部人才工作目标责任制，细化考核指标，加大考核力度，将考核结果作为领导班子评优、干部评价的重要依据。将人才工作列为落实党建工作责任制情况述职的重要内容。

（三十）坚持对人才的团结教育引导服务

加强政治引领和政治吸纳，充分发挥党的组织凝聚人才作用。制定加强党委联系专家工作意见，建立党政领导干部直接联系人才机制。加强各类人才教育培训、国情研修，增强认同感和向心力。完善专家决策咨询制度，畅通建言献策渠道，充分发挥新型智库作用。建立健全特殊一线岗位人才医疗保健制度。加强优秀人才和工作典型宣传，营造尊重人才、见贤思齐的社会环境，鼓励创新、宽容失败的工作环境，待遇适当、无后顾之忧的生活环境，公开平等、竞争择优的制度环境。

各级党委和政府要切实增强责任感、使命感，统一思想、加强领导，部门协同、上下联动，推动各项改革任务落实。鼓励支持各地区各部门因地制宜，开展差别化改革探索。加强指导监督，研究解决人才发展体制机制改革中遇到的新情况新问题。有关方面要抓紧制定任务分工方案，明确各项改革的进度安排。各地应当结合实际研究制定实施意见。加强政策解读和舆论引导，形成全社会关心支持人才发展体制机制改革的良好氛围。

关于实行以增加知识价值为导向分配政策的若干意见

为加快实施创新驱动发展战略，激发科研人员创新创业积极性，在全社会营造尊重劳动、尊重知识、尊重人才、尊重创造的氛围，现就实行以增加知识价值为导向的分配政策提出以下意见。

一、总体要求

（一）基本思路

全面贯彻党的十八大和十八届三中、四中、五中全会以及全国科技创新大会精神，深入学习贯彻习近平总书记系列重要讲话精神，加快实施创新驱动发展战略，实行以增加知识价值为导向的分配政策，充分发挥收入分配政策的激励导向作用，激发广大科研人员的积极性、主动性和创造性，鼓励多出成果、快出成果、出好成果，推动科技成果加快向现实生产力转化。统筹自然科学、哲学社会科学等不同科学门类，统筹基础研究、应用研究、技术开发、成果转化全创新链条，加强系统设计、分类管理。充分发挥市场机制作用，通过稳定提高基本工资、加大绩效工资分配激励力度、落实科技成果转化奖励等激励措施，使科研人员收入与岗位职责、工作业绩、实际贡献紧密联系，在全社会形成知识创造价值、价值创造者得到合理回报的良性循环，构建体现增加知识价值的收入分配机制。

（二）主要原则

——坚持价值导向。针对我国科研人员实际贡献与收入分配不完全匹配、股权激励等对创新具有长期激励作用的政策缺位、内部分配激励机制不健全等问题，明确分配导向，完善分配机制，使科研人员收入与其创造的科学价值、经济价值、社会价值紧密联系。

——实行分类施策。根据不同创新主体、不同创新领域和不同创新环节的智力劳动特点，实行有针对性的分配政策，统筹宏观调控和定向施策，探索知识价值实现的有效方式。

——激励约束并重。把人作为政策激励的出发点和落脚点，强化产权等长期激励，健全中长期考核评价机制，突出业绩贡献。合理调控不同地区、同一地区不同类型单位收入水平差距。

——精神物质激励结合。采用多种激励方式，在加大物质收入激励的同时，注重发挥精神激励的作用，大力表彰创新业绩突出的科研人员，营造鼓励探索、激励创新的社会氛围。

二、推动形成体现增加知识价值的收入分配机制

（一）逐步提高科研人员收入水平

在保障基本工资水平正常增长的基础上，逐步提高体现科研人员履行岗位职责、承担政府和社会委托任务等的基础性绩效工资水平，并建立绩效工资稳定增长机制。加大对作出突出贡献科研人员和创新团队的奖励力度，提高科研人员科技成果转化收益分享比例。强化绩效评价与考核，使收入分配与考核评价结果挂钩。

（二）发挥财政科研项目资金的激励引导作用

对不同功能和资金来源的科研项目实行分类管理，在绩效评价基础上，加大对科研人员的绩效激励力度。完善科研项目资金和成果管理制度，对

目标明确的应用型科研项目逐步实行合同制管理。对社会科学研究机构和智库，推行政府购买服务制度。

（三）鼓励科研人员通过科技成果转化获得合理收入

积极探索通过市场配置资源加快科技成果转化、实现知识价值的有效方式。财政资助科研项目所产生的科技成果在实施转化时，应明确项目承担单位和完成人之间的收益分配比例。对于接受企业、其他社会组织委托的横向委托项目，允许项目承担单位和科研人员通过合同约定知识产权使用权和转化收益，探索赋予科研人员科技成果所有权或长期使用权。逐步提高稿费和版税等付酬标准，增加科研人员的成果性收入。

三、扩大科研机构、高校收入分配自主权

（一）引导科研机构、高校实行体现自身特点的分配办法

赋予科研机构、高校更大的收入分配自主权，科研机构、高校要履行法人责任，按照职能定位和发展方向，制定以实际贡献为评价标准的科技创新人才收入分配激励办法，突出业绩导向，建立与岗位职责目标相统一的收入分配激励机制，合理调节教学人员、科研人员、实验设计与开发人员、辅助人员和专门从事科技成果转化人员等的收入分配关系。对从事基础性研究、农业和社会公益研究等研发周期较长的人员，收入分配实行分类调节，通过优化工资结构，稳步提高基本工资收入，加大对重大科技创新成果的绩效奖励力度，建立健全后续科技成果转化收益反馈机制，使科研人员能够潜心研究。对从事应用研究和技术开发的人员，主要通过市场机制和科技成果转化业绩实现激励和奖励。对从事哲学社会科学研究的人员，以理论创新、决策咨询支撑和社会影响作为评价基本依据，形成合理的智力劳动补偿激励机制。完善相关管理制度，加大对科研辅助人员的激励力度。科学设置考核周期，合理确定评价时限，避免短期频繁考核，形成长期激励导向。

（二）完善适应高校教学岗位特点的内部激励机制

把教学业绩和成果作为教师职称晋升、收入分配的重要依据。对专职从事教学的人员，适当提高基础性绩效工资在绩效工资中的比例，加大对教学型名师的岗位激励力度。对高校教师开展的教学理论研究、教学方法探索、优质教学资源开发、教学手段创新等，在绩效工资分配中给予倾斜。

（三）落实科研机构、高校在岗位设置、人员聘用、绩效工资分配、项目经费管理等方面自主权

对科研人员实行岗位管理，用人单位根据国家有关规定，结合实际需要，合理确定岗位等级的结构比例，建立各级专业技术岗位动态调整机制。健全绩效工资管理，科研机构、高校自主决定绩效考核和绩效分配办法。赋予财政科研项目承担单位对间接经费的统筹使用权。合理调节单位内部各类岗位收入差距，除科技成果转化收入外，单位内部收入差距要保持在合理范围。积极解决部分岗位青年科研人员和教师收入待遇低等问题，加强学术梯队建设。

（四）重视科研机构、高校中长期目标考核

结合科研机构、高校分类改革和职责定位，加强对科研机构、高校中长期目标考核，建立与考核评价结果挂钩的经费拨款制度和员工收入调整机制，对评价优秀的加大绩效激励力度。对有条件的科研机构，探索实行合同管理制度，按合同约定的目标完成情况确定拨款、绩效工资水平和分配办法。完善科研机构、高校财政拨款支出、科研项目收入与支出、科研成果转化及收入情况等内部公开公示制度。

四、进一步发挥科研项目资金的激励引导作用

（一）发挥财政科研项目资金在知识价值分配中的激励作用

根据科研项目特点完善财政资金管理，加大对科研人员的激励力度。对实验设备依赖程度低和实验材料耗费少的基础研究、软件开发和软科学研究等智力密集型项目，项目承担单位应在国家政策框架内，建立健全符合自身特点的劳务费、间接经费管理方式。项目承担单位可结合科研人员工作实绩，合理安排间接经费中绩效支出。建立符合科技创新规律的财政科技经费监管制度，探索在有条件的科研项目中实行经费支出负面清单管理。个人收入不与承担项目多少、获得经费高低直接挂钩。

（二）完善科研机构、高校横向委托项目经费管理制度

对于接受企业、其他社会组织委托的横向委托项目，人员经费使用按照合同约定进行管理。技术开发、技术咨询、技术服务等活动的奖酬金提取，按照《中华人民共和国促进科技成果转化法》及《实施〈中华人民共和国促进科技成果转化法〉若干规定》执行；项目合同没有约定人员经费

的，由单位自主决定。科研机构、高校应优先保证科研人员履行科研、教学等公益职能；科研人员承担横向委托项目，不得影响其履行岗位职责、完成本职工作。

（三）完善哲学社会科学研究领域项目经费管理制度

对符合条件的智库项目，探索采用政府购买服务制度，项目资金由项目承担单位按照服务合同约定管理使用。修订国家社会科学基金、教育部高校哲学社会科学繁荣计划的项目资金管理办法，取消劳务费比例限制，明确劳务费开支范围，加大对项目承担单位间接成本补偿和科研人员绩效激励力度。

五、加强科技成果产权对科研人员的长期激励

（一）强化科研机构、高校履行科技成果转化长期激励的法人责任

坚持长期产权激励与现金奖励并举，探索对科研人员实施股权、期权和分红激励，加大在专利权、著作权、植物新品种权、集成电路布图设计专有权等知识产权及科技成果转化形成的股权、岗位分红权等方面的激励力度。科研机构、高校应建立健全科技成果转化内部管理与奖励制度，自主决定科技成果转化收益分配和奖励方案，单位负责人和相关责任人按照《中华人民共和国促进科技成果转化法》及《实施〈中华人民共和国促进科技成果转化法〉若干规定》予以免责，构建对科技人员的股权激励等中长期激励机制。以科技成果作价入股作为对科技人员的奖励涉及股权注册登记及变更的，无须报科研机构、高校的主管部门审批。加快出台科研机构、高校以科技成果作价入股方式投资未上市中小企业形成的国有股，在企业上市时豁免向全国社会保障基金转持的政策。

（二）完善科研机构、高校领导人员科技成果转化股权奖励管理制度

科研机构、高校的正职领导和领导班子成员中属中央管理的干部，所属单位中担任法人代表的正职领导，在担任现职前因科技成果转化获得的股权，任职后应及时予以转让，逾期未转让的，任期内限制交易。限制股权交易的，在本人不担任上述职务一年后解除限制。相关部门、单位要加快制定具体落实办法。

（三）完善国有企业对科研人员的中长期激励机制

尊重企业作为市场经济主体在收入分配上的自主权，完善国有企业科

研人员收入与科技成果、创新绩效挂钩的奖励制度。国有企业科研人员按照合同约定薪酬，探索对聘用的国际高端科技人才、高端技能人才实行协议工资、项目工资等市场化薪酬制度。符合条件的国有科技型企业，可采取股权出售、股权奖励、股权期权等股权方式，或项目收益分红、岗位分红等分红方式进行激励。

（四）完善股权激励等相关税收政策

对符合条件的股票期权、股权期权、限制性股票、股权奖励以及科技成果投资入股等实施递延纳税优惠政策，鼓励科研人员创新创业，进一步促进科技成果转化。

六、允许科研人员和教师依法依规适度兼职兼薪

（一）允许科研人员从事兼职工作获得合法收入

科研人员在履行好岗位职责、完成本职工作的前提下，经所在单位同意，可以到企业和其他科研机构、高校、社会组织等兼职并取得合法报酬。鼓励科研人员公益性兼职，积极参与决策咨询、扶贫济困、科学普及、法律援助和学术组织等活动。科研机构、高校应当规定或与科研人员约定兼职的权利和义务，实行科研人员兼职公示制度，兼职行为不得泄露本单位技术秘密，损害或侵占本单位合法权益，违反承担的社会责任。兼职取得的报酬原则上归个人，建立兼职获得股权及红利等收入的报告制度。担任领导职务的科研人员兼职及取酬，按中央有关规定执行。经所在单位批准，科研人员可以离岗从事科技成果转化等创新创业活动。兼职或离岗创业收入不受本单位绩效工资总量限制，个人须如实将兼职收入报单位备案，按有关规定缴纳个人所得税。

（二）允许高校教师从事多点教学获得合法收入

高校教师经所在单位批准，可开展多点教学并获得报酬。鼓励利用网络平台等多种媒介，推动精品教材和课程等优质教学资源的社会共享，授课教师按照市场机制取得报酬。

七、加强组织实施

（一）强化联动

各地区各部门要加强组织领导，健全工作机制，强化部门协同和上下

联动，制定实施细则和配套政策措施，加强督促检查，确保各项任务落到实处。加强政策解读和宣传，加强干部学习培训，激发广大科研人员的创新创业热情。

（二）先行先试

选择一些地方和单位结合实际情况先期开展试点，鼓励大胆探索、率先突破，及时推广成功经验。对基层因地制宜的改革探索建立容错机制。

（三）加强考核

各地区各部门要抓紧制定以增加知识价值为导向的激励、考核和评价管理办法，建立第三方评估评价机制，规范相关激励措施，在全社会形成既充满活力又规范有序的正向激励。

本意见适用于国家设立的科研机构、高校和国有独资企业（公司）。其他单位对知识型、技术型、创新型劳动者可参照本意见精神，结合各自实际，制定具体收入分配办法。国防和军队系统的科研机构、高校、企业收入分配政策另行制定。

关于深化职称制度改革的意见

职称是专业技术人才学术技术水平和专业能力的主要标志。职称制度是专业技术人才评价和管理的基本制度，对于党和政府团结凝聚专业技术人才，激励专业技术人才职业发展，加强专业技术人才队伍建设具有重要意义。按照党中央关于深化人才发展体制机制改革的部署，现就深化职称制度改革提出以下意见。

一、总体要求

（一）指导思想

高举中国特色社会主义伟大旗帜，全面贯彻党的十八大和十八届三中、四中、五中、六中全会精神，以邓小平理论、“三个代表”重要思想、科学发展观为指导，深入贯彻习近平总书记系列重要讲话精神和治国理政新理念新思想新战略，紧紧围绕统筹推进“五位一体”总体布局和协调推进“四个全面”战略布局，牢固树立和贯彻落实新发展理念，立足服务人才强国战略和创新驱动发展战略，坚持党管人才原则，遵循人才成长规律，把握职业特点，以职业分类为基础，以科学评价为核心，以促进人才开发使用为目的，建立科学化、规范化、社会化的职称制度，为客观科学公正评价专业技术人才提供制度保障。

（二）基本原则

——坚持服务发展、激励创新。围绕经济社会发展和人才队伍建设需求，服务人才强国战略和创新驱动发展战略，充分发挥人才评价“指挥棒”作用，进一步简政放权，最大限度释放和激发专业技术人才创新创造创业活力，推动大众创业、万众创新。

——坚持遵循规律、科学评价。遵循人才成长规律，以品德、能力、业绩为导向，完善评价标准，创新评价方式，克服唯学历、唯资历、唯论文的倾向，科学客观公正评价专业技术人才，让专业技术人才有更多时间和精力深耕专业，让作出贡献的人才有成就感和获得感。

——坚持问题导向、分类推进。针对现行职称制度存在的问题特别是专业技术人才反映的突出问题，精准施策。把握不同领域、不同行业、不同层次专业技术人才特点，分类评价。

——坚持以用为本、创新机制。围绕用好用活人才，创新人才评价机制，把人才评价与使用紧密结合，促进专业技术人才职业发展，满足各类用人单位选才用才需要。

（三）主要目标

通过深化职称制度改革，重点解决制度体系不够健全、评价标准不够科学、评价机制不够完善、管理服务不够规范配套等问题，使专业技术人才队伍结构更趋合理，能力素质不断提高。力争通过3年时间，基本完成工程、卫生、农业、会计、高校教师、科学研究等职称系列改革任务；通过5年努力，基本形成设置合理、评价科学、管理规范、运转协调、服务全面的职称制度。

二、健全职称制度体系

（四）完善职称系列

保持现有职称系列总体稳定。继续沿用工程、卫生、农业、经济、会计、统计、翻译、新闻出版广电、艺术、教师、科学研究等领域的职称系列，取消个别不适应经济社会发展的职称系列，整合职业属性相近的职称系列。适应经济社会发展新需求，探索在新兴职业领域增设职称系列。新设职称系列由中央和国家机关有关部门提出，经人力资源社会保障部审核后，报国务院批准。各地区各部门未经批准不得自行设置职称系列。职称系列可根据专业领域设置相应专业类别。

军队专业技术人才参加通用专业职称评审按照国家有关规定执行；相近专业职称评审可参照国家有关规定；特殊专业职称评审可根据军队实际情况制定评审办法，评审结果纳入国家人才评价管理体系。

（五）健全层级设置

各职称系列均设置初级、中级、高级职称，其中高级职称分为正高级和副高级，初级职称分为助理级和员级，可根据需要仅设置助理级。目前未设置正高级职称的职称系列均设置到正高级，以拓展专业技术人才职业发展空间。

（六）促进职称制度与职业资格制度有效衔接

以职业分类为基础，统筹研究规划职称制度和职业资格制度框架，避免交叉设置，减少重复评价，降低社会用人成本。在职称与职业资格密切相关的职业领域建立职称与职业资格对应关系，专业技术人才取得职业资格即可认定其具备相应系列和层级的职称，并可作为申报高一级职称的条件。初级、中级职称实行全国统一考试的专业不再进行相应的职称评审或认定。

三、完善职称评价标准

（七）坚持德才兼备、以德为先

坚持把品德放在专业技术人才评价的首位，重点考察专业技术人才的职业道德。用人单位通过个人述职、考核测评、民意调查等方式全面考察专业技术人才的职业操守和从业行为，倡导科学精神，强化社会责任，坚守道德底线。探索建立职称申报评审诚信档案和失信黑名单制度，纳入全国信用信息共享平台。完善诚信承诺和失信惩戒机制，实行学术造假“一票否决制”，对通过弄虚作假、暗箱操作等违纪违规行为取得的职称，一律予以撤销。

（八）科学分类评价专业技术人才能力素质

以职业属性和岗位需求为基础，分系列修订职称评价标准，实行国家标准、地区标准和单位标准相结合，注重考察专业技术人才的专业性、技术性、实践性、创造性，突出对创新能力的评价。合理设置职称评审中的论文和科研成果条件，不将论文作为评价应用型人才的限制性条件。对在艰苦边远地区和基层一线工作的专业技术人才，淡化或不作论文要求；对实践性、操作性强，研究属性不明显的职称系列，可不作论文要求；探索以专利成果、项目报告、工作总结、工程方案、设计文件、教案、病历等成果形式替代论文要求；推行代表作制度，重点考察研究成果和创作作品质量，淡化论文数量要求。对职称外语和计算机应用能力考试不作统一要求。确实需要评价外语和计算机水平的，由用人单位或评审机构自主确定评审条件。对在艰苦边远地区和基层一线工作的专业技术人才，以及对外语和计算机水平要求不高的职称系列和岗位，不作职称外语和计算机应用能力要求。

（九）突出评价专业技术人才的业绩水平和实际贡献

注重考核专业技术人才履行岗位职责的工作绩效、创新成果，增加技术创新、专利、成果转化、技术推广、标准制定、决策咨询、公共服务等评价指标的权重，将科研成果取得的经济效益和社会效益作为职称评审的重要内容。取得重大基础研究和前沿技术突破、解决重大工程技术难题、在经济社会各项事业发展中作出重大贡献的专业技术人才，可直接申报评审高级职称。对引进的海外高层次人才和急需紧缺人才，放宽资历、年限等条件限制，建立职称评审绿色通道。对长期在艰苦边远地区和基层一线工作的专业技术人才，侧重考察其实际工作业绩，适当放宽学历和任职年限要求。

四、创新职称评价机制

（十）丰富职称评价方式

建立以同行专家评审为基础的业内评价机制，注重引入市场评价和社会评价。基础研究人才评价以同行学术评价为主，应用研究和技术开发人才评价突出市场和社会评价，哲学社会科学研究人才评价重在同行认可和社会效益。对特殊人才通过特殊方式进行评价。鼓励有条件的地区单独建立基层专业技术人才职称评审委员会或评审组，单独评审。采用考试、评审、考评结合、考核认定、个人述职、面试答辩、实践操作、业绩展示等多种评价方式，提高职称评价的针对性和科学性。

（十一）拓展职称评价人员范围

进一步打破户籍、地域、身份、档案、人事关系等制约，创造便利条件，畅通非公有制经济组织、社会组织、自由职业专业技术人才职称申报渠道。科技、教育、医疗、文化等领域民办机构专业技术人才与公立机构专业技术人才在职称评审等方面享有平等待遇。高校、科研院所、医疗机构等企事业单位中经批准离岗创业或兼职的专业技术人才，3 年内可在原单位按规定正常申报职称，其创业或兼职期间工作业绩作为职称评审的依据。打通高技能人才与工程技术人才职业发展通道，符合条件的高技能人才，可参加工程系列专业技术人才职称评审。在内地就业的港澳台专业技术人才，以及持有外国人永久居留证或各地颁发的海外高层次人才居住证的外籍人员，可按规定参加职称评审。公务员不得参加专业技术人才职称评审。

（十二）推进职称评审社会化

对专业性强、社会通用范围广、标准化程度高的职称系列，以及不具备评审能力的单位，依托具备较强服务能力和水平的专业化人才服务机构、行业协会学会等社会组织，组建社会化评审机构进行职称评审。建立完善个人自主申报、业内公正评价、单位择优使用、政府指导监督的社会化评审机制，满足非公有制经济组织、社会组织以及新兴业态职称评价需求，服务产业结构优化升级和实体经济发展。

（十三）加强职称评审监督

完善各级职称评审委员会核准备案管理制度，明确界定评审委员会评审的专业和人员范围，从严控制面向全国的职称评审委员会。完善评审专家遴选机制，加强评审专家库建设，积极吸纳高校、科研机构、行业协会学会、企业专家，实行动态管理。健全职称评审委员会工作程序和评审规则，严肃评审纪律，明确评审委员会工作人员和评审专家责任，强化评审考核，建立倒查追责机制。建立职称评审公开制度，实行政策公开、标准公开、程序公开、结果公开。企事业单位领导不得利用职务之便为本人或他人评定职称谋取利益。建立职称评审回避制度、公示制度和随机抽查、巡查制度，建立复查、投诉机制，加强对评价全过程的监督管理，构建政府监管、单位（行业）自律、社会监督的综合监管体系。严禁社会组织以营利为目的开展职称评审，突出职称评审公益性，加强评价能力建设，强化自我约束和外部监督。

依法清理规范各类职称评审、考试、发证和收费事项，大力查处开设虚假网站、制作和贩卖假证等违纪违法行为，打击考试舞弊、假冒职称评审、扰乱职称评审秩序、侵害专业技术人才利益等违法行为。

五、促进职称评价与人才培养使用相结合

（十四）促进职称制度与人才培养制度的有效衔接

充分发挥职称制度对提高人才培养质量的导向作用，紧密结合专业技术领域人才需求和职业标准，在工程、卫生、经济、会计、统计、审计、教育、翻译、新闻出版广电等专业领域，逐步建立与职称制度相衔接的专业学位研究生培养制度，加快培育重点行业、重要领域专业技术人才；推进职称评审与专业技术人才继续教育制度相衔接，加快专业技术人才知识更新。

（十五）促进职称制度与用人制度的有效衔接

用人单位结合用人需求，根据职称评价结果合理使用专业技术人才，实现职称评价结果与各类专业技术人才聘用、考核、晋升等用人制度的衔接。对于全面实行岗位管理、专业技术人才学术技术水平与岗位职责密切相关的事业单位，一般应在岗位结构比例内开展职称评审。对于不实行岗位管理的单位，以及通用性强、广泛分布在各社会组织的职称系列和新兴职业，可采用评聘分开方式。坚持以用为本，深入分析职业属性、单位性质和岗位特点，合理确定评价与聘用的衔接关系，评以适用、以用促评。健全考核制度，加强聘后管理，在岗位聘用中实现人员能上能下。

六、改进职称管理服务方式

（十六）下放职称评审权限

进一步推进简政放权、放管结合、优化服务。政府部门在职称评价工作中要加强宏观管理，加强公共服务，加强事中事后监管，减少审批事项，减少微观管理，减少事务性工作。发挥用人主体在职称评审中的主导作用，科学界定、合理下放职称评审权限，人力资源社会保障部门对职称的整体数量、结构进行宏观调控，逐步将高级职称评审权下放到符合条件的市地

或社会组织，推动高校、医院、科研院所、大型企业和其他人才智力密集的企事业单位按照管理权限自主开展职称评审。对于开展自主评审的单位，政府不再审批评审结果，改为事后备案管理。加强对自主评审工作的监管，对于不能正确行使评审权、不能确保评审质量的，将暂停自主评审工作直至收回评审权。

（十七）健全公共服务体系

按照全覆盖、可及性、均等化的要求，打破地域、所有制、身份等限制，建立权利平等、条件平等、机会平等的职称评价服务平台，简化职称申报手续和审核环节。健全专业化的考试评价机构，建立职称评审考试信息化管理系统，开展职称证书查询验证服务。选择应用性、实践性、社会通用性强的职称系列，依托京津冀协同发展等国家战略，积极探索跨区域职称互认。在条件成熟的领域探索专业技术人才评价结果的国际互认。

（十八）加强领导，落实责任

坚持党管人才原则，切实加强党委和政府对职称工作的统一领导。各级党委及其组织部门要把职称制度改革作为人才工作的重要内容，在政策研究、宏观指导等方面发挥统筹协调作用。各级政府人力资源社会保障部门会同行业主管部门负责职称政策制定、制度建设、协调落实和监督检查；充分发挥社会组织专业优势，鼓励其参与评价标准制定，有序承接具体评价工作；用人单位作为人才使用主体，要根据本单位岗位设置和人员状况，自主组织开展职称评审或推荐本单位专业技术人才参加职称评审，实现评价结果与使用有机结合。

各地区各部门要充分认识职称制度改革的重要性、复杂性、敏感性，将职称制度改革列入重要议事日程，加强组织领导，狠抓工作落实。人力资源社会保障部要会同有关部门抓紧制定配套措施，分系列推进职称制度改革。各地区各部门要深入调查研究，制定具体实施方案，坚持分类推进、试点先行、稳步实施，妥善处理改革中遇到的矛盾和问题。加强职称管理法治建设，完善职称政策法规体系。加强舆论引导，搞好政策解读，做好深入细致的思想政治工作，引导广大专业技术人才积极支持和参与职称制度改革，确保改革平稳推进和顺利实施。

附录二　2016—2017 年国土资源部人才政策选编

推进领导干部能上能下实施细则（试行）

（国土资源党发〔2016〕10 号）

中国地质调查局及部其他直属单位，各派驻地方的国家土地督察局，部机关各司局：

《中共国土资源部党组关于推进领导干部能上能下实施细则（试行）》（以下简称《实施细则》）已经部党组会议审定，现予以印发，请认真贯彻执行。

《实施细则》根据中央办公厅《推进领导干部能上能下若干规定（试行）》（中办发〔2015〕42 号），结合国土资源部实际，规定了领导干部能上能下的渠道和程序，明确了工作纪律和责任，对贯彻落实党中央全面从严治党、从严管理干部要求，解决和防止干部为官不正、为官不为、为官乱为，形成能上能下的选人用人机制，建设高素质国土资源干部队伍，具有十分重要的现实意义。

各单位党组织要高度重视推进领导干部能上能下工作，切实负起主体责任，做到真管真严、敢管敢严、长管长严，同时注意保护干部干事创业的积极性。执行过程中的重要情况和建议，请及时报部党组。

中共国土资源部党组

2016 年 1 月 19 日

第一条　为贯彻落实党中央关于全面从严治党、从严管理干部要求，形成能上能下的选人用人机制，建设信念坚定、为民服务、勤政务实、敢于担当、清正廉洁的高素质国土资源干部队伍，根据《推进领导干部能上能下若干规定（试行）》等党内法规和有关法律法规，结合国土资源部实际，制定本实施细则。

第二条 本实施细则所称推进领导干部能上能下，重点是解决干部能下问题。必须坚持党要管党、从严治党，坚持实事求是、公道正派，坚持人岗相适、人尽其才，坚持依法依规、积极稳妥，着力解决为官不正、为官不为、为官乱为等问题，促使领导干部自觉践行“三严三实”要求，推动形成能者上、庸者下、劣者汰的用人导向和从政环境，扎实推进“四个全面”战略布局在国土资源部的落实。

第三条 本实施细则适用于部机关、各派驻地方的国家土地督察局、部直属事业单位司局级、处级领导干部。

司局级、处级非领导职务干部、国有企业领导人员参照本实施细则执行。

本实施细则主要规范对有关领导干部的组织调整。涉及违纪违法行为的，按照党的纪律规定和有关法律法规处理。

第四条 领导干部下的渠道，主要包括到龄免职（退休）、问责处理、调整不适宜担任现职干部、健康原因调整、违纪违法免职。

第五条 严格执行干部退休制度，干部达到退休年龄界限的，应当按照有关规定程序办理退休手续。

按照《关于认真执行干部退（离）休制度有关问题的通知》、《关于机关事业单位县处级女干部和具有高级职称的女性专业技术人员退休年龄问题的通知》规定，对达到退休年龄的干部，由组织人事部门按干部管理权限报本单位党组织批准，在其达到退休年龄的前一个月通知所在单位和本人，并在其达到退休年龄后的一个月内按规定办完有关手续。

个别领导干部确因工作需要、一时尚无合适接替人选需延迟退休的，应按干部管理权限研究决定。所在单位应事先提出申请，说明延迟理由和时间，司局级干部由部党组研究提出意见，报中央组织部同意；部机关处级干部由部党组研究决定；督察局、直属事业单位处级干部由所在单位党组织或领导班子研究提出意见，报部党组同意。

第六条 加大领导干部问责力度。出现《关于实行党政领导干部问责的暂行规定》第五条所列情形和《推进领导干部能上能下若干规定（试行）》第七条所列情形之一的，应当区分主要领导、分管领导和直接责任人，根据责任大小进行问责处理。

问责方式包括责令公开道歉、停职检查、引咎辞职、责令辞职、免职。

问责程序和被问责干部的工作安排，按照《关于实行党政领导干部问责的暂行规定》、《党政领导干部选拔任用工作条例》和《关于严格做好被问责党政领导干部工作安排的通知》执行。

第七条 对不适宜担任现职的干部应当进行调整。不适宜担任现职，主要指干部的德、能、勤、绩、廉和现实表现与所任职务要求不相适应，履行岗位职责不力，群众满意度低，不宜在现岗位继续任职。

干部具有下列情形之一，经组织提醒、教育或函询、诫勉没有改正，被认定为不适宜担任现职的，必须及时予以调整：

（一）不严格遵守党的政治纪律和政治规矩，不坚决执行党的基本路线和各项方针政策，不能在思想上政治上行动上同党中央保持高度一致，有令不行、有禁不止的。

（二）理想信念动摇，在重大原则问题上立场不坚定，关键时刻经不住考验，或者散布有损党和国家形象言论，造成不良影响的。

（三）违背党的民主集中制原则，独断专行或软弱涣散，拒不执行或擅自改变党组织作出的决定，在领导班子中闹无原则纠纷的。

（四）组织观念淡薄，不执行重要情况请示报告制度，或个人有关事项不如实填报甚至隐瞒不报的，或者无正当理由不服从组织安排的。

（五）违背中央八项规定精神，不严格遵守廉洁从政有关规定的。

（六）不敢担当、不负责任，不敢直面矛盾，不愿动真碰硬，推进部党组中心任务、重点工作不力，造成不良影响的。

（七）能力不足，工作长期打不开局面，工作成效不明显的。

（八）为官不为、庸懒散拖，工作敷衍塞责，不催不办、不推不动，或者工作时间经常忙于私事，群众反映强烈的。

（九）本位主义严重，对外协调不积极、不配合，对内协调推诿扯皮、贻误时机，导致工作受损的。

（十）不能有效履行职责，造成单位工作或者分管工作长期处于落后状态，或者出现较大失误的。

（十一）主要领导工作不力，单位年度绩效考核不合格的。

（十二）年度考核连续两年在同类干部中排名居后列，且问题突出的。

（十三）因履职不到位，领导或分管的工作连续两年内出现被“一票否决”情形的。

（十四）品行不端，违背社会公德、职业道德、家庭伦理道德，造成不良影响的。

（十五）在面临急难险重任务和事关国家利益、人民生命财产安全等关键时刻逃避退缩的。

（十六）巡视机构在巡视工作中发现干部群众反映强烈，确有不适宜担任其所任职务情况，提出调整意见的。

（十七）配偶已移居国（境）外，或没有配偶但子女均已移居国（境）外，不适宜担任《配偶已移居国（境）外的国家工作人员任职岗位管理办法》第三条所列职务的。

（十八）其他不适宜担任现职的情形。

第八条 调整不适宜担任现职的干部，一般按照以下程序进行：

（一）调整启动。党组织或组织人事部门按照干部管理权限，根据第七条所列情形，在综合分析基础上启动调整程序。

（二）考察核实。组织人事部门按照干部管理权限，对拟调整的干部，综合分析其年度考核、平时考核、任职考察、巡视、审计、个人有关事项报告抽查核实、民主评议、信访举报核实等情况，有针对性地考察核实，作出客观公正评价和准确认定。

考察核实要深入听取单位干部职工反映、了解干部职工口碑，特别是要注意听取工作对象、服务对象等相关人员的意见。

（三）提出调整建议。党组织或组织人事部门根据考察核实结果，对不适宜担任现职干部提出调整建议。调整建议包括调整原因、调整方式等内容。提出调整建议前，应当由组织人事部门负责人与干部本人谈话，说明调整理由，听取其陈述意见。

（四）组织决定。党组织召开会议集体研究，作出调整决定。作出决定前，对司局级干部，应当听取分管部领导、驻部纪检组意见；对任免前备案的干部，应当听取上级组织部门的意见；对处级干部，应当听取分管负责人、单位纪检机构意见。

（五）谈话。党组织负责同志或组织人事部门负责同志按照干部管理权限与调整对象进行谈话，宣布组织决定，指出存在的问题和努力方向，认真细致做好思想工作。

（六）按照有关规定履行任免程序。

干部本人对调整决定不服的，可以按照有关规定申请复核或向上级组织人事部门提出申诉。复核、申诉期间不停止调整决定的执行。从干部调整岗位的次月起，调整其级别和工资待遇。

第九条 对不适宜担任现职干部，应当根据其一贯表现和工作需要，区分不同情形，采取调离岗位、改任非领导职务、免职、降职等方式予以调整。对非个人原因不能胜任现职岗位的，应当予以妥善安排。

第十条 因不适宜担任现职调离岗位、改任非领导职务、免职的，一年内不得提拔；降职的，两年内不得提拔。影响期满后，对德才表现和工作实绩突出，因工作需要且经考察符合任职条件的，可以按照有关规定重新任用或者提拔任职。

上述情形提拔前，应当征求上级组织人事部门意见。

第十一条 干部因健康原因，无法正常履行工作职责一年以上的，应当对其工作岗位进行调整。恢复健康后，参照原任职务层次作出安排。

第十二条 干部因违纪违法应当免职的，按照规定程序及时予以免职。

第十三条 推进干部能上能下应当严格执行组织纪律和工作纪律，不得搞好人主义，不得避重就轻、以纪律处分规避组织调整或者以组织调整代替纪律处分，不得借机打击报复。

对不服从组织调整决定的干部要严肃批评教育，情节严重并造成不良影响的从严从重处理。

第十四条 建立健全推进领导干部能上能下工作责任制，党组织承担主体责任，党组织书记是第一责任人，组织人事部门承担具体工作责任，做到真管真严、敢管敢严、长管长严。

第十五条 各单位党组织及其组织人事部门应当加强对干部的日常了解，定期分析研判领导班子和干部队伍情况，对应当调整的干部及时作出调整。注重对调整下来干部的关心帮助，有针对性地加强教育管理。

纪检监察、巡视和审计、信访等机构和单位，应当根据党组织的要求，及时提供有关信息。

第十六条 正确把握政策界限，注意保护干部干事创业、改革创新的积极性，宽容改革探索中的失误。

第十七条 加强对推进领导干部能上能下工作的督促检查。巡视和选人用人专项检查，应当把推进领导干部能上能下情况作为重要内容。对工作不力的，根据具体情况，严格追究党组织及其组织人事部门主要负责人和相关人员的责任。

第十八条 中国地质调查局及其所属事业单位领导干部能上能下实施细则由中国地质调查局另行制定。派驻地方的国家土地督察局、部其他直属单位可根据本实施细则，制定贯彻落实办法。

第十九条 本实施细则由人事司负责解释。

第二十条 本实施细则自发布之日起施行。

国土资源部干部教育培训管理办法

（国土资厅发〔2016〕11号）

第一章 总 则

第一条 为进一步加强国土资源部干部教育培训管理，促进干部教育培训工作科学化、制度化、规范化、精准化，保证干部教育培训工作健康有序发展，提高培训的针对性、实效性，根据《中华人民共和国公务员法》、《干部教育培训工作条例》（中发〔2015〕29号）、《公务员培训规定（试行）》（中组发〔2008〕17号）和《中央和国家机关培训费管理办法》（财行〔2013〕523号）等法律法规和政策规定，结合部的实际，制定本办法。

第二条 干部教育培训工作必须坚持以马克思列宁主义、毛泽东思想、邓小平理论、“三个代表”重要思想、科学发展观为指导，深入贯彻习近平总书记系列重要讲话精神，围绕国土资源管理工作大局，不断提高科学化水平，整合培训资源、规范培训行为、创新培训形式、提高培训质量，把“三严三实”要求贯穿干部教育培训全过程，努力培养一支信念坚定、为民服务、勤政务实、敢于担当、清正廉洁的干部队伍，为促进国土资源事业科学发展提供思想政治保证、人才保证和智力支持。

第三条 干部教育培训工作坚持以下原则：

（一）围绕中心，服务大局，

（二）以德为先，注重能力；

（三）以人为本，按需施教；

（四）突出重点，分级分类；

（五）联系实际，学以致用；

（六）依法治教，从严管理；

第四条 干部教育培训应与干部的培养使用相结合，与干部的实际工作需要相结合，特别是要将干部教育培训和实践锻炼紧密结合，不断创新培训内容、培训方法和培训手段，提高干部教育培训的针对性和实效性。

第五条 组织开展干部教育培训应按规定报批，未经批准，任何单位、组织和个人不得以国土资源部名义组织举办干部教育培训活动。

第二章 教育培训对象

第六条 干部教育培训对象为部机关各司局、各派驻地方的国家土地督察局（以下简称督察局）及部直属单位全体干部，重点是处级以上领导干部和优秀中青年干部。部根据需要，对系统国土资源管理干部进行培训，部各业务司局负责对系统内相关对口人员进行业务培训。

第七条 干部应当根据不同情况参加相应的教育培训：

（一）贯彻落实党和国家重大决策部署的集中轮训；

（二）党的基本理论和党性教育的专题培训；

（三）在职期间的各类岗位培训；

（四）晋升领导职务的任职培训；

（五）从事专项工作的专门业务培训；

（六）新录（聘）用人员的初任培训；

（七）在职学历学位教育；

（八）其他培训。

第八条 处级以上领导干部每5年应当参加党校、行政学院、干部学院或经部认可的其他培训机构累计3个月或者550学时以上的培训。其他干部参加教育培训的时间，依据有关规定和工作需要确定，一般每年累计不少于12天或者90学时。

第三章 教育培训内容和方式

第九条 建立以培训需求为导向的教育培训内容体系，开展精准化的理论培训、政策培训、科技培训、管理培训、法规培训。干部教育培训以理想信念、党性修养、政治理论、政策法规、经济理论、业务知识、道德品行、科学人文素养和能力建设等为基本内容。

第十条 干部教育培训以脱产培训、党委（党组）中心组学习、网络学习、在职自学等方式进行。

第十一条 坚持和完善干部组织调训制度，充分发挥党校、行政学院、干部学院主渠道、主阵地作用。每年初由人事司根据中组部等部门下发的调训名额，结合干部培养工作需要、干部培计划报部批准后实施。干部所在单位按照计划完成调训任务。干部必须服从组织调训。

第十二条 坚持和完善党委（党组）中心组学习制度。中心组学习以党的理论和路线方针政策为基本内容，保证每个季度不少于 1 次集体学习研讨。

第十三条 支持、鼓励干部参加在职自学。在职学历学位教育和从业资格继续教育。

第十四条 完善网络培训制度，提高干部教育培训教学和管理的信息化水平。

第十五条 严格执行境外培训管理规定，规范境外培训工作。根据工作需要，突出重点、注重实效，择优选派培训对象赴境外培训。

第十六条 干部参加社会化培训必须遵守中央《关于严格规范领导干部参加社会化培训有关事项的通知》（中组发〔2014〕18 号）要求。干部个人参加除经组织批准同意的学历学位教育以外的社会化培训，费用一律由本人承担，不得由财政经费和单位经费报销，不得接受任何机构和他人的资助或者变相资助。

第四章 职责分工

第十七条 人事司负责国土资源部干部教育培训工作。具体包括负责组织制订干部教育培训政策、制度和编制培训规划、计划并组织实施；负责部干部教育培训考核管理工作；负责部党组管理的干部组织调训、集中轮训、专题培训、岗位培训、任职培训、初任培训等工作；对部直属单位干部培训工作进行指导、督促和检查等；负责部机关干部在职学历学位教育的审批；负责国土资源系统干部培训的宏观指导、管理监督和统筹服务工作；负责部教育培训基地的资质认定、评估和考核管理工作。

第十八条 直属机关党委负责指导部直属机关党员教育培训；负责部直属机关专兼职党务干部培训；负责指导和检查部直属单位党员干部的理论学习；负责国土资源学习大讲堂的组织安排；会同办公厅做好部党组中

心组学习服务工作。

第十九条 科技与国际合作司负责国土资源部干部出国（境）培训工作，人事司协助做好有关工作。

第二十条 部机关各司局、督察局、直属单位负责落实部年度干部调训计划；负责本单位干部教育培训日常管理工作。部机关各司局负责系统内相关对口人员的业务培训。各直属单位负责本单位干部教育培训制度、计划的拟定和组织实施工作。各督察局、直属单位负责本单位干部在职学历学位教育的审批工作。各单位主要负责人对本单位干部教育培训工作负总责。

第二十一条 部人力资源开发中心（部干部教育培训中心）在人事司的指导下开展干部教育培训工作。负责承办列入部年度培训计划内的重点培训班，并根据部重点工作，经人事司批准承担各司局、督察局、直属单位委托的各类业务培训工作；负责国土资源部党校培训及教学管理工作，承办中央党校中央国家机关分校直属处级干部培训班；开展培训教育研究，承担相关培训教材、资料的组织编写工作；承担国土资源培训师资队伍建设、干部教育培训网络平台建设等工作。

第五章　学历学位教育管理

第二十二条 部机关、督察局、直属单位干部可参加由国家正式批准的高等院校、科研院所以及中央党校举办的国家承认的学历学位教育。

第二十三条 实行学历学位教育申报备案制度。干部参加在职学历学位教育，须事前填写《国土资源部干部参加学历学位教育申报表》(附件1，略)，并附招生简章等报名依据。部机关干部由各司局审核报人事司批准，原则上每个司局每年参加脱产学历学位教育的人数不超过1人。督察局、直属单位干部由各单位审核批准，每年参加学历学位教育人数由各单位根据情况自行确定。各单位司局级干部参加学历学位教育需经人事司审核报部领导批准。

第二十四条 干部经批准参加学历学位教育，学习费用由各单位和个人共同承担，有关标准由各单位根据本单位实际情况和有关规定确定。部机关干部在取得学历（学位）证书后，凭相关票据向人事司提出资助申请，经审核同意，由部机关财务报销学费3万元（不足3万元的，据实际发生的学费报销），其余费用均由个人自理。部机关干部未取得学历（学位）

证书的、未经批准参加在职学历学位教育的，部机关财务不予报销学习费用。

第二十五条 经批准参加学历学位教育的干部，学习期间或学习期满后，在所在单位服务不满 3 年，因个人原因调离所在单位的，须退回由所在单位承担的学习费用后，方可办理调动手续。

第二十六条 资助干部参加学历学位教育所需经费，纳入各单位干部职工教育培训经费预算。

第六章 培训班管理

第二十七条 实行培训班计划审批制度。部机关各司局应从工作实际出发，结合各司局工作重点，于每年年中报预算时考虑下一年度对系统内相关人员的业务培训内容，形成培训班计划及预算报人事司。人事司于每年第四季度根据培训班预算批复情况综合平衡、调整培训班计划报部，经批准正式形成部年度培训班计划。未列入部年度培训班计划而确有必要临时增加的，须经人事司审核同意后，报部审批。

派驻地方的国家土地督察局、部直属单位负责制定本单位年度培训班计划，并报部人事司备案。

第二十八条 根据培训工作需要，合理确定培训机构，择优选择党校、行政学院、干部学院、部门行业所属培训机构、高校培训基地等培训机构承担培训项目。充分发挥部人力资源开发中心（干部教育培训中心）、培训基地和共建高等院校的干部培训主渠道作用，设立部培训基地必须经人事司报部批准。

第二十九条 培训班经费的支出，按照《中央和国家机关培训费管理办法》规定精神执行。

第三十条 严格遵守中共中央办公厅、国务院办公厅《关于严禁党政机关到风景名胜区开会的通知》（厅字〔2014〕50 号）的要求。举办培训班不得铺张浪费、不得用公款组织游览和高消费活动，不得向学员发放礼品、纪念品。

第三十一条 部机关各司局作为培训主办单位要在培训班结束后 15 个工作日内，将培训班总结报告、学员名单、课程讲义及评估汇总表报人事司备案。派驻地方的国家土地督察局、部直属单位年底前报送培训工作情况总结。

第七章 师资，课程，教材，经费

第三十二条 建立健全领导干部上讲台制度。领导干部特别是单位主要负责同志应当带头到党校、行政学院、干部学院和由部主办的培训班授课。

第三十三条 建立国土资源系统干部培训师资库。坚持专兼结合，优化师资来源，联系掌握一批具有丰富教学经验、经实践检验广受赞誉的优秀社会师资；同时培养一批具有较高政策理论水平、扎实专业知识，掌握现代培训理论方法的业务培训师资。

第三十四条 实行部机关干部授课审批制度。受邀授课的部机关干部，需填写《国土资源部机关干部授课审批表》（附件2，略）。司局主要负责同志授课，需经人事司审批报分管部领导同意后报部长批准，由人事司备案；其他司局级领导干部外出授课需审批报分管部领导批准，由人事司备案；处级以下干部需经本司局主要负责同志批准，报人事司备案。

第三十五条 建立国土资源干部教育培训课程开发和更新机制。部人事司牵头，人力资源中心负责具体组织实施，部相关单位配合，构建富有国土资源特色、务实管用的干部教育培训课程体系。

第三十六条 坚持干部培训教材的开发与利用相结合。部人事司牵头，人力资源中心负责组织编写、修订国土资源管理系列培训教材，加强电子教材、多媒体辅助教学软件、网上培训课件、影视专题等多种类型教材的开发，树立精品意识，确保教材质量。

第三十七条 各单位要严格做好年度干部教育培训工作与单位预算的衔接，统一将教育培训经费列入年度预算，保证干部教育培训工作需要，加强对培训费支出的预算控制。

第八章 监督与评估

第三十八条 干部教育培训实行登记管理。由人事司建立和完善部党组管理干部的培训记录，如实记载干部参加教育培训的情况。干部参加脱产培训情况记入干部年度考核表，参加2个月以上的脱产培训情况记入干部任免审批表。

第三十九条 建立干部教育培训的监督和激励机制。将干部接受教育培训情况作为干部考核的内容和任职、晋升的重要依据。无故不服从组织调训或参加培训考核不合格的干部，当年考核不得评为优秀等次。

在干部选拔任用考察时，应了解考察对象近 5 年培训完成情况。对因特殊原因，提拔前参加教育培训学时数未达标的，应在考察过程中向其所在单位指出，要求其在提任后一年内完成补训。

第四十条 对在干部教育培训工作中取得突出成绩的单位和个人，应适时给予表彰奖励；对认真参加培训学习并学以致用、取得明显成绩的干部，适时给予精神鼓励。

第四十一条 建立培训班质量评估制度。培训主办单位要加强对培训班的管理，负责对培训班综合质量及培训课程质量进行评估，列入部年度培训班计划的培训班次必须由学员填写《国土资源部培训班质量评估表》(附件 3，略)。人事司依据评估结果对主办单位和承办培训班的机构提出指导性意见。

第九章 学风建设

第四十二条 人事司要加强对干部教育培训学风建设的指导和监督。人事司、人力资源中心和各单位要紧紧围绕为国土资源事业发展和干部健康成长服务，创新培训内容，改进培训方式，加强学员管理和教学管理，不断提高培训效果。从严治教、从严治学，保持良好的教学秩序和学习风气。

第四十三条 参加教育培训的学员要端正学习态度，坚持理论联系实际，不断提高运用马克思主义立场、观点、方法分析和解决实际问题的能力。

第四十四条 严格请销假制度。脱产教育培训期间，学员原则上不承担所在单位工作任务，不得随意请假。特殊情况确需请假的，必须严格履行请假手续，在请假结束后及时销假。累计请假时间超过总学时 1/7 的，按退学处理。

第四十五条 学员脱产教育培训期间要遵守培训纪律和有关规定。对违反规定的，要通报批评；情节严重的，要依据有关规定给予党纪、政纪处分。

第十章 附　　则

第四十六条 本办法由国土资源部人事司负责解释。

第四十七条 各督察局、中国地质调查局及部其他直属单位可参照本办法制定本单位教育培训管理办法。

第四十八条 本办法自发布之日起施行，2013 年 1 月印发的《国土资源部干部教育培训管理办法》（国土资厅发〔2013〕2 号）同时废止。

国土资源部在京事业单位公开招考接收高等院校毕业生工作管理办法

（国土资发〔2016〕17 号）

第一章　总　则

第一条 为进一步规范部属在京事业单位接收高等院校毕业生工作，提高新进人员素质，改善队伍结构，根据《事业单位人事管理条例》（国务院令第 652 号）和《事业单位公开招聘人员暂行规定》（2005 年人事部令第 6 号），制定本办法。

第二条 部属在京事业单位（以下简称事业单位）因工作需要接收应届高等院校毕业生（以下简称毕业生），适用本办法。

第三条 公开招考要坚持德才兼备、以德为先的用人标准，贯彻民主、公开、竞争、择优的原则。

第四条 公开招考坚持部人事司宏观管理与落实事业单位用人自主权相结合，统一规范、分类指导、分级管理。

部人事司是公开招考工作的主管部门，负责事业单位公开招考工作的指导、监督和统一管理。

中国地质调查局人事教育部负责所属事业单位公开招考工作的指导、监督和统一管理。

第二章　工作程序

第五条 申报、下达年度接收计划。事业单位围绕主业发展急需和空编情况申报年度毕业生接收计划。接收计划应经本单位领导班子集体研究，报分管部领导同意。

部人事司对事业单位年度接收计划进行审核，经部党组会议审定后报人力资源社会保障部审批。

部人事司根据人力资源社会保障部批复的年度毕业生接收计划，提出计划指标分配方案，报部领导审定后下达事业单位。

第六条 制定招考工作方案。事业单位根据部人事司下达的计划指标，制定招考工作方案报部人事司审核。

招考工作方案包括拟接收的人员数量、岗位，条件、采用的招考方式、组织实施程序等内容。

第七条 发布招考信息。事业单位在国土资源部门户网站和本单位网站向社会公开发布招考信息。

招考信息应当载明用人单位情况简介、招聘的岗位、招聘人员数量，应考人员的条件，笔试、面试的时间（时限）、内容、范围，报名方式及其他需要说明的相关事项。

第八条 资格审查。事业单位对报考人员的资格、条件等进行审查，确定笔试人员名单并通知本人。

第九条 笔试。笔试由部人事司统一组织，人力资源社会保障部考试中心统一命题和评分，部直属机关纪委对笔试全过程实施监督。

第十条 面试。面试由事业单位自行组织，根据笔试成绩由高到低排序，按不低于1∶3的比例确定面试人选，本单位纪检监察部门对面试全过程实施监督。

第十一条 考察、体检。考察由事业单位自行组织，按照笔试成绩和面试成绩各占50%的比例确定综合成绩，综合成绩排名第一的确定为考察人选，并安排体检。

第十二条 确定拟接收人员。事业单位按照综合成绩和考察、体检结果择优确定拟接收人员名单，经本单位领导班子集体研究后，报部人事司审核。

第十三条 公示。事业单位在国土资源部门户网站和本单位网站向社会公示招考结果。

部人事司将事业单位年度拟接收的全部毕业生报部领导审定后报人力资源社会保障部审批。

部人事司将事业单位年度接收的全部毕业生，在国土资源部门户网站面向社会进行公示。

公示无异议后，按规定办理正式接收手续。

第三章　纪律与监督

第十四条　事业单位招考接收毕业生实行回避制度。

凡与接收单位领导班子成员有夫妻关系、直系血亲关系、三代以内旁系血亲或者近姻亲关系的毕业生，不得录用该单位人事、财务、纪检岗位，以及有直接上下级领导关系的岗位。

事业单位领导班子成员和招考工作人员在办理招考事项时，涉及与本人有上述亲属关系或者其他可能影响招考公正的，也应当回避。

第十五条　招考工作要做到信息公开、过程公开、结果公开，接受社会及有关部门的监督。

第十六条　严格招考工作纪律，对有下列情形的，必须按照有关规定严肃处理、追究责任：

（一）毕业生伪造、涂改证件、证明，或以其他不正当手段获取笔试、面试资格的；

（二）毕业生在笔试、面试、考察、体检过程中作弊的；

（三）招考工作人员指使、纵容他人作弊，或在笔试、面试、考察、体检过程中参与作弊的；

（四）招考工作人员故意泄露考试题目的；

（五）事业单位违反规定私自接收毕业生的；

（六）违反本办法的其他情形。

第四章　附　则

第十七条　事业单位可根据本办法，结合本单位实际，制定实施细则。

第十八条　部属企业招考接收毕业生参照本办法执行。

第十九条　本办法由国土资源部人事司解释。

第二十条　本办法自发布之日起施行。2007 年 1 月 15 日印发的《在京事业单位招考接收高等院校毕业生工作管理办法（试行）》（国土资发〔2007〕4 号）同时废止。

关于加强和改进科研人员因公临时出国管理工作的实施细则

（国土资厅发〔2016〕32 号）

中国地质调查局及其他直属单位，各派驻地方的国家土地督察局，部机关各司局：

《关于加强和改进科研人员因公临时出国管理工作的实施细则》（以下简称《实施细则》）已经部批准，现予印发。

《实施细则》根据《中共中央办公厅国务院办公厅转发中央组织部、中央外办等部门〈关于加强和改进教学科研人员因公临时出国管理工作的指导意见〉的通知》（厅字〔2016〕17 号）以及有关部门对科研人员因公临时出国分类管理的相关规定，对国土资源部科研人员和因公临时出国任务的适用范围作了界定，对年度计划的制订和执行、成果管理、经费管理、监督检查等作了详细规定。

请各单位全面准确地贯彻落实中央关于外事管理工作的一系列文件精神，遵照《实施细则》要求，进一步提高认识，加强组织管理，切实保障国土资源部科研人员因公临时出国管理工作有序开展，进一步支持国土资源领域的重要对外科技交流与合作，促进国土资源领域的科技进步与创新。

2016 年 8 月 8 日

关于加强和改进科研人员因公临时出国管理工作的实施细则

第一章 适用范围

第一条 根据十八大以来中央一系列外事管理重要文件精神以及有关部门对科研人员因公临时出国分类管理的规定和要求，为了加强和改进我国科研人员因公临时出国管理工作，促进国土资源领域的重要对外科技交流合作，特制定《关于加强和改进科研人员因公临时出国管理工作的实施细则》（以下简称实施细则）。

第二条 实施细则适用于部属科研事业单位，科研人员指上述单位中直接从事国土资源领域科研任务的人员（含退休返聘人员），以及担任领导职务的专家学者。

第三条 科研人员因公出国开展的学术交流合作任务主要包括：

（一）执行国家及部门科技计划（专项、基金等）科研项目任务书中明确列出的国际科研交流与合作任务；

（二）出席国土资源领域的重要国际学术会议；

（三）出国执行本单位对外合作协议中规定的国际科技交流与合作任务；

（四）在国土资源领域重要国际学术组织中任职或兼职的科研人员，出国执行相应任务；

（五）其他重要对外学术交流合作任务。不符合学术交流合作的因公临时出国，仍执行现行国家工作人员因公临时出国管理政策。

第二章　计划制订

第四条 科学制订计划。各单位要着眼国土资源发展大局和科研工作实际需要，科学制订科研人员因公临时出国年度计划，并单独列出。

年度计划要按照“因事定人”、“人事相符”的要求，围绕业务，统筹规划，重点保障和优先安排执行国家重大科技计划项目和国际合作项目的人员出访。不得将无实质内容的一般性、照顾性和考察性出访列入年度计划。

年度计划需详细列出团组名称、团组人员及职称、主要任务、出访时间、出访国家、访问单位、出访天数、经费来源等内容，出国批次数、团组人数、在外停留天数根据实际需要安排，不列入限量管理范围。

第五条 加强计划管理。年度计划由各单位负责管理，并向部外事管理部门报备。各级外事管理部门要对年度计划的制订进行指导和把关。对计划外确需临时安排的学术交流合作，应在个案报批时说明理由。

第三章　计划执行

第六条 严格公示制度。除依照法律法规和有关规定需要保密的内容和事项外，科研人员因公临时出国须由组团单位和派出单位事前通过内部局域网、公开栏等便于本单位或本系统人员知晓的方式进行公示。公示内容包括团组全体人员的姓名、单位和职务、团组名称及任务说明、经费来源和预算、出访国家、日程安排、往返航线、邀请函、邀请单位情况介绍等。公示期限不少于5个工作日。出访请示中须注明公示情况。

第七条 规范报批程序。科研人员团公临时出国仍按现行规定和程序逐项报批。报批文件应包括请示正文、团组人员名单、出国行程、邀请信及参考译文等内容。报批过程中，各级外事管理部门应各负其责，加强管理，提高效率。

科研人员因公临时出国，应持因公护照。特殊情况需持普通护照出国，应说明理由并按组织人事管理权限报批。

第八条 加强服务保障。出访获得批准后，各单位外事管理部门要加强服务，及时做好团组的护照、签证和行前教育等工作，保障团组顺利出访。

第九条 严格执行批准日程。出访团组实行团长负责制，出访期间须主动接受我国驻外使领馆的领导和监督。出访地限于执行科技交流与合作任务的国家及城市，不得擅自安排顺访或经停其他国家。严格执行批准的日程和任务，不得以任何理由擅自延长在外停留时间，不得赴出访任务所在城市以外的其他地区观光游览。

第四章 成果管理

第十条 强化出访报告管理。科研人员因公临时出国团组回国后，应在1个月内将出访报告交由团长签批后报组团单位或派出单位，同时抄送外事管理部门。各派出单位应于每季度末将本单位出访报告汇交部信息中心科技成果管理办公室，电子文档同时完成网上汇交，对于逾期不报的单位或个人，外事管理部门应暂停审核审批其出国执行任务。

第十一条 建立绩效管理制度。各单位要对科研学术交流合作成果和经费使用情况进行绩效评估，对科研人员因公临时出国加强绩效管理。

第五章 经费管理

第十二条 加强预算审核。各单位应切实加强科研人员因公临时出国的预算审核，认真执行出国经费先行审核制度，由经费审批部门和任务审批部门实行审批联动。科研人员因公临时出国报批文件中须写明经费审核情况。

第十三条 规范经费使用。科研人员使用国家科技计划（专项、基金）等经费出国开展学术交流合作，应按照有关管理办法和制度规定执行，既要符合科研活动规律，又要符合预算管理要求，适用本实施细则的科研人员因公临时出国经费单独统计。

第六章 监督检查

第十四条 落实主体责任。各单位对科研人员因公临时出国管理负有主体责任，主要负责人是第一责任人，要切实负起责任，严格执行相关管理规定，切实把好审核审批关。各单位纪检监察机构要负起监督责任。

各单位要从加强党风廉政建设的高度，进一步强化纪律意识和责任意识，按照权责一致的原则，建立完善监督检查和责任追究机制。

第十五条 完善管理制度。各单位要根据中央文件及本实施细则的精神，完善本单位科研人员因公临时出国管理制度。在健全领导机制、编制年度计划、加强经费管理、严守保密外事纪律、严格对境外合作机构和项目审查、强化敏感课题对外交流审核、建立完善监督检查和责任追究机制等方面做出具体规定，明确本单位适用人员范围，优化审批流程。

第十六条 接受群众监督。对群众反映有问题的出访团组或人员，各单位外事管理部门要认真核实，对确有问题的，要采取切实措施，严肃查处，追究责任。未按规定公示的团组不予审批，不予核销相关费用。严禁任何单位和个人在公示工作中弄虚作假、徇私舞弊。

第十七条 加强检查和问责。部外事管理部门、纪检监察机构将对各单位科研人员因公临时出国情况进行检查和监督，一旦发现问题，将严肃追究责任，并依规依纪惩处。对因管理不善，滥用政策造成严重不良影响的单位，要追究有关领导的责任。

第七章 附 则

第十八条 本实施细则自印发之日起施行。

关于防止干部“带病提拔”的实施意见

（国土资党发〔2016〕56号）

中国地质调查局及部其他直属单位，各派驻地方的国家土地督察局，部机关各司局：

《关于防止干部“带病提拔”的实施意见》已经部党组审定，现予印发，请认真贯彻执行。各单位在执行中有重要情况和建议，请及时报部。

关于防止干部“带病提拔”的实施意见

为贯彻落实全面从严治党、从严管理干部的要求，进一步加强和改进干部选拔任用工作，根据《中共中央办公厅印发〈关于防止干部“带病提拔”的意见〉的通知》（中办发〔2016〕59号，以下简称《意见》），结合国土资源部干部管理工作实际，提出如下实施意见。

一、充分认识防止干部“带病提拔”的重要意义

干部“带病提拔”是党内外、各方面反映强烈的一个突出问题。党的十八大以来，中央坚持全面从严治党、从严管理干部，“带病”干部存量减少、增量得到遏制，但“带病提拔”仍时有发生，还没有得到根本解决。党中央对此高度重视，习近平总书记指出，对干部选拔任用要严格把关，坚决防止“带病提拔”。

《意见》的制定印发，是贯彻落实中央全面从严治党、从严管理干部的重要举措。《意见》坚持党管干部原则，聚焦选拔任用环节如何挡住“带病”干部，着力解决突出问题，坚持把责任挺在前面，以责任追究压阵，打牢日常了解、综合研判两个基础，抓好动议审查、任前把关两个关键，既源头预防又全程把关，形成责任清晰、措施有力、相互衔接、完整闭合的防范机制。《意见》坚持正确的用人导向，强调既准确识别、坚决挡住那些在政治品质、道德品行、廉洁自律等方面“带病”的干部，又坚持事业为上、公道正派，保护作风过硬、敢作敢为、锐意进取的干部，对那些想干事、能干事、敢担当、善作为的干部要旗帜鲜明地撑腰鼓劲、大胆使用。

《意见》是与党的十八大以来出台的《党政领导干部选拔任用工作条例》、《中国共产党纪律处分条例》、《中国共产党问责条例》、《中国共产党党内监督条例》、《推进领导干部能上能下若干规定（试行）》等一脉相承的重要党内法规，是做好新时期干部选拔任用工作的重要遵循。《意见》的制定实施，对于贯彻落实党的十八大、十八届三中、四中、五中、六中全会精神，贯彻落实习近平总书记系列重要讲话精神，完善干部选拔任用工作机制，把好选人用人关，大力培养、大胆使用忠诚干净担当、谋改革促发展实绩突出的干部，具有十分重要的意义。

各单位要结合实际深入学习，充分认识防止干部“带病提拔”的重要意义，准确把握文件精神，把防止干部“带病提拔”作为全面从严治党、从严管理干部的重要内容，体现到干部选拔任用工作全过程。要严格主体责任，抓住“关键少数”，坚持人选标准，严格履行程序，切实做好处级以上干部选拔任用工作。

二、切实压紧压实干部选任责任

严格落实“四个责任”。按照干部管理权限，部党组对部选人用人负主体责任，各单位党委、党组（分党组）或领导班子（以下简称党组织）对本单位选人用人负主体责任，党组织主要负责人是第一责任人，其他负责人是其职责范围内的重要责任人。组织人事和纪检部门分别承担直接责任和监督责任。

实行廉洁自律情况“双签字”制度。对处级以上拟提拔或进一步使用的人选，所在单位党组织应认真负责地分析研究人选的廉洁自律情况并提出结论性意见（以下简称结论性意见），由党组织主要负责人、纪委书记（纪检组长）或分管纪检工作的负责人在结论性意见上签字。部党组管理的司局级职务提任人选，部人事司提出工作建议报部党组书记同意并酝酿形成工作方案后，协调有关单位出具结论性意见；部机关处级职务人选，所在司局提出初步建议的同时出具结论性意见；督察局处级职务人选，所在督察局分党组报部人事司备案的同时出具结论性意见；中国地质调查局党组管理的局级职务人选，中国地质调查局党组在报部党组备案的同时出具结论性意见；部其他直属单位处级职务人选，所在单位在报部人事司备案的同时出具结论性意见。由部外调入的处级以上职务人选，原则上由部人事司或用人单位协调人选原单位党组织出具结论性意见。

三、全方位多角度识别干部

多渠道、多层次、多侧面识别干部。把了解干部的功夫下在平时，综合运用调研、座谈、谈心谈话、绩效管理、平时考核、年度考核、民主生活会、述职述廉等渠道，经常性、近距离、有原则地广泛接触干部，深入了解干部的日常品行和表现。通过日常接触，注重了解干部贯彻党中央、国务院方针政策以及部党组重大决策部署情况，特别是在重大事件、重要关头、关键时刻的表现；注重了解干部的德才表现、重要情况和群众口碑；注重了解干部的见识见解、禀性情怀、境界格局、道德品质和综合素质；注重了解领导干部廉洁自律、自觉接受监督情况等。

认真落实谈心谈话制度。改进谈话方法，提高谈话质量。部党组主要负责人每年有重点地与有关单位党政主要负责人进行谈心谈话，分管部领导要经常与所分管单位的领导班子成员特别是党政主要负责人谈心谈话。人事部门要按照讲政治、重公道、业务精、作风好的要求建设温馨干部之家，综合运用请谈、约谈、随机谈等方式，经常与所联系的干部谈心谈话。各单位要健全党政主要负责人及其他班子成员与干部职工谈心谈话制度，做到情况早掌握、问题早发现。

发挥好组织生活制度的作用。部领导参加所分管单位领导班子民主生活会、述职述廉等重要会议，组织人事部门和纪检部门应当派员列席。各单位党委、党组（分党组）或领导班子成员应参加所分管部门的党组织生活会、年终总结会等，及时全面地了解干部的相关情况。

用好“一报告两评议”结果。对于干部选拔任用工作民主评议满意和基本满意率明显偏低或满意度明显低于各单位平均值或新选拔任用干部民主评议满意和基本满意率明显偏低的人数较多，干部群众对选人用人问题反映强烈的单位，部人事司要对该单位的选任工作和有关新选拔任用的干部进行分析，根据情况作进一步调查了解。

建立干部监督信息档案。部人事司牵头，会同纪检、审计、信访部门和巡视组、督导组等，建立日常联系通报机制，及时收集整理部党组管理干部的纪律处分、组织处理、经济责任审计情况、信访举报问题及核查处理情况、巡视工作反馈情况、重大事项请示报告情况等执纪监督信息和网络舆情反映的相关干部情况，客观归集到干部监督信息档案，作为对干部分析研判的重要依据。各督察局、直属单位按干部管理权限建立所管理干部的监督信息档案。

加强综合分析研判。认真落实部党组《关于司局级领导班子和领导干部日常考核和综合研判工作暂行办法》，将研判对象延伸到相关处级人员，对司局级、处级正职及拟任人选、近期拟提拔或进一步使用人选、问题反映较多的干部要重点分析研判。部人事司负责组织对部党组管理的司局级、部机关处级职务人选进行分析研判，结合干部选任工作向部党组汇报研判情况及结果；各单位党组织负责组织对本单位管理的司局级、处级职务人选进行分析研判。综合分析研判要根据干部的一贯表现进行：在政治品质上，有没有理想信念动摇，在大是大非面前态度暧昧、政治立场动摇、被错误言论所左右，不严格遵守党的政治纪律和政治规矩，不能在思想上政治上行动上同中央保持高度一致等问题；在道德品行上，有没有品行不端、违背社会公德、职业道德、家庭伦理道德等问题；在作风表现上，有没有组织观念淡薄、不敢担当、不作为，个人主义、分散主义、自由主义、本位主义严重，关键时刻逃避退缩，不能按部党组的要求抓落实等问题；在履行选人用人职责上，有没有违背党的干部政策、不严格执行干部选任制度和程序、存在选人用人不正之风等问题；在廉洁自律上，有没有违反中央八项规定精神、不遵守廉洁从政有关规定等问题。要注重对苗头性、倾向性问题的分析，对于发现的问题和线索，及时对干部进行谈话或函询，认真调查核实情况。对干部有关问题及其性质、程度等进行会诊辨析、筛查甄别，作出判断。

四、将防止干部“带病提拔”贯彻到干部选任全过程

动议阶段。突出党组织的领导和把关作用，坚持民主集中制原则，按干部管理权限严格履行规定程序启动动议。坚持先定规矩后议人选，按照以事择人、按岗选人的要求，对领导班子优化方向、拟选拔职位资格条件和人选产生范围等进行充分酝酿，在此基础上比选择优，研究意向性人选。加强动议阶段的审查工作。对纳入考虑范围的有关人选，应于推荐考察前审核其政治表现和廉洁自律等情况，做到动议即审，该核早核。要做到“凡提四必”：对干部档案“凡提必审”，重点看“三龄两历一身份”，看是否有造假情况，其成长经历中是否有违规情形等。对个人有关事项报告“凡提必核”，重点看报告事项是否真实，是否存在故意隐瞒现象。纪检机关意见“凡提必听”，列入处级以上拟提拔或进一步使用的人选，在推荐考

察前及时听取纪检部门的意见。部党组管理的司局级和部机关处级职务人选，由部人事司分别征求驻部纪检组和机关党委的意见；督察局处级职务人选，由督察局分党组征求部机关党委的意见；中国地质调查局党组管理的相关职务人选，由中国地质调查局党组按照纪检部门的要求征求意见；部其他直属单位处级职务人选，由所在单位党组织审核。反映违规违纪问题线索具体、有可查性的信访举报“凡提必查”。要充分听取有关方面意见，重视研究不同意见，认真进行分析，对有问题疑点经核实不影响使用的，可以列为意向性人选。

民主推荐阶段。民主推荐的人选应符合相关任职资格，不应存在《干部任用条例》规定的“不得列为考察对象”的六种情形。按代表性、知情度原则，合理确定参加会议推荐和谈话推荐的人员范围。科学运用民主推荐结果，既要防止把推荐票等同于选举票、简单以推荐票取人，又要坚持对多数群众不认可的不能列为考察对象。对谈话推荐中发现的问题线索应认真调查核实。各单位不经民主推荐，由组织推荐提名作为考察对象，应报部人事司批复同意。

考察阶段。突出考察的针对性、增强灵活性、提高有效性，针对不同考察对象的具体情况，细化考察内容，改进考察方式，力争考察结果全面、客观、准确。考察应保证充足的时间，考察组一般采取个别谈话、查阅干部档案和工作资料、同考察对象面谈等方法考察，听取考察对象所在单位人事、纪检部门的意见，根据需要听取巡视机构和其他相关部门意见，必要时可采取民意调查、专项调查、延伸考察、实地走访、家访等办法，广泛深入地了解干部。个别谈话范围可以根据考察对象履历、家庭关系、社会背景等情况适当扩大，抓住重要行为特征，有针对性地找知情人谈话。考察组要明确考察谈话保密与承诺责任，营造讲真话的氛围，重视听取对考察对象的不同意见和反映的问题线索，并向考察组派出单位如实汇报，必要时应进行调查核实。

讨论决定阶段。没有按规定进行酝酿动议、民主推荐、组织考察的不上会，没有按规定核实清楚有关问题的不上会，没有按规定向上级报告或报告后未经批复同意的干部任免事项不上会。适当拉开考察与会议讨论的时间间隔，在一定范围内对拟任人选进行充分酝酿，对拟任人选意见不一致或有重大分歧的，应暂缓提交会议讨论。要保证会议有足够的时间听取情况介绍，充分发表意见，对于意见分歧较大或有重大问题不清楚的，应当暂缓表决，其中对影响作出决定的问题，会后应当及时查清。不得以个别征求意见、领导圈阅等形式代替党组织集体讨论决定干部任免，党组织主要负责人不得凌驾于组织之上，反对和防止个人或者少数人专断。

任职阶段。改进任职前公示方式，充分发挥好组织和干部群众监督作用。部党组管理的司局级干部的任职前公示，在部机关、督察局和直属单位范围内同时进行；部机关处级干部的任职前公示，在部机关和相关单位范围内进行。加强对督察局和部直属单位处级干部的任职前公示监督，处级干部任前公示时，须同时公布部人事司电话。

各单位在干部选任工作过程中，对发现问题影响使用的，及时中止选拔任用程序；对一时存疑、暂未使用的干部，要本着高度负责的态度，及时查清问题、作出结论，为那些受到诬告、诽谤、陷害的干部澄清正名，严肃处理打击报复、诬告陷害行为。不准任人唯亲，不准突击提拔调整干部，不准临时动议决定干部，不准超职数配备、超机构规格提拔任用干部，不准泄露讨论决定情况。

五、严肃责任追究

强化对履行选人用人职责的监督。要按照《中共国土资源部党组关于贯彻落实干部选拔任用四项监督制度的实施办法》，严格执行干部选拔任用纪实制度，对处级以上干部选拔任用全过程纪实，形成完整的文书档案，真实客观反映干部选任工作中各环节的运行情况和责任主体。充分发挥组织监督和群众监督作用，严格落实“一报告两评议”制度和一把手履行干部选拔任用职责离任检查制度，加强对干部选拔任用工作经常性监督检查。用好人事司长信箱，倾听广大干部的意见和呼声。对人事司对督察局、直属单位履行选人用人职责进行监督检查，驻部纪检组、巡视机构按照有关规定对干部选任工作进行监督检查。

完善干部“带病提拔”责任追究机制。发现干部“带病提拔”问题，按照干部管理权限由人事部门会同有关部门组成调查组，逐一检查动议、民主推荐、考察、讨论决定、任职等各个环节的主要工作和重要情况，甄别相关责任人的责任，对有关责任人提出处理意见或处理建议。对干部在政治品质、道德品行、廉洁自律等方面存在违规违纪行为影响使用，但由于领导不力、把关不严、考察不准、核查不认真，甚至故意隐瞒、执意提拔，造成干部“带病提拔”的，要按照有关规定，区别不同情况，严肃追究有关责任人的责任。因干部“带病提拔”造成恶劣影响的，连续出现或大面积出现干部“带病提拔”情况的，追究该单位党组织主要负责人的责任。

国土资源部干部因私出国（境）管理暂行办法

（国土资发〔2016〕70号）

第一章 总 则

第一条 为贯彻落实中央从严管理干部要求，加大干部管理监督力度，根据《中共中央组织部关于进一步加强领导干部出国（境）管理监督工作的通知》（组通字〔2014〕14号）等有关规定，结合国土资源部实际，制定本办法。

第二条 本办法适用于部机关、各派驻地方的国家土地督察局（以下简称各督察局）、中国地质调查局及部其他直属单位在职干部和司局级以上离退休干部。

中国地质调查局及所属单位干部因私出国（境）登记备案、审批（中央和部党组管理的干部除外）、证件管理工作由中国地质调查局负责。

第三条 干部因私出国（境）仅限于自费旅游、探亲和处理其他个人事务。

在职干部因私出国（境）原则上每年不超过一次。

第二章 登记备案

第四条 以下人员须向公安机关出入境管理部门登记备案：

（一）部机关、各督察局、中国地质调查局及部其他直属单位在职处级以上干部；

（二）司局级以上离退休干部；

（三）根据国家保密行政管理部门有关规定划定的涉密人员（以下简称涉密人员）；

（四）应当登记备案的其他人员。

第五条 登记备案的内容包括：姓名、性别、出生日期、身份证号码、户口所在地、工作单位、现任职务、主管部门等。

部人事司负责部机关及部直属单位登记备案人员基本情况统一报备。

各督察局人事部门负责本单位登记备案人员基本情况报备。

第三章 审批程序

第六条 干部因私出国（境）须严格按照干部管理权限进行审批：

（一）各单位主要负责人对干部因私出国（境）审批负主要责任，并出具明确审批意见；

（二）保密行政管理部门从涉密人员管理方面协助把关，并出具明确审批意见；

（三）纪检监察部门从廉洁自律情况方面协助把关，并出具明确审批意见；

（四）各级人事部门、离退休干部管理部门协助把关，并出具明确审批意见，同时承办审批程序运转工作。

第七条 中央管理的干部因私出国（境）审批程序：

（一）中央管理的在职副部级以上干部因私出国（境）一般不予批准，特殊情况须报中央组织部审批；

（二）中央管理的在职司局级干部申请因私出国（境），由部党组研究提出意见后，报中央组织部审批；

（三）中央管理的离退休干部申请因私出国（境），由部党组研究提出意见后，报中央组织部备案。

第八条 部党组管理的干部因私出国（境）审批程序：

（一）总规划师、总工程师因私出国（境），由本人填报《国土资源部司局级干部因私出国（境）审批表》，经部保密办、驻部纪检组、部人事司审核同意后，报部长签批；

（二）部机关各司局、各督察局和部直属单位主要负责人，以及中国地质调查局总工程师和中国地质科学院主要负责人因私出国（境），由本人填报《国土资源部司局级干部因私出国（境）审批表》，所在单位提出明确意见，经部保密办、驻部纪检组、部人事司审核同意后，报分管部领导、部长签批；

（三）部机关各司局、各督察局和部直属单位其他司局级干部因私出国

（境），由本人填报《国土资源部司局级干部因私出国（境）审批表》，所在单位提出明确意见，经部保密办、驻部纪检组、部人事司审核同意后，报分管部领导签批；

（四）部机关处级干部因私出国（境），由本人填报《国土资源部机关处级干部因私出国（境）审批表》，所在单位提出明确意见，经部保密办、部机关纪委、部人事司审核同意后，报分管部领导签批。

第九条 部机关科级以下干部因私出国（境），由本人填报《国土资源部机关科级以下干部因私出国（境）审批表》，所在单位提出明确意见，经部保密办、部机关纪委审核同意后，报部人事司备案。

第十条 各督察局处级以下干部因私出国（境）由所在督察局负责审批。

各督察局须于每年 1 月 31 日前填报上一年度《各派驻地方的国家土地督察局处级以下干部因私出国（境）信息统计表》，报部人事司备案。

第十一条 部直属单位处级以下登记备案人员因私出国（境），由本人填报《国土资源部直属单位处级以下登记备案人员因私出国（境）审批表》，经所在单位保密、纪检、人事部门审核同意后，报所在单位主要负责人审批，报部人事司备案。

第十二条 非中央管理的司局级离退休干部因私出国（境），由本人填报《国土资源部离退休干部因私出国（境）审批表》，按管理权限报部离退休干部局或所在单位审批，报部人事司备案。

第四章 证件管理

第十三条 登记备案人员申领因私出国（境）证件，须按上述程序审批通过后，持负责报备的人事部门出具的同意申办证件函到公安机关出入境管理部门办理。

第十四条 干部因私出国（境）证件须按规定集中保管：

（一）部机关干部、各督察局和部直属单位司局级干部，须将证件交由部人事司集中保管；

（二）各督察局处级以下干部、部直属单位管理的登记备案人员，须将证件交由所在单位人事部门集中保管；

（三）司局级以上离退休干部，须按管理权限将证件交由部离退休干部局或所在单位集中保管。

干部因岗位调整、职务变动、退休等原因须变更证件集中保管部门的，原保管部门应在一个月内完成证件移交。

第十五条 干部履行因私出国（境）审批程序后，按照目的地借出相应证件。干部回国（境）后10天内，须将所持因私出国（境）证件交回集中保管。

第五章 工作纪律

第十六条 干部须如实填报因私出国（境）审批表，详细说明出国（境）事由、目的地、行程、日期等情况。审批通过后，不得擅自更改目的地、行程和日期，确需更改的，须按规定程序重新审批。

人事部门须对干部开展因私出国（境）行前教育。

第十七条 干部报告个人有关事项应按规定如实填报因私出国（境）有关情况。

第十八条 严格因私出国（境）管理工作纪律，对有下列情形的，按照有关规定严肃处理、追究责任：

（一）违规办理或持有因私出国（境）证件，甚至伪造、变造或买卖、使用伪造的因私出国（境）证件的；

（二）瞒报持有因私出国（境）证件的；

（三）违反因私出国（境）证件集中保管规定，拒不交出所持因私出国（境）证件的；

（四）未经组织批准擅自因私出国（境）的；

（五）持因私出国（境）证件出国（境）办理因公事务或报销相关费用的；

（六）未按审批要求擅自更改因私出国（境）目的地、行程、日期的；

（七）瞒报因私出国（境）情况的；

（八）在国（境）外期间违反有关党纪党规、法律法规的；

（九）审批因私出国（境）事项把关不严、失职渎职的；

（十）违反因私出国（境）管理有关规定的其他情形。

第六章 附 则

第十九条 本办法自发布之日起施行。

国土资源部关于印发促进科技成果转化暂行办法的通知

（国土资发〔2016〕105号）

中国地质调查局及部其他直属单位，各派驻地方的国家土地督察局，部机关各司局：

《国土资源部促进科技成果转化暂行办法》已经第16次部长办公会议审议通过，现印发给你们，请遵照执行。

2016年9月1日

国土资源部促进科技成果转化暂行办法

依据《中华人民共和国促进科技成果转化法》、《实施〈中华人民共和国促进科技成果转化法〉若干规定》和《促进科技成果转移转化行动方案》，结合国土资源工作实际，制定本办法。

第一条 本办法所称科技成果，是指国土资源部所属研究开发机构（具有研究开发实力的单位，以下简称各单位）及科技人员利用单位的物质技术条件，通过科学研究与技术开发所产生的具有实用价值的成果。

第二条 本办法所称科技成果转化，是指为提高生产力水平而对科技成果进行后续试验、开发、应用、推广直至形成新技术、新工艺、新材料、新产品、新产业，以及为服务科技成果转化所开展的技术咨询、技术培训等活动。依法向社会提供开放共享服务的基础性、公益性资料和数据等，不属于科技成果转化范畴。

第三条 完善科技成果发布制度。加强国土资源科技成果登记，建立科技成果信息系统，动态更新并定期发布科技成果、研究开发机构等信息，向社会提供科技成果咨询服务，加强科技成果宣传报道。

第四条 加强科技成果示范应用。在资源调查评价、勘查开发、综合整治等重大工程中，对具有转化价值的重大科技成果，积极开展示范推广应用。

第五条 强化创新成果的标准制定。加强国土资源标准创新审查，有重大应用价值的科技成果应当同步开展标准研究，及时制定标准，并将先进成熟技术作为有关标准修订的重要内容。

第六条 加强科技成果转化绩效激励。将科技成果转化业绩纳入单位绩效考评体系，作为科技人员职称评定、岗位管理等重要依据。

第七条 制定科技成果转化管理措施。各单位要明确科技成果转化任务和责任主体，成果转化任务多的单位可以申请设立内设机构或专门岗位。在充分听取本单位科技人员意见的基础上，研究制定符合自身特点、可操作的科技成果转化管理规定，包括工作程序、决策、公示、奖惩、保密、权益保护、异议处理、岗位考评、兼职和离岗创业等内容，公平公正公开，接受本单位职工代表大会监督。

第八条 统筹使用各类成果转化资源。各单位应当积极申报国家技术创新引导专项（基金）；有条件的单位应当建立科技成果转化基金，用好事业发展基金和成果转化净收入，开展科技成果转化。盘活闲置的仪器设备、装备、办公用房等资源，为科技成果转化提供便利条件。

第九条 建立科技成果转化年度报告制度。各单位应当于每年 3 月底前向国土资源部科技主管机构报送上一年度科技成果转化情况的年度报告，内容主要包括：

（一）科技成果转化总体成效和面临问题；

（二）依法取得科技成果数量及有关情况；

（三）科技成果转让、许可和作价投资情况；

（四）科技成果转化绩效和奖惩情况等，包括转化取得收入及分配情况，对科技成果转化人员的奖励和报酬等；

（五）推进产学研合作情况，包括自建、共建研究开发、技术转移机构、科技成果转化服务平台情况，签订技术开发、技术咨询、技术服务合同情况，人才培养和人员流动情况。

第十条 自主确定科技成果转化方式。各单位对其持有的科技成果，可以自主决定转让、许可或者作价投资，除涉及国家秘密、国家安全外，不需审批或者备案。可以自主采用下列方式进行科技成果转化：

（一）自行投资实施转化；

（二）向他人转让科技成果；

（三）许可他人使用科技成果；

（四）以科技成果作为合作条件，与他人共同实施转化；

（五）以科技成果作价投资，折算股份或者出资比例；

（六）其他协商确定的方式。

第十一条　遵循科技成果转化的市场化机制。通过协议定价、在技术交易市场挂牌交易、拍卖等方式确定价格（价值）。协议定价的，应当在本单位公示科技成果名称和拟交易价格，公示时间不少于15个工作日。

第十二条　合理使用科技成果转化收入。转化科技成果所获得的收入全部留归本单位，纳入单位预算，不上缴国库，扣除对完成和转化科技成果作出重要贡献人员的奖励和报酬后，应当用于单位科学技术研发、知识产权管理、人才和团队建设、成果转化等相关工作。

使用科技成果转化收入，对完成、转化科技成果作出重要贡献的人员给予奖励和报酬的支出计入当年本单位工资总额，但不受当年本单位工资总额限制、不纳入本单位工资总额基数。

第十三条　鼓励企业化转化方式。各单位可以利用持有的科技成果自主创办高新技术企业，开展成果转化活动。支持与企业共建研发平台、技术转移机构或者技术创新联盟等，加快实施科技成果转化。按照《中华人民共和国公司法》要求，规范管理现存企业，鼓励企业通过股权、期权、分红等激励方式，构建以企业为主体的科技成果转化平台。

第十四条　充分利用各类优惠政策。位于国家自主创新示范区或者高新技术开发区内的部属研究开发机构，应当争取和利用示范区或者开发区内有关优惠政策，在科技成果转化方面进行积极探索，为科技成果转化制度体系建设提供可复制、可推广的经验。

第十五条　充实科技成果转化力量。鼓励各单位从企业聘请有科技成果转化经验的人员到本单位从事科技成果转化工作，通过特聘岗位等形式落实聘请人员薪酬等待遇。

第十六条　保护科技人员合法权益。依法保护科技人员在科技成果转化中的合法权益。对科技成果完成人和为成果转化作出重要贡献的其他人员给予奖励时，按照以下规定执行：

（一）以技术转让或者许可方式转化科技成果的，应当从技术转让或者许可所取得的净收入中提取不低于50%的比例用于奖励；

（二）以科技成果作价投资实施转化的，应当从作价投资取得的股份或者出资比例中提取不低于50%的比例用于奖励；

（三）在研究开发和科技成果转化中作出主要贡献的人员，获得奖励的份额不低于奖励总额的50%；

（四）将科技成果自行实施或者与他人合作实施转化的，应当在实施转化成功投产后连续3年至5年，每年从实施该项科技成果的营业利润中提取不低于5%的比例用于奖励；

（五）对科技人员在科技成果转化工作中开展技术咨询、技术服务等活动给予的奖励，根据科技人员与单位约定，从成果转化所取得的净收入中提取一定比例用于奖励；

（六）成果转化净收入在成果完成人和为成果转化作出重要贡献的其他人员之间的分配，由其内部协商确定。

第十七条 规范领导人员转化激励。对于担任领导职务的科技人员，获得科技成果转化奖励，按照分类管理的原则执行：

（一）各单位正职领导以及各单位所属具有独立法人资格单位的正职领导，是科技成果的主要完成人或者对科技成果转化作出重要贡献的，可以获得现金奖励，原则上不得获取股权激励。其他担任领导职务的科技人员，是科技成果的主要完成人或者对科技成果转化作出重要贡献的，可以获得现金、股份或者出资比例等奖励和报酬；

（二）对担任单位领导职务的科技人员的科技成果转化收益分配实行公开公示制度，不得利用职权侵占他人科技成果转化收益。

第十八条 允许科技人员兼职和离岗创业。科技人员在履行岗位职责、完成本职工作的前提下，经征得单位同意，可以到企业兼职从事科技成果转化活动，或者离岗创业，在原则上不超过3年时间内保留人事关系，从事科技成果转化活动。其单位应当与科技人员约定兼职、离岗从事科技成果转化活动期间和期满后的权利和义务，并变更相关聘用合同。

第十九条 允许按协议转化。对各单位持有的科技成果，其完成人和参加人在不变更科技成果权属的前提下，可以根据与单位签订的协议进行该项科技成果的转化，并享有协议规定的权益。

第二十条 规范党政领导干部兼职。严格落实中共中央组织部《关于进一步规范党政领导干部在企业兼职（任职）问题的意见》规定，各单位党政领导干部未经批准，不得在所属企业兼任职务。确因工作需要到所属企业兼职的，应当按照干部管理权限报上级主管部门审批，但不得在该企业取酬，其家属也不得在该企业任职。

第二十一条 规范科技人员企业兼职。各单位应当规范科技人员企业兼职管理，完善相关内控制度与管理措施，确保兼职科技人员在成果转化中发挥应有的作用。

第二十二条 依法依规从事科技成果转化。对违反相关规定，在科技成果转化活动中弄虚作假，采取欺骗手段，骗取奖励和荣誉称号、诈骗钱财、非法牟利的，由有关部门依照管理职责责令改正，取消该奖励和荣誉称号，没收违法所得，并给予相应处罚；给他人造成经济损失的，依法承担民事赔偿责任；构成犯罪的，依法追究刑事责任。

实施科技成果转化合作各方，应当遵守自愿、互利、公平、诚信的原则，依法签订合同（协议），约定合作的组织形式、任务分工、资金投入、知识产权归属、权益分配和风险分担等事项。

第二十三条 遵守科技成果转化管理制度。各单位及科技人员应当遵守国家科技成果转化管理制度，不得阻碍科技成果转化。任何人不得将科技成果、技术资料和数据占为己有，侵犯单位合法权益，不得擅自转让科技成果或擅自获取成果转化收益。

第二十四条 本办法自2016年10月1日起施行。

国土资源部关于加快推进科技创新的若干意见

（国土资发〔2016〕106号）

各省、自治区、直辖市国土资源主管部门，新疆生产建设兵团国土资源局，中国地质调查局，武警黄金指挥部，部其他直属单位，各派驻地方的国家土地督察局，部机关各司局：

为全面贯彻落实《国家创新驱动发展战略纲要》，推进国土资源系统科技创新，特提出如下意见。

一、指导思想与发展目标

以邓小平理论、“三个代表”重要思想、科学发展观为指导，深入贯彻落实习近平总书记系列重要讲话精神，按照“创新、协调、绿色、开放、共享”的发展理念，大力实施创新驱动发展战略，以科技创新带动全面创新，以体制机制改革释放创新动能，构建充满活力的科技创新体系和人才成长机制，发挥科技创新对国土资源事业的支撑引领作用。

坚持改革引领面向国土资源工作主战场，着力解决制约科技创新活力的体制机制问题。改进管理方式，简政放权，增强基层单位创新自主权。改革科研院所管理中行政化倾向，完善科技创新体系和运行机制，促进资源调查与科学研究深度融合。

坚持人才优先。坚持培养和引进两手抓，加强领军人才和创新团队建设，创新青年科技人才培养机制，鼓励科技创新人才竞争流动，完善创新人才评价机制。

坚持创新激励。增强科技创新人才激励力度，加大绩效激励，落实科技成果转化激励措施，着力调动科研人员创新积极性。落实科研经费法人自主权，扩大科技人才选用自主权，用好科研稳定支持政策，充分发挥科技创新引领作用。

坚持统筹协调。强化总体布局，统筹创新资源，实施深地探测、深海探测、深空对地观测、土地工程技术的“三深一土”科技创新发展战略，强化科技创新平台（基地）建设，加强标准化和科学普及工作。着力推进原始创新和高精尖技术研发，大力促进科技成果转化，支撑服务国土资源事业发展。

到 2020 年，在“三深一土”若干领域创新能力跻身先进国家行列，取得一批基础理论、技术方法、仪器装备等创新成果。土地数量、质量、生态三位一体综合监管体系基本建成；深部能源资源勘查开发、地下空间利用关键技术取得突破。创新资源有效集聚，在特色领域建成国家（重点）实验室、工程技术中心等国家创新平台。高层次领军人才、优秀青年人才脱颖而出，产学研用协同、调查与研究融合的创新格局基本建立。国土资源技术标准和质量检测体系更加完善，国土资源知识普及和认知度显著提高。科技创新活力竞相迸发，成为引领国土资源事业发展的重要驱动力。

到 2030 年，在“三深一土”领域创新能力进入先进国家前列，部分优势领域由“并行”成为“领跑”。土地数量、质量、生态三位一体综合监管体系高效运行，深地空间及资源勘查利用达到国际先进水平。创新平台体系完整，创新资源高效集聚，创新能力全面提升。到 2050 年，在“三深一土”领域进入世界领先行列，为建设世界科技强国作出贡献。

二、深化科技创新管理机制改革

（一）转变科技创新管理方式

加强科技创新服务。国土资源各级行政管理部门要把科技创新摆在事业发展全局的核心位置，研究国土资源重大科技创新问题，完善符合科研规律的政策制度。科技主管机构要从项目管理向创新服务转变，加强科技发展战略和政策研究，抓好科技创新规划布局与顶层设计，完善评估监督机制和建立科技报告制度。

改进科研管理方式。贯彻落实国家科技体制改革各项要求，赋予科研机构创新自主权，尊重科研人员创新的主体地位，不以行政决策代替学术决策。简化科研管理流程，减少项目过程管理，强化目标任务考核，切实减轻科研人员负担，保障科研人员把更多的时间和精力用于科技研究。

建立科技创新考核制度。依据国家有关规定，按照事业单位特点，制定科技创新分类考核办法。加强承担国家科研项目、科技成果转化、人才队伍建设及激励政策等方面的考核。考核结果纳入单位年度绩效管理。

（二）增强科技创新引领作用

激发科技创新活力。贯彻落实国家关于科研院所改革新要求，消除影响创新发展的体制机制障碍，释放科技创新活力，创建世界一流科研机构。改革科研院所管理中行政化倾向，以国家重大需求和战略科技为导向，调整优化学科布局，打造科技创新平台。以扩大科研院所科研管理自主权为着力点，增强创新服务功能，建立有利于开放、协同、高效的管理模式。加强基础研究，以发现和认知自然作为创新源泉，大幅提升原始创新能力。

加强调查与科研深度融合。地质调查过程是科学探索的过程，应遵循地质工作规律，运用现代地质学理念统筹部署调查工作，拓展深地探测等地质工作新领域。强化基础地质调查和基础地质研究，以科学问题为导向，积极推进大比例尺地质填图工作，促进区域地质调查“提质增效升级”。完善基础调查工作规范标准，加强新技术新方法应用，使先进科技手段融入调查工作全流程。探索调查与科研协同发展的运行管理新模式，吸引更多科技人才承担调查任务，促进重大地质成果产出，把科研论文写在祖国大地上。

加强土地工程技术创新。面向土地资源可持续利用、国土空间优化开发、耕地质量与生产力提升等重大需求，针对土地领域科技创新能力相对薄弱、土地工程技术滞后业务管理问题，加强土地资源理论方法创新，增强土地科技创新能力建设。发展土地工程技术，建立土地工程技术科研机构，打造有竞争力的土地科技自主创新平台。

（三）强化科技创新主体责任

根据职责定位和业务特点，将科技创新纳入单位重要职责。按照国家科技计划改革有关要求，积极承担国家科技创新任务，加强科技攻关和成果转化。以创建重点实验室、工程技术中心、野外科学观测研究基地等创新平台为重点，凝聚专业特色明显、装备条件优良的创新团队，打造各具特色的国土资源科技创新基地。以完善国土资源保护、利用和管理制度、推进国土资源治理体系和治理能力现代化为目标，加强国土资源新型智库体系建设，深入开展重大问题研究，全面提升管理决策的科学化水平。

（四）建立科技创新协同机制

强化产学研协同创新与融合发展。要围绕国土资源重大科研任务，加强与高校和企业的合作，推进协同创新；组建研发团队或产业技术创新联盟，开展关键共性技术攻关、装备研制和产业化，实现创新链与产业链、资金链的有效对接。

发挥企业技术创新的主体作用。大力支持科技创新型企业进入国土资源工作主战场，发挥地勘单位、矿业企业、土地整治机构或企业在研发投入和成果转化应用中的优势。优先支持产学研联盟建立重点实验室和工程技术中心。

三、增强科技创新自主权

（五）落实科研经费法人自主权

改进科研项目经费管理。落实中央财政科研项目资金管理有关规定，项目承担单位要强化法人责任，用好项目预算调剂、间接费用统筹、劳务费分配、结余资金使用等自主权。完善绩效评价、内部公开、科研财务助理等工作机制。以市场委托方式取得的横向经费，纳入单位财务统一管理，按照委托方要求或合同约定管理使用。

合理规范使用科研资金。科研院所可根据科研和管理工作实际需要，按照实事求是、精简高效、厉行节约的原则，自主研究制定差旅费管理和会议管理办法，合理确定相关标准，完善野外工作特殊情况报销规定等；按照调整后的政府采购规定，可自行采购科研仪器设备，自行选择科研仪器设备评审专家。对利用自有资金、不申请政府投资建设的基本建设项目，可自主决策，报主管部门备案。

（六）用好科研院所稳定支持政策

自主安排创新研究。用好科研项目结余资金，统筹安排用于科研活动的直接支出；自主安排使用事业发展基金、成果转化收益，开展科技研发，加强人才和团队建设。

合理安排使用基本科研业务费。自主安排开展符合公益性职能定位、代表学科发展方向、体现前瞻布局的研究工作，强化国土资源基础性、支撑性、应急性科研工作，加强团队建设及人才培养，增进国际科技合作与交流，夯实科技基础性工作。

（七）扩大科技人才选用自主权

改进科研人员选聘方式。根据国家和部事业单位人事管理的相关规定，依据科研岗位需求，自主制定考录和聘用办法。对获得国家、部高层领军人才称号的科研人员，在专业技术岗位遴选等方面可以破格聘用。对科研急需的高层次人才，由所在单位落实保障措施和条件，公开选拔聘用，促进优秀人才脱颖而出。

实行更加开放的用人制度。科研院所自主决定聘用流动人员，增强承担国家重大、重点科研项目能力。鼓励项目依托单位给予重大重点科研项目负责人岗位高聘待遇。科研单位要以激发创新活力为目标，依法制定科学合理的科研项目绩效分配办法。

四、完善科技创新激励机制

（八）激发事业单位科技创新活力

鼓励事业单位在内设机构中加挂“研究中心”等牌子，积极开展科技创新活动。参照国家给予科研院所的特殊政策，积极探索赋予重点实验室、工程技术研究中心等创新平台科研自主权，最大限度地调动创新积极性，将科技创新平台的管理运行经费纳入单位预算。技术开发类事业单位要更多采取市场化的投入方式，使用自有资金自主决策开展科技创新和成果转化，组建协同研发机构，增强自主研发和产业化能力，提升市场竞争能力。

（九）加大科技创新人才激励力度

用足用好科技创新人才激励政策。按照国家有关规定，对入选国家和部各类人才计划的领军人才，在落实国家待遇政策的同时，在岗位聘用、配套经费、科研条件改善等方面给予充分保障。绩效分配要与科研人员在项目工作中的实际贡献挂钩，加大对国家科技项目承担人员的绩效激励。对部分紧缺或者急需引进的领军人才，可实行协议工资、项目工资等分配办法，经批准实施。对获得国家、省部级科技人才称号和科技奖励的科技人员和团队给予奖励。鼓励事业单位与社会力量合作，奖励取得突出创新业绩的科技人员和团队。

（十）加强科技成果转化绩效激励

落实科技成果转化激励措施。研究制定符合本单位特点、具体可操作的科技成果转化管理规定，保障科技人员成果转化的正当收益。充分尊重知识、尊重创新，着力构建和完善知识产权利益分享机制，提升依法保护创新成果的水平。

将科技成果转化业绩纳入单位绩效考评体系，并作为科技人员职称评定、岗位管理等重要依据。对完成和转化科技成果作出重要贡献的人员，给予奖励和报酬的比例不低于科技成果转化收益的50%，其支出计入当年本单位工资总额，但不受当年本单位工资总额限制、不纳入本单位工资总额基数。

转化科技成果所得收入全部留归本单位，纳入单位预算，不上缴国库，扣除对完成和转化科技成果作出重要贡献人员奖励和报酬后，应当用于单位科学技术研发、知识产权管理、人才和团队建设、成果转化等相关工作。

五、强化科技创新平台建设

（十一）建设国家级创新平台

积极推进国家实验室建设。积极筹建国土资源领域国家实验室，集聚一流人才和先进仪器设备，解决资源与能源领域重大科技问题，建设开放、流动、合作、共享的世界一流协同创新平台。积极参与海洋科学与技术国家实验室建设，汇聚深海平台、基地及水合物科学试采工程资源，建强海洋矿产资源评价与探测功能实验室。

筹建一批国家重点实验室。科研院所要按照强强联合、共建共享的原则，凝聚人才、学科和资源条件优势，努力争取在大陆动力学、矿产资源、岩溶地质、水文地质、地球物理、地球化学和土地资源等领域筹建一批国家重点实验室。

培育和建强若干国家工程技术研究中心。进一步优化科技创新资源配置，采取产学研结合、技术创新联盟等形式，强化工程技术创新和应用转化。在深海资源勘查、航空地球物理勘查、土地整治、耕地保护等领域，通过部级工程技术中心试运行，加快培育和建设若干国家工程技术研究中心。进一步建强国家现代地质勘查、非金属矿资源综合利用工程技术研究中心。

强化国家重大科学基础设施建设。积极推进地球深部观测基础设施建设，增强对地球系统及深部过程的动态观测能力；建强中国大陆科学钻探工程重大科学基础设施、北京离子探针中心科技基础条件平台，促进对地球深部和微观物质结构的基础研究。

（十二）建强部级科技创新平台

完善部科技创新平台管理制度。进一步完善部重点实验室、野外科学观测研究基地等管理办法，调整优化科技创新资源配置，强化创新能力建设。建立科学的评估机制，促进部级科技创新平台可持续发展。

建设各具特色的科技创新平台。聚焦国土资源重大需求，建设一批地域特色鲜明、科技创新优势明显、服务国土资源中心工作的部级重点实验室和工程技术研究中心。通过优化重组，建设一批野外科学观测研究基地、检测中心、科普基地，加强信息共享平台建设，充分发挥其科技创新与支撑服务作用。

六、着力建强科技创新人才队伍

（十三）加强领军人才和创新团队建设

重点培养创新型领军人才。各单位要高度重视两院院士、“千人计划”、“万人计划”、“长江学者”、国家杰出青年科学基金等国家级高层次创新人才与团队的培养和举荐，着力提高入选率。继续实施国土资源高层次创新型人才培养工程，鼓励和支持已实施的李四光学者、黄汲清学者等领军人才计划。注重对野外调查和重大工程一线高水平科技创新人才的培养和条件保障，使他们热心野外工作，潜心一线实践，造就一批国土资源领域科学大师和工程技术大师。

充分用好领军人才。充分发挥高层次领军人才入选者在参与科技创新顶层设计、科技成果评价中的重要作用。支持其优先申报国家重大、重点科研项目，依法赋予项目负责人科研活动更大的人财物支配权、技术路线决策权，鼓励项目依托单位给予重大、重点科研项目负责人岗位高聘待遇。

加强创新团队建设。对重点学科方向的创新团队，持续加大稳定支持力度，全力改善保障条件。支持学科互补、老中青结合的科研团队，提高重大科技创新任务竞争力和担当能力，允许其围绕创新任务自主聘用科研辅助人员、财务助理，减轻行政性事务负担。充分发挥资深优秀专家的作用，对正在承担重大科研任务、创新团队负责人以及在国际学术组织中担任重要职务的人员，经批准可适当延长退休年龄，不占单位专业技术岗位指标。

（十四）创新青年科技人才培养机制

大胆起用青年科技人才。重视发挥青年人才在科研工作中的生力军作用，支持青年人才担任项目负责人，组建团队，快速成长。在建设创新团队过程中，要注重使用青年科技骨干，40 岁以下青年科研人员比例应不小于1/3。特别优秀的青年科研人员可按国家有关规定越级竞聘专业技术岗位。

大力培养青年科技人才。鼓励青年科研人员申报国家自然科学基金等国家科研项目。在推荐国家奖励、国土资源奖励等方面，向优秀青年科技人才倾斜，促进有真才实学、成就突出的青年科技人才脱颖而出。重点实验室、工程技术研究中心等科技创新平台要加强青年创新人才培养，在职称评定、出国研修培训等方面，对优秀青年科研人员予以优先支持。

（十五）鼓励科技创新人才竞争流动

鼓励创新人才在创业中流动。科研人员经所在单位批准，可带着项目和科研成果到企业开展科技创新工作，3 年内保留岗位、职级等基本待遇不变。优先支持到与企业共建的重点实验室、工程技术中心、产业技术创新联盟单位工作。鼓励有条件的单位设立一定比例的流动岗位，吸引有创新经验的企业家和企业科技人才兼职，促进人才流动。

促进创新人才在竞争中流动。面向国家重大需求和科技创新急需，扩大选人用人视野，面向国内外公开招聘负责人和科研骨干。依托重点实验室等创新平台，加强科技合作、互派人员任职交流和客座研究，推动创新人才跨室、跨单位和跨地域流动，加速复合型科技人才成长。积极推进国际引智、出国培训、对外援助培训、合作研究和互派访问学者，促进国际人才交流。

（十六）完善创新人才评价机制

按照国家分类推进人才评价机制改革的精神，坚持德才兼备，注重以能力、实绩和贡献评价人才。探索第三方评价，发挥专业组织、市场、用人单位等评价主体作用，改进人才评价考核方式。对于基础研究人才，以同行学术评价为主；应用研究和技术开发人才，突出市场和社会评价。

七、加快科技成果转化和资源共享

（十七）改进科技成果管理

制定促进科技成果转化的办法，明确主管部门、成果持有单位和科研人员在科技成果转化中的权利和责任，建立科技成果转化报告制度，将科技成果转移转化纳入单位绩效考评，强化科技成果转化监督管理。

建立科技成果信息发布制度，完善国土资源科技成果登记，建立国土资源科技成果信息系统，动态更新并定期发布科技成果、研究开发机构等信息，面向行业、社会需求，提供科技成果信息查询、成果需求反馈等公益服务。

完善科技成果分类评价制度。对基础研究成果，突出中长期目标导向，以同行评议为主，更加注重研究质量、原创价值和实际贡献评价。对应用开发类科技成果，突出应用效益，探索试行第三方评价，更加注重技术专利、成果转化、标准研制等评价。面向应用的研发成果，突出用户评价，在研发目标、成果考核中完善用户参与机制。

（十八）推动先进技术标准化

围绕国土资源事业发展，定期修订完善国土资源标准体系。通过标准规划、年度计划，引导国土资源工作部署、各类工程重视并支持技术标准研究，采用先进技术标准。定期开展标准复审和清理评价，加强对标准中新技术新方法成果应用的审查，实现创新成果和标准更新同步，及时将成熟的新技术和新方法转化为标准规范，推进行业整体技术进步。

（十九）促进科研仪器设施开放共享

建立健全开放共享机制。开展重大科研基础设施、大型科研仪器、科学数据现状调查和开放能力评估，建立资源清单和开放共享平台。分类制定开放共享目标，大幅提升科技资源利用效率和科学数据共享水平。按照国家有关规定，依据成本补偿和非营利性原则收取成本费，由单位统一管理。将科研仪器运行水平和共享利用率，作为制定仪器设备采购新增计划和获得国家科技计划支持的重要条件。

（二十）加强国产卫星应用共享

以国土资源系列重大卫星工程为依托，充分发挥“一部三局”陆海观测卫星业务应用统筹协调机制作用，加快建设国土资源卫星应用技术体系，创新卫星应用工作机制和服务模式，扩大国产卫星在国土资源系统及相关领域的应用规模和效益，促进国土资源调查监管体系现代化，支撑构建生态国土和智慧国土。

八、推进科技创新国际合作

（二十一）拓展合作广度和深度

加强先进理念和技术引进输出。加强深部找矿、非常规油气勘查、高精度探测等国际新理论、新技术、新方法的合作研究、引进吸收和转化应用。加大国土资源调查评价、规划、管理、保护和合理利用中重大科技创新领域的国际交流力度，积极开展对外科技援助。

发起和参与国际大科学计划。继续参与国际地质对比计划、国际大陆科学钻探计划等，推动发起国际重大科学计划、科学工程，推动重大国际科技合作项目实施，积极参与深地、深海、深空、极地等新领域国际规则和标准的制订。

（二十二）建好用好合作平台

建强已有国际科技合作平台。做好国际地科联秘书处支撑服务工作，加强联合国教科文组织国际岩溶研究中心、全球尺度地球化学国际研究中心的建设。搭建岩溶、地球化学科学研究成果与信息交流平台，增进国际科技交流与合作。

拓展新建国际科技合作平台。发挥中国在相关领域的优势，进一步推进有关国际组织、研究中心落户中国。加强国家国际科技合作基地建设。

支持科研人员担任国际组织职位。要围绕国土资源发展战略，积极创造条件，鼓励和支持优秀科研人员在国际组织担任高层职位和竞聘关键岗位。

九、完善政策保障和统筹协调

（二十三）加强科技创新工作领导

完善科技创新管理机构。要完善支持政策，落实保障条件，做到管理服务有机构、发展有规划、创新有队伍、转化有成效，有力支撑和服务国土资源工作。要建立科技领导小组，定期召开会议，总结科技创新工作实践经验，表扬表彰优秀科技工作者，部署新时期重大科技创新任务。

建立科技咨询和议事制度。要建立科技咨询机构，遵循科研工作规律，涉及国土资源科技发展规划、政策、重点科研任务等工作，广泛听取各单位、专家和社会等有关方面意见，科学决策部署。

（二十四）优化科技创新工作布局

贯彻执行国家科技计划（专项、基金等）管理部际联席会议制度，积极参与国家科技创新发展战略和规划编制。围绕国土资源事业发展，凝练和推荐国家科技计划（专项、基金等）项目。加强与相关部门沟通协调，强化部省协作。

制定国土资源科技创新发展规划。加强重点领域科技攻关，着力攻破关键核心技术，集中开展深地探测、深海探测、深空对地观测和土地工程技术创新研究；统筹部科技创新工作布局，加强创新平台建设、团队建设、创新人才培养、科技成果转化、标准修制定和科学普及工作。

（二十五）营造科技创新良好氛围

建立科研诚信机制。科研人员要按照“志存高远、德才并重”的要求，弘扬热爱祖国、追求真理、脚踏实地、勇于探索的精神，自觉摒弃急功近利、浮躁浮夸等不良学风。通过项目公示、信息公开等方式规范科研行为，净化科研风气。

营造尊重创新氛围。要开展多种形式的学术研讨和交流活动，鼓励科研人员开展学术讨论和争鸣，发表新观点、新学说。营造尊重知识、尊重人才、尊重创新、宽容失败的创新氛围，以学术民主维护创新热情。

切实履行科学普及责任。大力弘扬科学思想、方法，加强科学传播，宣传普及国土资源领域重大科技成果，提升社会影响力、增强社会认知度。加大对科技人才先进事迹的宣传，营造科技人才备受尊重的社会环境。加大表彰力度，树立先进典型，激励广大科研人员开展创新性研究，献身国土资源事业。

（二十六）支持科研人员国际合作

制定因公临时出国管理实施细则。重点保障执行国家科研项目和国际合作项目的团队、科研人员出访，支持其更深入广泛地参与国际学术交流与合作。科研单位要强化服务意识，积极推动国际协同创新，为科研人员出国开展科学研究、学术访问、出席重要国际学术会议以及执行国际学术组织任务提供全力支持。

（二十七）完善科技工作投入机制

拓宽科技创新工作多元化投入渠道。要积极争取国家科研项目、国际组织项目以及地方、社会和企业项目，开展国土资源重点领域重大关键技术创新。在实施国土资源有关工程项目时，要优先安排解决该工程项目有关的技术难题、标准研制和平台建设。科研院所要加强基本科研业务费的使用和管理，提升资金使用效益，争取不断增加资金规模。

各省（区、市）国土资源主管部门要高度重视科技创新工作，积极争取设立科技创新工作专项经费，开展科技研发、成果转化、标准研制、科学普及等工作。加强重点实验室、工程技术中心、野外科学研究观测基地等创新平台建设。强化产学研协同创新机制建设，加大科技创新人才引进和培养，提升科技创新水平与成效。

各单位要增强大局意识、责任意识，把科技创新作为引领发展的第一动力，作为支撑国土资源事业改革发展的关键举措，明确定位、加强领导、精心部署、狠抓落实，全面完成“十三五”时期的科技创新任务，以科技创新促进国土资源事业可持续发展，为建设创新型国家、实现中华民族伟大复兴中国梦作出更大贡献！